浙江省金融学会重点研究课题
获奖文集 2015

浙江省金融学会　编

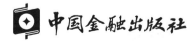

中国金融出版社

责任编辑：赵晨子
责任校对：孙　蕊
责任印制：陈晓川

图书在版编目（CIP）数据

浙江省金融学会重点研究课题获奖文集2015（Zhejiangsheng Jinrong Xuehui Zhongdian Yanjiu Keti Huojiang Wenji 2015）/浙江省金融学会编．—北京：中国金融出版社，2016.8

ISBN 978 - 7 - 5049 - 8599 - 6

Ⅰ.①浙…　Ⅱ.①浙…　Ⅲ.①金融—研究报告—中国—2015　Ⅳ.①F832

中国版本图书馆CIP数据核字（2016）第152536号

出版
发行　中国金融出版社

社址　北京市丰台区益泽路2号
市场开发部　（010）63266347，63805472，63439533（传真）
网 上 书 店　http://www.chinafph.com
　　　　　　　（010）63286832，63365686（传真）
读者服务部　（010）66070833，62568380
邮编　100071
经销　新华书店
印刷　保利达印务有限公司
尺寸　169毫米×239毫米
印张　27.25
字数　505千
版次　2016年8月第1版
印次　2016年8月第1次印刷
定价　49.00元
ISBN 978 - 7 - 5049 - 8599 - 6/F. 8159
如出现印装错误本社负责调换　联系电话（010）63263947

序　言

2015 年，世界经济形势更趋复杂多变，全球价值链再造和贸易投资格局持续发生变化，国际金融市场和大宗商品价格波动加剧，主要经济体增长态势和货币政策进一步分化。国内经济在总体运行缓中趋稳、稳中有进的格局下，供求的结构性矛盾依然突出，产能过剩和供给不足并存。受国际国内诸多因素影响，浙江面临外部需求乏力、产业结构转型、资源环境约束等多重因素制约，浙江经济发展的内涵、方式和路径正在发生深刻变化。

与此同时，国内金融领域也发生诸多变化，如利率市场化改革迈出最为关键的一步，存款保险制度开始正式实施，社会融资结构发生显著改变，金融新业态发展和交叉性金融产品创新方兴未艾，区域金融改革步入纵深推进阶段，各类隐性金融风险逐步显性化等。

与之相对应，浙江金融发展的基础、环境和动力也悄然转变，金融产业在资金配置、组织体系、经营模式和风险生成等方面业已今非昔比，金融运行呈现出更多新特征。如何认识浙江金融发展新常态，寻找新的发展机遇和动力，再造浙江金融新优势；如何抓住当前金融重大系列改革新机遇，持续推动金融创新，助力浙江经济金融升级；如何客观看待金融发展面临的新问题，探索远近结合、趋利避害，有效应对金融风险的各项政策措施；如何充分利用区域金融改革平台，推动各项试点工作取得新突破，培育地方金融新特色？这一系列的问题都亟须全省金融管理部门、专家学者及实务部门深入研究、共同思考，不断探索和勇于实践。

浙江省金融学会是浙江省从事金融科学研究的学术团体，主要宗旨是组织金融行业和社会力量开展经济金融理论和实践研究，促进浙江金融行业发展。长期以来，浙江省金融学会在广大会员单位的共同努力下，积极致力于整合系统资源，发挥研究合力，加强学术交流，注重成果转化，不断推动学术繁荣，持续提升学会的社会服务功能和社会影响力，为推进浙江省金融改革发展、服务浙江经济社会，较好地发挥了金融学术社团的"智库"作用。

2015 年度，浙江省金融学会重点研究课题主要围绕区域金融改革与发展中的重点、难点问题展开，共结题 81 项，内容涉及金融支持地方经济发展、商业银行转型、互联网金融、PPP 融资模式、金融风险处置等。课题研究更加注重务实性、针对性、学术性，取得了较为丰硕的成果，较好地发挥了决策参考和理论支持作用。经浙江省金融学会重点研究课题评审小组评定，共评选出一等奖 8 项，二等奖 17 项，三等奖 23 项，优秀奖 33 项。我们将获得一等奖和部分二等奖的课题成果结集并公开出版。由于篇幅有限，多数课题篇幅被压缩，但每一篇课题成果的质量和完整性并未受到影响。

这些课题是课题组成员精诚合作、齐心协力的结果，凝聚了各会员单位的辛勤汗水和智慧结晶。但由于经济金融领域发展变化十分迅速，学会整体研究能力也有待提高，相关课题报告难免有不完善甚至错误之处。我们真诚期待读者的指正，共同推动金融理论和政策研究水平再上新台阶。

浙江省金融学会会长　殷兴山

二〇一六年五月

目　录

一等奖

产业变迁、融资特征与最优金融结构

中国人民银行杭州中心支行课题组[*]

一、引言

金融结构是一国或经济体最为重要的宏观金融变量，综合体现了该国的金融资源配置状态。金融结构从金融体系构成要素来分，主要包含银行主导型和市场主导型两类。在银行主导型金融结构体系中，主要由银行提供金融服务，包括吸收储蓄、配置资本、风险管理；而在市场主导型金融结构体系里，金融市场在金融服务领域扮演着更重要的角色。

从全球范围来看，世界各国的金融体系结构存在较大差异和分化，Demirguc - Kunt 和 Levine (2001)[①] 将各个国家和地区分为四类：银行主导型金融发达、市场主导型金融发达、银行主导型金融欠发达、市场主导型金融欠发达。在美国、欧洲等高收入国家，金融市场在规模、产品、服务、多元化等方面都达到很高的水平，而在中国、巴西和印度等新兴市场国家，金融市场的发展相对落后，企业主要的融资方式是银行贷款[②]。

如何理解各国金融结构差异及其与经济发展、产业结构之间的关系，不仅是一个颇有争议的学术论题，而且具有很强的政策含义。传统理论认为金融结构对经济发展无关紧要，而传统实证研究认识为决定整体经济绩效的是金融深度而非金融结构；而近期的研究则着眼于比较不同金融结构的优劣，即以银行为主还是以市场主导的金融结构，更有利于经济的发展。银行主导论突出银行在调动资源、甄别项目质量、监督企业经理层、管理风险等方面的积极作用，并强调了金融市场的缺陷；而市场主导论则认为金融市场能促进竞争，从而加强企业致力于创新和成长的激励，是推动经济成功的关键要素。事实上，不同的金融结构在吸引储蓄、分散风险和资金配置方面的机制与方式各有优势和劣

---

[*] 课题主持人：殷兴山

课题组成员：王去非　贺　聪　易振华　项燕彪

① Demirguc - Kunt, Asli, and Ross Levine. "Bank - based and Market - based financial Systems: Cross - Country Comparisons." ［M］. MIT Press, 2001.

② 人民银行发布的 2014 年社会融资规模统计，2014 年中国本外币贷款、委托贷款、信托贷款合计占同期社会融资规模的 79.9%，而非金融企业境内股票融资仅占 2.6%。

势，脱离经济发展阶段、产业结构特点而单方面讨论金融体系的特征往往难以确定何种金融结构更有利于支持实体经济，需要用动态的视角，从金融体系和实体经济的结构性特性两个方面加以考察。

当前，中国的金融业正面临着总量增长与结构协调发展的问题。金融体系中的结构失衡以及经济结构调整和转型升级的冲击，使金融结构调整成为未来中国金融改革发展的迫切任务。这其中关键的问题是，最优的金融结构是什么，以及决定一国最优金融结构的根本因素又是什么。我们观察到，不同经济发展阶段，内生决定了与其相适应的产业结构，而处于不同产业的企业又具有不同的技术特征、风险特性和融资需求，因此对金融服务的需求存在系统性差异。只有金融体系的结构与实体经济的产业结构相互匹配，才能有效地发挥金融体系的资源配置功能，促进实体经济的发展。因此，从产业变迁的角度入手，深入探究内生的、动态的最优金融结构决定问题，有助于揭示金融结构发展演变的内在规律，深化对金融结构、金融发展与经济增长之间关系的理解。

有鉴于此，本文从金融发展与产业结构特性相匹配的视角出发，从产业技术特征及其所蕴含的产业风险、金融市场环境及融资方式差异结合的角度探索产业结构与金融结构的关系，并利用相关国际经验数据进行实证检验。在此基础上，我们构建了一个刻画广义产业特征及其动态变化的均衡模型，将产业技术水平进一步分解为技术效率与技术进步，同时结合退出成本、进入成本、经营成本等多维产业特征变化的不同情境，模拟分析产业结构动态变动下的最优金融结构。

全文共分为七个部分。第一部分为引言。第二部分"文献综述"，介绍了从不同角度研究金融结构与经济发展的相关文献。第三部分"产业技术风险特征与融资结构的理论分析"，从产业技术特征及其所蕴含的产业风险、金融市场环境及融资方式差异相结合的角度分析产业结构与最优金融结构的关系。第四部分"产业技术风险特征与融资结构的实证分析"，运用面板数据模型，利用国别数据样本，对产业结构、金融市场环境、金融结构之间的关系进行实证分析和检验。第五部分"产业动态变动与最优金融结构需求的均衡分析"，构建了刻画广义产业特征及其动态变化的均衡模型，考察产业结构动态变动与最优金融结构需求。第六部分"基于动态均衡模型的模拟分析"，通过数据模拟，讨论了技术效率、技术进步、退出成本、进入成本、经营成本等多维产业特征变动与最优金融结构需求。第七部分是主要结论与启示。

二、文献综述

对于金融体系及其结构与经济发展之间关系的分析最早可追溯到 Goldsmith (1969)[①]，Goldsmith 研究整理了 35 个国家的历史数据，提出了分析金融结构的指标，比较了各国金融结构的差异，初步探索了金融结构及其变化与作为基础的实体经济之间的关系，形成了分析各国金融机构变化规律和决定因素的基本研究方法和框架。自 Goldsmith 的开创性研究之后，学者们对于金融发展与经济增长的关系进行了大量的理论探讨和实证研究，相关文献大都聚焦于比较不同金融结构对经济发展的不同作用，即以银行为主还是以金融市场为主的金融结构更有利于经济的发展。结合本文的研究内容，我们主要从以下几个方面对已有的金融结构相关文献进行综述。

（一）有关银行主导论的研究

银行主导金融结构论的相关文献认为银行体系比金融市场在经济发展过程中更具有优势，对经济增长的作用更大。Boot 和 Thakor (2000)[②] 的分析认为，作为代理分散的个体储蓄者对融资企业进行筛选和监管的中介机构，银行能够充分发挥规模优势并避免个体监督中的"搭便车"以及激励不相容等问题，从而更加有效地获取和处理相关信息，进行有效的事先筛选和事后监督。Rajan (2005)[③] 从监管角度分析了银行在对企业监管方面更便于市场，因为银行中介在与企业发生信贷关系时，与企业保持了长期的银企关系，这样有利于银行对企业的监管。Beck、Levine 和 Loayza (2000)[④] 等人的研究认为银行中介比单个投资者具有更强的投资能力，能够更好地把握时机，并且银行中介机构可以有效地将储蓄转化为投资，提高资源的配置效率，促进经济增长。Rajan 和 Zingales (1999)[⑤] 指出，即使在法律体系和会计制度脆弱的国家，强有力的银行也可以依靠自己实施合同，促使企业进行信息披露和偿还债务，从而支持工业的

---

① Goldsmith, R. "Financial Structure and Development, New Haven" ［M］. Yale University Press, 1969.

② Boot A. W. A. and A, Thakor. "Can Relationship Banking Survive Competition?"［J］. Journal of Finance, 2000, 55：679 – 713.

③ Rajan, R. G. "Has Financial Development Made the World Riskier?"［J］. National Bureau of Economic Research, 2005, NBER Working Paper 11728.

④ Beck. T., R. Levine and N. Loayza："Finance and the Sources of Growth"［J］. Journal of financial Economics, 2000, 58：261 – 300.

⑤ Rajan, Raghuram G. and Luigi Zingales："Financial System, Industrial Structureand Growth"［J］. Oxford Review of Economic Policy, 2001, 17（4）：467 – 482.

发展。Benmelech 等（2009）① 认为，银行通常要求企业以投入项目或其他自有资产作为抵押品，并有权对抵押品实行清算，不仅能够保护银行和储蓄者的权益，也有利于银行克服由信息不对称导致的逆向选择和道德风险，促进金融资源的配置效率。Allen 和 Gale（2000）② 等人从公司治理角度分析了银行导向型的优势，认为在市场主导型的金融结构环境下，由于在信息获知度上，内部人比外部人能够获取更多有关企业的信息，而这些内部人（董事会）与管理层可合谋起来损害到其他股东的利益，而银行中介却不存在这类问题，可以避免内部控制的风险。

（二）有关市场主导论的研究

主张金融市场发展主导的相关文献通过不同角度的研究认为，金融市场在促进经济增长中的作用比银行中介更大。Holmstrom 和 Tirole（1993）③ 从信息获取的角度研究认为在金融市场中，投资者在利益驱动下，比银行中介具有更大的动力去获取企业的相关信息，信息获得的效率相对较高，从而更为有效地支持经济。Levine（2005）④ 从风险管理方面研究认为，金融市场能提供多样化的风险管理服务，而银行通常只能进行基础性的风险控制，当需要灵活的风险管理来提高资金筹集的效率时，金融市场更具优势。Smith 和 Boyd（1998）⑤ 从治理结构方面比较了银行主导型与市场主导型结构，研究认为银行中介与公司的关系可能造成银行对公司的过度控制。Morcka 和 Nakamura（1999）⑥ 对德国、日本的银行业研究进一步发现，银行容易与企业管理层进行串谋，为达到自己的目的，影响公司决策，损害其他债权人利益，不利于经济发展。Lin 等（2013）⑦ 从鼓励创新视角研究，认为由于创新项目的回报通常具有较大的不确定性，而通过信贷融资必须按期还本付息，创新型企业面临极大的清算和破产

① Benmelech, E. , N. K. Bergman. "Collateral Pricing" ［J］. Journal of Financial Economics, 2009, Vol. 91, No. 3, 339 – 360.

② Allen, F. and D. Gale: "Comparing Financial Systems" ［M］. Cambridge, MA: MIT Press, 2000.

③ Holmstrom B. and J. Tirole: "Market Liquidity and Performance Monitoring" ［J］. The Journal of Political Economics, 1993, 101: 678 – 709.

④ Levine, R. "Finance and Growth: Theory and Evidence" ［J］. In Handbook of Economic Growth, Elsevier Science, 2005.

⑤ Smith B. D. and J. H. Boyd. "The Evolution of Debt and Equity Markets in Economic Development" ［J］. The Economic Theory, 1998. 12: 519 – 560.

⑥ Morck and Nakamura. M. "Banks and corporate control in Japan" ［J］. Journal of Finance, 1999, 54: 319 – 339.

⑦ Lin, J. Y. , X. sun, Y. Jiang. "Endowment, Industrial Structure and Appropriate Financial Structure: A New Structural Economics Perspective" ［J］. Journal of Economic Policy Reform, 2013, Vol. 16, No. 2, 1 – 14.

风险，所以银行主导型结构不利于企业创新，影响经济增长。William 等（2004）[1] 从对抗危机能力方面比较了银行主导型与市场主导型的优劣，他们通过实证分析发现在发生经济危机时，银行主导型金融结构使经济衰退的情况变得更糟，而市场主导型金融结构国家受经济冲击较低。范小云、肖立晟、方斯琦（2011）[2] 认为当金融发展水平高的国家，若趋向于市场主导型的金融结构则有利于降低金融危机的损害，提高复苏速度，而金融发展水平较低的国家选择银行主导的金融结构也同样有利于加快经济复苏速度。

（三）有关金融结构与经济增长无关论的研究

金融结构无关论的相关文献认为金融结构差异不是影响经济发展水平的因素，无论是银行主导还是市场主导金融结构对于经济增长而言并不重要。La Porta 等（2000）[3] 认为有关银行主导与市场主导金融结构优劣的探讨无关紧要，通过对近 50 个国家的法律对投资者保护情况、法律执行力度等方面的研究提出金融体系与经济增长关系的决定因素是法律体系的作用，法律系统的效率与金融发展、创新、经济增长呈现正相关关系。Asli、Erik 和 Levine（2011）[4] 研究认为金融机构为企业发展、产业扩张、国民经济发展、收入增长提供高质量的金融服务才是关键因素，而至于是由金融中介还是由金融市场提供则是一个次要问题。Kunt 和 Maksimovic（1998）[5] 通过跨国数据的实证分析发现金融中介和金融市场在很多时候都是互补的，同样提供关键的金融功能，如动员储蓄、获取信息、风险管理等，金融结构的不同安排对于增长没有发挥差异性作用。Allen、Beek 和 Levine（2004）[6] 的研究表明，金融体系中银行中介与金融市场各有优缺点，既存在竞争关系又是互补关系，无论选择哪种金融结构都与经济自身没有关系，而是取决于参与者的行为。

总体来看，上述研究从不同方面比较了银行与金融市场的制度差异，许多思路和方法给了我们很好的启示，但其研究大都从宏观金融体系单方面视角

① William, C. Gruben, Jahyeong, Koo and Robert, R. Moore. "Financial Liberalization, Market Discipline and Bank Risk" [R]. 2004, Working Papers.

② 范小云、肖立晟、方斯琦. 危机损失、经济复苏与金融结构比较 [J]. 当代经济科学, 2011 (2).

③ La Porta, R. F. Lopez – de – Silanes. A. Shleifer and R. V, Vishny. "Investor Portection and Corporate Governance" [J]. Journal of Financial Economics, 2000a – 58 (1 – 2): 3 – 27.

④ Asli Demirguc – Kunt, Erik Feyen, and Ross Levine. "Optimal Financial Structures and Development: The evolving importance of banks and markets" [R]. 2011, Working Paper, June 3.

⑤ Kunt and Maksimovic. "Law, Finance and Firm Growth" [J]. Journal of Finance, 1998, V53 (6): 2107 – 2137.

⑥ BeekT. Levine R. "Stock markets, banks, and growth: Panel evidence" [J]. Journal of Banking & Finance, 2004, V28: 423 – 42.

静态考察金融结构与经济增长的关系，忽视金融结构与经济结构之间内在的动态关系，特别是忽略了处于不同发展阶段的国家，其产业特性差别较大，对银行和金融市场的需求存在结构性差异；同时普遍采用定性分析方法，缺乏深入的理论与模型研究，制约了现有文献的理论预测能力，也导致实证研究的结论看似相互矛盾。本课题的创新之处在于从金融发展与产业结构特性相匹配的角度出发，基于产业技术风险特征与融资方式差异相结合的方式从理论和实证两个方面考察了产业结构与金融结构的关系，并进一步通过构建广义产业特征及其动态变化的均衡模型，分析多维产业结构动态变化与最优金融结构需求。

三、产业技术风险特征与融资结构的理论分析

从经济学的角度看，按照一定的分类原则将具有替代性或共同特点的生产经济活动归之为某类"产业"，不同产业之间的关系就是"产业结构"。一些近期的研究表明，产业结构内生于国家的经济发展阶段及其要素禀赋结构，产业结构是否合理对经济发展具有决定性作用。因此，研究金融结构与经济发展的关系，需要深入产业结构的层面对其与金融结构的关系进行考察。

从技术特征上对生产活动进行分类，一般划分为"传统产业"、"高技术产业"、"新兴产业"，或简而概之为"成熟技术产业"与"技术前沿产业"。不同的经济发展阶段，决定了不同的技术水平主导产业（产业结构），而不同技术水平产业又具有差异化的风险特征，风险特征的差异则是影响融资方式的主要因素，进而最终决定了融资结构。我们通过构建理论分析模型，提出理论分析命题，并进行相应的实证检验，从产业技术特征及其所蕴含的产业风险、金融市场环境及融资方式差异结合的角度分析产业结构与金融结构的关系。

（一）基础理论框架

参照 Patrick 和 Xavier（2000）[1]、Lin 等（2013）[2]，我们分析的基础模型在时间设置上分为三个阶段（$t, t+1, t+2$）。模型引入四类代表性主体，分别是企业部门 $firm(F)$，银行部门 $Bank(B)$，债券投资者 $Bond(B)$，股权投资者 $equity(E)$；所有参与者均为风险中性，企业所有者也是经营者，银行和金融市场均为完全竞争。企业对所投资项目进行融资，选择银行贷款（信贷融资）、发行债券（债券融资）、股权融资三种方式。

---

①　Patrick Bolton and Xavier Freixas. "Equtiy, Bonds, and Bank Debt: Capital Structure and Financial Market Equilibrium Under Asymmetric Information"[J]. Journal of Political Economy, 2000, No. 2: 324 – 351.

②　Lin, J. Y., X. Sun, Y. Jiang. "Endowment, Industrial Structure and Appropriate Financial Structure: A New Structural Economics Perspective"[J]. Journal of Economic Policy Reform, 2013, Vol., 16, No. 2, 1 – 14.

1. 企业项目融资及回报特征

在 t 期，企业拥有投资额为 M 的项目，在 $t+1$、$t+2$ 期产生利润 π_1、π_2。在 t 期，企业对项目投资自有资金 M_F，余下的资金缺口 $M-M_F$（单位化成 1）需要对外融资。在 $t+1$ 期，企业项目可以被清算，清算价值为 A；如果项目在 $t+1$ 期没有被清算，那么企业在 $t+2$ 期可以获得私人收益 B，$w<B<1$，且无法向外部转移；在 $t+2$ 期，如果项目成功，企业支付利息或进行利润分红，如果项目失败，项目无清算价值，企业项目融资及回报特征如图 1 所示。

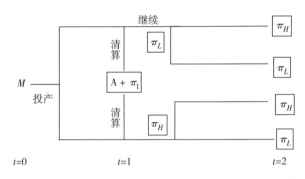

图1 企业项目融资及回报特征

2. 产业技术风险与金融市场环境

企业（投资项目）风险由三类因素构成：技术创新风险、产品创新风险和企业家风险［林毅夫等（2009）］[1]。技术创新风险是指企业能否成功研发新技术，产品创新风险是指企业产品能否或在多大程度上为市场接受。技术、产品创新风险大小主要取决于企业所处产业的技术特征，如果企业处于产业的技术前沿，则需要进行大量研发投入，同时新产品能否为市场接受依然存在很大的不确定性，因此具有内在的高风险特征；而如果企业处于成熟产业，则技术相对成熟，研发投资密度与技术创新风险相对较低，且产品需求业已得到市场的检验认可。

为刻画产业的技术创新风险和产品创新风险，考虑存在两类企业项目：技术前沿产业项目 H 和成熟产业项目 L。其中，H 在 $t+1$ 期产生利润 $\pi_1^H=\pi_L$，L 在 $t+1$ 期利润为 $\pi_1^L=\pi_H$，$\pi_L<\pi_H$。$t+2$ 期时，H、L 是否产生利润均存在不确定性，L 产生利润 $\pi_2^L=\pi_H$ 的概率为 p_L，$\pi_2^L=\pi_L$ 的概率为 $1-p_L$，H 产生利润 $\pi_2^H=\pi_H$ 的概率为 p_H，$\pi_2^H=\pi_L$ 的概率为 $1-p_H$。令 ϕ 为所有项目中 H 所占的比例，

---

① 林毅夫、孙希芳、姜烨. 经济发展中的最优金融结构理论初探［J］. 经济研究，2009（8）.

即 ϕ 代表了包含技术风险特征的产业结构，ϕ 越高意味着主导产业越偏向于依靠原创性和前沿性的技术研发和产品创新。

企业家风险是指企业家经营能力高低的不确定性和道德风险。为描述企业家风险，考虑市场中存在"好企业家"和"坏企业家"，好企业家的项目收益和风险如上文所述，坏企业家的项目在 $t+1$ 和 $t+2$ 期的利润 $\pi_1 = \pi_2 = \pi_L$。由于企业家在 $t+2$ 期可以获得私人收益 B（$B > w$），因此坏企业家在 t 期有模仿好企业，投入自有资金 M_F 并对外融资的动力。企业家风险很大程度上取决于金融市场环境，包括金融投资者权益保护的有关法律法规、信用体系、信息披露制度等方面的完善程度，良好的金融市场环境能够加强对企业家的监督，降低信息不对称，有效约束道德风险，使市场上存在更多的"好企业家"。令 λ 代表金融市场环境，它表示市场中好企业家项目的比例。

（二）企业项目融资可得性分析

由于信息不对称，不同机构对企业项目拥有不同信息结构。在 t 期，产业技术风险 ϕ 和市场环境 λ 为公开信息，而单个项目具体信息不可获得；$t+1$ 期，项目具体信息可获得，企业家信息不可获得，项目若产生利润 π_H，则确定为 L，产生利润 π_L，则可能为 H 或者坏企业家项目（H 和坏企业家项目在 $t+1$ 期均产生利润 π_L）；$t+2$ 期，项目结束，企业家信息可获得。

1. 债券融资

企业通过发行债券对项目进行融资，到期须还本付息，否则会被破产清算。融资合同约定：企业需在 $t+1$、$t+2$ 期，分别偿付债务额 R_1、R_2；如果企业在 $t+1$ 期未能偿还，则项目将被破产清算，清算价值为 A；如果企业在 $t+2$ 期未能偿还，项目剩余利润将被债券投资者占有；$t+1$ 期，企业可以举新还旧。由于坏企业家项目为了获得融资，通常会模仿好企业的融资合同，所以只需考虑好企业家项目的最优融资合同 $\{R_{1,b}^H, R_{1,b}^L, R_{2,b}^H R_{2,b}^L\}$，满足 $R_{t+i,b}^k \leq \pi_{t+i}^k [k \in (L, H), i \in (1, 2)]$，企业在 $t+1$ 期后决定继续项目的概率为 x_1，好企业项目进行债券融资的目标函数：企业支付债券本息，并最大化期望利润。

$$\max_{R_{t+i,b}^k}(1 - \phi)(\pi_H - R_{1,b}^H) + \phi(\pi_L - R_{1,b}^L) + x_1(\pi_H - R_{2,b}^H + B) \qquad (1)$$

约束函数为：

$$(1 - \phi)R_{1,b}^H + \phi R_{1,b}^L + vx_1 R_{2,b}^H + (1 - v)x_1 R_{2,b}^L + (1 - x_1)A \geq 1 \qquad (2)$$

$$v\pi_H + (1 - v)\pi_L \geq A \qquad (3)$$

$$(1 - \phi)\pi_H + \phi\pi_L + \pi_L < 1 \qquad (4)$$

（2）式为债券投资者的参与约束，即投资者在 t 期的期望收益不能低于其投入成本，（3）式为项目在 $t+2$ 期不被清算的激励相容条件，（4）式是债券投资者不为坏企业家项目融资的条件。在（2）式～（4）式约束下，最优化（1）

式推得，好企业家项目债券融资最优合同为：

$$R_{1,b}^H = \pi_H, R_{1,b}^L = \pi_L, R_{1,b}^L = \pi_L$$

$$R_{2,b}^H = \frac{1 - (1-\phi)\pi_H - \phi\pi_L - (1-v)\pi_L}{v} \tag{5}$$

引理 1：存在 $\hat{\phi}_b = [(1-v)\pi_L + (1+v)\pi_H - 1]/(\pi_H - \pi_L)$ ① 使得：当 $\phi \leqslant \hat{\phi}_b$，项目债券融资可行，企业 t 期的期望利润为 $\pi^b = [(v-\phi)(\pi_H - \pi_L) + \pi_H + \pi_L + Bv - 1]/v$；当 $\phi \geqslant \hat{\phi}_b$，项目债券融资不可行。

由于 $\partial R_{2,b}^H / \partial \phi = (\pi_H - \pi_L)/v > 0$，所以随着 ϕ 增大，企业需要支付的利息相应更高。引理 1 表明，当产业风险较低时，债券融资可行；但随着产业风险上升，企业需要支付更高的利息来弥补债券风险，直至超过项目的承受范围（$R_{2,b}^H \geqslant \pi_H$），此时，债券融资不可行。

2. 信贷融资

与债券融资不同的是，银行作为专业化的金融中介，能够对融资企业进行监督，获取并处理企业融资者的相关信息，从而拥有信息优势和一定的控制权。因此在 $t+1$ 期，银行能够识别好企业家项目和坏企业家项目，如果是后者，银行选择在 $t+1$ 期对其进行破产清算，如果是前者，银行则选择继续支持。所以，对企业项目而言，信贷融资的信息成本最低。但由于银行要对项目贷款融资进行筛选、监督和管理，会产生相应的中间费用（cost of intermediation），并由企业承担。好企业项目贷款合同为 $\{R_{1,l}^H, R_{1,l}^L, R_{2,l}^H, R_{2,l}^L\}$，满足 $R_{t+i,l}^k \leqslant \pi_{t+i}^k [k \in (L, H), i \in (1,2)]$，好企业项目进行贷款融资的目标函数：

$$\max_{R_{t+i,l}^k}(1-\phi)(\pi_H - R_{1,l}^H) + \phi(\pi_L - R_{1,l}^L) + x_1(\pi_H - R_{2,l}^H + B) - \rho \tag{6}$$

约束函数为：

$$(1-\phi)R_{1,l}^H + \phi R_{1,l}^L + vx_1 R_{2,l}^H + (1-v)A - \rho \geqslant 1 \tag{7}$$

（7）式是银行为项目提供融资的条件，即银行 t 期的期望收益不能低于其投入成本。其中 ρ 为银行对项目进行监督管理产生的成本，$(1-\phi)R_{1,l}^H + \phi R_{1,l}^L$ 为银行 $t+1$ 期的期望收益；银行在 $t+1$ 期支持好项目并在 $t+2$ 期获得期望收益 $vx_1 R_{2,l}^H$，清算坏项目并在 $t+1$ 期获得期望收益 $(1-v)A$。由（6）式~（7）式推得，好企业项目信贷融资最优合同为：$R_{1,l}^H = \pi_H$，$R_{1,l}^L = \pi_L$，$R_{1,l}^L = \pi_L$。

---

① 当 $R_{2,b}^H \geqslant \pi_H$ 时，即债券融资利息支出超过项目最大利润时，债券融资不可行。由（5）式 $R_{2,b}^H = [1 - (1-\phi)\pi_H - \phi\pi_L - (1-v)\pi_L]/v \geqslant \pi_H$，整理后可得：$\phi \geqslant [(1-v)\pi_L + (1+v)\pi_H - 1]/(\pi_H - \pi_L)$，所以 $\hat{\phi}[(1-v)\pi_L + (1+v)\pi_H - 1]/(\pi_H - \pi_L)$。

$$R_{2,l}^{H} = \frac{1 + \rho - (1 - \phi)\pi_H - \phi\pi_L - (1 - v)A}{v} \quad (8)$$

引理 2：存在 $\hat{\phi}_l = [(1 + v)\pi_H + (1 - v)A - 1 - \rho]/(\pi_H - \pi_L)$ [1] 使得：当 $\phi \geq \hat{\phi}_l$，项目信贷融资不可行；当 $\phi \leq \hat{\phi}_l$，项目信贷融资可行，企业 t 期的期望利润为 $\pi^l = [\pi_H(1 + v - \phi) + \phi\pi_L + (1 - v)A + vB - (1 + v)\rho - 1]/v$。

$\partial R_{2,l}^{H}/\partial \phi = (\pi_H - \pi_L)/v > 0$，所以随着 ϕ 增大，企业需要支付的贷款利息相应更高。引理 2 表明，产业风险较低时，信贷融资可行，但随着产业风险上升，企业需要支付更高的利息来弥补银行贷款风险，直至超过项目的承受范围（$R_{2,b}^{H} \geq \pi_H$），此时，信贷融资不可行。

3. 股权融资

企业通过发行股权募集资金，资金供给者成为企业项目股东，按其股权比例分享项目利润。股权发行后，企业项目不会被清算，但企业在 $t + 2$ 期需向外部股东让渡 α 部分的项目收益（股权）；假设外部股东足够分散，不会影响企业原有的经营决策 [2]。好企业项目进行股权融资的目标函数：

$$\max_{\alpha}(1 - \alpha)\left[(1 - \phi)\pi_H + \phi\pi_L + \pi_H\right] \quad (9)$$

约束函数为：$\alpha[(1 - \phi)\pi_H + \phi\pi_L + v\pi_H + (1 - v)\pi_L] \geq 1 \quad (10)$

（10）式为股权投资者提供融资的条件，即投资者 t 期的期望收益不低于其投入成本。其中 $(1 - \phi)\pi_H + \phi\pi_L$ 为投资者 $t + 1$ 期的期望收益，$v\pi_H + (1 - v)\pi_L$ 为股权投资者 $t + 2$ 期的期望收益。由（9）式~（10）式推得：

$$\alpha = \frac{1}{(\pi_H + \pi_L) + (v - \phi)(\pi_H - \pi_L)} \quad (11)$$

引理 3：存在 $\hat{v} = 1/[\alpha(\pi_H - \pi_L)] - (\pi_H + \pi_L)/(\pi_H - \pi_L) + \phi$ [3] 使得：当 $v < \hat{v}$ 时，项目股权融资不可行；当 $v \geq \hat{v}$ 时，项目股权融资可行。

由于 $\partial \alpha/\partial v = -(\pi_H - \pi_L)/[(\pi_H + \pi_L) + (v - \phi)(\pi_H - \pi_L)]^2 < 0$，所

---

[1] 当 $R_{2,l}^{H} \geq \pi_H$ 时，即银行融资利息支出超过项目最大利润时，银行融资不可行。由（8）式 $R_{2,l}^{H} = [1 + \rho - (1 - \phi)\pi_H - \phi\pi_L - (-v)A]/v \geq \pi_H$，整理后可得：$\phi \geq [(1 + v)\pi_H + (1 - v)A - 1 - \rho]/(\pi_H - \pi_L)$，所以 $\hat{\phi} = [(1 + v)\pi_H + (1 - v)A - 1 - \rho]/(\pi_H - \pi_L)$。

[2] 除少数股东出任董事会成员或担任公司经理人员外，大多数股东不参与经营，在所有者和经营者之间存在信息不对称问题。

[3] 当 $\alpha[(1 - \phi)\pi_H + \phi\pi_L + v\pi_H + (1 - v)\pi_L] \leq 1$ 时，即股权投资者期望收益低于投入成本时，股权融资不可行，整理后：$v \leq 1/[\alpha(\pi_H - \pi_L)] - (\pi_H + \pi_L)/(\pi_H - \pi_L) + \phi$，所以 $\hat{v} \leq 1/[\alpha(\pi_H - \pi_L)] - (\pi_H + \pi_L)/(\pi_H - \pi_L) + \phi$。

以金融市场环境的恶化（ v 下降）导致企业项目让渡更多的股权（ α 上升），由信息不对称导致的项目融资成本增加。引理 3 表明，当金融市场环境较差时（ $v < \hat{v}$ ），股权投资者对项目期望收益较低，无激励投资股权，只有金融市场环境达到一定条件（ $v \geqslant \hat{v}$ ），投资者期望收益超过投入成本后，才会对项目进行股权融资。

综合引理 1 ~ 3，存在 $\hat{\phi}$ 和 $\hat{v}$ 使得：（1）在区域 $G_1 = \{(\phi, v) \,|\, \phi \leqslant \min(\hat{\phi}_b, \hat{\phi}_l), v \geqslant \hat{v}\}$ ，债券、信贷和股权融资都可行；（2）在区域 $G_2 = \{(\phi, v) \,|\, \phi \geqslant \max(\hat{\phi}_b, \hat{\phi}_l), v \geqslant \hat{v}\}$ ，只有股权融资可行；（3）在区域 $G_3 = \{(\phi, v) \,|\, \phi \leqslant \min(\hat{\phi}_b, \hat{\phi}_l), v < \hat{v}\}$ ，债券融资和信贷融资可行，股权融资不可行；（4）在区域 $G_4 = \{(\phi, v) \,|\, \phi > \max(\hat{\phi}_b, \hat{\phi}_l), v < \hat{v}\}$ ，三种融资方式都不可行（如图 2 所示）。

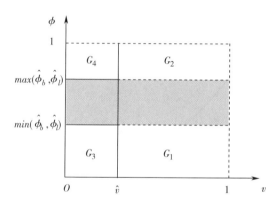

图 2　融资可行区域与企业最优融资方式

命题 1：债券投资者、银行能够利用清算制度客服金融市场环境 v 的约束，而股权融资对金融市场环境 v 有较大的依存度。当金融市场环境较差时，企业只能通过债务方式（债券、信贷）进行融资，随着金融市场环境 v 的改善，企业将更多地偏向于股权融资。

（三）企业项目最优融资方式选择

上文主要分析的是企业项目融资的可行条件和范围，在此基础上，我们进一步考察了产业技术风险和金融市场环境对企业项目最优融资方式选择的影响。首先分析债务融资内的债券融资和信贷融资的选择，然后再加入股权融资进行比较。

1. 债券融资与信贷融资的比较

就债务融资内部比较而言，由于银行相对拥有信息优势，能够对企业项目进行有效清算（能识别出坏企业项目并进行清算），所以能够承受更高的产业风险 ϕ，但同时信贷融资产生相应的项目监督管理费用 ρ，所以项目选择债券融资还是信贷融资主要取决于 ρ 的大小。令 $\Delta = R_{2,b}^{H} - R_{2,l}^{H}$，由（5）式和（8）式可推得：

$$\Delta = \frac{(1 - v)(A - \pi_L) - \rho}{v} \tag{12}$$

当 $\Delta > 0$，即 $\rho < (1 - v)(A - \pi_L)/v$ 时，$R_{2,b}^{H} > R_{2,l}^{H}$，项目通过债券融资所支付的利息高于通过信贷融资利息，此时最优融资方式为信贷融资；当 $\Delta < 0$，即 $\rho > (1 - v)(A - \pi_L)/v$ 时，$R_{2,b}^{H} < R_{2,l}^{H}$，债券融资所支付的利息低于信贷融资利息，此时最优融资方式为债券融资。

命题 2：存在 ρ^{*} [①]，使得：当 $\rho < \rho^{*}$ 时，企业最优融资方式为信贷融资，随着银行对项目监督管理的中间费用提高（$\rho > \rho^{*}$），企业将从信贷融资转变为债券融资（如图 3 所示）。

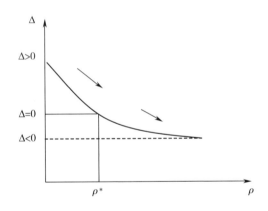

图 3　项目监督管理费用与最优债务融资方式

2. 债券融资与股权融资的比较

在上面的分析中，容易看出，当企业项目不存在清算风险时，最好的融资方式为债券融资。所以这里我们需要首先计算项目在债券融资方式下避免被清算时，所能支付的最高本息额：$R_1 + \pi_L$。由于项目在 $t+1$ 期产生收益 π_L 的概率为 ϕ，产生的支付缺口 $R_1 - \pi_L$ 可以通过在 $t+1$ 期发行新债券来弥补，而此时项目能够发行新债券的数额最多为 $v(\pi_H - \pi_L)$ [项目 $t+2$ 期的期望收益为 $v\pi_H + (1$

---

① 由（12）式可知，$\Delta = 0$ 推得 $\rho^{*} = (1 - v)(A - \pi_L)/v$。

$-v)\pi_L$，而上一期债券需要在 $t+2$ 期支付 π_L，剩余期望收益为 $v\pi_H + (1-v)\pi_L$ $-\pi_L = v(\pi_H - \pi_L)$，即新债券的发行额]，所以有：

$$R_1 - \pi_L = v(\pi_H - \pi_L) \tag{13}$$

由（13）式可推得项目在 t 期最多（无清算风险）能够发行的债券额为 $\hat{I} = 2\pi_L + (1-\phi)(R_1 - \pi_L) + \phi(R_1 - \pi_L)$。好企业项目通过股权融资（已发行债券额为 $\hat{I}$）的企业利润为：

$$W_E = (1-\alpha)[(1-\phi)(\pi_H - R_1) + (1-\phi)(\pi_H - \pi_L)] \tag{14}$$

其中，α 为企业向外部股东让渡的项目收益比重（股权），$\pi_H - R_1$ 与 $\pi_H - \pi_L$ 为好企业项目在 $t+1$ 期产生收益 π_H（概率为 $1-\phi$）时的利润。企业项目在 t 期需要的股权投资额为 $1 - \hat{I}$ 满足：

$$1 - \hat{I} = \alpha[(1-\phi)(\pi_H - R_1) + (1-\phi)v(\pi_H - \pi_L)] \tag{15}$$

其中，$\alpha[(1-\phi)(\pi_H - R_1) + (1-\phi)v(\pi_H - \pi_L)]$ 为股权投资者在 t 期的期望收益。将（13）式和（15）式代入（14）式可得：

$$W_E = (1-\phi)(2-v)(\pi_H - \pi_L) - (1-\hat{I})(2-v) \tag{16}$$

如果项目选择全部债券融资（融资额为 1），那么债券投资者在 t 期的期望收益满足：$1 = (1-\phi)R_1 + \phi A + \pi_L$，其中，$R_1$ 为项目在 $t+1$ 期收益为 π_H（概率为 $1-\phi$）时债券投资者的收益，A 为企业项目在 $t+1$ 期收益为 π_L（概率为 ϕ）时债券投资者对项目清算时的收益，π_L 为债券投资者在 $t+2$ 期的收益。而好企业项目在全部债券融资方式下的利润为：$W_b = (1-\phi)(\pi_H - R_1) + (1-\phi)(\pi_H - \pi_L)$，将（13）式代入其中可推得：

$$W_b = 2(1-\phi)(\pi_H - \pi_L) + \phi(A - \pi_L) - (1 - 2\pi_L) \tag{17}$$

令 $\Delta = w_E - w_b$，由（16）式和（17）式可推得：

$$\Delta = -(1-\hat{I})(1-v) + \phi[v(\pi_H - \pi_L) - (A - \pi_L)] \tag{18}$$

由（18）式推得：$\partial\Delta/\partial\phi = v(\pi_H - \pi_L) - (A - \pi_L) = v\pi_H + (1-v)\pi_L - A$，由（3）式知：$v\pi_H + (1-v)\pi_L - A > 0$，所以 $\partial\Delta/\partial\phi > 0$，即 $\Delta(\phi)$ 为 ϕ 的增函数，而 $\Delta(\phi = 0) < 0$。

命题3：存在 ϕ_B^* [①]，使得当 $\phi < \phi_B^*$，企业最优融资方式为债券融资，随着产业技术风险的提高（$\phi > \phi_B^*$），企业最优融资方式将从债券融资转变为股权

---

① $\phi_B^*(1-\hat{I})(1-v)/[v\pi_H + (1-v)\pi_L - A](\Delta = 0)$，使得当 $\phi \in (0, \phi_B^*)$，$\Delta(\phi) < 0$，$w_E < w_b$，此时项目的最优融资方式为债券融资；当 $\phi \in (\phi_B^*, 1)$，$\Delta(\phi) > 0$，$w_E > w_b$，此时项目最优的融资方式为股权融资。

融资。

3. 信贷融资与股权融资的比较

类似于上面债券融资的分析，我们考虑项目在信贷融资下避免被清算，所支付的最高本息额 $\hat{R}_1 + \pi_L$ 时的情况。如果银行不能对项目进行有效清算，那么银行投资项目的利润满足：$1 = (1 - \phi)(R_1 + \pi_L) + \phi(A + \pi_L)$，$(1 - \phi)(R_1 + \pi_L)$ 为项目在 $t+1$ 期收益为 π_H 时银行的收益，$\phi(A + \pi_L)$ 为项目在 $t+1$ 期收益为 π_L 并被清算时银行的收益。令 $E(l)$ 为被清算项目在如果不被清算时的剩余收益，则 $E(l)$ 满足：$E(l) = v\pi_H + (1 - v)A$，所以银行如果能够对项目进行有效清算，则银行投资项目的利润满足 $1 + \rho = (1 - \phi)(\hat{R}_1 + \pi_L) + \phi[E(l) + \pi_L]$。而项目在信贷融资下的利润为：

$$W_l = (1 - \phi)(\pi_H - \hat{R}_1) + (1 - \phi)(\pi_H - \pi_L) \tag{19}$$

对（19）式求 ϕ 的导数可知：$\partial W_l / \partial \phi = d\hat{R}_1/d\phi + \pi_H - d\phi\hat{R}_1/d\phi + (\pi_H - \pi_L)$，由 $1 + \rho = (1 - \phi)(\hat{R}_1 + \pi_L) + \phi[E(l) + \pi_L]$ 可推得：$E(l) = d\hat{R}_1/d\phi - d\hat{R}_1/d\phi$，代入上式可得：$\partial W_l / \partial \phi = -E(l) + 2\pi_H - \pi_L$。而项目采用股权融资时，企业收益将会保持为（16）式，可推得：$\partial W_E / \partial \phi = (2 - v)(\pi_H - \pi_L)$。令 $\Delta = w_l - w_E$，则 Δ 满足：

$$\partial \Delta / \partial \phi = \partial w_l / \partial \phi - \partial w_E / \partial \phi = -(1 - v)(A - \pi_L) \tag{20}$$

由于 $1 - v > 0$，$A - \pi_L > 0$，所以 $\partial \Delta / \partial \phi < 0$，即 $\Delta(\phi)$ 为 ϕ 的减函数，且 $\Delta(\phi = 1) < 0$。

命题4：存在 ϕ_l^* [①]，使得当 $\phi < \phi_l^*$，企业最优融资方式为信贷融资，随着产业技术风险的提高（ $\phi > \phi_l^*$ ），企业最优融资方式将从信贷融资转变为股权融资。

四、产业技术风险特征与融资结构的实证分析

前面定性分析了产业技术风险特征、金融市场环境与金融结构之间的关系，本文接下来通过构建计量模型，对上节理论分析提出的命题进行实证检验。本文的实证研究思路分以下三个步骤：第一，选取和计算衡量产业结构与金融结构的指标；第二，实证并检验债券融资与信贷融资结构的影响因素；第三，实

---

① $\phi_l^* = 1 - (1 - \hat{I})(2 - v)/[(1 - v)(\pi_H - \pi_L) - (\pi_H - \hat{R}_1)](\Delta = 0)$，使得当 $\phi \in (0, \phi_l^*)$，$\Delta(\phi) > 0$，$w_l > W_E$，此时项目的最优融资方式为债券融资；当 $\phi \in (\phi_l^*, 1)$，$\Delta(\phi) < 0$，$w_l < w_E$，此时项目最优的融资方式为股权融资。

证并检验债券融资与股权融资结构的影响因素；第四，实证并检验信贷融资与股权融资结构的影响因素。

（一）产业结构与金融结构指标的选择与构造

为了考察一个国家的金融结构与整体产业结构之间的匹配关系，首先需要构建产业结构指标。由于我们主要是从技术水平的角度划分产业结构，所以指标构建的关键是有效识别出不同产业的技术含量。参照 Hatzichronoglou （1997）[①]，我们采用产业 R&D 强度（direct R&D intensity）衡量产业技术水平，借鉴 OECD 技术密集度定义的方法（technology intensity definition），基于不同产业直接 R&D 强度，将国际标准产业分类（ISIC/Rev. 3）中的二级细分产业划分为 4 种类别：高端技术产业（high technology）、中高端技术产业（mediumhigh technology）、中低端技术产业（medium low technology）及低端技术产业（low technology），具体产业分类如表 1 所示。基于以上产业技术划分，本文将衡量技术水平特征的产业结构指数 $T_{j,t}$ 定义如下：

$$T_{j,t} = \frac{\sum_i V^H_{i,j,t} + \sum_i V^{MH}_{i,j,t}}{\sum_i V^L_{i,j,t} + \sum_i V^{ML}_{i,j,t}}$$

j 代表国家，i 代表 j 国家的细分产业，$V_{i,j,t}$ 为 i 产业在 t 年的工业增加值，上标 H、MH、ML、L 分别为高端、中高端、中低端及低端技术所属细分产业。本文分国别细分产业增加值数据来源于 OECD Structural Analysis Statistics 数据库[②]。

表1　　　　　　　　基于 R&D 强度的技术水平细分产业分类

高端技术产业	Rev. 3 编号	中高端技术产业	Rev. 3 编号
飞机和航天器的制造 Aircraft and spacecraft	353	电力机械和装置的制造 Electrical machinery and apparatus, n. e. c.	31
药品、医药化学剂和植物药材的制造 Pharmaceuticals	2423	汽车、挂车和半挂车的制造 Motor vehicles, trailers and semi-trailers	34
办公室、会计和计算机器的制造 Office, accounting and computing machinery	30	化学品及化学制品的制造 Chemicals excluding pharmaceutic	24 excl. 2423
无线电、电视和通讯设备与装置的制造 Radio, TV and communications equipment	32	轨道交通及其他运输设备制造 Railroad and transport equipment, n. e. c.	352 + 359
医疗器械、精密仪器和光学仪器制造 Medical, precision and optical instruments	33	机械和设备的制造 Machinery and equipment, n. e. c.	29

---

① Hatzichronoglou, T. Revision of the High-Technology Sector and Product Classification ［R］. OECD Science, Technology and Industry Working Papers, 1997, No. 1997/02.

② http://www.oecd-ilibrary.org.

中低端技术产业	Rev. 3 编号	低端技术产业	Rev. 3 编号
船舶的建造和修理 Building and repairing of ships and boats	351	家具制造、废弃资源回收利用 Manufacturing, n. e. c. ; Recycling	36 – 37
橡胶和塑料制品的制造 Rubber and plastics products	25	木材加工、草编制品、纸制品的制造 Wood, pulp, paper, paper products	20 – 21
焦炭、精炼石油产品及核燃料的制造 Coke, refined petroleum and nuclear fuel	23	出版、印刷及记录媒介物的复制 printing and publishing	22
非金属矿物制品的制造 Other non – metallic mineral products	26	食品及饮料、烟草制品的制造 Food products, beverages and tobacco	15 – 16
基本金属、金属制品制造（机械设备除外） Basic metals and fabricated metal products	27 – 28	纺织、服装、毛皮制品及鞋靴的制造 Textiles, textile, leather and footwear	17 – 19

关于金融结构方面数据，本文参照纪志宏和卜永祥（2013）[①]，使用存款货币银行和其他金融机构对私人部门的信贷余额与 GDP 的比值（LOG）度量银行业发展水平，用股票市场市价总值余额与 GDP 的比值（EOG）度量股权市场发展水平，用私人债券市场市值余额与 GDP 的比值（BOG）度量债券市场发展水平。基于以上代理指标，结合本文将要考察的主要内容，我们将金融结构划分为以下几类：$LB_{jt} = BOG_{jt}/LOG_{jt}$，$BE_{jt} = BOG_{jt}/EOG_{jt}$，$LE_{jt} = LOG_{jt}/EOG_{jt}$。样本数据来自世界银行金融发展和结构数据库（the Database of Financial Developmentand Structure）[②]。

（二）实证模型设定和变量选取

根据上一章提出的研究假设，我们采用面板回归模型识别金融结构与产业结构的关系及其他相关影响因素，建立如下面板回归模型：

$$LB_{jt} = \alpha_0 + \alpha_1 T_{jt} + \alpha_2 CON_{jt} + \alpha_3 COS_{jt} + \sum_{j=2}^{J} \alpha_j \prod_{jit-1}^{1} + \varepsilon_{it} \quad (21)$$

$$BE_{jt} = \beta_0 + \beta_1 T_{jt} + \beta_1 DCP_{jt} + \beta_3 SLR_{jt} + \sum_{k=2}^{K} \beta_j \prod_{kit-1}^{2} + \eta_{it} \quad (22)$$

$$LE_{jt} = \gamma_0 + \gamma_1 T_{jt} + \gamma_1 DCP_{jt} + \gamma_3 SLR_{jt} + \sum_{k=2}^{K} \gamma_j \prod_{kit-1}^{2} + \upsilon_{it} \quad (23)$$

（21）式为考察债务融资结构（债券融资与信贷融资比率 LB_{jt}）影响因素的面板回归模型，（22）式为考察债券融资与股权融资结构 BE_{jt} 影响因素的面板

---

① 纪志宏，卜永祥. 金融发展、金融结构与经济增长：32 个国家的经验证据 [R]. 经济研究，2013，Working Papers：WP472.

② 数据库下载网站地址：http：//econ. worldbank. org/financialstructure.

回归模型，（23）式为考察信贷融资与股权融资结构 LE_{jt} 影响因素的面板回归模型。解释变量 T_{jt} 为衡量技术水平特征的产业结构指数（按上文方法计算得出）；CON_{jt} 与 COS_{jt} 为衡量银行对项目监督管理成本（ρ）的代理变量，分别为银行集中度（％）、银行的成本收入比（％）；DCP_{jt} 与 SLR_{jt} 为衡量金融市场环境（v）的代理变量，分别为公共征信系统覆盖率（％）①，法律权利力度指数（0 = 弱，12 = 强）②。$\prod^{1} - \prod^{3}$ 为三组面板回归模型中的控制变量。根据数据的完整性和全面性，本文选取了 24 个有代表性的国家作为研究样本③。样本数据跨度为 1990 年至 2013 年共 24 个年度数据，总样本量为 552。

对于控制变量，本文借鉴尹雷和赫国胜（2014）④、李永刚（2014）⑤ 等人的研究，选取以下三类影响金融结构的因素：一是经济发展阶段代理变量，具体包括 $Pgdp_{jt}$（人均 GDP），$Sgdp_{jt}$（GDP 增速）；二是人力资本的代理变量，具体包括受过初等教育的人口占总人口的比重 $Pedu_{jt}$，受过高等教育的人口占总人口的比重 $Hedu_{jt}$；三是经济开放程度，具体包括货物和服务出口占 GDP 的比重 $Egdp_{jt}$，货物和服务进口占 GDP 的比重 $Igdp_{jt}$，数据来源于世界银行数据库。

（三）债券融资与信贷融资结构影响因素的实证结果和分析

首先对 LB_{jt} 与 T_{jt} 进行回归，然后加入银行对项目的监督管理成本（ρ）的代理变量 CON_{jt} 与 COS_{jt}，最后加入控制变量 $Pgdp$、$Sgdp_{jt}$、$Pedu_{jt}$、$Egdp_{jt}$ 和 $Igdp_{jt}$。第 1 ~ 2 步回归时，Hausman 检验值均小于其 0.05 的 $\chi^2_{0.05(n)}$ 值，所以模型均建立个体随机效应模型，第 3 步回归时，$H_3 = 22.678 > \chi^2_{0.05(9)} = 16.919$，应建立个体固定效应模型，回归结果见表 2。

回归结果 1、2、3 均支持本文的主要结论，T_{jt} 对 LB_{jt} 的解释系数不显著，而 CON_{jt}，COS_{jt} 对 LB_{jt} 的解释系数均为正数（前者在 0.1036 到 0.1374 之间，后者在 0.2447 到 0.2491 之间），即金融结构中，债券融资与信贷融资的比例受产业结构（技术层面）的影响不显著，而受银行监督管理成本（ρ）的影响显著；银行集中度 CON_{jt} 与银行成本收入比 COS_{jt} 越高时，LB_{jt} 越大，说明随着银行对项目监督管理成本的提高，银行信贷融资的比例减少，而债券融资的比例增加。

---

① 公共征信系统覆盖率为公共征信系统列出的个人或公司，提供其还款记录、未偿付债务或信贷余额等信用信息数量占成年人口的比例表示。数据来源于世界银行全球发展数据库。

② 法律权利力度指数衡量的是担保品法和破产法通过保护债权人和债务人权利而促进融资活动的程度，指数范围为 0 ~ 12，数值越高表明担保品法和破产法越有利于获得融资。数据来源于世界银行全球发展数据库。

③ 奥地利、加拿大、丹麦、芬兰、法国、德国、希腊、匈牙利、冰岛、爱尔兰、意大利、日本、韩国、墨西哥、荷兰、挪威、波兰、葡萄牙、斯洛文尼亚、西班牙、瑞典、英国、美国。

④ 尹雷，赫国胜. 金融结构与经济发展：最优金融结构存在吗？［J］. 上海金融，2014（2）.

⑤ 李永刚. 金融结构调整对经济效果影响的比较研究［J］. 经济社会体制比较，2014（3）.

命题 2 得到了实证检验的支持。

表 2　　　　　债券融资与信贷融资结构影响因素的实证结果

解释变量	回归结果 1	回归结果 2	回归结果 3
C	0.4506（5.1211 ***）	0.6872（5.8878 ***）	− 0.7019（− 1.9199 *）
T	− 0.0260（− 1.7459 *）	− 0.0368（− 1.0229）	− 0.6213（− 0.3676）
CON		0.1036（2.0842 **）	0.1374（1.9229 *）
COS		0.2491（2.1827 **）	0.2447（2.1376 **）
$Pgdp$			0.1378（3.5171 ***）
$Sgdp$			0.0746（0.0730）
$Pedu$			− 0.0272（− 2.2245 **）
$Hedu$			0.0360（3.6079 ***）
$Egdp$			− 0.0624（− 1.7949 *）
$Igdp$			− 0.0248（− 1.6110 *）
Adjust R − Squared	0.8113	0.8108	0.8309
Hausman test	0.059	0.9701	22.6784
观测值	552	552	552
方法	个体随机效应	个体随机效应	个体固定效应

注：（）内为 t 统计量符号；＊＊＊、＊＊和＊分别表示参数通过1%、5%和10%以上的显著检验。

回归结果 3 进一步强化了回归结果 1～2。回归结果 3 显示，控制变量中，人均GDP $Pgdp_{jt}$、高等教育人口比重 $Hedu_{jt}$ 对 LB_{jt} 产生了显著的正向影响，初等教育人口比重 $Pedu_{jt}$、进出口占GDP的比重 $Igdp_{jt}$、$Egdp_{jt}$ 对 LB_{jt} 产生了显著的负向影响；反映出随着经济发展阶段的提升，人力资本素质的提高，债务融资中债券融资的比例相应增大，而随着经济发展中贸易依存度的扩大，债务融资中信贷融资的比例相应增大。

（四）债券融资与股权融资结构影响因素的实证结果和分析

根据（25）式，首先对 BE_{jt} 与 T_{jt} 进行回归，然后加入市场环境（v）的代理变量 DCP_{jt} 与 SLR_{jt}，最后加入控制变量 $Pgdp - Igdp_{jt}$。第 1～3 步回归时，Hausman 检验值均小于其 $\chi^2_{0.05(n)}$ 值，所以均建立个体随机效应模型，回归结果见表 3。

回归结果 1～3 均支持本文的主要结论，T_{jt} 对 BE_{jt} 的解释系数均显著为负（− 0.2180 到 − 0.1849 之间），即产业结构中，随着高技术、高风险产业比重 T_{jt} 的上升，金融结构中债券融资与股权融资的比例 BE_{jt} 越小，即债券融资占比减少，而股权融资占比增加；市场环境（v）的代理变量 DCP_{jt} 与 SLR_{jt} 对 LB_{jt} 的解释系数也均为负数（前者在 – 0.0190 到 – 0.0120，后者在 – 0.0174 到 – 0.0167 之间），说明随着市场环境（v）的改善，企业将从债券融资转向股权融资，金融结构中股权融资的比例增加。命题 1 和命题 3 得到了实证检验的支持。回归结果 3 进一步显示，控制变量中只有高等教育人口比重 $Hedu_{jt}$ 对 BE_{jt} 产生了显著的负向影响，其他变量均不显著，反映出随着经济中人力资本素质的提高，股权融资的比例相应增大。

表3	债券融资与股权融资结构影响因素的实证结果		
解释变量	回归结果 1	回归结果 2	回归结果 3
C	0.3697（8.2267 ***）	1.2934（2.9632 ***）	– 0.7584（– 0.8846）
T	– 0.2180（– 4.9987 ***）	– 0.1868（– 5.0150 ***）	– 0.1849（6.0241 ***）
DCP		– 0.0190（– 1.8237 *）	– 0.0120（– 1.8967 *）
SLR		– 0.0167（– 1.6402 *）	– 0.0174（– 1.8316 *）
$Pgdp$			0.3571（0.4310）
$Sgdp$			– 0.0729（– 0.9198）
$Pedu$			0.0484（0.0178）
$Hedu$			– 0.0106（– 4.8833 ***）
$Egdp$			– 0.0247（– 0.3197）
$Igdp$			– 0.0068（– 0.7597）
Adjust R – Squared	0.8415	0.8733	0.8347
Hausman test	3.7994	3.6750	1.1227
观测值	552	552	552
方法	个体随机效应	个体随机效应	个体随机效应

注：（）内为 t 统计量符号；***、** 和 * 分别表示参数通过 1%、5% 和 10% 以上的显著检验。

（五）信贷融资与股权融资结构影响因素的实证结果和分析

根据（26）式，首先对 LE_{jt} 与 T_{jt} 进行回归，然后依次加入市场环境（v）的代理变量、控制变量，模型均建立个体随机效应模型，回归结果见表 4。

回归结果 1～3 显示，T_{jt} 对 LE_{jt} 的解释系数均显著为负（ – 0.7403 到 – 0.3417 之间），即随着产业技术与风险的提高，企业将从信贷融资转为股权融资，从而金融结构中信贷融资比例减少，而股权融资比例增加；市场环境（v）的代理变量 DCP_{jt} 与 SLR_{jt} 对 LB_{jt} 的解释系数也均为负数，说明随着市场环境（v）的改善，企业将从信贷融资转向股权融资，金融结构中股权融资的比例增加。命题 1 和命题 4 得到了实证检验的支持。

表4　　　　　　　　信贷融资与股权融资结构影响因素的实证结果和分析

解释变量	回归结果1	回归结果2	回归结果3
C	0.6792（2.0879 **）	0.4527（0.6355）	0.1226（6.1347 ***）
T	− 0.7403（− 1.7695 *）	− 0.7237（− 1.7351 *）	− 0.3417（− 3.604 ***）
DCP		− 0.1141（− 1.7601 *）	0.0412（1.9154 *）
SLR		0.4143（1.8377 *）	0.3852（1.8092 *）
$Pgdp$			− 0.1486（− 5.4137 ***）
$Sgdp$			− 0.2351（− 0.9429）
$Pedu$			0.0022（0.0270）
$Hedu$			− 0.0421（− 0.6805）
$Egdp$			0.9492（4.1555 ***）
$Igdp$			− 0.9733（− 0.3812）
Adjust R – Squared	0.8739	0.8754	0.8261
Hausman test	0.2172	0.2111	7.4410
观测值	552	552	552
方法	个体随机效应	个体随机效应	个体随机效应

注：（）内为t统计量符号；*** 、** 和 * 分别表示参数通过1%、5%和10%以上的显著检验。

回归结果3进一步显示，控制变量中，人均GDP $Pgdp_{jt}$ 对 LE_{jt} 产生了显著的负向影响，出口占GDP的比重 $Egdp_{jt}$ 对 LE_{jt} 产生了显著的正向影响。说明随着经济发展阶段的提升，股权融资的比例相应增大，而随着经济发展中对出口依赖的增大，信贷融资的比例相应增大。

五、产业动态变动与最优金融结构需求的均衡分析

随着产业发展阶段的转化和国内外经济条件的变化，我国经济处于传统动力弱化而新动力生成的调整期，劳动力数量开始下降但人力资本素质不断提高、资本数量积累增速放慢但资本质量优势逐步发挥、技术引进效应进一步衰减且技术创新能力逐步提高，相应的产业比较优势也发生了明显转变，推动了产业结构的显著调整。但产业结构是一个复杂而具有密切内在联系的复合有机体，因此产业结构的调整并不是简单的静态比例关系变动，而是一个多维产业现象动态变化过程，对金融结构的需求也是各不相同。

在上两章中，我们主要从整体产业技术水平的狭义角度分析产业结构与金融结构之间的关系，缺乏对广义产业结构变动与金融结构关系的深入描述。本

文接下来在 Mackay 和 Phillips（2004）[1]、Jianjun（2005）[2] 等研究的基础上构建一个能够刻画广义产业特征及其动态变化的均衡模型，将产业技术水平进一步分解为技术效率与技术进步，结合退出成本、进入成本、经营成本等多维产业特征来模拟分析产业结构动态变动与最优金融结构需求。

（一）均衡模型构建

考虑一个由企业、银行和投资者构成的经济，所有参与者均为风险中性，企业所有者也是经营者，经济中存在一个由大量同质企业组成的产业，产业层面的信息对银行和投资者来说是完美信息。不失一般性，设定投资期间现金流量贴现率为无风险利率 r，融资时序 $t \in [0, \infty)$ 为连续时间。

1. 产业需求函数与生产函数

产业为动态均衡的，即每一时间点，产业中都会有企业退出，同时也会有新的企业进入，长期来看，产业的企业数量处于均衡状态。进一步，本文设定产业为充分竞争，即产品价格是外生给定，企业是产品价格的接受者，产业产品需求函数为：

$$p = Y^{-\frac{1}{\varepsilon}} \tag{24}$$

其中，p 为产品价格，Y 为产量，ε 为产品求弹性系数，满足 $\varepsilon > 0$。产业中的企业存在数目为连续型函数，每个企业都要承受外生独立的自然消退冲击，消退概率满足参数为 η 的泊松分布。为分析方便，本文设定企业生产函数为资本投入单要素方程：

$$F(k) = zk^v \tag{25}$$

其中，v 为产出弹性，满足 $v \in (0,1)$，即企业生产函数满足规模报酬递减，同时，假设资本的折旧率为 $\delta > 0$。z 为企业技术水平，企业在事前（ex ante）面临着相同分布的技术冲击，但在事后（ex post）面临着异质性的技术冲击 z_t。这里我们将技术冲击分解技术效率冲击和技术进步冲击，$(z_t)_{t \geqslant 0}$ 满足：

$$dz_t / z_t = \mu_z dt + \sigma_z dW_t \tag{26}$$

其中，$\mu_z > 0$ 为技术效率参数，$\sigma_z > 0$ 为技术进步参数，$(W_t)_{t \geqslant 0}$ 是一个标准的布朗运动，代表了企业技术层面的不确定性。

假设在每期生产中，企业都要支付固定的经营成本 $c_f > 0$，同时设定企业税率为 τ，则企业的税后利润函数为：

$$\Psi(k) = \max_{k \geqslant 0} [(1 - \tau)(pzF(k) - \delta k - c_f) - rk] \tag{27}$$

① Mackay, Peter, and Gordon M. Phillips "How does industry affect firm financial structure?" [J]. Review of Financial Studies, 2004.

② Jianjun Miao "Optimal Capital Structureand Industry Dynamics" [J]. The Journal of Finance, 2005 Vol. Lx. No. 6, 2621－2658.

对（27）式最优化可以得到单个企业的资本需求 k，将 k 代入（25）式进而可以求得单个企业的产出 y，k,y 均为 z,p 的函数：

$$k(z,p) = z^\gamma \left(\frac{pv}{r/(1-\tau)+\delta} \right)^\gamma \tag{28}$$

$$y(z,p) = zF[k(z,p)] = z^\gamma \left(\frac{pv}{r/(1-\tau)+\delta} \right)^{v\gamma} \tag{29}$$

其中，$\gamma = 1/(1-v)$，进一步，将（28）式和（29）式代入（27）式后可推得企业最优税后利润方程为：

$$\Psi(z,p) = (1-\tau)[a(p)z^\gamma - c_f] \tag{30}$$

其中，$a(p) \equiv p^\gamma(1-v)[v((1-\tau)+\delta)/r]^{v\gamma}$。（30）式左右两式分别对 z 求导，可知 $\partial\Psi(z,p)/\partial z = (1-\tau)a(p) > 0$，所以 $\Psi(z,p)$ 为 z 的单调增函数。

2. 融资合同与企业清算

企业为生产进行外部融资，选择债务融资（银行信贷）或在金融市场发行股票（市场融资）。如果企业选择债务融资，企业每年需要支付银行固定利息 b，当 $\Psi(z;p) < b$，即企业的收益不足以支付利息 b 时，银行将对企业进行破产清算并获得清算价值；如果企业选择市场融资（股权融资），企业不会被清算，企业向股权投资者发放股利。如果企业选择复合式融资方式（既有债务融资又有股权融资），如果企业拖欠银行债务，同样立即被破产清算，违约后，银行优先获得清算价值，股东获得剩余价值。

3. 企业清算价值与债务融资

在 $t = 0$ 期，投资者如果预计企业将在 T 期被清算，则企业在 $t = 0$ 期的价值为企业未来 $t \in (0,T)$ 利润之和的现值：

$$A(z,p) = \sup_T E_T^z \left[\int_0^T e^{-(r+\eta)t} \Psi(z_t,p) dt \right] \tag{31}$$

其中，$e^{-(r+\eta)t}$ 为企业利润的贴现因子，r 为无风险利率，η 为自然消退冲击的泊松分布参数。参照 Fries 等（1997）[①]，企业在 T 期时破产清算的现值为 $\alpha A(z;p)$，$\alpha \in (0,1)$，剩余价值 $(1-\alpha)A(z,p)$ 则作为企业的破产退出成本。在 $t \in (0,T)$ 期，银行对利息期望收入之和的现值为：$E^z\left[\int_0^T e^{-(r+\eta)t}bdt\right]$，而在 T 期破产清算期望值的现值为：$\alpha A(z_d;p)E^z[e^{-(r+\eta)T}]$，根据无套利定价原理（non-arbitrage pricing principle），企业在 $t = 0$ 期均衡的负债价值，即负债融资的需求额 $d(z,b;p)$ 为：

---

① Fries, Steven, Marcus Miller, and William Perraudin. "Debt in industry equilibrium" [J]. Review of Financial Studies, 1997, 10: 39 - 67.

$$d(z,b;p) = E^z \Big[\int_0^T e^{-(r+\eta)t} b \, dt \Big] + \alpha A(z_d;p) E^z \big[e^{-(r+\eta)T} \big] \qquad (32)$$

4. 投资与破产清算决策

企业进入生产经营 $t \in (0,T)$ 时，在每期 T，企业支付完债务利息 b 之后的剩余税后利润 $(1-\tau)[pzF(k) - \delta k - c_f - b] - rk$ 作为分红派发股东。根据无套利定价原理，企业在 $t=0$ 期均衡的股权价值，即股权融资需求额 $e(z,b;p)$ 为：

$$e(z,b;p) = \sup_t E^z \Big\{ \int_0^T e^{-(r+\eta)t} \big[(1-\tau)(pz_t F(k_t) - \delta k_t - c_f - b) - rk_t \big] dt \Big\}$$

$$= \sup_t E^z \Big\{ \int_0^T e^{-(r+\eta)t} \big[\Psi(z_t,p) - (1-\tau)b \big] dt \Big\} \qquad (33)$$

则企业在 $t=0$ 期的资产价值 $v(z,b;p)$ 为负债与股东权益和，即

$$v(z,b;p) = d(z,b;p) + e(z,b;p) \qquad (34)$$

由于 $\Psi(z;p)$ 是 z 的单调增函数，所以存在阈值 z_d，当技术冲击 $(z_t)_{t \geqslant 0}$ 的取值第一次使得 $\Psi(z;p) < b$ 时，企业就将破产清算并退出该产业。所以，$T = T_{z_d}$，T_{z_d} 表示技术冲击 $(z_t)_{t \geqslant 0}$ 第一次低于阈值 z_d 的时间点，$T_{z_d} \in \Gamma$，Γ 为布朗运动 $(W_t)_{t \geqslant 0}$ 产生的所有停时集合。

5. 新企业进入门槛

在每期 t，产业外都有潜在的新企业不断进入产业。新进入企业，需要承担一定的固定沉没成本 c_e（进入成本），c_e 可以通过债务融资和股权融资来获得。参照 Welch（2004）[①]，新进入企业具有初始的技术水平 z^*，其分布函数 ζ 服从区间 $[z_-, z^-]$ 上的均匀分布，且有 $z_- > z_d$。由于产业为完全竞争环境，所以企业退出和进入达到动态平衡时点时，企业的期望收益现值（资产价值）$v(z,b;p)$ 等于新企业的固定沉没成本 c_e，即新企业进入的门槛条件：

$$\int_{z_-}^{z^-} v(z,b;p) \zeta(dz) = c_e \qquad (35)$$

（二）产业加总及动态均衡条件

假设产业处于长期均衡状态时，产业拥有的企业数量服从测度 μ^0，即对于任何区间 $[z_d, \infty]$ 上的 Borel 集合 B，$\mu^0(B)$ 为技术冲击取值落在区间 B 上的所有企业的数量，则产业中的企业数量 M^0 可以定义为：

$$M^0 = \int_{z_d}^{\infty} \mu^0(dz) \qquad (36)$$

由此，可以对单个企业的变量进行加总，计算出相应的产业变量。产业总产出 $Y(\mu,b;p)$ 为：

---

① Welch, Ivo. "Stock returns and capital structure" [J]. Journal of Political Economy, 2004：112, 106 – 131.

$$Y(\mu^0, b; p) = \int_{z_d}^{\infty} y(z, p) \mu^0(dz) \tag{37}$$

其中，$y(z, p)$ 为单个企业的产出。在单个企业最优决策的前提下，产业的动态均衡条件即为产业的出清条件：

$$p = Y(\mu^0, b, p)^{-1/\varepsilon} \tag{38}$$

（三）模型求解

基于上述条件，可以推得模型存在唯一的平稳均衡解，并且可以得到产业处于长期动态均衡条件下的 z_d^0、p^0、b^0 和新进企业数量 N^0 的表达式：

$$z_d^0 = \left[\frac{\gamma - \vartheta}{\gamma} - \frac{\vartheta(1-\alpha)(1-\tau)}{\gamma\tau} \right]^{\frac{1}{\vartheta}} \left[\int_{z_-}^{z^-} z^\vartheta \zeta(dz) \right]^{\frac{1}{\vartheta}} \tag{39}$$

$$p^0 = (c_e)^{\frac{1}{\gamma}} \left\{ (1-\upsilon) \left(\frac{\upsilon}{r/(1-\tau)+\delta} \right)^{\upsilon\gamma} \left[\frac{1-\tau}{\lambda} \frac{(z^-)^{\gamma+1} - (z_-)^{\gamma+1}}{(z^- - z_-)(\gamma+1)} + \frac{\tau}{\lambda} (z_d^0)^\gamma \right] \right\}^{-\frac{1}{\gamma}} \tag{40}$$

$$N^0 = (p^0)^{-(\varepsilon+\gamma\upsilon)} \left(\int_{z_e}^{\infty} z^\gamma \mu_0 dz \right)^{-1} \left(\frac{\upsilon}{r/(1-\tau)+\delta} \right)^{-\upsilon\gamma} \tag{41}$$

$$b^0 = \frac{(\vartheta - \gamma)(r+\eta) a(p^0)}{\vartheta\lambda} \left[\frac{\gamma - \vartheta}{\gamma} - \frac{\vartheta(1-\alpha)(1-\tau)}{\gamma\tau} \right]^{\frac{\gamma}{\vartheta}} \left[\int_{z_-}^{z^-} z^\vartheta \zeta(dz) \right]^{\frac{\gamma}{\vartheta}} \tag{42}$$

其中，$\lambda \equiv r + \eta - \mu_z\gamma - \sigma_z^2\gamma(\gamma-1)/2 > 0$

$$\vartheta \equiv \frac{1}{\sigma_z^2} \left[(\sigma_z^2/2 - \mu_z) - \sqrt{2(r+\eta)\sigma_z^2 + (\sigma_z^2/2 - \mu_z)^2} \right] < 0$$

产业处于长期均衡状态时的融资结构（债务融投资与股权融资之比）L_0 为：

$$L_0 = \frac{\frac{1}{M_0} \int_{z_d^0}^{\infty} d(z, b_0, p_0) \mu_0(dz)}{\frac{1}{M_0} \int_{z_d^0}^{\infty} v(z, b_0, p_0) \mu_0(dz)} \tag{43}$$

产业处于长期均衡状态时的产业更新率（产业内企业更新比率：产业新进企业数量与产业均衡企业数量之比 N^0/M^0）T_0 为：

$$T_0 = \frac{(p^0)^{-(\varepsilon+\gamma\upsilon)} \left(\int_{z_e}^{\infty} z^\gamma \mu_0 dz \right)^{-1} \left(\frac{\upsilon}{r/(1-\tau)+\delta} \right)^{-\upsilon\gamma}}{\int_{z_e}^{\infty} \mu_0 dz} \tag{44}$$

六、基于动态均衡模型的模拟分析

上一节模型主要刻画产业处于长期动态均衡状态下的融资结构特征。在此基础上，我们通过调整参数设置（刻画不同的产业变化特征），通过模拟数据考察多维产业结构特征动态变化对融资结构产生的影响。

我们给出上述模型的一个初始参数设置，用来作为比较分析的基准，参数设置的依据包括两个方面：一是参考已有文献中有关参数的设定值；二是结合我国的实际经济数据进行校准。对于规模报酬参数 v，参考张宇（2010）[①] 中对于资本规模报酬的估算，设定 $v = 0.57$；参照一般经济周期理论中关于资本折旧率的设定，我们取 $\delta = 0.10$；对于技术冲击水平 μ_z 及其波动风险 σ_z，参考 Jianjun Miao（2005）[②] 中的方法，分别设定为 $\mu_z = 0.95\%$ 和 $\sigma_z = 20\%$；参考胡春龙（2014）[③] 中对于需求价格弹性的估计，设定需求价格弹性系数 $\varepsilon = 0.76$；采用近五年的 1 年期国债收益率平均值作为无风险利率，计算得到 $r = 3.28\%$；根据我国对一般企业所得税税率的规定，设定企业的税率为 $\tau = 0.25$；此外，参考 Jianjun Miao（2005）中的参数设置，分别设定退出成本占比 $1 - \alpha = 0.20$，企业自然消退概率分布参数 $\eta = 0.04$，新进企业初始技术冲击的取值区间 $[z_-, z^-] = [2.50, 3.50]$，以及沉没成本 $c_e = 78.35$。综上，初始参数设置的结果如表 5 所示。

表 5　　　　　　　　　　　均衡分析模型参数设置

经济学意义	参数符号	取值
规模报酬	v	0.57
资本折旧率	δ	0.10
技术冲击水平	μ_z	0.95%
技术波动风险	σ_z	0.20
无风险利率	r	3.28%
企业税率	τ	0.25
退出成本	$1 - \alpha$	0.20
自然消退概率	η	0.04
沉没成本	c_e	78.35
初始技术冲击下限	z_-	2.50
初始技术冲击上限	z^-	3.50
需求价格弹性	ε	0.76
经营成本	c_f	5.00

---

① 张宇. 基于 1979—2008 年数据中国经济动态效率研究 [D]. 哈尔滨工业大学硕士学位论文，2010.

② 该文在设定技术冲击水平及其波动风险时，采用标准普尔 500 企业的现金流的增速和波动率数据估算得到，本文采用我国上市公司的现金流数据估算而得。

③ 胡春龙. 我国城镇居民商品需求价格弹性的估计 [J]. 科技与产业，2014（8）.

（一）产业技术效率变动对融资结构影响的模拟分析

产业技术效率指的是在现有技术水平下，要素投入得到的实际产出水平与相等要素投入下的前沿技术产出水平之间的差距，距离越小，则技术效率越高。产业技术效率的进步往往依赖于对先进技术、工艺的引进和吸收能力，对技术效率进步的投入风险相对较低，资金回报较稳健。图4模拟结果显示了产业技术效率变动的影响效应。随着产业技术效率的提高，产业产出水平相应提高，由于产业的充分竞争，导致产出价格下降，因此，只有技术效率和水平相对较高的企业能够在产业中生存；同时由（35）式可知，产业技术效率提高使得新企业进入门槛上升，导致产业更新率下降；技术效率的提升，企业经营风险下降，破产 [即 $(z_t)_{t \geqslant 0} < z_d$] 的概率相对较低，对债务比率（杠杆率）的承受能力增强，债务融资是有效的融资渠道，从而导致融资结构中债务融资比重上升。

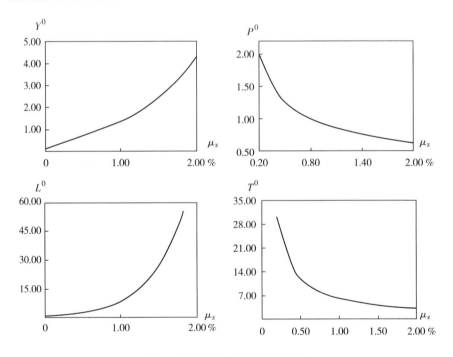

图4 产业技术效率变动影响效应

（二）技术创新风险波动对融资结构影响的模拟分析

技术创新是一种具有探索性、创造性的技术经济活动，产业技术前沿的扩展需要进行大量技术研发投资，同时由于外部环境的不确定性、技术创新项目本身的难度与复杂性，创新主体自身能力的有限性等因素的存在，导致技术创新活动存在一定的失败及损失概率，从而产生技术创新风险波动。图5模拟结果显示了技术创新风险波动的影响效应。随着技术创新的提高，产业技术创新风险波动加剧，$(z_t)_{t \geqslant 0} < z_d$ 的概率相对升高，即企业破产风险增大，企业面临更高的清算风险损失，同时企业为了补偿债务融资的风险需要承担更高的利息支出 b^0，由（32）式、（42）式可知，企业债务融资需求下降，从而导致融资结构中股权融资比重上升；虽然产业内企业破产比例较高，但由于产品需求端外生不变，产业的完全竞争特征，都会促使新企业不断进入，从而导致产业更新率上升；随着新企业不断进入，产业产出水平提高，产品价格下降。

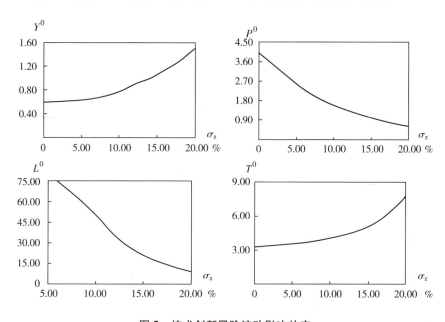

图5　技术创新风险波动影响效应

（三）产业进入成本变动对融资结构影响的模拟分析

产业进入成本指的是新进入企业需要承担而现有产业内企业无须承担的（额外）生产成本，包括产业内的技术壁垒、法律、行政规制（管制）以及现存企业的战略性阻止进入行为对新进企业造成的成本。图6模拟结果显示了产业进入成本变动的影响效应。产业进入成本的上升，对新企业进入形成壁垒，对现有产业企业起到一定的保护作用，因此产出价格相应上升，产业更新率下降；由于企业税务缴纳额为 $\tau[pzF(k) - \delta k - c_f - b]$，所以产出价格的上升使企业纳税数额增多，产业现有企业偏向于利用债务的节税收益，从而更多地采用债务融资，融资结构中债务融资比重上升。因此，相应地，随着产业进入成本的下降，产出价格相应下降，产业更新率上升，股权融资需求上升，融资结构中股权融资比重上升。

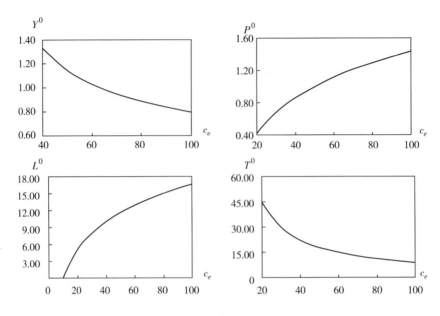

图6　产业进入成本变动影响效应

（四）产业退出成本变动对融资结构影响的模拟分析

退出成本包括直接成本和间接成本，直接成本包括像法律、会计和其他专业服务的费用、债务和组织重组的成本等，间接成本包括因破产导致失业、公共资产损失等社会成本。图7模拟结果显示了产业退出成本变动的影响效应。当破产退出成本$1-\alpha$上升时，企业破产清算期望值的现值$\alpha A(z_d,p)E^z[e^{-(r+\eta)T}]$随之下降，由（33）式可知，股权融资的需求额$e(z,b;p)$也相应降低，从而导致融资结构中股权融资比重降低；由（32）式、（34）式可知，随着$1-\alpha$上升，企业的资产价值$v(z,b,p)$下降，削弱新企业进入产业的积极性，导致产业产出下降，价格上升。

同时，由于企业破产清算值的下降，债券投资者对企业进行清算的动力下降，企业平均持续存活的时间相对延长，产业更新率相对较低。因此，相应地，随着产业退出成本下降时，产业产出上升，价格下降，产业更新率相对升高，融资结构中股权融资比重上升。

（五）产业经营成本变动对融资结构影响的模拟分析

经营成本为企业在一定时期，维持产品生产经营而必须开支的，不受产量增减变动影响而保持不变的成本。图8模拟结果显示了产业经营成本c_f变动的影响效应。随着c_f的上升，企业经营利润$pzF(k)-\delta k-c_f-rk$相应下降，由（30）式~（34）式可知，企业的资产价值$v(z,b,p)$下降，新企业进入产业的积极性削弱，导致产业产出下降，价格上升，产业更新率降低。

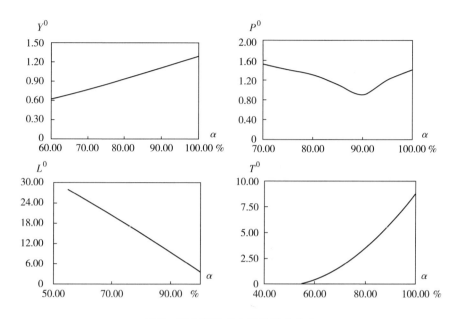

图7　产业退出成本变动影响效应

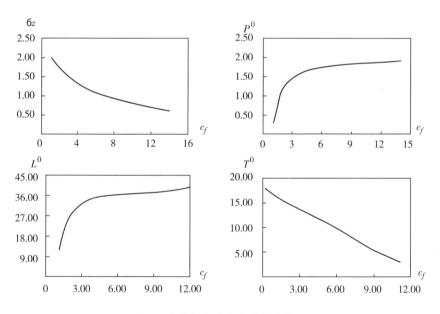

图8　产业经营成本变动影响效应

由（30）式、（31）式可知，c_f 的上升也会导致企业破产清算期望值的现值 $\alpha A(z_d,p)E^z[e^{-(r+\eta)T}]$ 随之下降，由（33）式可知，股权融资的需求额 $e(z,b;p)$ 也相应降低，从而融资结构中债务融资比重上升。因此，相应地，随着产业经营成本的下降，产业产出上升，价格下降，产业更新率上升，债务融资需求下降，融资结构中股权融资比重上升。

七、主要结论及启示

本文从金融发展与产业特性相匹配的角度出发，通过基于包含企业项目、银行和金融市场的理论框架，将企业的产业技术特征及其所蕴含的产业风险和市场环境纳入其中，进而揭示不同产业的融资方式差异，并利用国际相关经验事实数据进行实证检验。然后通过构建一般性均衡模型，结合技术效率、技术进步、进入成本、退出成本、经营成本等多维产业特征来模拟分析产业结构动态变动与最优金融结构需求。本文的主要结论与启示包括以下几个方面：

第一，从产业技术特征的角度分析，不同产业结构对应不同的最优金融结构。当产业技术相对成熟，风险水平较低时，债务融资（信贷融资和债券融资）是相对有效的融资方式。随着主导产业技术水平和相应风险的增加，风险溢价和破产清算概率增加使债务融资成本显著提升，此时，股权融资由于具有更加有效的风险分担机制，成为相对有效的融资方式。

第二，从市场环境的角度分析，由于缺乏抵押、担保等约束企业道德风险的手段，股权融资对金融市场环境（包括市场稳定、投资者保护、信息披露等制度完善程度）的要求较高。当金融市场环境较差时，债务融资是相对有效的融资方式，随着金融市场环境的改善，股权融资的偏好将逐渐提升。而从债务融资内部结构来看，银行对贷款项目监督管理的中间费用是较为重要的影响因素，随着中间费用的提高，企业将从信贷融资转变为成本相对更低的债券融资。

第三，将产业技术水平进一步分解为技术效率与技术创新后发现，随着产业技术效率的提高，产出水平相应提高，产出价格下降，产业更新率降低，债务融资是相对有效的融资方式；而随着产业技术创新提高（创新的风险同时增大），产业产出水平同样提高，产品价格也相应下降，产业更新率上升，股权融资是相对有效的融资方式。

第四，从模拟进入成本、退出成本和经营成本变化的角度看，随着产业进入成本的下降，产出价格相应下降，产业更新率上升，股权融资需求上升，融资结构中股权融资比重上升；当产业退出成本下降时，产业产出上升，价格下降，产业更新率相对升高，融资结构中股权融资比重上升；随着产业经营成本的下降，产业产出上升，价格下降，产业更新率提高，债务融资需求下降，融资结构中股权融资比重上升。

本文理论与实证分析结果对以经济转型和产业升级为目标的金融改革和金融结构调整具有一定的参考意义。随着发展阶段的转化、国际经济环境和国内要素条件的变化，我国经济正经历发展方式和产业结构战略调整期。在从"中等收入国家"向"高收入国家"迈进的过程中，我国越来越多的产业将从"中国制造"转型为"中国创造"，技术引进吸收效应进一步衰减而技术创新能力需求逐步增大，特别是大众创业、万众创新的推进，进一步激发全社会创新潜能和创业活力，伴随未来大量出现的原创性创新，实体经济部门对资本市场的需求将不断增加。随着我国经济发展和产业调整新体制的构建，尤其是国有企业改革深化、行政审批事项的减少、涉企行政事业性收费的清理和规范、行业行政垄断的打破、行业准入限制的放宽、公平竞争保障机制的建立、企业退出机制的完善都促进我国产业发展向低进入成本、低退出成本和低经营成本特征转变，而这种产业发展趋势进一步改变融资需求结构，债务融资需求相对减少，股权融资需求迎来高速增长。

成功实现经济转型和产业升级，需要建立多层次的资本市场体系，不断发展创业板、新三板、场外市场等股权融资平台，强化资本市场对科技创新支持力度，鼓励发展众创、众包、众扶、众筹空间，发展天使、创业、产业等投资基金，为具有不同金融需求的优质创新企业提供相适应的金融服务，使实体经济的创新活动得到持续性的支持和推动。充分发挥资本市场对产业升级的支持作用，需要以良好的市场投资环境为必要前提。在相关法律、投资者保护等制度足够完善以前，闲散资金将缺少充足的激励投入资本市场，优质的创新企业较难在金融市场上获得有效的支持。优化金融市场的投资环境包括积极培育公开透明、健康发展的资本市场，推进股票和债券发行交易制度改革，以充分信息披露为核心，减少证券监管部门对发行人资质的实质性审核和价值判断；加强事中事后监管，完善退市制度，切实保护投资者合法权益。完善相关法律法规和制度不仅是金融市场有效运转的必要前提，更对中国经济转型和产业结构的提升至关重要。

参考文献

［1］范小云、肖立晟、方斯琦：《危机损失、经济复苏与金融结构比较》，载《当代经济科学》，2011（2）。

［2］龚强、张一林、林毅夫：《产业结构、风险特性与最优金融结构》，载《经济研究》，2014（4）。

［3］胡春龙：《我国城镇居民商品需求价格弹性的估计》，载《科技与产业》，2014（8）。

［4］纪志宏、卜永祥：《金融发展、金融结构与经济增长：32个国家的经验证据》，载《经济研究》，2013。

［5］李永刚：《金融结构调整对经济效果影响的比较研究》，载《经济社会体制比较》，2014（3）。

［6］林毅夫、孙希芳、姜烨：《经济发展中的最优金融结构理论初探》，载《经济研究》，2009（8）。

［7］尹雷、赫国胜：《金融结构与经济发展：最优金融结构存在吗?》，载《上海金融》，2014（2）。

［8］张宇：《基于1979—2008年数据中国经济动态效率研究》，哈尔滨工业大学硕士学位论文，2010。

［9］Allen, F. and D. Gale, 2000, Comparing Financial Systems, Cambridge, MA：MIT Press.

［10］Asli Demirguc – Kunt, Erik Feyen, and Ross Levine, 2011, Optimal Financial Structures and Development：The Evolving Importance of Banks and Markets, Working Paper June 3.

［11］Beck. T. , R. Levine and N. Loayza, 2000, Finance and the Sources of Growth, Journal of financial Economics, Vol. 58：261 – 300.

［12］Beek T. , Levine R. 2004, Stock Markets, Banks, and Growth：Panel Evidence, Journal of Banking & Finance, Vol. 28：423 – 42.

［13］Benmelech, E. , and N. K. Bergman, 2009, Collateral Pricing, Journal of Financial Economics, Vol. 91, No. 3, 339 – 360.

［14］Boot A. W. A. and A, Thakor, 2000, Can Relationship Banking Survive Competition? Journal of Finance, Vol. 55：679 – 713.

［15］Demirguc – Kunt, Asli, and Ross Levine, 2001, Bank – based and Market – based financial Systems：Cross – Country Comparisons, MIT Press.

［16］Fries, Steven, Marcus Miller, and William Perraudin, 1997, Debt in industry equilibrium, Review of Financial Studies, Vol. 10：39 – 67.

［17］Goldsmith, R, 1969, Financial Structure and Development, New Harven：Yale University Press.

［18］Holmstrom. B. and J. Tirole, 1993, Market Liquidity and Performance Monitoring, The Journal of Political Economics, Vol. 101：678 – 709.

［19］Hatzichronoglou, T, 1997, Revision of the High – Technology Sector and Product Classification, OECD Science, Technology and Industry Working Papers, No. 1997（2）.

［20］Jianjun Miao, 2005 , Optimal Capital Structure and Industry Dynamics, The Journal of Finance, Vol. 6：2621 – 2658.

［21］Kunt and Maksimovic. , 1998, Law, Finance and Firm Growth, Journal of Finance, Vol. 53（6）：2107 – 2137.

［22］La Porta, R. F. Lopez – de – Silanes. A. Shleifer and R. V, Vishny,

2000, Investor Portection and Corporate Governance, Journal of Financial Economics, Vol. 58（1 – 2）: 3 – 27.

[23] Levine, R., 2005, Finance and Growth: Theory and Evidence, in Handbook of Economic Growth, Elsevier Science.

[24] Lin, J. Y., X. Sun, and Y. Jiang, 2013, Endowment, Industrial Structure and Appropriate Financial Structure: A New Structural Economics Perspective, Journal of Economic Policy Reform, Vol. 16（2）: 1 – 14.

[25] Morck and Nakamura. M., 1999, Banks and Corporate Control in Japan. Journal of Finance, Vol. 54: 319 – 339.

[26] Mackay, Peter, and Gordon M. Phillips, 2004, How does Industry Affect firm Financial Structure?, Review of Financial Studies.

[27] Patrick Bolton and Xavier Freixas, 2000, Equtiy, Bonds, and Bank Debt: Capital Structure and Financial Market Equilibrium Under Asymmetric Information, Journal of Political Economy, Vol. 2: 324 – 351.

[28] Rajan, Raghuram G. and Luigi Zingales, 2001, Financial System, Industrial Structure and Growth, Oxford Review of Economic Policy, Vol. 17（4）: 467 – 482.

[29] Rajan, R. G, 2005, Has Financial Development Made the World Riskier?, National Bureau of Economic Research, NBER Working Paper 11728.

[30] Smith. B. D. and J. H. Boyd, 1998, The Evolution of Debt and Equity Markets in Economic Development, The Economic Theory, Vol. 12: 519 – 560.

[31] William, C. Gruben, Jahyeong, Koo and Robert, R. Moore, 2004., Financial Liberalization, Market Discipline and Bank Risk, Working Papers.

[32] Welch, Ivo, 2004, Stock Returns and Capital Structure, Journal of Political Economy, Vol. 112: 106 – 131.

经济结构调整背景下货币政策
工具有效性分析

宁波市金融学会课题组[*]

一、引言

货币政策是指中央银行为实现其特定的经济目标而采取的各种控制和调节货币供应量或信用量的方针和措施的总称，包括信贷政策、利率政策和外汇政策。一般而言，完整的货币政策框架由货币政策目标、货币政策工具以及货币政策传导机制构成。在整个货币政策执行过程中，货币政策工具是实现货币政策预期目标的重要手段和方式，单一目标制或多目标制的货币政策目标对货币政策工具操作提出了不同的要求。一方面，在我国货币政策执行过程中，货币政策的总量性效应释放十分明显，表现为数量型和价格型政策工具的广泛应用，尤其是数量型政策工具的使用更加突出，以达到稳定物价并以此促进经济增长的政策目标。另一方面，应对经济环境的变化和特定发展阶段的需要，人民银行创新宏观调控方式，通过推出定向降准、差别准备金动态调整机制、支农支小再贷款、PSL等政策工具，发挥货币政策的结构性效应，试图扭转货币金融资源分布结构性失衡的局面，为经济结构转型升级提供合适的货币政策环境。

当前，我国经济形势正在经历深刻而复杂的变化，经济增速下滑以及相对平稳通胀水平的经济运行特征逐步显现，需求结构、产业结构、区域结构、收入结构等多重经济结构失衡和调整已经成为经济发展"新常态"下需要长期面对和解决的重要问题。应对经济结构特征变化及调整，如何发挥货币政策的总量性效应和结构性效应成为央行宏观调控中的重要课题。一方面，经济发展"新常态"下，经济增长的内生动力在于经济结构的调整，而不同经济结构需要相匹配的货币政策工具。从宏观层面来看，经济结构调整需要相匹配的金融结构，这会对货币政策实施产生影响，进而对货币政策工具有效性产生影响；从微观层面来看，不同部门（微观主体）对金融资源的需求存在差异性，表现在融资结构、价格敏感性等方面，这将会造成货币政策工具有效性的差异。另一

---

* 课题主持人：宋汉光

课题组成员：周伟军　周　豪　赵玲芳　何振亚　余霞民　陈　科　俞佳佳

方面，货币政策始终都是总量政策，但货币政策同时具有总量性效应和结构性效应。一般来看，总量性效应在平抑物价、推动经济增长等货币政策目标上表现得较为明显，而结构性效应则是在特定经济阶段表现得更加突出。经济发展"新常态"下，面对货币存量较高的现实情况，按照"盘活存量、用好增量"的调控思路，各类创新型政策工具陆续推出，有选择定向地支持产业、行业、企业发展，显示出货币政策对经济结构调整的作用。

有鉴于经济发展"新常态"下经济结构调整的现实需要，以及货币政策总量性和结构性效应的发挥，本文以货币政策工具有效性为切入点，基于对我国经济结构特征认识及经济结构指数（ESI）构建的基础上，通过构建包含数量型、价格型政策工具的门限向量自回归模型（TVAR）以及测度定向调控政策工具的双重差分模型（DID），探究不同经济结构状态下货币政策工具的有效性以及货币政策的结构性效应（定向工具的有效性），以期为经济发展"新常态"下经济结构调整以及货币政策框架转型思考提供参考依据和理论基础。

全文共分为六个部分。第一部分是"引言"；第二部分是"经济结构调整与货币政策工具：文献综述"，介绍了货币政策工具选择及有效性、货币政策对经济结构影响等问题的相关文献，并做了简要的评述；第三部分是"我国经济结构特征及经济结构指数的构建"，系统描述了我国经济结构的主要特征，并以此为基础构建我国经济结构指数；第四部分是"不同经济结构状态下货币政策工具有效性"，着重分析了不同经济结构状态下货币政策工具的有效性及应用选择，并构建相关计量模型得出数据分析结论；第五部分是"货币政策的结构性效应：以定向工具为例"，重点分析了货币政策对经济结构调整的作用，并以定向政策工具为研究对象，构建相关计量模型得出数据分析结论；第六部分是"研究结论及对策建议"，概括本文的主要研究结论，并提出若干对策建议。

二、经济结构调整与货币政策工具：文献综述

（一）货币政策工具有效性相关研究

1. 数量型与价格型工具有效性

国外方面，最早可以追溯到 Poole（1970）基于 IS－LM 模型探讨经济的随机性结构对调控绩效的影响，此后，相关的理论探讨和研究成果层出不穷。Sargent、Wallace（1975）认为利率因受外部冲击的影响可能会使经济陷入不确定均衡，而数量型工具调控使经济有唯一均衡，不确定均衡的存在证实了数量型工具对宏观调控更有优势。Walsh（2001）指出对于因总支出引起的短期经济不稳定，货币供应量的调控能够实现产出稳定。相对地，部分学者认为价格型工具更优，Atkeson 等（2007）研究发现兼具内生紧缩性和最大透明性的最优政策工具是利率，其次是汇率，最后才是货币供给增长率。Zhang（2009）分析指出

价格型工具在管理宏观经济方面比数量型工具更加有效。

国内方面，数量型工具支持研究，陈飞等（2002）论证显示出货币供应量对 GDP 的影响大于利率；胡志鹏（2012）认为行政性指令、对冲外汇流入、银行资产质量等使信贷额度等数量型工具更加有效；刘喜和等（2014）指出以经济增长为货币政策目标时，数量型工具的效果要强于价格型工具。价格型工具支持研究，谢平和罗雄（2002）认为利率调控经济的泰勒规则能够更好地衡量我国货币政策；王君斌等（2013）实证得出价格型工具优于数量型工具的结论；卞志村、胡恒强（2015）检验显示出价格型工具在许多方面都要优于数量型工具，尤其是在短期经济波动的调节功能上。

2. 定向货币政策工具的有效性

目前，对定向货币政策工具有效性的研究多集中于理论探讨，王晓中、赵琳（2014）认为在现行金融体制下，货币政策的定向操作难以确保资金流向特定领域。汪仁洁（2014）指出尽管当前定向调控货币政策实施在有效性和精准性上还存在一定困难，但定向调控政策仍具备定向精准微调优势。人民银行天津分行课题组（2015）以天津市为例，指出定向降准政策实施后，地方法人金融机构加大了对实体经济的支持作用，但保持政策长效性仍需完善和调整。人民银行成都分行课题组（2015）采用二重差分方法测度了近年来定向政策在四川的实施效果，指出人民银行定向货币政策的实施，一定程度上缓解了"三农"、小微企业融资难、融资贵问题。

（二）货币政策对经济结构影响研究

理论界代表性的经济结构理论主要有马克思经济结构理论[①]、西方经济结构理论[②]等，而对货币政策与经济结构问题的探讨集中在对宏观经济运行效果的分析。国外方面，Garrison、Chang（1979）分析指出货币政策会导致区域发展不均衡，发达地区收入对货币政策更敏感；Ganley、Salmon（1997）得出货币政策冲击对不同产业的作用存在差异的结论，建筑业相对服务业的反应更加强烈；Christiano（1998）以美国数据为例，分析指出货币供应量与经济结构间存在显著因果关系；Owyang、Wall（2003）指出区域的生产总值、收入、失业率、通胀率等经济指标对货币政策的反应程度存在差异。

国内方面，李义超、周英章（2002）认为货币政策存在较大的局限性，对经济结构的调控效果不显著；蔡昉等（2004）认为货币政策对就业并未形成积

[①] 马克思认为经济结构是社会关系的总和，是由经济关系矛盾运动和转换规律组成的体系（陈义林，2009）。

[②] 西方经济结构理论的代表佩卢认为，经济结构是表示在时间和空间里有确定位置的一个经济整体特性的比例和关系（陈义林，2009）。

极有力的促进作用；张屹山、刘金全（2005）认为货币政策对经济结构影响的效果大于财政政策，应该关注不同经济政策的灵敏性和有效性；刘宇、姜波克（2008）认为汇率变动通过影响居民收入水平，以相对价格变化的契机促进资源在不同产业之间的流动，进而达到改善一国产业结构的目的。

综观既有研究，对货币政策工具有效性、货币政策对经济结构影响的研究成果较为丰富，这为本研究奠定了良好的基础。但同时，既有研究存在如下不足：一是对货币政策工具有效性的考虑，较少考虑经济结构这一因素，缺乏对不同经济结构状态下货币政策工具有效性的探讨；二是货币政策对经济结构的影响仅考虑了货币政策的总量性效应，如货币供应量、汇率等因素的作用，没有考虑具有定向功能的创新型政策工具如定向降准、差别准备金动态调整机制等对经济结构的作用，即缺乏考察货币政策结构性效应的定性定量研究；三是对经济结构的认识多停留在单一结构层面，如产业结构、区域结构、收入结构等，缺乏一个合理描述经济结构的指标体系。基于此，本文以货币政策工具有效性为切入点，在对我国经济结构特征充分认识的基础上，构建经济结构指数，然后，分别定量分析货币政策工具有效性的两个层面：不同经济结构状态下货币政策工具的有效性与货币政策的结构性效应（定向工具的有效性），最后，提出若干对策建议。

三、我国经济结构特征及经济结构指数的构建

经济结构伴随经济发展不断变化，呈现出不同特征和丰富内涵。依据不同的角度和标准，经济结构可以划分为不同的类型体系。考虑到研究的深入性及数据的可得性，本文重点分析我国经济在需求结构、产业结构、二元结构、所有制结构、对外开放结构等方面的特征，在此基础上，构建我国经济结构指数。

（一）我国经济结构的特征

1. 需求结构特征

支出法核算下的 GDP 可以分为三大需求：最终消费（包括居民消费、政府消费）、投资、净出口，三者对 GDP 的不同贡献率显示出不同的需求结构特征。总体来看，最终消费对 GDP 的贡献率呈现下降趋势，其中，居民消费的贡献率下降趋势较为明显，而政府消费的贡献率则相对平稳；投资对 GDP 的贡献率呈现明显的上升态势（见图 1）。这表明，改革开放以来我国经济增长从依靠消费拉动逐步向依靠投资拉动转变，而投资形成的增长在没有足够的消费匹配下，会形成供需的不匹配，进而造成产能过剩、产品积压等一系列问题。

2. 产业结构特征

生产结构和要素使用结构变化是产业结构变化的重要内涵，而产业结构的变化则是经济结构调整对经济增长最为直接的影响。改革开放以来，我国产业

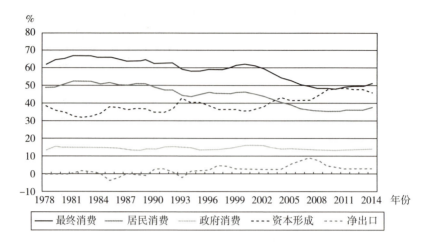

数据来源:《中国统计年鉴》。

图1　1978—2014年我国GDP需求因素贡献率

结构的变化十分明显。一是三次产业结构调整明显。第一产业占GDP的比重下降的较为明显,从1978年的28.19%下降到2014年的9.17%,下降了19.02个百分点;第二产业占GDP的比重相对较为平稳,1978—2014年仅下降了5.24个百分点;第三产业占GDP的比重变化较大,呈现较为明显的上升态势,1978—2014年增加了24.25个百分点(见图2)。三次产业结构的调整显示,第一产业、第二产业占GDP比重的下降部分被第三产业所吸收,表明我国产业结构调整效果初显,但与其他国家相比,我国第三产业的发展还存在一定的差距。

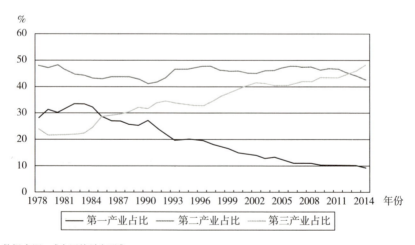

数据来源:《中国统计年鉴》。

图2　1978—2014年我国三次产业结构

二是劳动力就业结构的变化突出。伴随产业结构的不断调整，劳动力就业结构呈现明显的变化。1978—2014 年，第一产业劳动力就业占比下降了 41.0 个百分点，与此同时，第二产业、第三产业劳动力就业占比则分别上升了 12.6 个百分点和 28.4 个百分点（见图 3）。这表明，我国劳动力就业结构呈现出"第一产业向第二产业、第三产业转移"的特征，与我国产业结构调整方向相契合，但是第一产业劳动力就业比重依然居于较高的水平，与我国经济发展水平并不相符。根据美国经济学家库兹涅茨的研究，一国人均 GDP 超过 1 000 美元时，其第一产业劳动力占比要小于 20%，对比来看，2014 年我国人均 GDP 已经达到 7 485 美元，而第一产业劳动力占比依然有 29.5%，显然二者间的差距非常明显。劳动力就业结构的差距表明，产业结构与就业结构失调的隐患依然存在，传统经济增长方式需要转变。

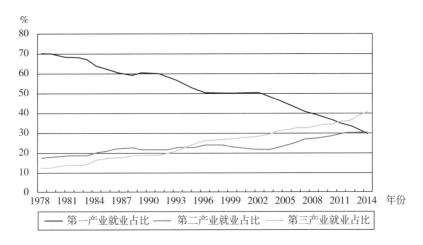

数据来源：《中国统计年鉴》。

图 3　1978—2014 年我国三次产业就业结构

3. 二元结构特征

城乡结构是不同分工关系和资源要素流动的系统，理想状态下城乡间的相互作用能够为城乡可持续发展提供动力支撑。我国城乡结构的二元特征十分明显，城镇与农村的发展相对独立，资源要素流动并不顺畅，城镇与乡村发展的差距总体较大。以城乡居民收入对比来看，1978 年以来我国城乡居民收入差距呈现"起落式"变化，城乡居民收入差距缩小和拉大的情况交替出现，最低时为 1.82（1983 年），最高时达到 3.33（2007 年、2009 年），至 2014 年末城乡居民收入比为 2.75。总体来看，我国城乡居民收入差距增幅不大，城乡二元特征强化并不明显，但存在两个城乡收入差距拉大的时段，即：1983—1995 年、1997—2009 年，这两个时期城乡二元特征强化较为明显并且持续时间都比较长，其中，1983—1995 年，城乡收入比从 1.82 增加到 2.71，增幅达到 48.90%；1997—2009 年，城乡收入比从 2.47 增加到 3.33，增幅达到 34.82%（见图 4）。

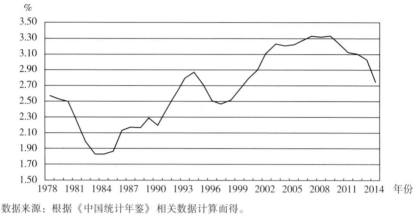

数据来源：根据《中国统计年鉴》相关数据计算而得。

图 4　1978—2014 年我国城乡居民收入比①

4. 所有制结构特征

所有制结构是指以所有制经济性质表示的国民经济或产业的经济构成及其相互关系，在我国实践中主要包括国有、集体、个体、私有等多种形式。经济体制的改变促使经济结构的调整，产权流动引起所有制结构的变化。市场经济下，所有制结构的变化不断完善社会经济关系，实现技术推动经济结构优化的目标，提升资源配置和经济发展效率。我国所有制结构变化的显著特征就是国

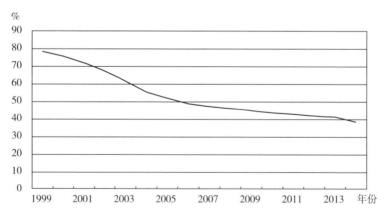

数据来源：Wind 数据库。

图 5　1999—2014 年我国规模以上工业国有及集体企业资产占比

---

① 城乡居民收入比 = 城镇居民人均可支配收入/农村居民人均纯收入。

有制经济占比持续下降，非国有制经济比重逐步上升，1999—2014 年，我国全部规模以上工业企业中，国有及集体企业资产占比由 78.34% 下降到 38.74%，下降了 39.6 个百分点（见图 5）。这表明，伴随市场经济的深入发展，我国市场经济主体更加丰富，民营、私营以及外资企业的加入激发了整个市场的活力，非国有制经济（企业）逐步占据市场的主体地位。

5. 对外开放结构特征

改革开放以来，我国对外贸易增长迅速。截至 2014 年末，进出口总额达到 43 030.37 亿美元，其中，出口总额为 23 427.47 亿美元，分别是 1978 年进出口总额、出口总额的 208 倍和 240 倍。对外贸易对我国经济增长的贡献度增长较快。截至 2014 年末，进出口额和出口额占 GDP 的比重分别为 41.53% 和 22.61%，较 1978 年分别增加了 31.79 个百分点和 18.01 个百分点。这表明，我国对外经济开放程度提升较快；分时段来看，1978—2007 年对外贸易占 GDP 的比重增长较快，2008—2014 年对外贸易占 GDP 的比重有所回落，这主要是由于 2008 年全球金融危机引致外贸衰退（见图 6）。对外经济开放程度的高低表明一国经济发展对外贸依赖程度的高低，从我国实际来看，外向型经济特征十分明显，在有效消费需求支撑不足的情况下，出口驱动的经济增长类型可持续性依然不高。

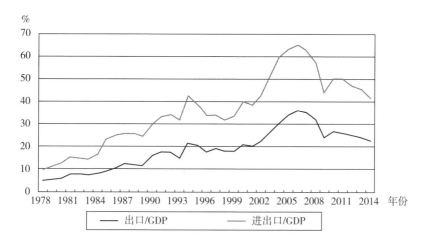

数据来源：《中国统计年鉴》。

图 6　1978—2014 年我国外贸发展水平

（二）经济结构指数的构建

1. 指标说明及数据来源

基于经济结构的内涵、数据可获得性以及方法可操作性等要求，选取反映经济结构内涵的产业结构、二元结构、所有制结构、对外开放结构等对应指标衡量。一是产业结构，以"第三产业增加值占 GDP 比重"作为衡量指标，该指标为正向指标，在一定变化水平下其数值越大表示经济结构趋于优化；二是二元结构，以"城乡居民收入比[①]"作为衡量指标，该指标为反向指标，在一定变化水平下其数值越小表示经济结构趋于优化；三是所有制结构，以"规模以上工业企业中国有与集体企业的资产占比"作为衡量指标，该指标为反向指标，在一定变化水平下其数值越小表示经济结构趋于优化；四是对外开放结构，以"外贸依存度（进出口总额/GDP）"作为衡量指标，该指标为反向指标，在一定变化水平下其数值越小表示经济结构趋于优化。

构建经济结构指数的各相关指标数据取自 Wind 数据库、《中国统计年鉴》、国家统计局网站等，数据时段为 1998 年第一季度到 2015 年第三季度。

2. 指标处理及合成方法

一是指标无量纲化。多指标综合评价指数构建时，由于各评价指标计量单位、经济意义、表现形式等各不相同，不具有可比性，必须对其进行无量纲化处理。基于本文构建的经济结构指数（ESI）的数据库样本量较小，且考虑到分析便利性与实用性，选择采用联合国计算人类发展指数（HDI）所用的线性阈值法。

$$ESI_i = \frac{x_i - m_i}{M_i - m_i} \quad i = 1,2,\cdots,N \tag{1}$$

其中，ESI_i 表示第 i 个指标无量纲化后的测度值，x_i 表示第 i 个评价指标的实际值；M_i 表示第 i 个评价指标的最大值；m_i 表示第 i 个评价指标的最小值。需要说明的是，当 ESI_i 是正向指标时，采用式（1）；当 ESI_i 是反向指标时，式（1）将被调整为如下形式：

$$ESI_i = \frac{M_i - x_i}{M_i - m_i} \quad i = 1,2,\cdots,N \tag{2}$$

二是指标权重确定。从本文研究实际出发，由于各指标存在不同的经济结构特征，给予相同权重的主观赋权法不符合实际，因此，在指标权重测度上选择客观赋权法。综合考虑样本数据量、数据获取渠道等因素，最终以变异系数法来测度指标层权重。变异系数法的原理是在用多个指标对一个问题进行综合评价时，如果一项指标的变异系数较大，则说明该指标在衡量这个问题的差别方面具有较大的影响力，那么这个指标就应该赋予较大的权重，反之，则赋予较小的权重。在赋予各指标的权重时，采用各指标的变异系数占所有指标变异

---

①　与前文城乡收入比不同，受季度数据统计的限制，测度经济结构指数时，以"城镇居民人均可支配收入"衡量城镇居民收入，以"农村居民现金收入"来衡量农村居民收入，二者比值作为衡量二元结构的指标。

系数之和的比值表示。具体的计算步骤和公式如下：

$$CV_i = \frac{S_i}{\overline{X}_i} \quad i = 1,2,\cdots,N \qquad (3)$$

在式（3）中，CV_i 代表各个指标的变异系数，S_i 代表各个指标的标准差，$\overline{X}_i$ 代表各个指标的平均值。计算出变异系数后，各个指标的权重计算方法如下式：

$$w_i = \frac{CV_i}{\sum\limits_{i=1}^{N} CV_i} \quad i = 1,2,\cdots,N \qquad (4)$$

三是指数合成方法。理论上指数合成的方法有很多种，一般有算术加权平均、几何加权平均、混合加权平均、空间距离等。有鉴于本文的数据量及指标设计考虑，选择以算术加权平均作为指数合成方法。具体计算方法如下：

$$ESI = \sum\limits_{i=1}^{N} w_i ESI_i \quad i = 1,2,\cdots,N \qquad (5)$$

3. 指数合成结果及分析

根据前文式（1）~（5），运用指数合成的方法，测算 1998 年第一季度到 2015 年第三季度的我国经济结构指数，同时，考虑到季节性因素，运用相关方法对经济结构指数进行季节调整（见图 7）。

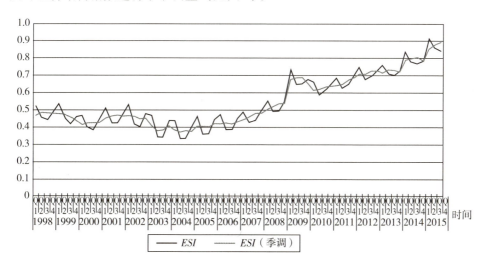

图 7　1998—2015 年我国经济结构指数季度值及调整值

从经济结构指数的测度结果来看，我国经济结构总体向好的方向发展，这表明，我国经济结构调整取得初步效果。但同时需要看到，我国经济结构的优化程度并不是太高，大多数时间经济结构指数还处于 0.75 以下，经济结构优化仍存在较大的空间。

四、不同经济结构状态下货币政策工具有效性

经济发展过程中的各个阶段，内生性地决定了经济结构状态，而不同经济结构状态下货币政策工具的有效性存在差异。一方面，经济结构需要匹配的金融结构，而金融结构的变化会对货币政策工具的有效性产生影响；另一方面，经济结构的不同特征，如需求结构、产业结构、二元结构、所有制结构等变化都能够直接对货币政策工具的有效性产生作用。

（一）经济结构调整对货币政策工具的影响路径

经济结构调整对货币政策工具的影响路径有直接渠道和间接渠道。直接渠道表现经济结构特征对货币政策工具的影响，如需求结构改变后消费、投资、净出口的主导性发生变化，货币政策工具的有效性发生改变；间接渠道表现在最优金融结构与经济结构的匹配方面，而金融结构的改变则通过金融市场发展以及融资结构变化对货币政策工具如 M_2、利率等产生差异化的影响（见图 8）。

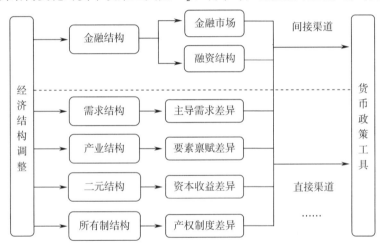

图 8　经济结构调整对货币政策工具的传导路径

1. 直接渠道

据前文分析可知，经济结构的内涵及系统特征丰富，不同结构特征显示出经济结构调整对货币政策的影响，以下重点分析需求结构、产业结构、二元结构以及所有制结构对货币政策有效性的影响渠道，其他结构特征不再赘述。一是需求结构传导。在以投资和出口为主导的需求结构下，数量型工具如存款准备金率利于调控货币投放和解决外汇占款等问题，而价格型工具的调节作用相对较弱；在以最终消费尤其是居民消费为主导的需求结构下，价格型工具如利率会通过收入效应与替代效应影响消费行为，而数量型工具则受制于通胀与紧缩的效应作用可能会有所减弱。二是产业结构传导。一国的要素禀赋结构决定

了其最具竞争力的产业、技术结构和具有自生能力的企业的特征（林毅夫等，2009）。从产业角度来看，要素禀赋结构将会决定资本与劳动力在产业中的比较优势地位，资本密集型产业对价格型工具如利率的敏感度显然高于劳动密集型企业，而数量型工具的效果则可能是相反的；从企业角度来看，作为经济发展中的主要融资者，企业的规模、风险特征的差异将会影响企业的融资方式和金融选择，规模大、风险可控的企业融资方式可以选择直接融资也可以选择间接融资，而规模小、风险较高的企业则更多依赖间接融资，显然，不同企业主体的融资需求、对利率的敏感度存在较大的差异，数量型与价格型工具的调节作用也会产生差异化的效果。三是二元结构传导。二元经济结构下，传统农业部门与工业等部门的资本收益率是有差异的，货币投放或利率调整在城乡二元经济关系中表现出的效果存在显著的差异，传统的信贷、利率传导可能都会失灵，数量型或价格型工具的调节作用在二元经济结构下效果可能都不会太明显，但二者之间差异难以判断。四是所有制结构传导。所有制结构下显示出不同产权企业的独特属性，国有与非国有企业具有不同的融资约束和融资成本，造成了在不同经济周期下数量型与价格型工具的有效性以及差异。国有企业占据主体的所有制结构下，价格型工具调节有效，而数量型工具效果不明显；非国有企业占据主体的所有制结构下，价格型工具依然调节有效，而数量型工具调节部分有效[①]。

2. 间接渠道

最优金融结构理论提出，不同经济发展阶段内生性地决定了与其相适应的经济结构，而不同经济结构因微观主体规模特征、风险特征和融资需求的差异催生了不同的金融服务需求，进而形成不同的金融结构。从金融结构的内涵看，除去金融市场本身的发展，金融结构本质上可以理解为实体经济的融资问题[②]，因此，考虑经济结构对货币政策工具的间接作用渠道，实际上是探讨金融结构的两个方面——金融市场与融资结构对货币政策工具的传导渠道。

一是金融市场发展程度形成不同货币政策工具的应用环境。在金融市场发展程度不高时，社会资本以银行信贷为主，信用创造渠道相对集中，央行对货币供应量的可控制较高，数量型工具这种直接性的货币投放的效果相对更好。此外，金融市场发展程度不高意味着市场化的利率水平难以形成，利率的弹性较低难以对货币需求形成有效影响，价格型工具的效果相对较差。在金融市场发展程度较

---

① 依据中国人民银行杭州中心支行课题组 2013 年课题成果《数量型和价格型货币政策工具的最优选择——基于企业产权视角下货币政策非对称效应的分析》的研究结论推悉。

② 金融结构是各种金融工具或各类金融机构在整个金融体系的相对规模，也即各种金融工具或各类金融机构对实体经济融资规模的比重，因此，金融结构问题可以理解为实体经济的融资问题。

高时，金融资产的种类丰富、交易活跃、市场有序，利率能够有效地反映资产价格，价格型工具能够通过影响资产价格来影响微观经济主体的融资成本和收入预期，达到宏观调控的效果。同时，金融市场发展程度高，市场化的机制形成较高的利率弹性，使价格型工具的调控效果较数量型工具更胜一筹。

二是融资结构变化对货币政策工具有效性的影响。传统银行信贷主导下的融资结构使数量型工具在我国宏观调控中占据重要地位，同时，由于金融资本短缺、间接融资效率较低、投资渠道增长方式等因素的影响，我国利率弹性一直较低，造成了价格型工具的调控效果不高。伴随金融体制改革的推进、金融创新的发展，我国社会融资结构也在不断变化，传统数量型工具调控效果优于价格型工具的状况有所改变。首先，直接融资占比的提升促进了利率、汇率的市场化进程。直接融资市场的发展，使融资产品更加丰富、融资模式更加直接化，利率与汇率的市场化进程不断加快，价格型工具的调控机制不断得到完善。其次，融资结构多元化弱化了数量型工具的调控效果，强化了价格型工具的调控效果。以影子银行、互联网金融为代表的金融产品和服务的创新，使信贷创造和扩张不再是依靠单一的银行渠道，而法定存款准备金率只能对银行的信用进行监管，不能对体系外的这一部分信用进行约束，一定程度上削弱了法定存款准备金率的效果。反观价格型工具，多元化的融资结构拓宽了微观经济主体的资金来源和选择渠道，在满足资金需求的同时，增强了微观经济主体对利率变化的敏感度，增强了价格型工具的调控效果。最后，融资结构变化模糊了货币供应量的概念，降低了中介目标的"三性"。弗里德曼货币数量说指出，货币供应量作为货币中介目标的前提是货币流通速度的稳定，而从我国实践来看货币流通速度呈现逐年下降态势（见图9），显然，货币供应量的中介目标功能被

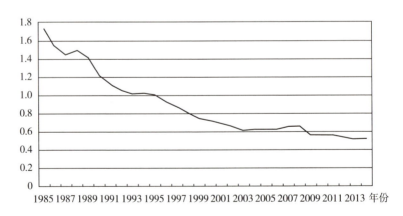

图 9　1985—2014 年我国货币流通速度的走势①

① 依据费雪方程式：MV = PY，推算 V = PY/M = GDP/M_2，计算而得。

弱化。此外，各类金融创新使针对货币层次与结构的划分更加模糊，货币政策中介目标的可测性降低；体系外的信用创造和扩张让存款准备金率、再贴现率等的范围和作用受限，中介目标的可控性同时降低；金融创新的半游离状态，一定程度上影响到货币供应量与物价稳定、经济增长之间的关联性。

（二）经济结构调整对货币政策工具作用的检验

1. 模型设定

基于前文经济结构调整对货币政策工具影响路径的理论分析，选择构建门限向量自回归模型（TVAR）对上述分析进行检验，对不同经济结构状态下货币政策工具的有效性进行分析。TVAR 模型是用于非线性时间序列的主流模型之一，能够测度不同经济结构状态下不同经济变量对货币政策工具的响应情况。

一是两区制 TVAR 模型构建。假设 y_t 为 $k \times 1$ 维内生变量向量，c_t 为 $k \times 1$ 维常数向量，$A_{i,j}$ 为 $k \times k$ 维系数矩阵，其中，$i = 1,2$ 表示 TVAR 模型的区制数，$j = 1,2,\cdots,p$ 是向量自回归的阶数；z_t 为转移变量（一般认为是 y_t 的一个分量），则两区制 TVAR 模型构建如下：

$$y_t = \begin{cases} c_1 + \sum_{j=1}^{p} A_{1,j} y_{t-j} + \varepsilon_t & z_{t-d} \leqslant r \\ c_2 + \sum_{j=1}^{p} A_{2,j} y_{t-j} + \varepsilon_t & z_{t-d} > r \end{cases} \qquad (6)$$

其中，ε_t 为扰动向量，r 为门限值，d 为转移变量的滞后阶数。

二是广义脉冲响应函数[①]。在构建的 TVAR 模型基础上，运用脉冲响应函数来考察不同经济结构下货币政策工具（数量型和价格型）的操作对经济增长、通货膨胀的作用。与传统的 VAR 模型相比，非线性模型条件下的脉冲响应分析较为复杂。为此，借助于广义脉冲响应函数（GIRF）来进行分析，通过计算"一次性冲击"对变量预期值的效应与"无效应"基准情形的差异来刻画非线性模型中的冲击响应过程。广义脉冲响应函数（GIRF）表示如下：

$$\text{GIRF}_y(n, v_i, w_{t-1}^s) = E[y_{t+n} \mid v_i, w_{t-1}^s] - E[y_{t+n} \mid w_{t-1}^s], n = 0,1,\cdots \qquad (7)$$

其中，v_i 为给变量 i 的一个冲击，w_{t-1}^s 为模型 $t-1$ 时刻的历史信息集，区制 s 表示冲击到达系统的时刻；n 为预测水平，$E[\bullet]$ 为期望算子。按照区制将矩阵 w_{t-1} 划分为两部分，并分别计算 GIRF。其算法可以表述如下：

①给变量 i 一个冲击 v_i，并从 w_{t-1}^s 中选取一行 $w_{j,t-1}^s$ 作为初始条件；

②利用①中信息计算冲击 v_i 引起的反应 $y_t^{ss,m} = f(w_{j,t-1}^s, \theta) + v_i$，其中 θ 为模

---

① 广义脉冲响应函数定义源于《数量型和价格型货币政策工具的最优选择——基于不同产权企业货币政策非对称效应的分析》（中国人民银行杭州中心支行课题组，2013）。

型中已估计的参数所构成向量；

③利用 bootstrap 方法从 TVAR 模型残差 ε 中提取一个 $n \times 1$ 的子样本 ε^*；

④利用 ε^* 和估计得到的 TVAR 模型来计算 $y_t^{ss,m}, \cdots, y_{t+n}^{ss,m}$；

⑤利用 $y_t^{ss,m}$，ε^* 以及估计得到的 TVAR 模型来计算 $y_t^{ss,m}, \cdots, y_{t+n}^{ss,m}$；

⑥重复步骤③~⑤共 M 次（M 可以在计算中设定）计算得到 $E[y_{t+n} \mid v_i,$

$w_{j,t-1}^s] = \dfrac{1}{M} \sum\limits_{m=1}^{M} y_{t+n}^{ss,m}$ 和 $E[y_{t+n} \mid w_{j,t-1}^s] = \dfrac{1}{M} \sum\limits_{m=1}^{M} y_{t+n}^{sn,m}$；

⑦再从 w_{t-1}^s 中选取新的一行重复步骤②~⑥，直到所有行向量都被选取；

⑧利用条件期望的平均得到 $E[y_{t+n} \mid v_i, w_{t-1}^s]$ 和 $E[y_{t+n} \mid w_{t-1}^s]$，并计算得到 $\mathrm{GIRF}_y(n, v_i, w_{t-1}^s)$。

2. 指标选择

依据前文的理论分析及模型设置，选择分析不同经济结构状态下货币政策工具有效性的指标（见表1）。其中，货币政策工具分别以货币供应量、利率代表数量型和价格型工具，经济结构指数增速 ESIs 为转移变量。

表1　　　　　　　　　门限向量自回归模型（TVAR）指标描述

指标	变量	备注
货币政策工具	货币供应量	M_2 同比增速
	利率	银行间同业拆借（7 天）加权平均利率（TR7）
政策目标	经济增长	GDP 同比增速
	通货膨胀	CPI
转移变量	经济结构	经济结构指数同比增速（ESIs）

3. 数据说明

依据指标体系设置，货币政策工具、政策目标的原始数据来源于 Wind 数据库、《中国统计年鉴》、国家统计局网站等；经济结构指数增速则由前文计算获得。需要说明的是：一是银行间同业拆借（7 天）加权平均利率是以月度加权平均利率和成交金额加权平均换算为季度利率数据；二是经济结构指数是季度数据，其季节性特征较为明显，从模型构建的角度出发，以经济结构指数的同比增速作为测算指标；三是实证样本设置为 1999 年第一季度到 2015 年第三季度的季度数据。

4. 实证结果

依据模型设置以及本文研究目的，分别构建包含 GDP、CPI、TR7、ESIs 的 TVAR 模型（记为 TVAR1），以及包含 GDP、CPI、M_2、ESIs 的 TVAR 模型（记为 TVAR2），测度在不同经济结构状态下货币政策工具的有效性。本文采用 R 软件中 tsDyn 程序包来实现对模型的测算和估计。

（1）TVAR 模型构建结果。为了避免伪回归的发生，对构建 TVAR 模型的所有变量进行平稳性检验。ADF 检验结构显示，两个 TVAR 模型中的 5 个变量在 5% 的显著水平下是平稳的。在此基础上，检验基准 VAR 模型是否存在非线性成分（原假设：VAR 模型为线性，备择假设：VAR 模型非线性，即为 TVAR 模型）。依据 AIC、HQ 的准则，确定基准 VAR 模型及 TVAR 模型的滞后阶数为 1，同时，运用 tsDyn 程序包中的 TVAR. LR test 函数进行非线性检验（见表 2、表 3）。

表 2　　　　　　　　　　　　TVAR1 模型的非线性检验

	LR test		
检验类型	1 vs2	1 vs3	2vs3
统计量值	49. 720	99. 093	49. 373
P 值	0. 000	0. 000	0. 200

表 3　　　　　　　　　　　　TVAR2 模型的非线性检验

	LR test		
检验类型	1 vs2	1 vs3	2vs3
统计量值	50. 834	112. 360	57. 974
P 值	0. 000	0. 000	0. 400

表 2、表 3 的检验结果显示，在 5% 的显著水平下，拒绝模型线性的假设，但不能拒绝模型为两区制 TVAR 模型的假设，因此，宜采用两区制 TVAR 模型对各变量关系进行分析，分别估计 TVAR1、TVAR2 模型结果（见表 4、表 5）。

表 4　　　　　　　　　　　　两区制 TVAR1 模型估计结果

区制 1	Intercept	GDP（ −1）	CPI（ −1）	TR7（ −1）	ESIs（ −1）
GDP	11. 2586	0. 0868	0. 2562	− 1. 0781	0. 0336
CPI	− 1. 3092	0. 2204	0. 9016	− 0. 0189	0. 0103
TR7	1. 6556	− 0. 0759	0. 1190	0. 5608	− 0. 0010
ESIs	21. 3994	− 2. 4693	2. 6106	− 0. 3798	0. 7699
区制 2	Intercept	GDP（ −1）	CPI（ −1）	TR7（ −1）	ESIs（ −1）
GDP	1. 0135	0. 9804	− 0. 1848	− 0. 2167	0. 0176
CPI	− 5. 3740	0. 3824	0. 6740	0. 6580	0. 0418
TR7	0. 1515	0. 0368	− 0. 0064	0. 8546	− 0. 0111
ESIs	10. 8883	− 0. 7308	0. 8062	− 1. 3375	0. 6969

表 5			两区制 **TVAR2** 模型估计结果		
区制 1	Intercept	GDP（－1）	CPI（－1）	M_2（－1）	ESIs（－1）
GDP	4.8922	0.2754	0.1722	0.0996	－0.0089
CPI	－1.9752	0.0633	0.9103	0.1262	0.0220
M_2	1.7515	0.3950	－0.3313	0.6351	－0.0922
ESIs	21.6638	－1.6780	2.5350	－0.5272	0.6991
区制 2	Intercept	GDP（－1）	CPI（－1）	M_2（－1）	ESIs（－1）
GDP	－0.6432	0.9538	－0.1837	0.0933	－0.0089
CPI	－2.0722	0.2819	0.7955	－0.0333	0.0240
M_2	3.4583	－0.0840	－0.0648	0.8188	0.0677
ESIs	5.6634	－0.3708	0.4521	－0.1472	0.8176

在 TVAR1、TVAR2 模型估计中，转移变量 ESIs 的门限估计值为 －0.8353。根据门限值的设置以及 ESIs 自身的波动趋势，将经济结构划分为两种状态（见图 10）：①当 ESIs > －0.8353 时，经济结构处于向好调整状态（简称结构向好）；②当 ESIs ≤ －0.8353 时，经济结构处于向差调整状态（简称结构向差）。显然，ESIs 门限值将经济结构调整变为两种状态，可以初步判断，在两种不同状态下货币政策工具的有效性是存在差异的。

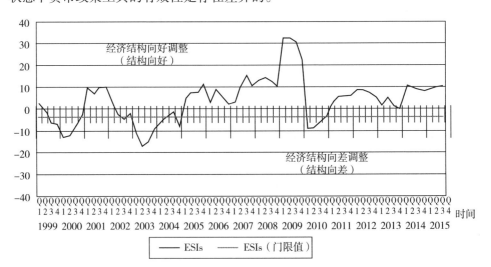

图 10　ESIs 走势及其门限值状态界定

（2）广义脉冲响应函数结果。基于前文对广义脉冲响应函数（GIRF）算法的设计，设置预测水平 $n = 20$，考虑不同经济结构状态（结构向好、结构向差）下货币政策工具操作的冲击效应（包含单期冲击效应和累计冲击效应）。具体来看，包括以下四种情形：①低速增长时期，两种经济结构状态下，货币政策工具扩张性操作的效应；②经济过热时期，两种经济结构状态下，货币政策工具紧缩性操作的效应；③通货膨胀时期，两种经济结构状态下，货币政策工具紧缩性操作的效应；④通货紧缩时期，两种经济结构状态下，货币政策工具扩张性操作的效应。据此，逐一对上述四种情形下冲击结果进行阐释和分析。

情形①：低速增长时期，两种经济结构状态下，货币政策工具扩张性操作的效应

两种经济结构状态下，1个标准差的价格型工具扩张性冲击对产出都具有增长刺激效应且不存在时滞性，但增长刺激效应程度不同。其中，结构向差时，增长刺激效应即时达到最大值 0.38，此后延续增长刺激效应至 20 期累计达到 2.70；结构向好时，增长刺激效应逐步增加并在第 6 期达到最大值 0.53，此后延续增长刺激效应至 20 期累计达到 3.88。相应地，数量型工具扩张性冲击效应也表现出差异性，其中，结构向差时，增长刺激效应逐步增加并在第 4 期达到最大值 0.25，此后延续增长刺激效应至 20 期累计达到 1.04；结构向好时，增长刺激效应逐步增加并在第 5 期达到最大值 0.37，此后延续增长刺激效应至 20 期累计达到 2.04（见图 11、图 12）。

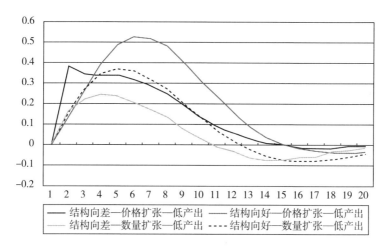

图 11　政策工具扩张性效应：产出

图 11、图 12 显示，在应对经济低速增长时，两种经济结构状态下政策工具的扩张性操作冲击效应存在显著差异。一是数量型与价格型工具的差异。扩张性冲击效应及累计效应显示，在两种经济结构状态下，价格型工具的效果都要优于数量型工具，结构向差时 2.70 > 1.04，结构向好时 3.88 > 2.04。同时，经济结构向好调整更加凸显了价格型工具的效果，从结构向差的效果差 1.66 上升为结构向好的效果差 1.88。二是结构向差与结构向好的差异。实证结果同时显

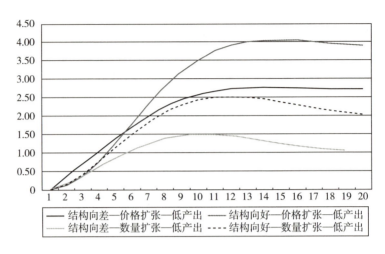

图12　政策工具扩张性累计效应：产出

示，经济结构向好调整提升了货币政策工具的效果，其中，价格型工具提升了
1.18，数量型工具提升了1.00，这也从侧面佐证了结构向好状态下价格型工具
的效果更加显著。

情形②：经济过热时期，两种经济结构状态下，货币政策工具紧缩性操作
的效应

两种经济结构状态下，1个标准差的价格型工具紧缩性冲击对经济过热具有
抑制效应且不存在时滞性，但过热抑制效应程度不同。其中，结构向差时，过
热抑制效应即时达到最大值 -0.38，此后延续过热抑制效应至20期累计达到
-2.79；结构向好时，过热抑制效应逐步增加并在第6期达到最大值 -0.52，此
后延续过热抑制效应至20期累计达到 -4.09。相应地，数量型工具紧缩性冲击
效应也表现出差异性，其中，结构向差时，过热抑制效应逐步增加并在第4期
达到最大值 -0.25，此后延续过热抑制效应至20期累计达到 -1.16；结构向好
时，过热抑制效应逐步增加并在第5期达到最大值 -0.39，此后延续过热抑制
效应至20期累计达到 -2.20（见图13、图14）。

图13、图14显示，在应对经济过热情况时，两种经济结构状态下政策工具
的紧缩性操作冲击效应存在显著差异。一是数量型与价格型工具的差异。紧缩
性冲击效应及累计效应显示，两种经济结构状态下，价格型工具的效果都要优
于数量型工具，结构向差时（ -2.79 ） > （ -1.16 ），结构向好时（ -4.09 ）
> （ -2.20 ）。同时，经济结构向好调整更加凸显了价格型工具的效果，从结构
向差的效果差（ -1.63 ）上升为结构向好的效果差（ -1.89 ）。二是结构向差与
结构向好的差异。实证结果同时显示，经济结构向好调整提升了货币政策工具
的效果，其中，价格型工具提升了1.30，数量型工具提升了1.04，这也从侧面

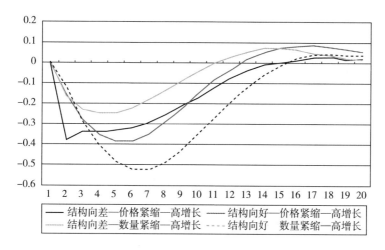

图 13　政策工具紧缩性效应：产出

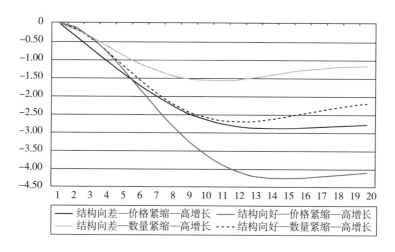

图 14　政策工具紧缩性累计效应：产出

佐证了结构向好状态下价格型工具的效果更加显著。

　　情形③：通货膨胀时期，两种经济结构状态下，货币政策工具紧缩性操作的效应

　　两种经济结构状态下，1 个标准差的价格型工具紧缩性冲击对通货膨胀具有抑制效应但存在一定的时滞性。其中，结构向差时，通胀抑制效应存在三个季度的时滞并在第 10 期达到最大值 -0.24，此后通胀抑制效应逐步收缩至 20 期累计达到 -2.03；结构向好时，通胀抑制效应存在六个季度的时滞并在第 12 期达到最大值 -0.36，此后多个时期通胀抑制效应显著，至 20 期累计达到 -1.61。相应地，数量型工具紧缩性冲击效应也表现出差异性，其中，结构向差时，通

胀抑制效应即时产生并在第7期达到最大值 - 0.31，此后通胀抑制效应逐步收缩至20期累计达到 - 2.72；结构向好时，通胀抑制效应存在三个季度的时滞并在第10期达到最大值 - 0.32，此后多个时期通胀抑制效应显著，至20期累计达到 - 2.62（见图15、图16）。

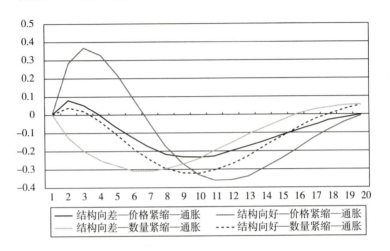

图15　政策工具紧缩性效应：通胀

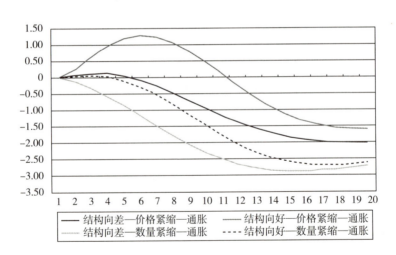

图16　政策工具紧缩性累计效应：通胀

图15、图16显示，在应对通货膨胀情况时，两种经济结构状态下政策工具的紧缩性操作冲击效应存在显著差异。一是数量型与价格型工具的差异。紧缩性冲击效应及累计效应显示，两种经济结构状态下，数量型工具的效果都要优于价格型工具，结构向差时（ - 2.72）>（ - 2.03），结构向好时（ - 2.62）>（ - 1.61）。同时，经济结构向好调整更加凸显了数量型工具的效果和稳定性。

二是结构向差与结构向好的差异。实证结果同时显示，经济结构向好调整虽然略微降低了货币政策工具的效果，但是结构向差时货币政策工具效果可持续较差，仅在短期较快反映出来，而结构向好时货币政策工具效果虽存在时滞，但冲击效果的可持续性更好。

情形④：通货紧缩时期，两种经济结构状态下，货币政策工具扩张性操作的效应

两种经济结构状态下，1个标准差的价格型工具扩张性冲击对通货紧缩具有刺激效应但存在一定的时滞性。其中，结构向差时，通缩刺激效应存在三个季度的时滞并在第9期达到最大值0.23，此后通缩刺激效应逐步收缩至20期累计达到1.85；结构向好时，通胀抑制效应存在六个季度的时滞并在第11期达到最大值0.35，此后多个时期通缩刺激效应显著，至20期累计达到1.41。相应地，数量型工具扩张性冲击效应也表现出差异性，其中，结构向差时，通缩刺激效应即时产生并在第6期达到最大值0.32，此后通缩刺激效应逐步收缩至20期累计达到2.74；结构向好时，通缩刺激效应存在三个季度的时滞并在第9期达到最大值0.32，此后多个时期通缩刺激效应显著，至20期累计达到2.58（见图17、图18）。

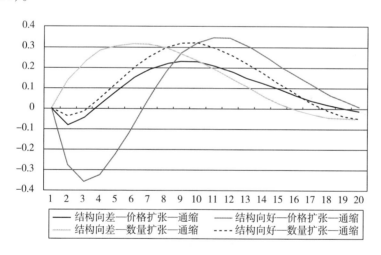

图17 政策工具扩张性效应：通缩

图17、图18显示，在应对通货紧缩情况时，两种经济结构状态下政策工具的紧缩性操作冲击效应存在显著差异。一是数量型与价格型工具的差异。紧缩性冲击效应及累计效应显示，两种经济结构状态下，数量型工具的效果都要优于价格型工具，结构向差时2.74 > 1.85，结构向好时2.58 > 1.41。同时，经济结构向好调整更加凸显了数量型工具的效果和稳定性。二是结构向差与结构向好的差异。实证结果同时显示，经济结构向好调整虽然略微降低了货币政策工

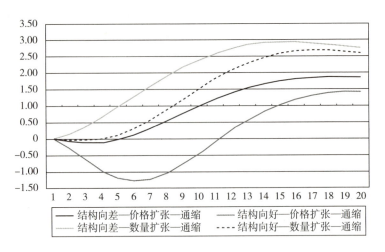

图 18　政策工具扩张性累计效应：通缩

具的效果，但是结构向差时货币政策工具效果可持续较差，仅在短期较快反映出来，而结构向好时货币政策工具效果虽存在时滞，但冲击效果的可持续性更好。

五、货币政策的结构性效应：以定向工具为例

货币政策从来都是总量政策，只是在不同经济发展阶段采取不同的政策工具形式，但归根究底都是发挥金融资源对实体经济的支持作用。货币政策的结构性效应表现在两方面：货币政策自身显示出的结构性效应，总量工具与定向工具都有所体现；货币政策通过政策工具对中介媒介的作用影响经济结构，信贷渠道与利率渠道都有所体现。

（一）货币政策结构性效应分析

1. 货币政策本身的结构性效应

一是总量调控货币政策结构性效应。实际经济发展中，不同部门对货币政策的反应速度、敏感程度不同，融资需求、结构以及获得信贷的能力也不同，使信贷政策或者利率政策等的实现在不同部门形成明显的结构性作用，这也是总量调控货币政策结构效应产生的主要原因。具体表现为：信贷政策中，不同部门获取资金的能力不同，如过去几年房地产、重工业中的优势部门（国企、央企、大型企业等）在货币扩张中明显受益较多；利率政策中，不同部门获取资金的成本不同，经济社会中优势部门（国企、央企、大型企业等）的议价能力较强，能够以较低的利率获得资金；汇率政策中，不同部门因政策导向收益不同，如以稳出口为导向的汇率政策，显然会更多惠及出口商及相关制造业。二是定向调控货币政策结构性效应。定向调控是在特定经济发展阶段下，对金

融资源分布扭曲、经济结构失衡等问题进行纠正，通过定向降准、支农支小再贷款、PSL等方式用好增量金融资源，对经济社会中的某些部门（产业）给予支持，用于经济结构调整。如定向降准支持"三农"及"小微"企业发展；向国家开发银行发放PSL支持棚户区改造等。

2. 货币政策对经济结构的影响

实践中，货币政策对经济总量的影响可能只是短期的，但其对经济结构的影响则可能是较长期的、全方位的。总体来看，货币政策对经济结构的传导和影响，是利用货币政策调控工具，通过中介媒介的作用，影响总供给和总需求，进而影响经济结构。一是货币供应量变化的幅度以及不同部门边际收益的差距，使货币扩张或紧缩时，各个部门并不是获得同等比例的扩张和收缩，造成货币供应量对经济结构的影响。此外，信贷调控能够通过资金的可获得性调整产品市场的供求关系，促使投资、消费、出口发生变化，影响经济结构。二是利率变化是通过影响企业投资和居民消费来影响经济结构的。实际利率降低，企业融资成本和存货成本也随之降低，会直接影响到社会投资结构，进而影响到整个经济结构。同时，利率的变化也会通过收入效应以及替代效应来影响居民的消费行为，进而影响总需求结构。三是货币政策工具的创新使用，是在传统政策工具调控的基础上，引导金融资源的流动和配置，形成有效的资源配置结构，推动经济结构转型升级。

（二）定向政策工具的效果分析

由前文分析可知，货币政策对经济结构的影响有多种渠道，基于经济发展"新常态"背景下，经济结构调整与转型升级的现实需要，本文重点分析定向政策工具在经济结构调整中的作用。

1. 工具内涵

从一般意义来看，定向政策工具主要包括：一是差别存款准备金动态调整机制，是构建宏观审慎政策框架和实施稳健货币政策的一项政策创新，用于逆周期调节；二是定向降准，是指人民银行对发放"三农"、小微企业等符合经济结构调整需要、满足市场需求的实体经济贷款达到一定比例的银行业金融机构适当降低存款准备金率；三是支农、支小再贷款，专项用于支持金融机构扩大对"三农"、小微企业的信贷投放，缓解企业融资难、融资贵的问题；四是其他创新型货币政策工具，主要有常备借贷便利（SLF）、中期借贷便利（MLF）、抵押补充贷款（PSL）等。

2. 模型设定

为了测度定向政策工具的效果，本文引入源自自然实验的双重差分模型（DID），该模型被广泛应用于定量评估公共政策实施效果。DID模型是基于自然实验的数据，通过模型有效控制研究对象间的事前差异，将政策实施效果有效剥离出来，避免因单一前后对比或横向对比形成的有偏估计。

基于DID模型的原理以及本文的研究目的，选择执行定向政策的法人金融机构和国有四大行的贷款利率数据作为分析样本，并在模型中添加其他可能影响的因素变量。基本效率模型如下：

$$R = \alpha_0 + \alpha_1 T + \alpha_2 B + \alpha_3 B\_T + \alpha_4 X + \varepsilon_{it} \tag{8}$$

其中，R为金融机构月度贷款加权平均利率；T为政策作用时间的虚拟变量（0代表实施前，1代表实施期），需要说明的是，若政策上半月出台则当月记为1，下半月出台则次月记为1；B为处理组和对照组的虚拟变量（0代表国有四大行，1代表法人金融机构）；B_T为样本在政策当期作用的虚拟变量（1–法人金融机构当期执行定向政策，0–其余情况）；$X = (P, Y, r, rd)$是影响贷款利率的其他因素，P、Y、r、rd分别代表物价水平、经济增长水平、市场利率和不良率水平。则政策双重差分效应如下：

（1）政策作用前（$T = 0$）：

处理组（法人金融机构）：$R_1 = \alpha_0 + \alpha_2 + \alpha_4 X + \varepsilon_{it}$ $\tag{9}$

对照组（国有四大行）：$R_2 = \alpha_0 + \alpha_4 X + \varepsilon_{it}$ $\tag{10}$

差分效果1：$\Delta_1 = R_1 - R_2 = \alpha_2$ $\tag{11}$

（2）政策作用后（$T = 1$）：

处理组（法人金融机构）：$R'_1 = \alpha_0 + \alpha_1 + \alpha_2 + \alpha_3 + \alpha_4 X + \varepsilon_{it}$ $\tag{12}$

对照组（国有四大行）：$R'_2 = \alpha_0 + \alpha_1 + \alpha_4 X + \varepsilon_{it}$ $\tag{13}$

差分效果2：$\Delta_2 = R'_1 - R'_2 = \alpha_2 + \alpha_3$ $\tag{14}$

（3）政策效应（双重差分）：$\Delta = \Delta_2 - \Delta_1 = \alpha_3$ $\tag{15}$

3. 实证结果

基于模型的设置、数据的可获得性等因素考虑，对实证分析的对象、数据等作如下说明：一是本文以宁波市金融机构为主要研究对象，选取23家地方法人金融机构①与4家国有银行进行对比分析；二是限于数据的可得性，本文定向政策工具主要是指支农再贷款、支小再贷款、定向降准，差别存款准备金动态调整机制、其他创新型政策工具不在讨论范围；三是选取2014—2015年6月末地方法人金融机构执行定向政策前月、当月、次月的贷款加权平均利率，以及对应时点国有四大行的贷款加权平均利率；四是宏观经济变量数据选取按照定向政策执行对应时段，其中，物价水平以CPI衡量，经济增长水平以规上工业增加值增速衡量②，市场利率以银行间同业拆解加权平均利率衡量，不良率水平

---

① 23家地方法人金融机构：1家城商行、9家农村信用社（含农村合作银行、农村商业银行）、13家村镇银行。

② 由于GDP无月度统计数据，本文采用规模以上工业企业增加值增速代替。

以贷款不良率衡量。

根据模型，可以拟合政策效果模型如下：

$$R = 6.90 + 0.14T + 2.09B - 0.12B\_T + 0.01Y + 0.70P$$
$$+ 0.65r + 1.40rd \tag{16}$$

总体来看，模型的拟合效果和变量的显著性较好。根据模型结果，不难发现，宁波市金融机构的贷款利率与经济增长、物价水平、市场利率以及不良贷款率都呈现正向关系。从定向政策工具的效果来看，政策作用前，地方法人金融机构与国有四大行的效果差平均为2.09；政策作用后，地方法人金融机构与国有四大行的效果差平均为1.97。这表明，定向政策工具的实施缩短了地方法人金融机构与国有四大行之间的平均利率差0.12。同理，分别构建城市商业银行、农村信用合作社、村镇银行与国有四大行的政策效率模型，三者在定向政策工具的作用下能够降低平均利率差分别为0.12、0.07、0.18。基于此，可以判断定向政策工具初具成效，对经济结构调整起到积极作用。

六、研究结论及对策建议

（一）本文主要结论

依据本文的分析框架和研究内容，可以归纳形成如下结论：

（1）我国经济结构整体向好调整，尤其是2008年之后有显著的变化，这表明我国经济结构调整取得了初步成效。同时，在经济结构向好调整的趋势下，整体的经济结构优化程度依然不高，仍存在较大的调整空间。此外，以经济结构指数门限值为界，经济结构呈现"向好调整"和"向差调整"两种状态，不同经济结构状态下货币政策工具的有效性表现不同。

（2）货币政策非对称性效应方面，经济结构向好调整和向差调整两种状态下，货币政策工具（价格型和数量型）的有效性存在差异。一是经济结构向好调整能够增强货币政策工具效应。应对经济下行（过热），价格型工具与数量型工具的效果都显著增强；应对通货膨胀（紧缩），价格型工具与数量型工具的效果可持续性都得到提升。二是经济结构向好调整能够强化不同货币政策工具间的效果差。应对经济下行（过热），经济结构向好调整增大了价格型工具与数量型工具的效果差，价格型工具的作用更加突出；应对通货膨胀（紧缩），经济结构向好调整增大了数量型工具与价格型工具的效果差，数量型工具的作用更加突出。

（3）货币政策没有总量和结构之分，但货币政策同时兼具总量性效应和结构性效应。货币政策的总量性效应显而易见，通过调节市场流动性、融资成本等对总需求和总供给直接形成影响；货币政策的结构性效应则体现在政策工具自身的结构性效应，以及政策工具对经济结构的影响。以具有明显结构性效应的定向工具为例，定向政策工具的实施缩短了地方法人金融机构与国有四大行之间的平均利率差，达到支农支小的目的，发挥出货币政策的结构性效应。

（4）尽管货币政策工具日益多样化，但从本质上来看，各类创新工具与传统的货币政策工具一样，都只是宏观调控的一种方式，都具有数量型或者价格型工具的特征，并且都是以扩大（缩减）市场流动性、降低（提高）利率水平达到刺激经济增长（治理通货紧缩）或平抑经济过热（治理通货膨胀）的目的。当前，我国数量型工具向价格型工具转变的条件尚不成熟，因此，应对经济发展"新常态"下经济结构调整的需要，适时适度地使用各类创新型政策工具如定向政策工具，能够增强宏观调控和货币政策的实施效果。

（二）相关对策建议

1. 制度设计，构建适应经济结构调整的金融结构

最优金融结构理论指出，评价一国的金融结构是否有效的标准，不是其金融结构与发达国家（经济体）的金融结构是否一致，而是金融结构构建是否与本国经济结构相适应。面对经济发展"新常态"下，需求结构、产业结构、区域结构、收入结构等多重经济结构失衡和调整问题，积极构建满足实体经济发展需要的金融结构，有效地发挥金融体系动员资金、配置资金以及降低系统性风险的功能，为经济结构调整提供营造良好的金融服务环境，促进实体经济发展。此外，在金融结构构建过程中，要积极发挥财政政策作用，以适当的财政支出、补贴、奖励、政策倾斜等措施，配合构建适应经济转型和调整时期的金融结构。

2. 政策协调，积极充分发挥货币政策结构性效应

应对经济发展"新常态"下经济结构调整的需要，创新调控方式，积极充分发挥货币政策结构性效应。一是继续实施稳健货币政策，引导信贷规模和社会融资平稳适度增长，灵活运用存款准备金率、再贷款、再贴现等政策工具，为经济结构调整和转型升级提供适度货币金融环境。同时，在区间调控的基础上继续推进定向调控，支持"三农"、"小微"发展，促进信贷结构优化。二是抓住资产证券化试点推广的契机，加快推动金融机构通过资产证券化、信贷资产转让等方式调整及优化自身信贷资产负债结构，将更多新增信贷资源投向战略性新兴产业、中小微企业、农业产业化等重点领域和生产环节，调节货币金融资源的结构分布。三是坚持"盘活存量、用好增量"的思路，持续创新货币政策调控方式，化被动调控为主动调控，达到调控经济结构的效果。充分发挥抵押补充贷款（PSL）、中期借贷便利（MLF）等货币政策创新工具的作用，兼顾数量调控和价格调控，引导资金流向政策重点扶持领域，提升货币政策的结构性效应，实现"稳增长、防通胀、调结构"的目的。

3. 清晰定位，优化数量工具转向价格工具的环境

回顾过去，数量型工具在稳定物价、保持经济增长上发挥了重要的作用，使我国货币政策操作实践中偏重于数量型工具，但伴随宏观经济环境的变化数量型工具的有效性不断受到"拷问"，而价格型工具在发达经济体的广泛应用以及我国《金融业发展和改革"十二五"规划》中提出"推进货币政策从数量型调控为主向价格型调控为主转型"的论断，则将数量型工具和价格型工具的争议推至前端。当前，在经济结构调整的新形势下，有关数量型工具和价格型工具的使用应当形成清晰的认识：一是考虑到数量型工具在稳定价格水平方面更加突出，价格型工具在经济增长的作用上更加显著，依据经济发展现实需要，配合使用两种类型货币政策工具，充分发挥货币政策在促进经济增长、稳定物价方面的作用。二是当前数量调控为主转向价格调控为主的条件仍不成熟，一方面，金融市场发展程度不高，社会资本中银行信贷仍占据主体，信用创造的渠道相对集中，价格型工具调控效果难以凸显；另一方面，市场化的利率、汇率机制尚未完全形成，利率、汇率弹性较低，价格型工具调控效果相对有限。因此，要加快建立和完善基于价格调控的货币政策调控框架，营造良好的金融市场环境，构建有效的金融结构，推动金融深化和经济转型，为数量型调控向价格型调控转变提供良好的市场条件。

4. 抓住机遇，积极探讨货币政策框架的转型问题

伴随着经济发展进入新阶段，以及金融创新发展和金融改革推进，货币政策调控将会面临新环境、新情况、新问题、新挑战，因此，在经济结构调整的"新常态"环境下，要积极思考和探讨有关货币政策框架的转型问题。一是最终目标的转型问题。一般来说，货币政策调控的最终目标主要有稳定物价、经济增长、充分就业和国际收支平稳等，而我国货币政策实践过程中在货币政策目标的选择上偏向于稳定物价和经济增长，而在经济发展"新常态"的新形势下，稳定和均衡将会成为主基调，由此，货币政策最终目标面临一个转型思考：稳定物价、促进经济增长，还是稳定物价、促进经济结构调整。二是中介目标的转型问题。货币政策中介目标是调节和实现货币政策最终目标的中间环节，一般来说，中介目标的选择要符合"三性"标准，即可测性、可控性和相关性。目前，我国货币政策中介目标是货币供应量，而从操作实践来看，由于金融创新等多种因素的影响，以货币供应量为中介目标的调控效果不尽如人意，一个直接的证据就是货币供应量与实体经济的相关性正在下降。因此，摆在面前的现实是：是否向发达经济体如美、英等国一样，选择以"政策利率"来替代货币供应量这一中介目标，这一问题值得思考。三是传导机制的转型问题。一般来看，货币政策主要通过利率、信贷、非货币金融资产价格、汇率四个渠道影响经济总产出。金融创新发展及金融改革推进，将会对货币政策传导机制产生

较大影响：传统传导机制都以货币供应量为政策实施起点，强调通过货币供应量对利率、贷款供给等变量的影响，进而对经济产出产生作用，而货币供应量这一中介目标有效性和稳定性都值得商榷；作为传导途径的中间指标，信贷、利率、非金融资产价格、汇率等更加敏感，传导机制可控性下降。基于此，在新的经济形势下，货币政策的传导机制将会受到挑战，如何进行实现传导机制转型，保障货币政策实施效果成为关键问题。

参考文献

［1］卞志村、胡恒强：《中国货币政策工具的选择：数量型还是价格型？——基于DSGE模型的分析》，载《国际金融研究》，2015（6）。

［2］蔡昉、都阳、高文书：《就业弹性、自然失业和宏观经济政策——为什么经济增长没有带来显性就业》，载《经济研究》，2004（9）。

［3］陈飞、赵昕东、高铁梅：《我国货币政策工具变量效应的实证分析》，载《金融研究》，2002（10）。

［4］胡志鹏：《中国货币政策的价格型调控条件是否成熟——基于动态随机一般均衡模型的理论与实证分析》，载《经济研究》，2012（6）。

［5］林毅夫、孙希芳、姜烨：《经济发展中的最优金融结构理论初探》，载《经济研究》，2009（8）。

［6］李义超、周英章：《我国货币政策和财政政策的效用比较研究》，载《数量经济技术经济研究》，2002（3）。

［7］刘喜和、李良建、高明宽：《不确定条件下我国货币政策工具规则稳健性比较研究》，载《国际金融研究》，2014（7）。

［8］刘宇、姜波克：《汇率变动与经济增长方式的转换——基于结构优化的视角》，载《国际金融研究》，2008（10）。

［9］人民银行成都分行课题组：《对定向政策实施效果的量化研究——基于四川数据的双重差分模型验证》，载《货币政策信息与调研》，2015（3）。

［10］人民银行天津分行课题组：《对"定向降准"政策效应的调研与思考》，载《华北金融》，2015（4）。

［11］王君斌、郭新强、王宇：《中国货币政策的工具选择、宏观效应与规则设计》，载《金融研究》，2013（8）。

［12］王晓中、赵琳：《货币政策定向操作探析》，载《北方金融》，2014（12）。

［13］汪仁洁：《货币政策的阶段性特征和定向调控选择》，载《改革》，2014（7）。

［14］谢平、罗雄：《泰勒规则及其在中国货币政策中的检验》，载《经济

研究》，2002（3）。

[15] 张屹山、刘金全：《2005 年中国宏观经济波动态势与成因的动态分析》，载《数量经济技术经济研究》，2005（7）。

[16] Atkeson A, Chari V, Kehoe P, 2007, On the Optimal Choice of a Monetary Policy Instrument, *NBER Working Paper*, No. 13398.

[17] Christiano L. J, Lars L, 1998, Money Does Granger Cause Output in the Bivariate Money Output Relation, *Journal of Monetary Economics*, Vol. 22.

[18] Garrison Charles B, Chang Hui S, 1979, The Effects of Monetary Forces in Regional Economic Activity, *Journal of Regional Science*, Vol. 19.

[19] Ganley J, C Salmon, 1997, The Industrial impact of monetary policy Shock: some stylized facts, *Bank of England Working Paper*, Vol. 9.

[20] Owayang Michael T, Wall Howard J, 2003, *Structural Breaks and Regional Disparities in the Transmission of Monetary Policy*, Federal Reserve Bank.

[21] Poole M, 1970, Optimal Choice of Monetary Policy Instrument in a Simple Stochastic Macro Model, *Quarterly Journal of Economics*, Vol. 84.

[22] Sargent, Thomas J, Neil Wallace, 1975, Rational Expectations, the Optimal Monetary Instrument and the Optimal Money Supply Rule, *Journal of Political Economy*, Vol. 83.

[23] Walsh C, 2001, *Monetary Theory and Policy*, Cambridge: Massachusetts Institute of Technology Press.

[24] Zhang W, 2009, China's Monetary Policy: Quantity Versus Price Rules, *Journal of Macroeconomics*, Vol. 31.

浙江省推动长江经济带综合交通建设融资创新研究

国家开发银行浙江省分行课题组*

一、浙江省推动长江经济带综合交通建设融资环境分析

浙江省地处中国经济最为活跃的长三角地区，是长江经济带与海上丝绸之路的重要交汇区，是全国"民营经济大省"、"市场大省"和"外贸大省"。浙江省独特的经济和地理特征决定浙江省综合交通建设在长江经济带建设中具有不可替代的地位和作用。

（一）浙江综合交通建设在长江经济带中目标及建设重点①

1. 目标

一是以建设舟山江海联运服务中心为重点，打造高水平对内对外开放门户。立足处于长江经济带"龙头龙眼"的区位优势，全面建成舟山江海联运服务中心，推动宁波—舟山港成为世界一流现代化大港，加快推进舟山群岛新区、浙江海洋经济发展长江经济带、义乌国际贸易综合改革试点和中国（杭州）跨境电子商务综合试验区建设，打造连接"一带一路"、推动长江经济带沿海内陆双向开放的高水平门户。

二是以构建综合交通运输体系为重点，打造长三角南翼现代城市群，统筹铁路、公路、水运、航空、管道建设，实施内河水运复兴行动计划，推动多式联运发展。着力提升"三港"（海港、陆港、空港）、"两枢纽"（杭州、宁波综合交通运输枢纽）和"一平台"（国家交通运输物流公共信息平台），建成现代综合交通运输体系，推动杭州都市圈转型升级和宁波港口经济圈建设，提升发展杭州、宁波、温州和金华—义乌"四大都市区"，共同促进长三角城市群一体化发展。

2. 重点

一是发挥通江达海优势，全力打造舟山江海联运服务中心，建设国际一流

---

* 课题主持人：袁建良

课题组成员：周　莉　王春雷　彭　永　王　朋　吴振豪

① 本小节主要来源于《浙江省贯彻国务院关于依托黄金水道推动长江经济带发展指导意见的实施方案（送审稿）》。

的综合枢纽港，深入推进宁波—舟山港实质性一体化。

二是突出大枢纽、大通道和大网络建设，着力完善综合交通运输体系。

三是复兴内河水运，拓展长江黄金水道辐射范围，加快内河高等级航道网以及内河港口枢纽建设。

总体来看，围绕"江海联运"中心特色，继续以杭州、宁波、温州和金华—义乌为核心的都市圈向周边辐射，强化综合立体交通枢纽、通道和网络建设。

（二）融资现状及面临的问题

目前浙江省已经初步形成公、铁、水、空各种运输方式齐备的综合交通运输体系。从各交通领域的投融资情况来看，公路投融资格局较强而铁路和航空机场业投融资格局较弱，金融生态环境好而民间资本利用不足。

1. 融资现状[①]

浙江省"十二五"期间综合交通项目总投资约5 855亿元，主要包含公路、铁路、水路、民用机场以及管道建设等，其中公路、铁路、水路、民用机场等交通基础设施项目具有较强的公益属性，建设资金主要以国有资本和政府财政资金为主，管道建设资金主要由企业自筹，以银行贷款、企业债券、中期票据等其他融资方式。

2. 面临问题

虽然浙江省在综合交通建设融资方面与相邻五省市相比具有政策倾斜、金融生态环境良好、民间资本雄厚等优势和有利条件，但是也存在财政收入放缓、融资模式创新不足、民间投资占比不高以及交通项目普遍收益水平较低等问题。

二、浙江省推动长江经济带综合交通建设资金供需分析

本章节将结合浙江省综合交通投融资现状，测算浙江省长江经济带综合交通建设项目建设资金的供需情况，为进一步进行系统性融资方案设计打下良好基础。

浙江省推动长江经济带综合交通建设项目按照不同投资领域，可分为舟山江海联运服务中心建设项目和交通项目两大类。本章把舟山江海联运服务中心建设项目和交通项目中的内河水运复兴项目归类为江海联运类，其他项目按各自类别仍分别列为公路、铁路和机场项目。

（一）资金需求预测

根据《浙江省参与长江经济带发展重大项目三年（2015—2017）行动计划》

---

① 本小节内容由浙江省交通规划设计研究院提供。

安排，未来3年浙江省在交通、产业等领域共计安排了98个重点建设项目，总投资约1.3万亿元，2015年计划完成投资约674亿元。其中综合交通类项目64个，总投资约8 200亿元，2015年计划完成投资435亿元，主要包含国际枢纽港、内河水运复兴、铁路、公路、机场等领域项目。如表1所示。

　　1. 分领域需求预测

表1　　　　　　　　浙江省长江经济带综合交通分领域资金需求表　　　单位：亿元、%

序号	项目领域		总投资	资本金	资本金占比	融资需求
1	江海联运	港口、码头（联运中心）	418	105	25	313
		内河水运复兴项目	474	340	72	134
2	公路	高速公路	1 510	420	28	1 090
		普通国省道	439	130	30	309
3	铁路	"八八"计划	1 588	750	47	838
		14条城际铁路	1 600	800	50	800
		城市轨道（地铁）	1 938	969	50	969
4	机场		240	72	30	168
	合计		8 206	3 586	42	4 621

　　注：各领域资本金比例为在国务院最新要求基础上，结合调研情况进行适当调整所得。

　　2. 分地市需求预测

　　一是关于分年度需求的拆解测算。结合《浙江省参与长江经济带发展重大项目三年（2015—2017）行动计划》，对浙江省十一个地市长江经济带综合交通项目进行梳理。由于三年行动计划中只有2015年有明确的投资计划，因此2016—2017年假定两年投资平均分配。

　　二是关于各地市需求的拆解测算。对于部分涉及多个地市的项目，由于各地市没有具体的投资总额，因此也采用所涉及地市平均分配的方式测算。

　　三是关于省市需求的拆解测算。（1）项目资本金部分，剔除中央财政、省级财政以及省级平台出资以外，剩余部分均需要各地市配套出资；（2）项目融资需求部分，其中港口码头类项目，在此均考虑由省平台负责融资；内河水运项目，在此均考虑大部分资金由省财政承担以外，剩余融资部分由港航局等负责融资；铁路项目，多采用铁总和省铁投组建项目公司的方式进行运作；高速公路的运作方式与铁路较为类似，多由项目公司负责项目融资。因此，综合交通项目中仅地铁、普通公路以及机场领域项目需要地方政府负责融资，结合表1，具体各地市融资需求如表2所示。

表2 　　　　**浙江省各地市长江经济带综合交通项目投资情况表** 　　　单位：亿元

序号	各地市历年投资额	2015 年	2016 年	2017 年	项目总投资合计	资本金需求	融资需求
1	杭州	172	963	963	2 099	530	504
2	湖州	25	227	227	479	125	0
3	衢州	60	148	148	355	94	0
4	绍兴	10	125	125	261	71	0
5	舟山	6	287	287	579	150	207
6	丽水	13	115	115	244	66	18
7	温州	39	458	458	955	244	110
8	台州	18	297	297	613	159	0
9	嘉兴	2	109	109	221	61	60
10	金华	7	156	156	320	85	4
11	宁波	84	999	999	2 081	526	543
	合计	435	3 886	3 886	8 206	2 111	1 446

注：湖州、衢州、绍兴以及台州等地涉及长江经济带项目均为港口、内河水运以及铁路、高速等项目，不需要地方政府负责融资，所以此表中相应需求为零。

（二）资金供给分析

1. 资本金出资能力分析

（1）省级资本金出资能力分析

通过走访政府相关主管部门，了解到省级财政将浙江省长江经济带综合交通项目部分资本金列入财政预算安排，但是仍存在 580 亿元缺口，其中城际铁路资本金缺口约 250 亿元，公路项目资本金缺口约 250 亿元，内河航道资本金缺口约 80 亿元。

（2）各地市资本金出资能力分析

从历史数据分析，近几年浙江省各地市建设与债务支出总体上均呈现了下降趋势，主要是由于浙江省土地出让量及出让价格下降所带来的影响。但是从 2013 年开始，各地市土地出让量以及土地出让价格开始逐渐上升。随着浙江省经济增长逐渐企稳回升，各地市财政可支配财力逐渐增强，建设与债务支出也逐渐上升。

由于自 2013 年以来新的统计方法不再进行建设与债务支出统计，因此对未来建设与债务的预测，本报告采取过去三年（2010—2012 年）的平均值作为 2015—2017 年每年的建设与债务支出（如表3 所示）。对于债务本息支出，则以 2014 年债务余额为基数，假设未来 10 年等额还款计算本金，利息按 5% 计算，除长江经济带综合交通项目建设债务外，不考虑其他新增债务。

表3　　浙江省各地市建设与债务支出资金预测（2015—2017 年）　单位：亿元

	2010 年实际	2011 年实际	2012 年实际	2015—2017 年（假设每年相同）	截至2014 年末存量债务	2015 年	2016 年	2017 年	2015 年	2016 年	2017 年
	建设与债务支出			建设与债务支出		已有债务本息支出			本次新增项目资本金支出		
杭州	575	551	522	549	560	84	81	78	43	243	243
湖州	51	25	34	36	175	26	25	25	10	117	117
衢州	35	22	28	28	102	15	15	14	7	59	59
绍兴	146	136	51	111	150	23	22	21	1	30	30
舟山	26	26	20	24	174	26	25	24	3	34	34
丽水	20	20	20	20	72	11	10	10	2	42	42
温州	70	72	35	59	442	66	64	62	15	40	40
台州	90	50	84	74	300	45	44	42	2	74	74
嘉兴	80	80	80	80	187	28	27	26	5	77	77
金华	80	80	80	80	92	14	13	13	4	31	31
宁波	136	145	154	145	951	48	43	38	21	252	252
合计	1 307	1 206	1 108	1 207	3 205	386	370	354	112	1 000	1 000

注：①以上为各地市市本级数据。

②债务本息支出仅考虑 2014 年末的存量债务。

③基础数据来源于各地市提供的财政报表，其中缺少嘉兴市、金华市、丽水市等地市本级数据，对于缺失的数据，采用相邻的地市数据进行估算。

表4　　浙江省各地市财政建设与债务支出资金结余情况（2015—2017 年）

单位：亿元

	2015 年	2016 年	2017 年	合计
杭州	422	225	227	874
湖州	4	-48	-47	-92
衢州	-2	-26	-26	-54
绍兴	86	55	56	197
舟山	-4	-76	-75	-154
丽水	6	-22	-21	-38
温州	-17	-122	-120	-259

续表

	2015 年	2016 年	2017 年	合计
台州	25	−46	−45	−66
嘉兴	51	23	24	98
金华	64	25	25	115
宁波	76	−150	−145	−219
合计	710	−162	−146	402

从表 4 中可以看出，在新增项目资本金仅考虑长江经济带综合交通项目的情况下，浙江省各地市在支付存量债务本息以及长江经济带综合交通项目资本金后，从总量上来看，略有盈余，但各地市资金结余情况则各不相同，其中湖州、衢州、舟山、丽水、温州、台州以及宁波等地的建设与债务支持均不能够满足已有债务还本付息和新增项目资本金支出，各地市资本金缺口总额约为 880亿元。

2. 政府融资能力分析

（1）浙江省综合交通项目省级投融资主体

根据《浙江省参与长江经济带发展重大项目三年（2015—2017）行动计划》安排，浙江省综合交通重点建设项目主要集中在铁路、公路和港口航道等领域。因此，可以预见未来三到五年，浙江省交通投资集团、浙江省铁路投资集团以及 2015 年刚组建的浙江省海港投资运营集团以及省公路局和港航局将继续作为浙江省长江经济带综合交通投融资建设主体，承担浙江省推动长江经济带重点重大项目建设。其中浙江省铁路投资集团和浙江省交通投资集团将发挥原有职能，继续作为浙江省铁路和高速公路两个领域投融资主体，积极参与浙江省铁路和高速公路项目建设；浙江省海港投资运营集团则重点负责舟山江海联运中心非民间投资的各类港口、码头等项目建设。省公路局和港航局则继续作为政府投资主体，通过政府购买服务等创新模式，重点承担没有收益的普通公路和内河航道等项目建设，从各主体能力看，基本能够承载规划项目的融资任务。

（2）各地市政府融资能力分析

①各地市综合财力分析及预测

从浙江省各地市近几年地方综合财力数据可以看出，2010—2012 年浙江省各地市综合财力总体上呈现下降态势，但是 2013 年各地市土地出让量以及出让价格均出现不同程度的回升。对于未来各地市综合财力趋势，本报告以 2011—2014 年的各地市综合财力平均值作为基数，假设 2015—2017 年各年的综合财力年均增长 3% 进行测算。如表 5 所示。

表5　　　　　　　　　浙江省各地市三年后综合财力预测　　　　　单位：亿元

	2010年实际	2011年实际	2012年实际	2013年实际	2014年实际	四年均值	近三年平均增长率	三年后(2017年)综合财力
杭州	927	559	570	1 019	936	771		843
湖州	169	159	118	143	173	148		162
衢州	111	89	79	103	117	97		106
绍兴	209	153	138	140	160	148		162
舟山	90	125	101	125	111	116		126
丽水	83	87	62	78	96	81	3%	88
温州	252	376	284	438	377	369		403
台州	231	198	185	281	236	225		246
嘉兴	184	184	159	168	220	183		200
金华	149	145	109	136	167	139		152
宁波	260	277	286	361	362	321		351

注：①以上数据不包含所辖县（区）。

②基础数据来源于各地市提供的财政报表。

②各地市未来新增债务空间预测

本节根据各地的债务状况，结合各地市债务率控制边界，预测三年后各地政府债务空间，并由此推算各地新增债务空间额度。如表6所示。

表6　　　浙江省未来三年（2015—2017年）各地市本级政府债务余额新增

单位：亿元

	三年后综合财力	三年后可承载债务余额	2014年实际余额	新增空间
杭州	843	1 483	936	547
湖州	162	190	173	17
衢州	106	143	117	26
绍兴	162	189	160	29
舟山	126	195	111	84
丽水	88	95	96	0
温州	403	508	377	131
台州	246	310	236	74
嘉兴	200	252	220	32
金华	152	205	167	39
宁波	351	618	362	256

③各地市政府融资能力测算结果

通过负债新增空间与各地长江经济带综合交通建设融资需求进行匹配，初步测算各地的融资缺口，具体结果如表7所示。

表7　　　　　　　　　　浙江省各地市政府融资能力测算表

	杭州	湖州	衢州	绍兴	舟山	丽水	温州	台州	嘉兴	金华	宁波
新增空间	547	17	26	29	84	0	131	74	32	39	256
需地市财政承担部分	504	0	0	0	207	18	110	0	60	4	543
合计	43	—	—	—	−124	−19	21	—	−28	35	−287

注：通过与表2中各地市融资需求向比较。

从表7中可以看出，未来三年各地市政府债务均有新增空间，但是舟山、丽水、嘉兴、宁波等地通过负债空间不能够满足融资需求，其中舟山和宁波两地缺口较大，为此仍需充分整合政府和项目资源，通过其他融资渠道解决长江经济带综合交通建设资金问题。

（三）资金平衡分析

结合前两小节分析，未来2～3年，浙江省推动长江经济带综合交通建设项目资本金缺口约1 460亿元，其中省级缺口580亿元，地市如按地方财力承担后尚存缺口约880亿元，项目融资需求约4 600亿元。

1. 创新解决思路

根据《浙江省参与长江经济带发展重大项目三年（2015—2017年）行动计划》安排，浙江省近三年长江经济带发展综合交通建设总投资约8 200亿元，结合上节分析，浙江省长江经济带综合交通建设项目的资本金和融资需求均存在较大缺口。

（1）资本金缺口解决思路

长江经济带综合交通项目以政府主导的公益和准公益性项目为主，项目建设资本金通常直接或者间接来源于财政出资，除此之外还可以通过争取专项建设基金支持，设立长江经济带投资基金，发行永续债以及开展夹层投资，资管计划，IPO，明股实债等方式加以筹措。

（2）融资缺口解决思路

浙江省长江经济带综合交通项目建设融资需求巨大，除了通过传统信贷融资、发行债券（含政府债①）等方式融资外，还可以尝试通过 PPP、政府购买等方式引入社会资本，通过资产证券化、融资租赁等方式盘活存量资产；引入险资及社保资金等方式拓宽资金渠道等方式予以解决，具体方案见表 8。

　　2. 多情景融资方案设计

　　针对省市两级资金需求及缺口情况，可通过多元化融资予以平衡解决。一是对于资本金需求平衡设计。省级财政缺口 580 亿元，地市财政如按"地方财政应出尽出"和"不占用地市财力"两种情景，缺口分别为 880 亿元和 2 111 亿元。二是对于项目融资需求平衡设计。项目融资总需求 4 621 亿元，其中拟通过项目融资 2 728 亿元，由省级平台融资 447 亿元，由地市平台融资 1 446 亿元。具体融资渠道如表 8 所示。

表 8　　　　浙江省长江经济带综合交通系统性融资方案设计　　　单位：亿元、%

融资方式	2015 年	2016 年	2017 年	合计	占比
总投资	435	3 886	3 886	8 206	—
①权益类融资					
方案一：地方财政应出尽出					
专项建设基金	12	104	104	219	15
其他基金	16	138	138	292	20
其他股权融资	50	449	449	949	65
合计	78	691	691	1 460	100
方案二：不占用地市财力					
专项建设基金	14	127	127	269	10
其他基金	28	255	255	538	20
其他股权融资	100	892	892	1 883	70
合计	142	1 274	1 274	2 690	100
②债务性融资					
中长期贷款	107	960	960	2 026	44
债券（含政府债）	64	576	576	1 217	26
融资租赁	21	192	192	405	9
信托及委托贷款	30	269	269	568	12

① 《收费公路管理条例》（修订征求意见稿）已经完成公开意见征求。主要内容包括：一是政府债务性高速公路，逐步实行在一省内统一举债、统一收费、统一还款的管理模式；二是未来发行政府债券将成为建设政府债务性公路的唯一途径，举债和偿债主体从各地交通运输主管部门调整为省级政府；三是高速公路收费年限上限可能在一定范围内放开，二级及以下公路收费全面取消，收费一级公路将保留最高收费年限制。

续表

融资方式	2015 年	2016 年	2017 年	合计	占比
其他	21	192	192	405	9
合计	245	2 188	2 188	4 621	100
方案一：融资合计（地方财政应出尽出）	323	2 879	2 879	6 081	74
方案二：融资合计（不占用地市财力）	387	3 462	3 462	7 311	89

注：以上数据包含宁波。

三、浙江省推动长江经济带综合交通建设融资目标及创新分析

浙江省现有经济和地理位置特点决定浙江省综合交通建设在长江经济带发展建设中具有重要地位和作用，尤其是宁波—舟山独特的地理位置和优势，使江海联运成为长江经济带发展的重点海运物流枢纽。本章根据相关规划，提出融资规划思路、目标，并对各领域融资创新模式进行分析。

（一）融资思路及融资目标

综合交通建设融资思路——从浙江省在长江经济带中的区位、特色及江海联运重点出发，以服务浙江省推动长江经济带发展综合交通建设实施为总体目标，统筹分析浙江省投融资的现状及存在的问题，测算浙江省长江经济带综合交通建设项目建设资金的供需情况，并提出平衡方案。在此基础上，重点围绕江海联运（水运）、铁路、公路和机场各重点领域进行系统性融资规划，设计融资模式、优化资金配置、提高资金效率，以期为上位规划的实施落地提供融资保障。

综合交通建设融资目标——围绕浙江省推动长江经济带发展综合交通建设的战略定位、战略目标和重点，以满足综合交通建设的投融资需求为总体目标，调整优化融资结构，保障江海联运（水运）、公路、铁路和机场等各重点建设领域的投资资金供给，优化金融资源配置，深化融资体制改革，全面提高浙江省推动长江经济带发展综合交通建设项目的融资能力，保障上位规划顺利实施。

表 9　　　　2015—2017 年浙江长江经济带交通项目融资规划主要指标

单位:%、亿元

指标分类	指标名称	增速或比重	绝对值	指标说明
融资结构	直接融资	5[①]	—	预期性
	民间投资	20[②]	—	预期性
	FDI	3[③]	—	预期性

续表

指标分类	指标名称	增速或比重	绝对值	指标说明
金融市场	推进政府融资主体上市	—	1~2 家	新增机场类、公路类和公共交通类上市公司
	组建引导基金等	—	1~2 个	长江经济带发展基金、交通领域专项投资基金
	专项建设基金	250~300		预期性
	债券	—	1 200	预期性
	贷款	—	2 000	预期性
	加大 PPP 创新，引入社会资本	300		预期性

注：①按浙江省属国资证券化率目标设定。目前省属国资交通类上市公司仅有宁波港和沪杭甬高速两家，再考虑企业债市场和地方债发行，实际值应该超过这一数值。

②根据近年非国有投资占基建投资的比重进行测算。

③根据浙江省历年利用外资金额进行测算，实际浙江省用于固定资产投资的外资比重不到 0.02%，未来这一方面有深挖潜力。

（二）各领域融资需求及创新模式分析

根据《浙江省参与长江经济带发展重大项目三年（2015—2017）行动计划》（以下简称长江经济带三年行动计划）项目安排，总体上大致分为三类：一是公益性项目，主要包括航道整治等内河水运复兴项目，其特点是社会效益巨大而经济效益较低，项目自身没有收益，主要依赖政府财政投入解决资金来源问题。二是准公益项目，主要包含铁路、高速公路、机场等。早期这一类项目收益较好，多归为经营性项目，但是现今以及今后一段时间内的在建及拟建项目本身具有一定收益，但是由于项目总投入较大，项目自身的现金流不足以覆盖自身的还本付息，需要政府财政出部分资本金，同时通过融资创新，充分调动各种资源，引入社会资本，以更好地推进项目的实施落地。三是经营性项目，主要包含码头等舟山江海联运服务中心建设项目。该类项目的经营性较强，多为社会主体投资建设，不需要政府投入财政资金。

1. 舟山江海联运服务中心建设

主要包括宁波、舟山两地的各类码头、石油及化工品储运项目等，规划项目 12 个，总投资估算为 417.78 亿元。

根据调研获悉，长江经济带三年行动计划中安排的 12 个港口码头项目基本上为纯经营性项目，可考虑充分运用项目的收益，引入银行信贷资本以及社会资本参与建设，整合企业优质资产，借壳或 IPO 上市，直接与资本市场对接，开拓资本市场筹资的新渠道。例如对未来能产生可预测稳定现金流的基础设施，可以以未来收费所得产生的现金流收入作为支持，通过发行证券进行融资。

（1）经营性的港口、码头等项目。项目自身收益能够满足今后还本付息需求，一般引入市场投资主体借力开发，形成"市场投资主体 + 市场融资 + 政府配套出资"的模式（见图1）。

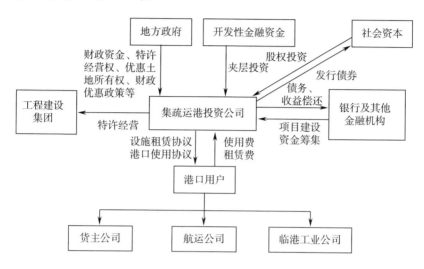

图1　经营性港口融资模式

（2）无收益的公益性港口、码头项目。可采取政府主导下的"地主港"融资模式（见图2）。由港口开发投资公司对岸线、航道、土地等进行统一开发，并以租赁方式把码头租赁给港口企业经营，实行产权和经营权的分离。政府收取岸线、土地等公用基础设施的出租费用，用于港口基础设施的滚动发展，而码头的上部设施，如库场、机械、设备等经营性设施则由经营人自己投资、筹

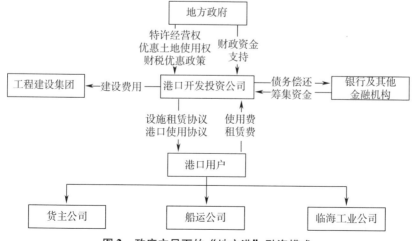

图2　政府主导下的"地主港"融资模式

资、建设、维护、管理和使用。

2. 内河水运复兴项目

主要包括航道整治、船闸扩建等内河水运复兴项目，规划项目 10 个，总投资估算为 474.42 亿元。

根据走访调研，长江经济带三年行动计划中安排的这一类项目多为公益性项目。对于这一类项目除了由政府财政出资外，也应积极创造条件推进投融资的市场化运作。建议可通过整体开发模式，将土地整理开发增值等未来收益与公益性项目投资建设捆绑，在前期规划阶段即把项目设计成自身现金流能够平衡的项目，具体可通过以下三种模式融资。

一是以江河治理提升土地价值，以土地开发收入保障治理建设。比如可借鉴"江苏无锡五里湖治污融资模式"（见图 3），将江河治理工程建设与土地开发有机结合起来，并授予融资主体在江河治理工程两侧几百米范围内的土地规划、开发、建设经营权等三项特许经营权，从而达到以江河治理提升土地价值、以土地开发收入保障江河治理资金供给的目的。

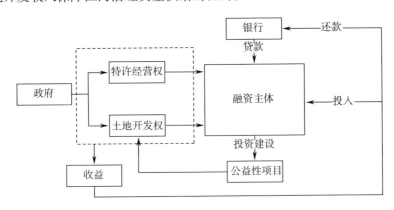

图 3　江苏无锡五里湖治污融资模式

二是通过资源补偿解决公益性项目投融资需求。比如，可采取"RCP（资源—补偿—项目）项目融资模式"（见图 4），用高收益的资源项目补偿公益性水利项目的投资成本，从而鼓励、引导社会投资者参与水利基础设施项目投资。

三是放宽市场准入，通过 PPP 引入社会资本参与项目建设。积极推动原有融资主体的市场化转型，通过财政资金补充、国有资产注入、土地增值收益返还等形式，建立持续的资产与资源注入机制，不断提升投融资主体的资产运营能力和水平，将其打造成 PPP 社会资本合作方或城市运营商，政府则以资金补助、转移支付以及特许经营权等形式参与 PPP 合作。

3. 铁路项目

主要包括干线铁路、城际轨道以及地铁等项目，规划项目 19 个，总投资估

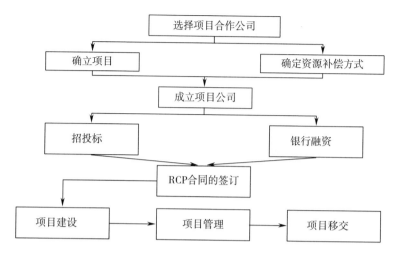

图 4　RCP（资源—补偿—项目）项目融资模式

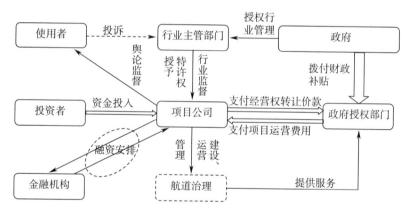

图 5　政府付费 PPP 融资模式

算为 5 125.8 亿元。

对于现有的以及今后拟建的铁路投资项目，我们结合调研访谈将其定位为准公益性项目，其具有一定的收费机制和现金收入，具有潜在的利润，但因政策及收费价格没有到位等客观因素无法收回成本，项目附带部分公益性，是市场失效或低效的部分。由于这类项目不具有明显的经济效益，仅靠市场机制将不可避免地带来诸多资金供给缺口，应通过政府适当贴息或政策优惠来维持营运。

一是铁路征地拆迁工程项目。受制于国发〔2014〕43 号文剥离融资平台政府债务融资职能、新预算法实施、银监会的平台贷款政策以及足额担保等原因，原有通过政府投融资平台以铁路征拆项目立项解决铁路省方出资的形式已不能直接获得银行项目贷款融资。为此，可以尝试财政资金引导、社会资本参与、基金形式投入、PPP 模式运作、长期贷款支持、政府付费偿还的运作模式，即"小基金＋大信贷＋PPP"，具体如图 6 所示。

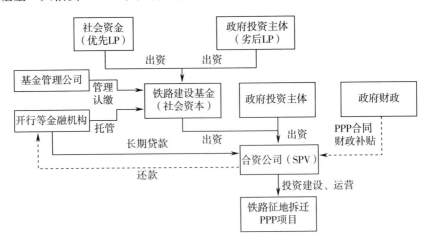

图 6　"小基金＋大信贷＋PPP"运作架构图（铁路征地拆迁项目）

二是采用 PPP 方式推动轨道交通发展。比如可借鉴"香港地铁建设融资模式"，由政府与企业共同出资设立地铁公司，负责地铁的投资、建设和运营。香港地铁融资模式的特色在于，政府审批地铁规划严格保密，将周边土地收购后，交由地铁公司进行综合开发，以土地增值收益来补充地铁建设和运营费用。

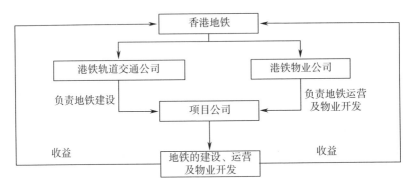

图 7　香港地铁项目 PPP 模式

三是通过理财产品等渠道筹集社会资本。可尝试温州"幸福股份"模式，即"项目企业法人＋普通企业股和投资管理类企业股"。该模式通过引入普通合伙制的投资管理类企业形式，让普通百姓以合伙人的身份投资到投资管理类企业，再由投资管理类企业投资到项目法人，扩大了募资范围，拓宽了民间资金投资渠道，实现了民间小资本和政府大项目的对接，有效解决了一些重大基础设施建设和民生工程资金缺口问题。

4. 公路项目

主要包括高速公路及没有收益的普通国省道等公路项目，规划项目 16 个，总投资估算为 1 948.89 亿元。

公路项目共包含有收益的高速公路项目和没有收益的普通国省道，其中高速公路的情况与铁路的情况比较类似，早期建成的高速公路多数是热门线路，项目收益较好，能够满足项目建设的还本付息需求，如今在建和将来拟建的高速公路虽然有一定的收益，由于规划超前或者车流量等原因，项目的收益不能够覆盖项目投资成本，因此我们将其定位为准公益性项目，其投融资模式除了可以参照铁路以外，还可以考虑通过融资租赁等方式盘活高速公路存量资金。比如，可采取"高速公路融资租赁模式"，即由高速公路融资主体把已经建成的项目资产（高速公路）等出售给金融租赁公司，之后作为承租人将出售的公路资产向金融租赁公司租回使用，并按期向金融租赁公司缴纳租金。租赁期满后，企业以相应对价购回公路资产。这种方式可以帮助企业盘活现有存量资产，为建设新项目筹集资金（见图 8）。

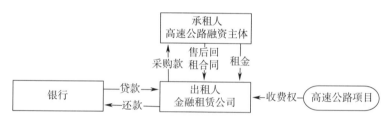

图 8　高速公路售后回租融资租赁模式

而对于没有收益的普通国省道而言，除了通过政府财政直接投资建设以外，可以考虑通过资源捆绑，特许经营权以及构建政府补偿机制等方式帮助投资主体进行融资（见图 9）。

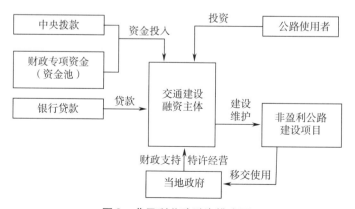

图 9　非盈利公路融资模式图

具体可考虑的融资方案如下：（1）以土地开发作诱导进行融资。作为基础设施的公路建设，将使沿线地价上升，从而带来更多商业机会。因此，可以土地开发作诱导，或以批租土地交换投资，或征收与土地资源开发有关的税费，或对土地进行开发经营，作为交通运输基础设施建设的专项资金。（2）"设施使用协议"融资。公路设施未来的提供者和使用者之间达成一种"无论使用与否均需付款"性质的使用协议，其实质是公路的使用者对交通管理部门的一个无条件付费承诺，这个承诺要求未来的使用者在项目融资期间和公路建成以后，向交通管理部门预付和按期提供一定数量的设施使用费，来补充公路建设的资金来源，保证未来公路的维护费用。

5. 机场项目

主要包括各地市的民用机场改扩建等机场项目，规划项目 7 个，总投资估算为 239.54 亿元。

机场类项目与铁路、高速公路项目性质相似，由于项目投资额度大，回收期长，虽然有盈利，但盈利性不强等原因，我们将其定位为准公益性项目，民间资本参与度不高。虽然项目自身收益不足以覆盖投资的还本付息需求，但出于其他非经济因素考虑，仍需要政府主导进行投资建设。在这里可以尝试政府主导下的市场型融资模式，通常由政府或其他公共机构发起，引入社会投资者共同完成项目建设，以项目公司为主体，以政府的特许经营权或者其他未来预期收益质押进行项目融资，一方面缓解地方政府的财政压力，降低成本，另一方面提高资金和资源的使用效率（见图 10）。

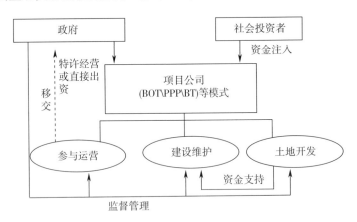

图 10　政府主导的市场型融资模式

四、浙江省推动长江经济带综合交通建设投融资体制机制相关建议

本章针对浙江推动长江经济带发展综合交通建设的投融资优势及存在的问

题，结合交通项目建设的融资模式创新设计，提出相应的综合交通建设投融资体制机制建设相关建议。

（一）做大做实融资主体

一是改组组建省属国资交通项目投资运营公司。通过开展资本整合、产业培育，推动浙江省交通产业聚集和转型升级，优化省属交通国资集团的产业布局结构。通过股权运作、价值管理、有序进退，促进国有资本合理流动。按现代企业制度进行市场化改革，清理地方政府债务，恢复重大项目建设融资能力。有条件的省属国资交通运营平台可尽快设立股份有限子公司并上市，提升交通国资运营能力。

二是利用国企改革的契机，采取资产注入、资产重组、整体上市、增发配股等方式推动原有政府交通平台整合，探索设立省级融资主体。比如推进省级航运、货主、港口企业的资源整合，共同成立省属航运集团；充分整合中央以及省市各级财政和资源，设立省级城际铁路公司，实行统一融资，既可解决当前地方政府面临的项目投资大、融资难的困境，也可充分运用省属资源提高融资能力，降低融资成本。

三是鼓励社会资本和外商投资主体通过出资入股、收购股权、可转债认购、股权置换等多种方式，参与省属交通国资平台的资产重组、增资扩股和经营运作，推动省属交通国资平台在现有基础上适时向其他领域转型发展，并抓住"一带一路"机遇积极拓展海外业务，不断优化产业布局结构，提升其综合运营能力和盈利水平。推动开展多类型政府和社会资本合作试点，逐步推广政府和社会资本合作模式。充分发挥省属国资平台和上市融资平台的作用，对浙江省交通项目进行股权投资，进行资源整合，提升交通国资平台的融资能力。

（二）完善投融资政策

1. 积极争取中央扶持政策

一是延长项目收益债的发行期限，在偿债机制上使其与项目建设周期相匹配，有效降低项目建设融资成本。交通建设项目通常具有资金投资额度大、周期长的特点。项目收益债目前规定一次注册两年内发行完成，而前两年交通项目资金使用比例不高，大大提高交通项目的资金成本。建议修改项目收益债发行规则，延长项目收益债发行期限，推动项目收益债发行周期与项目建设周期匹配。

二是分类提升企业债发行净资产40%的比例约束，放大企业债发行规模，增强企业融资能力。目前占净资产40%的企业债发行比例制约企业通过债务融资能力，建议分类提高目前企业债发行净资产的比例限制，借助现有债券市场的低利率契机，扩大企业债发行规模，利用地方企业债券、重点企业债券、附息票企业债券、短期融资券等多种企业债形式增强企业的融资能力和资金储备。

三是加大燃油税及车辆购置税的返还力度，重点用于普通公路建设。普通公路缺乏收入来源，普通公路的经营运作主要依靠燃油税、车辆购置税的返还，建议加大中央燃油税及车辆购置税的返还力度，提升支持普通公路建设力度。

2. 加快制定差异扶持政策

一是利用财政补贴、贴息、税收减免等优惠鼓励支持设立交通基础设施建设相关的引导基金、产业基金和发展基金，吸引鼓励国企资金、民间资本、社会资本和国际资金以合作、联营、参股和特许经营等方式投资这些基金，放大财政资金的杠杆效应。

二是构建项目反哺机制。建议取消现有省内高速公路车次费，适当提高收费标准，构建收益性项目反哺公益性项目机制。通过优劣资源捆绑，有效提升准公益和公益性交通项目的收益能力，提高投资吸引力，解决准公益和公益性交通项目的出资难问题。如利用高速公路和普通公路捆绑开发，以收费权和特许经营权进行 ABS 资产证券化盘活高速公路存量资产，以证券化收入为普通公路的建设提供资金。

三是借鉴开发园区的优惠政策，加大对交通项目的支持力度。比如，通过减免税、零地价以及特许经营权方式支持重大项目建设，将前三十年的相关权益让渡给非国有资本，拉长特许经营权的回报年限，提高对非国有资本的吸引力。

3. 切实完善金融扶持政策

一是充分运用国家当前在大力推行财政贴息专项金融债的政策窗口，积极梳理符合政策要求的综合交通项目上报国家审批，争取专项金融债规模支持，有效降低基础设施建设项目融资成本，为交通领域准经营性项目解决资本金缺口问题。

二是积极推动国家层面出资设立长江经济带区域经济发展投资母基金，并带动长江经济带沿线 11 个省市设立相应子基金，进一步吸引各类民间资本、社会资本和外资投入，发挥财政资金的引导作用，带动社会资本和国际资本共同参与长江经济带建设。

三是鼓励金融机构针对交通项目特点，加大创新多样化产品，出台差异化支持政策，包括延长贷款期限，缓解短期负债压力。交通项目通常投资额大，建设周期长，因此适当延长贷款期限，有利于降低企业短期还债压力。同时建议通过加大企业债券融资力度，置换部分高成本银行贷款，实现债贷结合，有效降低企业融资成本，缓解短期负债压力。

（三）加大多元化资本引导

1. 以财政资金为引导，引入社会资本

一是重点推行 PPP。尽快出台全省性的 PPP 运行制度框架和政策体系，以及相关的特许权、政府补贴和财政支持政策；加强与各金融中介机构的合作，引入第三方专业机构，设立 PPP 基金或 PPP 中心，同时建立透明的收费定价机制和合理有效的价格调整机制，健全风险共担机制；二是鼓励政府购买模式，保证 PPP 项目收益。政府投资在 PPP 项目中可作为劣后资本，延后政府投资投入的回报期限，提高民间资本投资的回报收益，吸引民间资本、社会资本和外资进入 PPP 交通建设，调动非国有资本的参与积极性。

2. 以互联网金融为平台，吸引民间投资

充分利用 P2P（Peer to Peer）等网络金融平台，吸引社会资本参与交通项目建设。结合综合交通项目特点，鼓励金融机构创新 P2P 产品，搭建民间资本投资综合交通项目建设的桥梁，为民间资本提供低风险、回报合理的投资渠道，增强交通项目对民间资本的投资吸引力。

3. 以上海自贸区为依托，引入域外资金

依托中国（上海）自由贸易试验区、上海国际金融中心优势，利用好国际资本，构建和推动各类国际交易平台，积极开展国际合作。可设立合资产业投资基金，以并购、参股、再投资等多种形式参与沿江企业升级改造和兼并重组；通过境外上市、离岸人民币债券、离岸资产证券化等途径引入国际资金；支持符合条件的企业到境外上市；构建良好的资本流动退出平台，实现国内资本和国际资本的有序对接。

五、开发性金融支持浙江省推动长江经济带综合交通建设政策举措

（一）坚持规划先行，密切银政合作，提升引领业务实效

1. 以规划为切入点，深化银政战略合作。一是继续主动参与《浙江省参与推动长江经济带发展的实施方案》的编制，积极提供融资方案设计等融智咨询；二是加大力度推动银政合作模式创新。积极协助政府推动 PPP 项目试点，同时加大政府购买模式的支持力度，为公益性项目提供融资支持。

2. 以规划为着力点，强化客户定制服务。选取浙江省综合交通建设主要投融资主体，积极推动并参与其长远规划的编制，为其量身定制编制融资规划或融资方案，有针对性地提出模式创新、平台建设、整合、转型等大思路，以及投融资体制机制创新的政策建议，并充分发挥国家开发银行综合优势，通过综合授信等方式给予一揽子融资支持，助推其做大做强。

3. 以项目为落脚点，推进课题成果落地。将课题合作作为开发项目的桥头堡，形成一揽子项目滚动开发计划；加强项目全流程统一管理，以此推动实现规划带动下主动开发项目的新模式。

（二）加强组织建设，注重协同配合，形成系统融资合力

1. 加强总分行联动。一是争取推动总行成立总分行合作领导小组，明确职

能部门负责定期和不定期组织总分行及分行间的沟通和协同配合；二是对于投资规模大和跨区域的项目，建立分行之间的重大项目协调机制；三是建立信息资源共享机制，共同开发项目信息平台，共享项目资源；四是建立分行领导定期会晤机制，共同探讨发展战略，共商重大合作事项。

2. 强化政府高层会晤。将支持浙江省长江经济带综合交通建设作为国家开发银行与政府年度高层联席会议的重要议题，通过高层会晤加强沟通、深化共识，探讨双方在浙江省长江经济带综合交通建设中的合作空间，解决双方在合作中存在的问题，确定国家开发银行重点支持的业务领域。

3. 打造综合营销团队。以规划服务为主线，统筹组织行内规划、开发评审等各条业务线的骨干，打造从规划到开发评审直至发放的一条龙综合服务团队，以国家开发银行综合金融服务为支撑形成系统合力，从源头上抓住重大客户和项目。

（三）抓住重大项目，突出业务关键，保障重点领域需求

1. 把握重大项目。按照"重点建设项目优先、四项审批完备项目优先、政府关心项目优先"的原则，加强与省市政府及发改委等政府主管部门的沟通，充分结合地方发展需求以及国家开发银行政策，明确支持重中之重的项目。

2. 支持重点领域。紧密结合浙江省长江经济带综合交通发展规划，围绕地方政府发展思路，把握重点发展领域布局，积极推进国家开发银行融资对接。对于浙江省长江经济带综合交通建设中，政府力争重点推进的重点领域发展，国家开发银行将结合自身业务特点，发挥自身融智融资优势，为地方经济重点领域发展提供有力支持。

3. 促进银团合作。合理安排项目表内发放及受托业务工作量，以重大项目表内贷款发放带动受托业务及其他派生业务工作量增长。对贷款额度较大的积极发挥国家开发银行在浙江银团贷款协会中的组织协调优势，积极配合国有商业银行和股份制商业银行，共同组建银团贷款，合力支持和满足浙江省长江经济带综合交通重大项目建设的资金需求。

（四）强化母子协同，加大金融创新，提升综合服务能力

充分发挥国家开发银行"投贷债租证"母子协同服务优势，积极争取总行相关部门以及各子公司的支持，联合组建从规划到开发直至"投贷债租证"一揽子合作的"大项目"或"大客户"综合服务团队，整合行内资源提供全方位金融支持。

1. 发挥国家开发银行优势提供长期大额信贷支持。围绕重大项目建设需求，通过提供人民币和外汇多品种信贷产品，并制订差别化政策提供支持。

2. 依托国开金融推进投资业务。一是紧密围绕国家发展战略和长江经济带产业转型升级，积极推动国开金融参与组建长江经济带投资基金，重点支持铁路、轨道交通、高速公路、江海联运、土地整理、战略性新兴产业等项目。二

是通过新设公司、增资或盘活存量股权等方式，向政府类融资主体注入资金，增强其持续融资的能力，同时分行提供贷款支持，注重投贷协同，以"投＋贷"组合手段促进政府类融资主体健康发展。

3. 依托国银租赁盘活存量资产。围绕浙江省长江经济带综合交通建设中公路、机场基础设施等领域的资金需求，主动为政府和企业提供售后回租、融资租赁等产品帮助盘活存量资产，拓宽融资渠道。

4. 依托国开证券拓宽融资渠道。一是积极通过债券承销、财务顾问、IPO、并购顾问等方式，帮助浙江省政府融资主体和龙头企业募集建设资金，促进直接融资市场健康发展。二是通过发行永续债、收益债、资管计划等金融产品，对由政府主导建设又适宜市场化运作的公共服务或基础设施类项目进行增资扩股或提供股东借款，为新建项目提供资本金补充来源。

5. 依托国家开发银行海外网络优势支持企业"走出去"。充分发挥开行海外工作网络力量，帮助浙江省企业"走出去"开拓市场和"引进来"实现技术变革，从而推动产业升级。

（五）优化资源配置，提供政策倾斜，增强融资支持力度

1. 在信贷及专项基金规模安排上，积极争取总行给予相应倾斜。充分考虑浙江省长江经济带综合交通项目关键时期的阶段性巨额资金需求，作为全行重大项目调度，在规模上提供充足保障。

2. 在政策支持上，积极争取总行对浙江省长江经济带综合交通重大项目实行统一评审，通过大额承诺以及分批核准的方式提升一揽子支持力度；对于纳入总分行规划的战略客户一揽子给予综合授信额度，稳定与客户的长期战略合作关系。

3. 在项目审批上，积极争取总行对于攸关浙江省长江经济带综合交通发展的重大项目开通"绿色通道"给予优先受理和优先评审。

参考文献

［1］国务院：《国务院关于依托黄金水道推动长江经济带发展的指导意见》，2014。

［2］国务院：《长江经济带综合立体交通走廊规划（2014—2020 年)》，2014。

［3］《浙江省贯彻国务院关于依托黄金水道推动长江经济带发展指导意见的实施方案（征求意见稿)》，2015。

［4］《浙江省参与长江经济带发展重大项目三年（2015—2017）行动计划（征求意见稿)》，2015。

［5］浙江省交通厅：《关于推进江海联运服务中心建设有关问题研究》，2015。

基于浙江视角的新常态下商业
银行全面转型研究

中国工商银行浙江省分行课题组*

近年来，银行业内外部经营环境都发生了深刻变化。一方面，地处沿海的浙江率先进入"中高速、优结构、新动力、多挑战"的新常态，这也是浙江经济结构特点所决定的。另一方面，银行业自身也面临金融改革深化、金融脱媒加剧等严峻挑战。在此双重因素制约下，银行业传统经营模式正受到严重冲击，进而步入"增速放缓①、风险上升②、利润下滑③、监管收紧"等新常态。所以，通过全面转型，打造新的经营模式，培育新的增长动能，以适应区域经济新常态，并努力实现经济与金融相互支撑、相互促进的互动双赢，是当前银行业急需深思和解决的课题。本文从总结国内外相关文献，"透析"典型成败案例入手，结合浙江区域经济金融特点，规划并设计了符合区域环境、具有区域特色的银行业全面转型发展的战略目标与实施路径。

一、研究综述：国内外相关研究文献回顾与述评

从字面来看，"转型"是一个极富中国特色的词汇，国外文献中并无"转型"的提法，但这却并不能"掩饰"国外银行业在推进转型中的显著成效。并且，国外学术界也围绕这一主题开展了大量卓有成效的研究，只是其更多用"改革"（reform）或"变革"（transformation）等类似词汇来表达"转型"之意④。经过认真梳理和总结，可将国内外有关银行转型与变革的文献大体归纳为三类：

---

* 课题主持人：沈荣勤

课题组成员：俞　栋　王晓暾

① 2014年全国银行业存款仅增长10万亿元，较2009年"峰值水平"少增3万亿元，且自2010年以来，季度增速整体均低于5%，远逊于以往。贷款增量自2009年起也步入低谷，季度增速基本处于3%～4%。

② 2015年9月末，全国银行业不良贷款余额高达1.18万亿元，不良率为1.59%。

③ 2014年，全国银行业利润总额为1.55万亿元，增长9.65%，增速同比回落4.83个百分点。2015年上半年，增速更是降至1.54%。局部地区甚至已经出现了"负增长"。

④ 本文中外文文献均以reform和transformation两词为关键词进行检索。

（一）转型动因论

对于转型的动因，国内外学者主要从外部环境、金融脱媒和同业竞争等视角进行研究和解读。一是外部环境驱动。Paulin 等人（1998）通过对加拿大和墨西哥两国商业银行的实证研究，发现银行内生的转型是其与金融体系协调均衡的结果。林毅夫（1998）认为，国内银行业也在新旧金融体系交替、行业制度均衡变迁的过程中推进转型。Brittain（2001）则论述了在金融监管等宏观政策变化下，银行深化转型对盈利模式和持续成长的重要意义。周小川（2012）认为随着国内经济金融环境的深刻变革，大型商业银行将加快经营转型步伐，尤其将推进综合化经营转型。Andreasen 等人（2012）认为商业周期变化对银行经营管理的成熟度有重要影响，银行要应势而变，持续转型，以此提高经营管理的成熟度。二是金融脱媒倒逼。Rogers 和 Sinkey（1999）以实证分析形式，论证了商业银行拓展非传统业务，可以较好地对抗金融脱媒冲击。Brittian（2001）提出受金融脱媒的冲击和影响，商业银行需要转变现有发展模式，并与其他金融机构开展合作，或形成机构联盟，以提高单个银行抗冲击力。三是同业竞争促使。Beck（2005）提出，在同业竞争日益加剧的背景下，商业银行应实施差异化转型与发展战略，努力培育和打造特色业务，并以此作为重塑竞争优势的关键。

（二）转型系统论

商业银行转型涉及方方面面，是一项庞大的系统工程。因此，学界对转型的研究也可谓视角不一、各有侧重。其中，主要是围绕经营理念、经营模式、商业业态、风险管理和人力资源管理等议题展开。在经营理念上，Franke（1998）等均认为商业银行应注重经营的质量和效益，并逐步从"利润最大化"向"价值最大化"转变。在经营模式上，学者主要认为银行应逐步摆脱规模扩张的传统经营模式，而注重自身内涵的挖掘，并努力拓宽收入来源。如 Makler（2000）提出，银行应在短期保持适度利差的同时，加强金融创新，拓展非息收入，逐步塑造更多元的盈利结构。在商业业态上，布莱特·金（2014）提出银行应探索线下网点与网络金融的有机结合，并利用大数据挖掘等手段，进行精准营销和"情景"营销。支宝才、洪凤和王延飞（2014）提出银行应发挥其线下优势，通过分层构建社区银行和"线上线下"服务方式，来精准定位客户，并提供符合市场导向的"泛金融"服务。在风险管理上，Makler（2000）认为，在转型过程中，银行应严格控制流动性风险和利率风险，并逐步建立全面风险管理机制。同时可以利用各种信息技术，来改善和提升风险管理能力。在人才资源管理上，布莱特·金（2014）提出银行在人力资源分配上，应该向营销工作和体验性工作倾斜。肖建（2014）指出当前银行应树立人才"成本效益"理念，努力培养适应网络金融时代市场竞争要求的复合型人才，不断提高对外素质。

（三）转型路径论

Franke（1998）提出银行应从"融资"向"融智"转变，并确立标准金融产品转换者和细分市场服务者的市场定位。Brittian（2001）通过对比欧美两地代表性银行股价表现，指出商业银行转型要兼顾"广度"与"深度"，即在综合化经营的同时必须要确保有较为强大的核心业务。中国工商银行城市金融研究所课题组（2009）提出，综合化经营是银行转型的必由之路，在推进综合化经营过程中，银行必须在完善机制前提下拓展非银业务，并促进各项业务、产品和人才资源的有机整合。

综上所述，当前研究主要是就商业银行转型的动因，以及在某一领域的转型展开讨论，其存在典型的"三多三少"问题，即局部研究多，整体研究少；理论研究多，实践案例少；泛泛而谈多，可行意见少，尤其是对于区域新常态下银行全面转型的研究则更为稀缺，故本文将围绕上述主题进行深入探索。

二、环境解析：浙江经济金融发展趋势及商业银行面临的机遇与挑战

（一）区域发展环境

1. 当前面临的困境。近年来，浙江由过去的"金融安全区"变为"风险高发区"，从信贷资产质量"示范区"沦为"重灾区"，从根本上讲是浙江经济发展中长期积累的诸多问题和矛盾在金融层面的集中反映。

（1）经济增长动能切换调整艰难。目前，浙江省依靠投资和出口拉动经济增长的模式尚未得到彻底改善，经济增长动能的切换仍在艰难进行中。前三个季度，浙江固定资产投资19 062亿元，同比增长11.2%，是带动经济增长的主动力；同期消费增速有所回落。尤其值得关注的是，浙江外贸出口依存度仍高达42.56%，是全国平均水平（20.98%）的两倍有余。在全球金融危机"余震"、外部需求疲软的背景下，过高的外贸出口依存度将使浙江省经济增长潜能受到明显抑制。

（2）新旧产能衔接出现"青黄不接"。当前浙江省传统产业正处于转型升级调整中，而新的增长点正在孕育，新旧产能之间的衔接有些"青黄不接"。由于产能过剩比较严重，加之土地、劳动力等要素成本急速攀升，长期来以民营中小企业主导的"低小散"产业，无疑是这一轮"去产能、去杠杆、去泡沫"的主要对象。同时，先进制造业、现代服务业和战略性新兴产业等新动力正在酝酿或"破茧"之中，尚未形成足够的支撑力，导致增长动能不足。

（3）企业负债率居高不下。2015年9月末，浙江信贷规模与地区生产总值之比为2.55，远高于全国1.89的平均水平。这种高负债的发展模式在经济上行

期能推动企业快速扩张，但在下行期则容易集中引发债务风险，影响区域金融稳定。并且，这一趋势还在继续蔓延和扩大。

2. 未来发展的趋势。虽然面临不少困难，但总体而言，未来一段时期浙江省仍处于重要战略机遇期。近日，省委省政府提出"十三五"时期要高水平全面建成小康社会①，也即到 2020 年，全省生产总值、人均生产总值、城乡居民收入均比 2010 年翻一番，GDP 年均增长 7% 以上。围绕上述目标，浙江省将按照七个方面基本要求②，继续深化转型，调整结构，加快发展。值得关注的是，在此过程中已经呈现出"六大新趋势"：

（1）发展模式正迈入转型升级新阶段。随着"两美浙江"③、"五水共治"④、"四大战略"⑤ 等重大战略，以及"四大万亿"工程⑥、"四换三名"⑦、"三改一拆"⑧、"浙商回归"、"特色小镇"和市场主体升级、小微企业成长、七大万亿产业培育等一系列转型升级组合拳的深入落实，浙江省转型发展迎来了新机遇，创造了新市场，迈入了新阶段。

（2）增长动力正迈入创新驱动新阶段。近年来，浙江省大力实施创新驱动战略，创新能力不断提升。目前，科技进步贡献率已由 2005 年的 43% 提升至 2015 年的 56%，区域创新能力居全国第 5 位，企业技术创新能力居全国第 3 位，知识产权综合实力居全国第 2 位，并被列为全国首批创新型试点省份。随着科

---

① "高水平"体现在"五个更"上：一是综合实力更强。经济保持中高速增长。产业迈向中高端水平。投资效率明显上升，消费贡献明显提高，开放型经济水平全面提升。率先进入全国创新型省份和人才强省行列。二是城乡区域更协调。全省发展空间格局得到优化。城市功能和中心城市国际化水平明显提升。城乡之间、区域之间居民收入水平、基础设施通达水平、基本公共服务均等化水平、人民生活水平等方面差距进一步缩小。县县全面建成小康。三是生态环境更优美。浙江的天更蓝、地更净、水更清、山更绿。四是人民生活更幸福。中国梦和社会主义核心价值观更加深入人心，公民文明素质和社会文明程度显著提高。居民健康水平明显提高，社会保障体系更加健全。五是治理体系更完善。重要领域和关键环节改革取得决定性成果，治理法治化、制度化、规范化、程序化、信息化水平不断提高。人民民主更加健全。党的建设制度化水平显著提高。

② 七个方面的基本要求：一是坚定不移打好转型升级系列组合拳（即浙商回归、"五水共治""三改一拆""四换三名""四边三化""一打三整治"、市场主体升级、小微企业成长、七大万亿产业培育和特色小镇建设等）。二是坚持问题导向效果导向全面深化改革。三是遵循市场规律开拓国际国内市场空间。四是集中力量办好既该干又能干成的大事。照着绿水青山就是金山银山的路子走下去。推进具有浙江特色社会治理体系现代化。打造忠诚干净担当的干部队伍。

③ "两美浙江"是指建设美丽浙江、创造美好生活。

④ "五水共治"是指治污水、防洪水、排涝水、保供水、抓节水。

⑤ "四大战略"是指浙江海洋经济示范区、舟山群岛新区、义乌国贸综合改革试点、温州金融综合改革试验区。

⑥ "四大万亿"工程是指万亿产业转型升级工程、万亿基础设施完善工程、万亿统筹城乡建设工程、万亿公共服务提升工程。

⑦ "四换三名"是指推进腾笼换鸟、机器换人、空间换地，电商换市，培育名企、名品、名家。

⑧ "三改一拆"是指大力改造旧住宅区、旧厂区、城中村和拆除违法建筑。

技创新、产业创新和体制创新的全力推进，浙江省将逐步形成由创新引领发展、创新支撑增长的新模式、新格局。

（3）产业结构正迈入服务拉动新阶段。浙江省服务业增加值增速已连续10年高于GDP，"服务经济"时代悄然而至。2015年前三个季度，服务业增长对GDP贡献率达66.4%，带动产业结构从"二三一"向"三二一"深度转变。尤其是以"互联网+"为代表的信息经济等新兴服务业态迅速崛起①。未来，伴随服务经济的快速发展，产业结构将进一步从"低、小、散"向"高、大、上"转变。

（4）资源配置正迈入全球布局新阶段。通过积极参与"一带一路"建设，全面提升宁波舟山口岸开发开放水平，深化义乌市国际贸易综合改革，以及创新对外开放体制机制等，浙江省将发展更高层次的开放型经济，并从单一的"两头在外"，转向全球化、全要素配置资源。

（5）区域发展正迈入协调共融新阶段。未来浙江省将着力构建以四大都市区②、海洋经济区③、生态功能区为基本架构的发展新格局，从而使长期以来"县域经济为主"的小格局发生根本转变，为通过更大空间尺度整合优化配置资源，推动产业集群、空间结构、交通网络、要素流动等一系列"连锁反应式"的转型升级奠定了基础。

（6）金融发展正迈入内涵提升新阶段。随着"金融强省"和"两个中心"④的加快建设，"温州综合金改"、"丽水农村金改"与"台州小微金改"等专项金融改革试点的深入实施，以及基金小镇等资本载体的快速发展，未来浙江省金融资源将更趋丰富，金融能级将不断跃升。

（二）浙江银行业经营环境：基于对区域经济金融发展趋势的分析，未来一段时期，浙江省银行业将主要面临以下"困扰"和机遇

1. 面临之"困扰"

（1）来自资产端的"困扰"。这主要有两个方面。一是金融脱媒加剧。随着交易所、银行间市场、债券市场、新三板、区域股权市场和柜台市场等各类市场的兴起与成熟，以及股票、债券、衍生品和结构化产品与资产证券化等的配套和完善，推动资本市场蓬勃发展⑤。这对以银行为主的间接融资体系形成全面

---

① 如省内居民网络零售额达2 560亿元，增长33.7%，远超同期社会消费品零售额增速（仅增长8%）。

② 即杭州、宁波、温州、金华—义乌四大都市圈。

③ 即要推进海港、海湾、海岛"三海联动"，打造覆盖长三角、辐射长江经济带、服务"一带一路"的港口经济圈。

④ "两个中心"是指"中小企业金融服务中心"和"民间财富管理中心"。

⑤ 如截至2015年第三季度末，国内债券融资和非金融企业股市融资占比分别为15.17%和4.52%，较2013年末分别上升4.71个和3.24个百分点。而浙江省债券融资和非金融企业股市融资在新增社会融资中的占比，分别高于全国1.63个和2.86个百分点，使浙江省银行业面临更大压力。

冲击，使银行贷款占社会融资比重连续下降，金融脱媒程度进一步加剧。近年来，无论全国还是全省，贷款增量均明显下滑，尤其是浙江省贷款增量由 2009 年的 9 041 亿元一路下滑至 2014 年的 4 575 亿元，几近"腰斩"。由于浙江省上市公司众多，直接融资发达，商业银行面临着更大的脱媒压力。二是不良贷款高企。近年来，受经济结构、产业层次和授信模式、信贷文化等内外部因素的交织影响，浙江省银行不良贷款持续攀升。最新数据显示，2015 年 9 月末全省银行业不良贷款余额已达 1 397.57 亿元，不良率为 2.33%。毋庸置疑，防范、控制和化解不良贷款仍将是当前和今后相当长一段时期内浙江省银行业的重点工作和艰巨任务，需要做好打"持久战"的思想准备。

（2）来自负债端的"困扰"。伴随各类货币基金尤其是互联网货币基金的迅速崛起①，加速了利率市场化进程，使银行负债端面临资金流失、成本上升等诸多"烦恼"。如全省存款增量由 2009 年的 9 558 亿元一路下滑至 2014 年的 4 812 亿元，也遭"腰斩"。利率市场化势必会抬升存款成本。2014 年，16 家上市银行平均付息负债成本已高达 2.9%，同比上升 23 个基点，预计 2015 年将突破 3%。对浙江省而言，由于政府、企业和民众的投资收益意识更强，对利率价格更为敏感，这都导致银行业面临更大挑战。应该说，在资产端和负债端双双承压的背景下，传统的规模扩张之路已难以为继。

（3）来自技术端的"困扰"。在信息技术突飞猛进的背景下，许多互联网企业凭借其技术优势纷纷跨界金融。大量原本只能由银行办理的结算、支付乃至融资等业务，正逐渐被跨界机构所"瓜分"，如第三方支付②、P2P 平台③、众筹④、纯网络银行⑤等新业态，使"去银行化"、"去中介化"的节奏和步伐加快。据互联网金融行业协会统计，当前国内互联网金融规模已超过 10 万亿元。对银行而言，最令人担忧的其实并非市场份额下降，而是客户资金流、物资流、信息流"三流合一"的稳固局面被互联网金融所打破，甚至有沦为"信息孤岛"的危险，发展空间日益受到挤压。身处互联网金融的"发祥地"，浙江省银行业必将遭受更大的冲击与挑战。

---

① 截至 2014 年末，国内"宝宝类"基金总数达到 93 只，资产总规模为 1.61 万亿元。

② 2014 年，其交易规模突破 8 万亿元，同比增长 50.3%。尤其是以应用场景和客户体验见长的移动支付，交易笔数是银行的三倍有余，交易金额更是增长 6.7 倍，远超银行（仅增长 2.7 倍）。据预测，2018 年第三方互联网支付交易规模将突破 30 万亿元，年均增长 30% 以上。

③ 2013 年运营平台为 675 家，累计成交 1 058 亿元；2014 年平台达 1 575 家，累计成交 2 528 亿元；2015 年 10 月末，累计成交量已突破"万亿大关"。未来整个行业有望超长增长。

④ 2014 年末，众筹平台有 128 家，筹资总额超过 15 亿元；2015 年上半年，众筹平台已达 211 家，筹资金额为 47 亿元人民币。

⑤ 如目前国内已有网商银行（阿里）、微众银行（腾讯）和百信银行（百度）等多家纯网络银行。

2. 潜在之机遇

（1）发展基础蕴藏的机遇。转型离不开前期积累。虽然近年来外部形势风云变幻，但浙江省长期以来积累形成的良好经济基础，为今后的转型发展创造了良好条件。如2015年前三个季度，浙江省GDP达近3万亿元，居全国第四位，同比增长8%，高于全国1.1个百分点；人均GDP达5.42万元，居全国各省区第二；城镇和农村常住居民人均可支配收入分别为3.35万元和1.7万元，均居全国各省区之首。可以预见，如果能坚定不移地走既定的转型道路，则浙江省必将高水平全面建成小康社会，实现"十三五"规划的预定目标，并成为全国转型发展的先行区和示范地。这也将为辖内商业银行实现自身转型提供重要支撑和强大保障。

（2）转型升级创造的机遇。随着信息经济、高端装备、节能环保等七大万亿产业和文化创意产业等的加速发展，以及"一带一路"、长江经济带、杭州跨境电商综合试验区、舟山江海联运服务中心和海峡两岸（温州）民营经济创新发展示范区等一系列重大战略举措的深入实施和扎实推进，浙江省转型升级步伐将进一步加快。这为商业银行调整客户结构、业务结构和收益结构，以及转变经营模式与服务方式等提供了新的契机。

（3）金融变革带来的机遇。未来五年，在加快建设"金融强省"过程中，以"温州综合金改"为代表的一系列金融改革将进一步深化。资本对接创新创业的通道将进一步打开，各类金融资源要素得到更好整合，并形成若干资本集聚转化平台。同时，面向"三农"和小微企业的普惠金融体系、助推经济转型升级的科技金融体系和支撑经济社会可持续发展的绿色金融体系将加快构建等。这都为银行主动对接资本市场，推进中间业务尤其是投行、资管和私银业务等的转型升级，以及发展普惠金融、科技金融和绿色金融等新金融模式创造了良好条件。

总体来看，未来一段时期，挑战与机遇并存，困难与希望同在。主动适应区域经济金融的新常态，并借区域经济转型发展之势加快自身转型，既是对商业银行的重大考验，又是其实现持续健康发展的必由之路。

三、经验借鉴：国际代表性同业转型案例及其启示

前人之足迹，也是今人之路标。在当前国内商业银行全面转型的重要关口，回顾和梳理国外同业转型的成功经验与失败教训，无疑可以更好地指引国内银行自身的转型与发展。

（一）国外银行转型的典型案例解析

回顾国际金融史，可知国外银行总是伴随外部经营环境变化而不断实施变革、推进转型，以期在复杂多变的环境中赢得持续发展，其间既有成功案例，

也有失败教训。

1. 成功案例：以摩根大通和富国银行为代表。其成功主要源于两家银行在转型中均确立了清晰、明确的转型战略和市场定位，并在其战略指引下持续推进转型，从而形成了较强的核心竞争力及特色鲜明的业务体系（见表1）。

表1 国外先进同业转型成功案例

	并购型	内涵型
代表银行	摩根大通	富国银行
转型方式	摩根大通银行的转型之路，始于20世纪80年代美国银行业开始的"脱媒"和利率市场化改革。 2000年和2004年期间，其先后并购了大通曼哈顿银行和第一银行，完成对于中端客户和中西部两类市场的补强。 2008年，摩根大通又以其广泛的业务运营范围和独到的风险防控能力成为次贷危机中受损最小的大型银行，并借势以较低价格收购全美第五大投行贝尔斯登和第四大居民住房抵押服务供应商华盛顿互惠银行，不断扩大经营版图	富国银行转型主要聚焦于自身特色业务，并重点发展社区银行、零售业务、小微金融和财富管理等业务。 虽然美国银行业放开混业经营限制，其他多数银行开始涉足资管、信托、保险等业务，力争成为"大而全"的综合型金融集团，但富国银行仍采取差异化竞争策略，集中精力深耕上述核心业务领域，并在这些领域进一步推进全方位服务和交叉营销，从而保持了较高的盈利能力[①]。 同时，其风控文化严谨，不介入任何不必要的复杂项目、不参与高杠杆金融衍生业务等，并积极利用大数据技术开展风险防控，从而有效控制了资产质量
主要特点	也可称为"外源性"转型，即根据自身经营需要，以并购和整合外部其他金融机构，来拓展自身业务范围或补强核心领域，实现"强强联合"或"取长补短"，从而帮助银行完成自身业务重心、经营方向等核心要素的调整	也可称为"内生性"转型，即主要依靠自身力量，通过调整经营模式、整合内部资源、增强业务协同等"内部挖潜"的方式，完成服务范围、经营重心等的调整，从而增强整体竞争优势
取得成效	2008年末，摩根大通以2.18万亿美元总资产规模超越花旗成为全美第一大银行。 据数据企业Coalition发布的报告显示，2015年摩根大通在华尔街银行业中将再次成为"领头羊"，其营业收入排名第一，尤其是固定收益和股票等投资银行业务稳居第一	2014年末，富国银行净息差（NIM）高达3.16%，保持在3%以上，明显高于花旗和美银等可比同业。 2015年，富国银行又凭借在小微金融和零售金融领域的突出表现，跃居全球银行业市值和品牌排行榜首位

---

① 2014年末富国银行净息差（NIM）高达3.16%，同期花旗集团、美国银行分别为2.87%和2.26%（数据来源：各行2014年年报）。

2. 失败案例：以苏格兰皇家银行、汇丰银行和花旗集团为典型。从这三家银行所走过的转型历程来看，其均有先开展综合化经营，大量收购兼并而后又被迫剥离业务、收缩战线，甚至回归"起点"的失败教训（见表2）。

表2　　　　　　　　　　　国外部分同业转型失败案例

	盲目扩张型	业务庞杂型	过度混业型
代表银行	苏格兰皇家银行	汇丰银行	花旗集团
转型过程	苏格兰皇家银行的综合化转型之路可谓"成也并购，败也并购"： 2000年，苏格兰皇家银行收购国民西敏寺银行后，从苏格兰地区性银行一跃成为英国少数的全能银行，实现了传统存贷银行向全球性综合银行转型。 但在2007年并购案中在未实现其拓展北美地区业务的战略初衷情况下，仍以高价收购荷兰银行，造成在随后全球金融危机中的资本金紧张，被迫低价出售此前并购资产补充资本金。在2008年巨亏241亿英镑；资产质量恶化，不良率持续高企	汇丰银行于20世纪50年代即开始综合化经营转型，其早在90年代即已建立跨领域、跨行业的汇丰集团。 然而，受次贷危机及欧债危机冲击，其个人理财和消费贷款及衍生品投资等非核心业务领域出现利润下滑乃至负增长。 此后，汇丰集团在业务上收缩产品线，暂停部分高风险业务等；在区域上减少对利润贡献度下降地区的投入，甚至退出部分国家。 至此，其逐渐由全球追求"范围经济"和"规模经济"的经营模式向深耕新兴市场和亚洲地区的商业银行业务回归	花旗集团自1998年花旗银行和旅行者集团合并后，实现了银行、证券和保险"三业混业"。但随后其分次出售保险业务，成为银行、证券混业集团。 2009年按"好银行"和"坏银行"重组为专注传统银行的花旗银行和持有非核心业务的花旗控股。但因前期过度混业，导致集团管控力下降，逐步丧失核心竞争力，资产质量不断下降。 2009年业务拆分后，花旗银行重归合并前状态，并聚焦于商业银行等核心业务领域，极力避免各项业务间整合不力导致的内部利益冲突和风险传递等问题
发展现状	2015年上半年，苏格兰皇家银行贷款余额同比下降5.3%；存款同比下降3.5%；净利润同比下降81.7%；不良率高达4.8%	2015年上半年，汇丰集团贷款余额同比下降2.4%；存款同比下降1.1%；不良率为2.61%	2015年上半年，花旗集团贷款余额同比下降1.9%；存款同比仅上升1%
败因解析	主要是规模盲目扩张。一方面这使其容易偏离集团既定战略，形成"规模至上"的路径依赖；另一方面，当内部管理机制相对滞后时，又容易陷入"规模不经济"的怪圈	过度追求全球战略和业务齐全，而对主营业务投入不足，使集团整体"大而不强"。在外部经营压力下，不得不对自身战略进行重新定位，并被迫剥离次要业务和亏损业务，以维持盈利能力	过度混业容易造成银行经营战略重心不明，且对不同业务领域之间的整合与协同难度增大，最终导致其既未形成综合化优势，又丧失原有竞争力

（二）若干启示

从国外典型同业转型的成败得失中，可以得出以下几点启示：

1. 科学的战略抉择是转型成功的前提。综观国外同业的转型之路，应该说适度"扩张"或"收缩"皆是行之有效的转型战略。但关键是商业银行能否根据自身的现实基础、发展定位和所处的经营环境，在合适的时机选择最科学的转型战略。如若不顾自身经营管理水平高低和外部环境变化，而盲目采取"扩张"战略，则极易陷入经营困境。这其中，苏格兰皇家银行最为典型，其数次不恰当的"扩张"战略最终导致巨亏，从此一蹶不振。相反，摩根大通则能相机抉择、科学并购，因而不断壮大。

2. 清晰的市场定位是转型成功的保障。摩根大通和富国银行案例表明，坚持明确的市场定位是转型成功的重要保障。如摩根大通始终秉承着"高端化"和"商行＋投行"的市场定位，大力发展公司业务、企业并购等批发业务和私人银行、财富管理等高端业务，已基本实现了直接融资业务与间接融资业务的相互渗透和协同并进①，从而成为当前银行业中，平衡投行盈利快速增长与商行业务稳健发展的成功典范。反之，如果市场定位模糊不清、贪大求全，则必然会影响资源分配和业务发展，导致主业不突出，甚至陷入"大而不强"的怪圈，正如花旗银行和汇丰银行。

3. 鲜明的经营特色是转型成功的关键。围绕既定战略打造自身特色业务，实施个性化、差异化的转型，是提升核心竞争力的关键。如富国银行始终以服务本土小微市场为其特色业务。其各项管理创新和并购活动也均是围绕提升小微金融业务竞争力这一战略目标而展开的。例如，富国银行通过"信用评分卡"②和"免抵押"、"免担保"等一系列金融创新手段，建立了较为完善的小微信贷管理系统，并辅以大数据技术开展小微信贷的批量处理、集中管理和实时监控，从而将小微金融业务打造成了风险较低且极具价值的支柱性业务。

4. 稳健的经营风格是转型成功的基础。这里所说的稳健经营，有两层含义：对内，表现为风险管理能力强，资产质量优；对外，则表现为业务拓展稳妥有序，不盲目激进。尤其是在银行业面临流动性风险、利率风险和信用风险等多种风险交织叠加的复杂环境中，应借鉴摩根大通和富国银行经验，采取更加稳

---

① 一方面，其通过延续并强化公司业务领域的传统优势，为开展各类投行业务、私人银行和财富管理等高端业务奠定客户基础；另一方面，又顺应美国直接融资规模壮大的潮流，为传统银行业客户，特别是高端客户，提供各类资本市场增值服务。

② 此法始于 20 世纪 90 年代，主要是通过历史数据统计计算贷款人与其信贷表现之间的相关性，并以此来判断贷款人未来的信贷表现。比如，可根据贷款人在 2008 年的特性预期在 2010 年的还款表现的关系，来推测贷款人在 2014 年申请新贷款时其 2016 年的还款行为。此外，其还在信用评级模型中纳入行业数据、区域数据、宏观因素等，并在模型外适时调整授信规则，增加人工复审等。

健、谨慎的经营策略。比如，摩根大通和富国银行在风险控制中均十分注重将量化模型和长期经验相结合①，且较少介入高风险业务领域②，从而实现了持续稳健发展。据其半年报显示，2015年6月末摩根大通实现净利润122亿美元，不良贷款率为0.87%；富国银行净利润117亿美元，不良贷款率为1.62%。考虑到后者以小微企业客户为主，应该说其不良率并不高。

四、转型构想：浙江银行业全面转型的总体目标与战略路径

结合国际经验来看，在当前区域经济金融的新常态下，浙江省银行业唯有实现经营理念、经营模式、商业业态、风险管理和人才队伍等的全面重构与再造，方能持续健康发展。

（一）转型的总体目标

以质量效益为核心，以效率效能为基础，以改革创新为动力，以综合化经营为突破口，推进全面转型，率先走出一条契合区域经济金融"新常态"的现代商业银行转型发展新路，做大做强"浙银品牌"，成为国内银行业转型发展的先行者、领跑者和示范者。

（二）转型的战略路径

浙江银行业经过多年发展，已经具备了良好的发展基础。下一步要实现成功转型，可从以下"六个方面"入手。

1. 转型先导：经营理念从"粗放式、规模型"向"质效化、科学化"转变。实现成功转型，首先就需要有全新的经营理念来指引。当前，面对区域经济金融的新常态，商业银行急需转变传统的"粗放式、规模型"发展理念，牢固树立"质效化、科学化"的新理念、新思维。

（1）强化"质量效益"理念。摆脱长期以来形成的"规模情结"和"速度情结"，彻底摒弃"以规模论英雄"、"以速度显高下"的惯性思维，不片面追求经营规模和单纯的市场份额最大化，而是牢固树立"质量至上、效益制胜"的经营理念，不断强化"质量"和"效益"意识，努力追求发展质量最优、价值回报最高、发展潜力最大的、可持续的市场份额。

---

① 摩根大通开发的"风险价值"（Value at Risk，VaR）管理法，实现了对于多重风险因素的量化管理。该方法现已成为现代银行业风险管理实践的模型基石；富国银行基于"评分卡＋大数据"的小微风控技术也成为当前银行业小微业务开展的典范。

② 如摩根大通根据当时市场数据反馈自2006年下半年起在全集团范围内预警并减持日后被认为是美国次贷危机"元凶"的结构性投资工具（Structural Investments Vehicle，SIV）和债务抵押债券（Credit Default Obligation，CDO）等表外金融衍生品。而富国银行则坚持以社区银行为基础，不介入任何不必要的复杂大项目、不参与高杠杆金融衍生业务等。相比之下，次贷危机中，该项投资给花旗集团和汇丰集团分别造成580亿美元和350亿美元损失。

（2）强化"科学经营"理念。转变粗放式、经验性、感觉型的传统积习，强化科学经营、科学管理的理念，并借鉴和运用互联网思维与手段，对每一项经营管理活动进行科学核算和衡量，以数据替代感觉，以信息支撑判断，从而不断提升经营管理的科学化和智能化水平，推动效益最大化、效率最优化。

（3）强化"主动创新"理念。打破以往经验、习惯和思维定式的束缚，积极推进理念观念、体制机制、制度流程、业务产品及运营渠道等各个方面的创新，不断增强经营活力和综合竞争力。

（4）强化"资本节约"理念。摒弃依靠资本消耗、资源投入等要素驱动的惯性思维，强化资本节约理念，增强资本回报意识，进一步加强和改善资本管理。既重视存量经济资本的调整优化，又把握好增量经济资本的合理运用，以不断提升经济资本使用效率，在风险、成本和收益之间取得最佳平衡，从而走出一条资本节约型的转型发展之路。

2. 转型突破口：资产业务从"持有资产"向"经营资产"转变。今后一段时期，商业银行的经营能力和竞争能力，将首先取决于其资产经营能力，而非负债；负债也主要是为资产经营服务。因为在利率市场化即将最终完成的大背景下，整个商业银行的经营逻辑将发生根本性改变，即由以往的"存款立行"和"以存定贷"转变为"以贷定存"和"全资产经营"。这要求商业银行更加重视资产业务，主动对接资本市场，从持有资产向经营资产转变，其实质也就是推进综合化经营。

（1）重点发展"大资管"业务。抓住浙江省推进"两个中心"建设和多层次资本市场快速发展的难得契机，搭建适应"大资管"发展的业务运作架构，整合信托、基金、保险、租赁，以及 PE/VC 等金融资源，深度参与资本市场业务，为客户提供跨市场、跨领域、跨专业的综合性金融服务。在股权融资领域，可以重点拓展资本市场、国企改制、并购基金等业务领域；在债务融资领域，积极进入资产证券化、交易所公司债、公私合伙制模式（PPP）等相关领域；在并购融资领域，可以深度介入当前资本市场热点板块，并加强与有关中介机构交流合作。更重要的是，通过上述举措，可以在实现银行自身转型过程中，有力支持浙江省产业转型升级、结构调整优化，从而增强经济增长动能，实现金融与经济的协同并进、互促共赢。

（2）积极探索"全资产"经营。现阶段重点突破"投贷联动"模式。该模式在权益上，体现为"股权＋债权"两权并行；在收益上，则是"息、费、利（分红）"并得。在省内，这一模式目前已有一些银行在尝试，如工商银行已发起成立了多个"投贷联动"基金项目，取得了良好的社会反响。毫无疑问，这是下一步资产经营的重要发展方向。在未来条件成熟时，还可以有序探索"投贷期互动"模式。该模式在权益上，体现为"股权、债权、期权"三权并立；

在收益上，则是"息、费、利（红利）、权（行使权）"并获。由于浙江省资本市场发达、上市企业和拟上市企业众多、企业家经营理念先进，这都为该模式的发展创造了良好条件。应该说，这也有利于优化浙江省企业的融资结构，逐步降低企业负债率。

3. 转型重点：负债模式从"被动负债为主"向"被动负债与主动负债并重"转变。诚如前述，从"以存定贷"到"以贷定存"，不仅是银行经营逻辑的转变与更新，更是经营理念的重构和再造，其要求商业银行围绕资产业务，来确定负债的时机、规模、价格、方式等。这就要转变长期来过度依赖被动负债的经营模式，更加重视并积极发展主动负债。作为金融大省，浙江省理财产品发行量和余额均居全国前列，这也反映出浙江省银行业在主动负债上已先人一步、快人一拍。当然，主动负债的工具和手段远不止理财产品这一种，其创新的空间还很大。结合浙江省银行业实际，可以分步实施，有序推进：

（1）近期：可以着重探索对表内理财、金融债券、同业拆借、卖出回购、协议存款和 NCDS（即大额可转让存单，该产品的设计方案也最早在浙江出台）等基础型工具的"改造升级"与组合运用，不断拓宽和丰富主动负债的渠道及来源，丰富负债业务品种，优化负债业务结构。

（2）中期：可利用浙江相对成熟的资本市场，积极开展金融创新，如发行集固定收益型产品与信贷、股权、债券、衍生品等金融市场工具于一体的"结构性票据"、"浮动利率债券"与"反向浮动利率债券"等工具，不断提升主动负债的"负债黏性"，以吸引更多投资者，并增强银行对负债规模、成本、期限和结构等的掌控力。

（3）远期：应充分利用资产证券化这种可以主动管理资产负债结构的"利器"，积极发行 ABS（资产支持证券）、CBO（抵押债券权益）和 CLO（抵押信贷权益）和 MBS（抵押贷款支持证券）等各类资产证券化产品，从而既扩大银行资金来源，提升资金运作效率，又实现对资产负债的精确匹配，增强资产负债的良性互动，为"资产轻型化、负债持续化"的战略转型奠定基础。

4. 转型核心：商业业态从"机构网点化"向"平台网络化"转变。众所周知，浙江是互联网金融发源地，包括支付宝、阿里小贷、网商银行和微贷网等在内的各类金融新业态方兴未艾，对商业银行既造成冲击，又带来启示，使其充分认识到传统的网点和渠道正在失去优势，且将不再是交易结算的主阵地，而更多承担"品牌展示"和"客户体验"等职能。因为，未来金融机构的服务能力和竞争实力，已不仅仅是看网点、渠道数量的多寡，而是看其平台承载力、网络聚合力、线上线下协同力的强弱。所以，一方面，要顺应国际先进同业渠道变迁的方向和客户金融消费行为变化的趋势，对现有物理网点进行合理地规划和调整，压缩增量，优化存量，努力实现"减量、提质、增效"的转型目标，使物理网点发挥其最大效能。另一方面，应积极借鉴互联网思维，利用互联网手段，打造"准入开放、产品包容、客户共享"的网络金融综合服务平台，着力构建各类业务和产品一"网"打尽、应有尽有的互联网金融"生态圈"。重点发展网上银行和智能终端银行，为客户提供差异化、定制式、场景化的金融服务，着力提升客户体验，增强客户信任和依赖程度，从而为赢得互联网时代更趋激烈的市场竞争奠定基础。

5. 转型基石：风险管理从"人工经验型"向"数据智能型"转变。毋庸讳言，当前浙江省银行业面临的最大风险就是信贷风险，尤其是小企业信贷风险。除了受经济环境和产业层次等因素影响之外，银行业现有的风险管理模式滞后也是重要成因之一。究其本质，现有的风控模式更多的是"直觉型"、"经验型"和"人海型"，缺乏足够的科学依据和数据支撑。因此，迫切需要重构全新的风险管理模式，如充分发挥浙江省信息经济活跃、技术储备先进、数据人才密集的优势，将确立科学的风险偏好与运用先进的信息手段有机结合起来，更多地运用信息手段和网络技术，从"经验判断"向"智能管理"转变。在此过程中，应着重做好以下"三个环节"：

（1）信息积累环节：可以通过银行内部各种信息系统和平台，多渠道、多维度地收集客户信息。同时，要扩大信息来源，与省工商、税务、海关、质检及水电气等政府公共服务部门加强联系和沟通，尽可能多地获取外部信息与资源，着力提升有价值数据与信息的量级和储备。

（2）数据挖掘环节：可以综合运用大数据、云计算、建模型等先进手段和技术，开展数据挖掘与深度分析，尤其要挖掘客户行为偏好、信用历史、集团关联、社交舆情、政府公共信息等，描绘客户全景"画像"，并加强各种信息间的交叉验证，降低银行与客户间的信息不对称程度，为风险防控奠定坚实基础。

（3）经营监测环节：要对客户的经营状况、交易情况和资产质量等进行持续跟踪和实时监测，尤其要监控关联和过度交易等，更好地预判和防控风险。

6. 转型保障：人才队伍从"传统专业型"向"创新综合型"转变。目前浙江正在全面实施创新驱动战略，努力打造综合创新能力全国领先、信息经济全球领先的"杭州硅谷"等一系列重大创新平台，这无疑将吸引和集聚更多创新人才。而银行业的转型，也离不开一支创新能力强、综合素质高的人才队伍。因为从本质上来看，商业银行的转型其实就是人的转型。对比全面转型的高要求，未来浙江省银行将需要一大批投资银行、财富管理、金融市场交易、私人银行、资产托管、贵金属专业人才，以及互联网金融人才、数据挖掘人才、研究分析人才、商业创意人才和产品体验、导购、后续服务人员（genius）等跨市场、跨专业甚至跨行业的人才。为此，需要通过多种手段，着力打造创新型人才集聚高地。

（1）加强"内培"。努力挖掘自身潜力，通过"模拟与实战"、"理论与案例"、"轮岗与挂职"等多种方式，重点抓好转型相关领域的人才培养和提升，促进现有人员理念、知识、技能等的全方位"转型升级"。

（2）注重"外引"。根据自身人才队伍现状和转型发展的要求与趋势，积极从上海等金融"高地"引进各类紧缺型、创新型、高素质专业化人才，从而不断提升队伍素质，更新人才结构，提升队伍整体战斗力和竞争力。

（3）强化"激励"。对私人银行、投资银行、资产管理、金融交易和网络金融等高价值创造人才的管理，探索建立"固定＋浮动"、"即期＋递延"、"物质＋精神"的市场化、立体式的薪酬激励体系，进一步激发人才的积极性、主动性和创造性。

总之，全面转型已经成为当前银行业改革发展的"主旋律"，只有主动适应新常态，契合行业发展规律和自身的资源禀赋、服务宗旨、经营特色，对经营模式和管理方式进行系统地调整和重塑，商业银行才能实现"脱胎换骨"、华丽转身。

参考文献

［1］布莱特·金:《银行3.0:移动互联时代的银行转型之道》，广东经济出版社，2014。

［2］林毅夫:《财产权利与制度变迁》，上海人民出版社，1998。

［3］肖建:《互联网金融对银行人力资源配置的影响和对策分析》，载《北京金融论坛》，2014（3）。

［4］支宝才、洪凤、王延飞:《"Bank 3.0"时代，银行网点将何去何从?》，载《德勤白皮书》，2014。

［5］中国工商银行城市金融研究所课题组:《商业银行综合经营战略与路径研究》，载《金融论坛》，2009（6）。

［6］周小川:《大型商业银行改革的回顾与展望》，载《中国金融》，2012（6）。

［7］Andreasen M M, Ferman M, Zabczyk P, 2012, The Business Cycle Implications of Banks' Maturity Transformation, *Bank of England Quarterly Bulletin*, Vol. 52（1）: 74 - 93.

［8］Beck H T L, Crivelli J, Summerhill W W, 2005, State bank transformation in Brazil: choices and consequences, *Journal of Banking & Finance*, Vol. 29（8 - 9）: 2223 - 2257.

［9］Brittain B, 2001, The Transformation of European Banking, *Financial Markets & Profile Management*, Vol. 15（1）: 49 - 58.

［10］Franke G, 1998, Transformation of Banks and Bank Services, *Journal of Institutional and Theoretical Economics*, Vol. 154 （1）：109 – 120.

［11］Makler H M, 2000, Bank Transformation and Privatization in Brazil Financial Federalism and Some Lessons about Bank Privatization, *Quarterly Review of Economics & Finance*, Vol. 40 （1）：45 – 69.

［12］Rogers K, Sinkey J F, 1999, An Analysis of Nontraditional Activities at U. S. Commercial Banks, *Review of Financial Economics*, Vol. 4：25 – 39.

中国（杭州）跨境电子商务综试区的互联网金融支持研究

浦发银行杭州分行课题组[*]

一、选题背景和意义

2015 年 3 月 7 日，国务院批复同意在杭州设立首个也是唯一的国家级跨境电子商务综合试验区——中国（杭州）跨境电子商务综合试验区（以下简称综试区），其前身提法即是"网上自贸区"。根据发展规划，综试区线上"单一窗口"平台和线下"综合园区"平台相结合，以"线上集成＋跨境贸易＋综合服务"为主要特征，以"物流通关渠道＋单一窗口信息系统＋金融增值服务"为核心竞争力，实现"关""税""汇""检""商""物""融"一体化。综试区的建立，有利于主动应对全球贸易新格局，有利于探索建立"网上丝绸之路"，有利于传统产业和中小微企业转型发展。中国（杭州）跨境电子商务综合试验区是自上海自贸区建立以来，中国贸易金融改革开放的又一标志性事件。

"金融服务体系"是综试区平台建设中的重要一环，对推进贸易自由化与便利化有重要支撑作用，是推进跨境电商平台建设的重要力量，是推动电商企业做大做强的重要手段，是服务大众跨境电商交易的重要内容。因此，对研究互联网金融支持杭州跨境电商综试区建设工作，具有重要的现实意义。

二、理论研究

（一）跨境电商理论研究

1. 跨境电商的定义

从狭义上看，跨境电商实际上基本等同于跨境零售。跨境零售是指分属不同关境的交易主体，借助计算机网络达成交易，进行支付结算，并采用快件、小包等行邮的方式通过跨境物流将商品送达消费者手中的交易过程。

从广义上看，跨境电商基本等同于外贸电商，是指分属不同关境的交易主体，通过电子商务的手段将传统进出口贸易中的展示、洽谈、成交和支付结算

＊ 课题主持人：赵峥嵘
课题组成员：林　斌　白宇航　蒋哲华　郑　炬　李　玥　胡其旺

环节电子化，并通过跨境物流送达商品、完成交易的一种国际商业活动。

从更广泛角度看，跨境电商指电子商务在进出口贸易中的应用，是传统国际贸易商务流程的电子化、数字化和网络化。它涉及许多方面的活动，包括货物的电子贸易、在线数据传递、电子资金划拨、电子货运单证等内容。从这个意义上看，在国际贸易环节中只要涉及电子商务应用都可以纳入这个统计范畴。

2. 跨境电商的分类

一是根据跨境电商的交易方向，主要分为进口跨境电商和出口跨境电商。进口跨境电商的代表有洋码头、跨境通、网易考拉海购；出口跨境电商的代表有阿里速卖通、兰亭集势、敦煌网、中国制造网等。

二是根据跨境电商的交易主体，主要分为企业对企业（B2B）、企业对消费者（B2C）、消费者对消费者（C2C）的贸易模式。以出口为例，B2B 模式下，境内外交易主体都是企业，线上发布商务信息，而成交和通关流程基本在线下完成，本质上仍属传统贸易，一般纳入海关一般贸易统计，主要代表有中国制造网、阿里巴巴国际站等。B2C 模式下，企业直接面对国外消费者，以销售个人消费品为主，物流方面主要采用航空小包、邮寄、快递等方式，主要代表有兰亭集势、速卖通等。C2C 指在第三方跨境电商平台上开设店铺，通关这些平台以在线零售的方式销售商品到国外的企业和全球终端消费者。从严格意义上说，随着跨境电商的发展，跨境零售消费者中也会含有一部分碎片化小额买卖的 B 类商家用户，但现实中这类小 B 商家和 C 类个人消费者很难区分，也很难界定小 B 商家和 C 类个人消费者之间的严格界限。

三是根据清关模式，主要分为快件清关、集货清关、备货清关。以进口为例，其中快件清关指确认订单后，国外供应商通过国际快递将商品直接从境外邮寄至消费者手中；无海关单据。集货清关（先有订单，再发货）是指商家将多个已售出商品统一打包，通过国际物流运至国内的保税仓库，电商企业为每件商品办理海关通关手续，经海关查验放行后，由电商企业委托国内快递派送至消费者手中；每个订单附有海关单据。备货清关（先备货，后有订单）是指商家将境外商品批量备货至海关监管下的保税仓库，消费者下单后，电商企业根据订单为每件商品办理海关通关手续，在保税仓库完成贴面单和打包，经海关查验放行后，由电商企业委托国内快递派送至消费者手中；每个订单附有海关单据。

3. 跨境电商的发展历程

从 1998 年开始，以阿里巴巴 B2B、中国制造网等为代表的早一批跨境电商 B2B 网站诞生，这批网站主要提供信息发布和撮合交易服务。随着行业的发展，以敦煌网为代表的 B2B 企业诞生，这批 B2B 企业所提供的服务开始向交易中和交易后拓展，开始提供物流仓储、融资等多方面的服务，逐渐成为企业在线资源整合的平台。与此同时，从 2006 年开始，以 DX、兰亭集势、大龙网为代表的跨境 B2C 企业先后成立，这批企业最大化的缩减了产业链的中间环节，从产品进销差价中赚取了丰富利润，并获得了快速发展。近年来，我国传统外贸发展速度放缓，跨境电子商务却保持了快速增长的态势。2013 年我国跨境电商交易额为 3.1 万亿元人民币，2014 年已突破 4.2 万亿元，预计 2016 年跨境电商交易额将增至 6.5 万亿元，年均增速接近 30%。同期跨境电子商务市场在进出口总额中的占比逐年增加，2013 年我国全年进出口总额为 4.16 万亿美元，按照汇率折算，跨境电商交易额占比已超过 12%，可见未来发展潜力巨大。

跨境电商未来具有以下发展趋势：一是交易特征方面，产品种类和销售市场更加多元化。其中从销售产品种类看，跨境电商企业销售的产品种类从服装服饰、3C 电子、计算机及配件、家居园艺、珠宝、汽车配件、食品药品等便捷运输产品向家居、汽车等大型产品扩展。而从销售目标市场看，以美国、英国、德国、澳大利亚为代表的成熟市场，将持续保持快速增长；如俄罗斯、巴西、印度、东南亚等不断崛起的新兴市场正成为跨境电商零售出口的新动力；中东欧洲、拉丁美洲、中东和非洲等地区，也有望获得巨大突破。二是交易结构方面，B2B 作为全球贸易的主流，仍然会是中国企业开拓海外市场的最重要模式，但 B2C 的占比会有提升，B2B 和 B2C 协同发展。三是交易渠道方面，移动端成为跨境电商发展的重要推动力。未来移动端和 PC 端两个平台将深度融合，组合式采购。许多新兴市场用户，不需要进入 PC 端跨境电商市场，直接进入移动跨境电商市场，这是未来移动跨境电商发展的巨大增量市场。四是产业生态方面，产业生态更为完善，各环节协同发展。跨境电商涵盖物流、信息流、单证流，随着跨境电子商务经济的不断发展，软件公司、代运营公司、在线支付、物流公司等配套企业都开始围绕跨境电商企业进行集聚，服务内容涵盖网店装修、图片翻译描述、网站运营、营销、物流、退换货、金融服务、质检、保险等内容，整个行业生态体系越来越健全，分工更清晰，并逐步呈现出生态化的特征。

4. 跨境电商的相关国家政策

一是海关税务方面：2014 年 7 月，海关总署的《关于跨境贸易电子商务进出境货物、物品有关监管事宜的公告》和《关于增列海关监管方式代码的公告》接连出台，从政策层面上承认了跨境电子商务，也同时认可了业内通行的保税模式，此举进一步明确了对跨境电商的监管框架，并且规定了在保税区通过跨境电商渠道购买的海外商品只需要缴纳行邮税，极大地降低了企业经营成本。

二是外汇政策方面：2015 年 1 月 29 日，国家外汇管理局正式下发《支付机构跨境外汇支付业务试点指导意见》，明确了银行可为第三方支付机构开展跨境电子商务下的集中收付款或轧差净额结算，改变了传统少数城市的试点管理，真正将跨境电子商务结算推广至全国。

三是政府机构方面：2013 年 8 月底，商务部发布《关于实施支持跨境电子商务零售出口有关政策的意见》，2015 年 6 月 10 日，国务院总理李克强主持召开国务院常务会议，部署促进跨境电子商务健康快速发展，推动开放型经济发展升级，并从通关、税收等方面提出了四点突破性意见，鼓励全国各级政府部门加快推进跨境电商产业。

（二）互联网金融支持电子商务理论研究

互联网金融，简单讲就是互联网加金融，即是借助互联网（包括移动通信技术）实现资金融通、支付和信息中介功能的一种新兴金融模式。

1. 互联网金融与银行之间的关系

表面上看，经过十年磨一剑，互联网金融已经动摇了传统商业银行的中介角色。以"支付宝"、"财付通"为代表的网络支付平台冲击了传统商业银行"汇"的基本功能；以"人人贷"为代表的网络民间借贷平台、以"阿里小额信贷"为代表的网络信贷平台和以各"众筹"网站为代表的网络风投平台冲击了传统商业银行"贷"的基本功能；而以"余额宝"为代表的网络投资理财平台则冲击了传统商业银行"存"的基本功能。相对于利率市场化和金融脱媒，互联网脱媒似乎来得更快更猛烈一些。从深层次看，互联网金融至少触动了传统商业银行的客户优势、定价优势、风控优势。虽然互联网金融对传统商业银行的冲击越来越大，但客观地说，互联网金融的本质还是金融，互联网只是手段，它不可能是传统商业银行的终结者，相反它应是传统商业银行的变革推动者；传统商业银行和互联网金融之间的关系不是竞争关系，也不是补充关系，而更应是一种竞合关系。"借力互联网金融，提升转型发展竞争力"是当今各大商业银行的重要发展命题，各大商业银行也纷纷搭建互联网金融平台以及自营电商平台，或者把互联网金融客户以及电商客户作为顺应时代潮流、加快转型经营的重要着力点。

2. 电商支付环节中的互联网金融支持

物流、信息流与资金流是电子商务的有机构成单元。其中资金支付是完成电子商务交易过程的重要一环，而银行体系下的网络银行和银行体系外的第三方支付都在这一环节中担任重要角色。

在电子商务资金支付框架内，网络银行和第三方支付处于竞合关系。在第三方支付未能完全取代传统银行储蓄和借贷职能之前，网络银行在电子商务实现过程中是资金流动的第一环节，同时也是资金归集的最终执行者，第三方支付是资金流动"哑铃形"流程的中间通道。目前我国网络银行提供的服务和产品还处于匮乏期，电子商务是网络银行发展的主要着力点，电子商务资金渠道职能 100% 由第三方支付企业担任，二者分工明确，但结构不稳定，网络银行很难侵蚀第三方支付渠道业务，而第三方支付企业却在金融业务创新和提供多样化产品方面具有更多的灵活性。从经济学角度看，网络银行与第三方支付的合作并存发展主要依赖于其对于电子商务交易中"信息非对称""逆向选择""道德风险"等问题的解决，交易信用是在电子商务卖家单边信息透明情况下买家主要关心的问题之一，缺少第三方支付通道而以网络银行资金转账为基础的交易具有"先天脆弱性"，因此，网络银行是电子商务资金的托管方，第三方支付企业是电子商务资金的监督者，二者合作不仅使电子商务交易具有了更加客观与安全的交易基础，而且也在一定程度上由于专业化分工而提升了市场效率，电子商务、网络银行、第三方支付共同构成互联网经济的稳定"三角形基础"。

　　3. 电商融资环节中的互联网金融支持

　　电商平台创造了一个从供货、销售、融资到结算的闭环，而闭环将贸易上下游企业，特别是供应商紧紧圈住，为供应链融资创造了线上环境。传统供应链金融，是银行将核心企业和上下游企业联系在一起提供灵活运用金融产品和服务的一种融资模式，此种金融服务包括融资、结算、理财服务、预付款、代付以及存贷融资服务等业务。而基于电商环境下的线上供应链金融，是一个将物流、信息流、资金流等进行统筹清算和信息协同的综合管理平台，可以为物流供应链各环节的商家或企业提供支付管理、账务管理、资金清算，以及供应链信息协同等"一站式"的金融服务。

　　目前，电商金融的新业务形态是将金融、物流与电商三者紧密联系在一起，即网上交易、网上融资、网下交付。而线上供应链融资的核心是数据驱动。未来，电商金融（融资）生态圈将逐步扩大，大数据、云计算、调查、担保、贷后管理等业务都会分工明确，这些看似独立的环节把上下游的行业、产业、企业紧密整合一起。

　　供应链金融的线上化并不改变供应链金融的实质，却改变了供应链金融的业务模式与风险管理技术。其特点有三个：一是融合化。制造业、商贸业、金融业、物流业与市场之间形成了相互融合的局面，有助于发展行业金融、平台金融、生态金融。二是速度快。交易的速度快，付款的速度快，物流的速度快，要求融资放贷的速度也要快。通过流程标准化，简化操作，提高效率。过去，银行对企业放贷至少需要一个星期的时间来进行审批，而现在借助在线供应链金融，提出申请后可能只需几个小时放贷了。三是利用大数据来管控风险，可以做到信息对称。

　　关于电商融资分类有以下几个层面：一是根据电商融资业务中是否结合B2B电商，可将"线上供应链融资"分为"基于B2B平台的线上供应链金融"和"传统线下供应链金融的电子化/线上化"。二是根据B2B平台是否自营，可再将"基于 B2B 平台的线上供应链金融"划分为"基于自营 B2B 平台的线上供应链金融"和"基于第三方 B2B 平台的线上供应链金融"。三是"基于自营/第三方 B2B 平台的线上供应链金融"还可根据银行是否介入贸易过程，划分为"封闭式"和"开放式"两类。其中，"封闭式"电子商务融资指银行、第三方电子商务平台和物流企业实现系统对接，使银行可以介入 B2B 平台上企业间贸易的关键环节。银行通过对信息流、物流、资金流的情况实施监视和控制，在提高融资效率的同时，提高风险控制的标准化和自动化水平；"开放式"电子商务融资指银行不介入企业的贸易过程，也没有"核心企业"、"物流企业"等参与方，如阿里贷款主推的"网络联保贷款"模式。

开展电商融资业务必须综合考虑以下因素：一是在线融资产品设计与规划、信息系统与金融机构接口、授信额度及管理、融资客户的关键信息；二是融资管理因素，如账户、贷款、保证金、货值、流水、时间、合同号、预警等；三是货物监管因素，如监管地、库、位、合同、质物清单、总额、折扣、底线、人员、权限等；四是仓储系统因素，包括进出存、盘点、移位、补换货、查询、单证、标志、登记、公式、过户等；五是收费与结算因素，如多点、多客户、多货主、多银行统计、信息报送等，六是征信因素，如企业基本资料、评估报告、预警报告、证据、视频等。

三、中国（杭州）跨境电子商务综试区的基本情况

（一）浙江跨境电子商务情况

浙江电子商务起步最早，发展最快，一直处于全国领先第位。共有省级电子商务示范城市 5 个（杭州、宁波、温州、台州和义乌），数量位居全国第一。省级电子商务示范县（市、区）22 个，示范企业 48 家、示范平台 22 个和示范基地 14 个。2014 年全省实现电子商务交易额 2 万多亿元，同比增长 25%，占全国比重近六分之一。全省电子商务市场主体也不断增加，全年新增 7 538 家实体企业开展电子商务，新开设天猫网点 1.4 万个；截至 2014 年末，全省共有各类网店 150 多万家，天猫店 2.8 万家。另有 382 个专业市场开展电子商务业务。

其中，跨境电子商务发展态势良好。2014 年全省跨境电商出口销售额 63.5 亿美元。其中，全省跨境电商服务试点出口统计数约为 2.25 亿元人民币，占全国的比重为 32%；跨境电商服务试点进口统计数为 5.8 亿元人民币，占全国比重为 78%。跨境电商经营主体持续增多，约 3 万多个，在各大跨境电商平台上开设各类网店已超过 30 多万个。跨境电商销售规模迅速扩大，全国最大跨境电商平台是阿里巴巴速卖通，杭州全麦、杭州子不语、浙江执御、浦江合取、义乌潘朵、义乌吉茂、新河珠宝等是跨境电商的领军企业。跨境电商产业链不断

完善，电商经营企业、第三方交易平台、国际物流快递公司、货代公司等都有专业的跨境业务。跨境电商多元化经营趋势明显，80%的电商实现了ebay、amazon、速卖通、敦煌网等全网营销，部分规模较大的跨境电商出口企业自建销售平台；同时经营商品、销售区域都呈现多元化。

（二）中国（杭州）跨境电子商务综试区情况

2015年3月7日，国务院批复同意设立"中国（杭州）跨境电子商务综合试验区"（以下简称综试区）。其前身提法是"网上自贸区"，线上"单一窗口"平台和线下"综合园区"平台相结合，以"线上集成+跨境贸易+综合服务"为主要特征，以"物流通关渠道+单一窗口信息系统+金融增值服务"为核心竞争力，"关""税""汇""检""商""物""融"一体化，将打造全国跨境电子商务创业创新中心、全国跨境电子商务服务中心和全球跨境电子商务大数据中心等"三个中心"。通过构建"六体系两平台"（信息共享体系、金融服务体系、智能物流体系、电商信用体系、风险防控体系和统计监测体系，以及线上"单一窗口"平台和线下"综合园区"平台），实现跨境电子商务信息流、资金流、货物流"三流合一"，依托大数据分析运用，提供金融、物流等供应链综合服务。

综试区的建立，有利于主动应对全球贸易新格局，有利于探索建立"网上丝绸之路"，有利于传统产业和中小微企业转型发展；具有走在全国前列的电子商务产业优势、试点城市先行先试的实践创新优势、条件优越的综合配套优势和十分明显的网商网货资源优势。其中综试区的"单一窗口"平台，既有政务服务功能，也有综合服务功能。政务服务功能包括信息备案、数据申报、订单管理、运单管理、通关认证、报关申请等。综合服务功能就是利用大数据处理，通过链接金融、物流、电商平台、外贸综合服务企业等，为跨境电子商务企业和个人提供物流、金融等供应链综合服务。综试区以企业为边界分步推进，第一阶段为在杭州工商注册，并在综合试验区"单一窗口"平台登记备案的企业和个人；第二阶段逐步拓展到全国范围内工商注册，并在综合试验区"单一窗口"平台登记备案的企业和个人。

综试区的"综合园区"目前有下城、下沙和空港三个园区。下城开园最早，具备进出口双向业务，全国首个跨境小包出口模式，下一阶段重点推进产城融合，打造跨贸小镇。下沙园区，目前主要是进口业务，包括"网购保税"和"直邮进口"，下一阶段推进出口业务。空港园区，开园最晚，功能定位上突出紧邻萧山机场和杭州物流转运中心，启动进口集货模式，也同时具备进出口双向业务，目前综试区正在推进扩园建设，新进成立了临安、江干、萧山、余杭四个综合园区。根据政府规划，后续杭州各县市区都将有相应的跨境电商产业布局，包括但不限于园区形式。

海关、检疫、外管、税务均针对综试区落地相关创新制度（共计32条）。其中，涉及外管的有三条：一是浙江省连连银通电子支付公司、网易宝开展支付机构跨境外汇支付试点获批；二是扩大支付机构跨境外汇支付试点业务交易限额货物贸易及服务贸易单笔交易限额从1万美元提高到单笔5万美元（下一步是扩大三方支付限额）；三是进一步扩大跨境电商个人贸易项下收付汇资质，包括简化单证、允许个体工商户开立结算账户等措施（下一步是重点抓好"线上化"管理，对纳入试点的综试区电商个人贸易项下收付汇在满足真实性原则下，不受年度5万美元限额的限制）。

同时，杭州政府还发布了《2015年推进跨境电子商务发展的通知》，将从跨境电子商务主体培育、平台建设、人才培养、园区建设等方面给予一定的扶持，加快跨境电子商务综合试验区建设。具体地，鼓励推动传统外贸企业转型发展，鼓励各类经营主体申办进出口经营权，开展跨境电子商务业务；鼓励各类专业市场探索新业态，利用跨境电子商务开拓新的国际市场；对招引跨境电子商务平台和区县（市）建设跨境电子商务园区也都有相应奖励。

四、中国（杭州）跨境电子商务综试区的金融需求及互联网金融支持方案实例研究

（一）中国（杭州）跨境电子商务综试区数据交互方案实证分析

1. 中国（杭州）跨境电子商务综试区金融需求分析

通过对中国（杭州）跨境电子商务综试区调研，"单一窗口"平台——跨境电子商务一站式公共服务平台，是政府部门职能优化的重要载体，通过由线下向线上、分散向集中的转变，有利于更好地服务各类跨境电子商务企业。因此，"单一窗口"平台的创新建立和职能优化，是综试区工作的重中之重。即按照"信息互换、监管互认、执法互助"要求，形成跨境电子商务进出口商品、物流、商户、电商平台、口岸管理部门的信息共享平台和监管协同机制，允许通过一个接入口提交标准化的信息和单证，满足所有与进口、出口和转口相关的业务需求。如图1所示。

其中的金融服务模块，要求通过大数据、无纸化办理收付汇、结售汇、征退税、保险、融资等金融功能。而金融机构与"单一窗口"的数据交换对接是综试区金融功能实现的基础所在，也是综试区的金融需求所在。

此外，由于肩负着推进中国中小微企业出口业务发展，激活实体经济，相对于进口，综试区更注重出口跨境电子商务的发展；同时由于B2C已经通过邮政小包、国际快递等物流模式成熟运作，而且越来越受到进口国的限制，B2B的发展将成为政府推进的重点。因此，针对B2B出口的跨境电商金融整体解决方案是文章的重点。

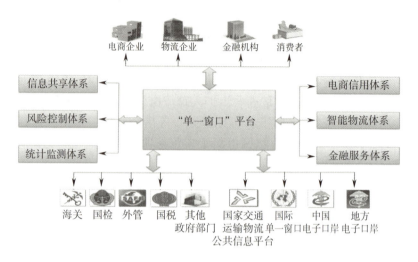

图 1　"单一窗口"平台功能示意图

2. 与中国（杭州）跨境电子商务综试区"单一窗口"平台数据互换对接方案

（1）总体思路：在取得综试区跨境电商企业（而非个体经商户，即突出 B2B，而非 B2C）授权的前提下，通过银行系统与综试区"单一窗口"平台的对接，实现在综试区"单一窗口"平台备案的跨境电商企业相关的银行交易数据以及电子商务订单、物流、报关等数据的交互和共享，在贸易背景真实的前提下实现跨境收付、结售汇、国际收支申报、贸易融资等各项业务线上全程自动化、无纸化处理，同时有助于海关、国检、外管等相关机构通过银行数据的共享为企业提供更好的服务和更为便利有效的监管。

（2）关于数据交互意义：对于银行，数据交互有助于银行内部流程创新，跨境电子商务企业提供更为自由和便利的配套金融服务。对于综试区，数据交互有助于政府获得跨境电子商务综合金融信息，有助于建立跨境电商信用管理和综合评价体系的建设，推动建立适应跨境电子商务发展的监管服务模式和制度体系，打造跨境电子商务完整的产业链和生态链。对于 B2B 出口跨境电商企业，可以实现收付汇、贸易融资、结售汇以及国际收支申报等业务线上全程自动化、无纸化处理，相比传统的线下方式，简化了企业流程，为企业提供便利，提高业务处理效率，节约企业运营成本。

（3）关于数据交互流程：跨境电商企业在"单一窗口"平台完成备案后，进行订单申报，并根据货物收付情况在"单一窗口"平台进行线上报关报检。银行分别与"单一窗口"平台及跨境电商企业签订数据使用及保密协议，企业授权银行查询及使用企业在"单一窗口"平台的订单、物流、报关数据，并代理企业进行国际收支申报。

（4）关于数据交互内容："单一窗口"平台交互给银行的数据内容包括但不限于跨境电商企业订单编号、订单日期、订单金额、卖方企业名称、币种、进出口标志、买方企业名称、运输方式、成交方式、出口口岸、运抵国、出口企业名称、出口企业海关编码、报关状态、报关单号码、商品名称、型号、品牌、成交单价、成交数量、计量单位、商品描述等。银行交互给"单一窗口"平台的数据内容包括但不限于交易日期、企业名称、进出口标志、支付方式、币种、金额等。

（5）关于数据交互时点：一方面是"单一窗口"平台数据推送，在收到银行数据申请时，实时推送该订单项下跨境电商企业在平台的订单、物流、报关数据，并对推送过的订单后续的更新、修改以报关状态变化进行自动推送。另一方面是银行交易数据返还，银行分别在款项解付和款项付出后，根据"单一窗口"平台的要求，向平台返还企业的收付汇信息。

（6）关于数据交互方式："单一窗口"平台和银行之间以专线方式进行数据交互；同时在"单一窗口"平台设置银行网银链接入口。

（二）跨境电商支付金融方案实证分析

1. 杭州 W 电子商务有限公司（跨境电商代表）支付金融需求分析

杭州 W 电子商务有限公司（以下简称 W 公司）是杭州一家综合性电商生态平台，内部有国内平台（B2B、B2C）、跨境平台（B2B、B2C），具有境外第三方支付牌照（为了方便研究，文中间接视其为境外跨境电商平台环境下，区别于速卖通等境内跨境电商平台）。W 公司与海外银行成立战略合作伙伴关系并针对跨境电商的金融诉求设计了高度自动化和低成本的资金归集代收方案，并且100% 符合当地政府法规监管要求，为跨境电商量身打造高效率、低成本、完全阳光化和符合监管的金融服务方案；这套方案集跨境电商全球融资、投资、支付于一体，需突破多国政策监管，难度极大，属于国内首创，因此获得了中国（杭州）跨境综合实验示范区领导办公室的大力支持和肯定，项目即将落地成为综试区拳头项目。

W 公司第一年的营销策略包括：（1）境外平台中小卖家 1 000 个年均 20 万美元；（2）境外平台大卖家提供增值服务，多账户隔离，500 个卖家年均 200 万美元；（3）自有平台 3 ~ 5 个，单个规模 1 亿美元以上，提供全方位的外包服务；（4）新兴跨境 B2C 互联网平台，利用渠道优势，把握先机，形成战略合作，规模 10 亿美元。在跨境市场规模快速增长的背景下，依 W 公司对国内的跨境电商行业的了解进行针对性极强的营销方案，预期三年内公司将实现 100 亿美元的年交易额。但是目前，做大做强的前提是解决跨境支付，公司放在第一位的仍是支付金融需求，即如何在出口跨境电商平台的环境下，实现资金流的畅通。

在对 W 金融方案的设计过程中，基于进出口方向以及境内外跨境电商平台环境的区分，也由对 W 公司的单一解决方案向综合性的跨境电商平台金融支付方案包延伸。

2. 跨境电商支付金融解决方案

（1）总体思路：按照跨境电商客户（包括 B2B 和 B2C 模式）需求，为从事跨境电子商务的企业和个人搭建的电商平台完成支付结算、订单融资、数据申报和电子对账一体化的综合服务方案。

（2）功能定位：方案功能定位于跨境电商结算金融需求解决，其实质指境内买方或卖方通过第三方支付公司或银行在电商平台确认交易订单，支付或收取相应的跨境款项（包括但不限于物品价款、运费、行邮税费等），平台企业根据外汇管理局规定，向银行提供电子数据，通过银行办理结售汇及跨境集中收付款并根据监管机构规定办理国际收支申报系统数据和 RCPMIS 系统数据的报送工作。

（3）合作模式：一方面，可以通过第三方支付机构合作模式，主要通过与支付机构建立合作关系，为其办理跨境电商平台结算功能，按照第三方支付机构的要求满足其账务核对、数据申报需求并且管理其在银行开立的备付金账户；另一方面，银行直接参与电商平台的跨境支付结算，根据客户要求提供备付金账户管理、供应链融资、订单信息管理等多种服务。其中银行直接参与模式与第三方支付机构合作模式，原理相同，但环节简化，在政策允许的前提条件下，从节约成本的角度讲，应是企业的首选。

（4）方案细化：

①境内平台出口版方案（以速卖通为代表，见图2）

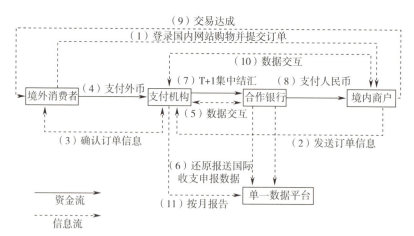

图2　境内平台出口版方案图

②境外平台出口版方案（以 W 公司为代表，见图 3）

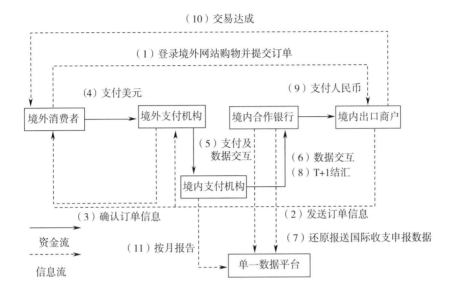

图 3　境外平台出口版方案图

③境内平台进口版方案（以网易考拉为代表，见图 4）

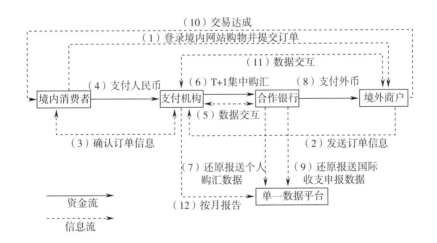

图 4　境内平台进口版方案图

④境外平台进口版方案（以普通海淘为代表，见图 5）

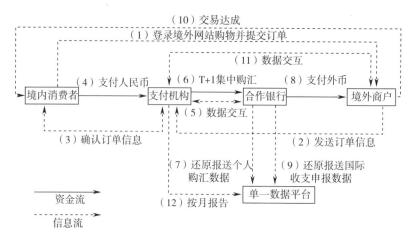

图5　境外平台进口版方案图

上述方案中银行作为参与支付机构的合作银行，承担备付金管理、跨境收付结算、代客结售汇的功能，参与的主要流程包括资金流结算、数据交换、申报数据。

（5）方案特色：一是降低结算成本，通过集中收付款和线上交易降低商户或电商客户的交易成本。二是加速回款周期，通过支付机构或银行机构的内部系统，简化流程手续，并且根据企业需要提供备付金账户管理，实现跨境收款业务。三是提升结售汇综合收益，银行可为客户选择境内外最优。

（三）跨境电商融资金融方案实证分析

1. 杭州Q电子商务有限公司（跨境电商代表）融资金融需求分析

杭州Q电子商务有限公司是杭州一家专门从事跨境电子商务的企业，专注为全球零售商提供中国商品，为中国供应商搭建全球小批发、零售网络采购平台，将中国供应商产品成功销往全球190多个国家和地区。Q企业是全中国跨境电子商务领域唯一一家通过白手起家实现盈利的企业，是国家发改委及海关总署特批的跨境电子商务试点企业中的唯一一家民营企业，是中国跨境电子商务领域海外仓储体系最完善的企业。其外贸小单批发电子商务模式，直接实现了"垂直化销售"，形成全新的"中国制造+B2C电子商务平台+世界市场"的贸易格局。它利用现有产业平台与资源优势，探索制定跨境电子商务综合服务体系以及跨境电子商务进出口所涉及的在线通关、检验检疫、退税、结汇等基础信息标准和接口规范，实现海关、国检、国税、外管等部门与电子商务企业、物流配套企业之间的标准化信息流通。

销售方面，Q公司主要采用买断式自营方式运营，通过自有网站及第三方电商平台，直接面对海外终端消费者，以网上零售的方式将产品销售给终端客户，盈利来源主要是销售收入。具体销售流程如下：用户在自有网站或公司第三方平台店铺上商品浏览、客服咨询，客户下单后，可直接利用第三方支付工具，进行订单支付。付款成功后，客服会对订单的风险、价格、运费等相关因素进行审核，确认无误后，订单进入物流配送流程。

采购方面，Q 公司全部采用有计划备货模式采购，公司 IT 部门通过对自有网站及 ebay、亚马逊、速卖通及淘宝网等综合电商平台页面信息实时监控获取产品及价格信息，事业部产品中心根据 IT 部门分析数据，按 SKU 的市场销售量及预期来进行规模采购，以降低单次采购成本。

物流方面，Q 公司采用两种方式。第一种为在国内发货的产品由物流公司（主要是中外运、中国邮政及各地邮政代理商和其他航空小包）到国内仓库取件后发往国外，公司按照实际重量等与物流公司结算。第二种为在国外备货的产品，由物流公司将货物运至公司在美国的仓库；对于所在国发生的实际快递费，按照合同约定的结算方式与物流公司一起结算。

目前 Q 公司在银行有授信，但是仍以传统抵押担保方式为主。公司希望通过自有的销售、采购及物流模式以及大数据、信息流等优势，改善融资担保方式，加大融资额度，利用平台自身信用，为上游中小企业出口供应商提供资金支持。

2. 跨境电商融资金融解决方案

（1）总体思路：跨境电商平台凭借电子商务"三流合一"特征、历史交易信息以及其他外部数据——如现有的海关数据或者未来的"单一平台"数据，形成大数据，并利用云计算等先进技术，在风险可控的条件下，针对境内出口供应商、第三方支付、境内消费者、跨境电商平台等不同主体，提供相应融资金融服务方案；并基于跨境贸易场景，叠加资金类产品，锁定汇率风险。

（2）方案细化：方案功能定位于跨境电商全主体（境内出口供应商、第三方支付、境内消费者、跨境电商平台）融资需求解决，并由融资模块和外汇衍生模块两部分组成。

模块一：融资模块

在整个跨境电子商务交易流程中，跨境电商平台创造了一个从供货、销售、融资到结算的闭环，银行等资金提供方则通过平台采集供应链各环节的基础数据，为促成交易提供融资支持。下面本文将从银行（资金提供方）的角度出发，分析银行基于跨境电子商务各交易主体：境内出口供应商、第三方支付、境内消费者、跨境电商平台等提供的融资金融服务方案。

①基于境内出口供应商的融资金融服务方案

一是跨境电商平台大数据下的信用融资方案：

基本流程：出口供应商线上申请—银行数据请求—数据获取—数据分析—数据一致性核实—核定额度—线上发放贷款。银行通过数据直连，从跨境电商平台实时、集中采集供应链各环节信息，获取出口供应商的交易记录以及真实的海关等政府数据，通过大数据分析其所在行业、经营周期等，并采用全新信用评估模型、风控体系和专项授信管理流程，实现出口供应商从授信申请、审查审批、融资放款及贷后监控的全过程在线服务。

该业务模式主要有以下四个特点：a. 信息数据的直接获取。银行通过专线与"单一窗口"平台建立直连获取数据，无须客户再提供相应信息，真正实现无纸化操作，方便、快捷。b. 信息数据的真实性保障。采用两两核对方式，如海关—电商平台数据、海关—物流数据、物流—仓储数据等，引入第三方海关、物流、仓储、税收等官方数据，既能保证交易数据的真实性，又能准确把握供应链各交易环节的时点信息。c. 采用全新的业务评级，突破传统模式。该全新的业务评级不同于传统模式，全部线上完成，它是以出口供应商的经营特点和经营数据为基础，结合贸易融资自偿性特征，通过对客户的信用状况、经营数据进行评价，并根据评价结果一并产生相应的业务评级和建议额度。在线融资客户的业务评级不再区分客户类型，使用统一的业务评级模板。d. 以标准化操作和管理手段组建在线授信流程，大大提高业务效率，提升客户体验。

本案例项下，可借用海关或单一平台等政府数据增信，电商平台信用担保，提前取得未来应收账款。跨境电商平台借用交易数据为基础和核心，筛选和扶持优质采购商，优化平台发展。如图6所示。

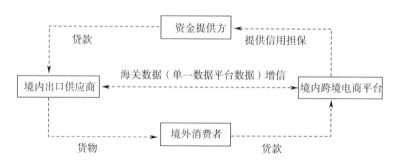

图6 基于海关数据增信融资示意图

其中资金提供方可以是银行等传统媒介也可以是 P2P 等新型互联网金融形态。在跨境电商交易中，货款先到电商平台（网银）或者第三方支付公司，从境外消费者付款到境内第三方卖家这过程中，一般会有若干天时间。当第三方卖家凭借在跨境电商平台上良好的交易记录以及真实的海关等政府数据，电商平台为资金方提供信用担保，资金方给卖家提供贷款，提前支取货款，从而加速资金周转。当消费者确认收货后，以货款偿还贷款。

二是融资信用增级方案：

出口退税。通过对出口供应商出口退税账户进行托管，向其提供以出口退税应收款作为还款保证的短期流动资金贷款，解决出口供应商退税款未能及时到账而出现短期资金困难。

出口信用保险。对于因自身信用条件无法达到银行融资准入标准的出口供应商，也可以通过投保出口信用保险的方式达到信用增级的目的。

仓储货权。在与仓储建立系统对接的基础上，出口供应商也可通过仓储货权质押达到信用增级的目的。

②基于第三方支付的融资金融服务方案

在跨境电商交易中，除银行以外，拥有跨境支付牌照的第三方支付机构也扮演着重要的角色。

如 X 支付机构，在国内支付业务中名列前茅，拥有庞大的线上线下资源，已获得同行和合作伙伴的认可。X 支付机构在获得人民银行颁发的跨境人民币业务批复，国家外汇管理局颁发的跨境外汇支付业务批复，可从事经常项下货物贸易和服务贸易的线上、线下交易并进行结售汇后，将深耕跨境支付业务提上进程，拟利用现有的渠道资源，做大跨境支付市场。目前市场上该业务相对传统支付业务较少，作为省内少数拥有跨境牌照的支付机构，X 支付机构经过 1 年多的试运营，形成了成熟的跨境支付产品，已能够满足国际商户及用户的需要，先后与亚马逊、PAYPAL 等取得合作，全年交易量发展速度迅猛。由于涉及跨境交易，资金的到账存在 T + N 的时滞。为了提升客户体验，第三方公司希望通过某种方式来实现资金 T + 0 的到账。

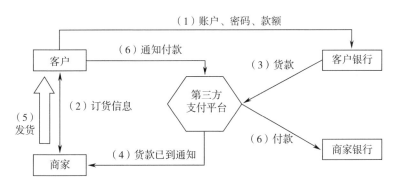

图 7　基于第三方支付平台融资示意图

由于第三方支付机构存在 T + 0 资金的兑付需求，因而第三方支付公司就要发生垫款。考虑到第三方支付机构备付金账户中资金监管的特殊性，银行可以给予第三方支付公司融资支持，流程如下：第一步第三方支付机构开立一般账户；第二步，给予第三方支付机构授信，采用法人账户透支模式，该方式最多可支持 90 天授信额度内的透支金额使用，透支额度建立在一般账户下。第三步，该一般账户与备付金账户进行绑定，备付金账户存在头寸不足以对外支付时，一般账户触发透支，资金由透支账户发起流向备付金账户实现对外实时支付，待客户资金到账后资金由备付金账户转至一般账户，实现银行透支额度的归还。

③基于境内消费者的融资金融服务方案

境内消费者，也被称为海淘买家，银行通过电商平台的交易数据，为境内消费者建立信用体系，可以大大降低银行本身的风险成本，同时为境内消费者购物提供贷款、分期付款、信用积分支付、电子代金券等金融服务，增加客户黏性。

④基于跨境电商平台的融资金融服务方案

跨境电商平台拥有数据信息资源和技术优势，而银行拥有资金、金融产品设计及风险控制经验等优势，两者合作实现优势互补。一方面，银行可以根据平台运行情况，给予平台一定的融资便利，如以平台的客户和业务流量数据，结合灵活的担保方式比如信用保险、担保公司担保等方式给予授信，对于特别优秀的平台也可以给予一定的信用授信。另一方面，银行可以利用自身的投融资、结算、理财、投行等金融服务优势，帮助电商平台提高用户流量，提升平台价值，进而帮助电商平台开展并购、上市，实现电商平台股权的增值，获得超额的权益类资产收益。

模块二：叠加资金产品的组合方案

利用人民币汇率双向波动，在本币贬值或者本币升值的情况下，分别选择远期结汇和即期结汇产品，帮助平台出口商规避汇率风险，获得额外收益。

（3）操作要求：从可操作的角度看，本方案要求"线上"与"线下"相结合，即客户线上申请—平台数据分析—资金提供方线上提取、线下核实，根据数据增信予以授信——线上发放贷款、完成还款。

（4）方案特色：一是方便跨境出口中小企业快速获得融资，降低融资成本，拓展融资渠道，争取更多周转资金，提高中小企业经营能力，并综合运用资金类产品实现出口企业收益最大化。二是方便具有跨境支付牌照的第三方支付公司由 T＋N 天向 T＋0 天加速支付资金周转。三是增强跨境电商平台自身建设，扩大和巩固上游供应商和下游进口买家，有利于自身发展壮大。

五、结语

综上，本文得出以下结语：

第一，跨境电商已成为中国经济的新增长热点，从 2013 年的跨境电商元年，到 2015 年"中国（杭州）跨境电子商务综合试验区"的设立，跨境电子商务发展从无序到有序、从单一到多元、从简单到规模化，深刻影响着进出口贸易的转型升级。

第二，"中国（杭州）跨境电子商务综合试验区"的工作重点在于 B2B 出口跨境电子商务业务的业务推进，也是金融方案的主要着力点。目前跨境电商的金融需求主要集中于支付和融资两个领域。

第三，数据交互是互联网金融支持跨境电商的关键所在。信息流、现金流、物流三流合一的大数据，是互联网金融的根基所在。而具有公信力、包含商、检、税、汇信息的"中国（杭州）跨境电子商务综合试验区"的"单一数据"平台通过与银行的数据交互，更是银行互联网金融满足跨境电商支付需求和融资需求的基础。

第四，银行应建立跨境电商专属服务方案。本文以 B2B 出口平台为出发点，设计了涉及支付、融资两大需求，涵盖进出口、B2B 及 B2C 的全面综合金融解决方案包。通过与政府数据平台对接，提供支付结算、出口融资、进口融资、数据申报和电子对账等一体化的综合服务方案，并加载资金产品提升结售汇综合收益。

第五，互联网金融支持跨境电商发展需要建立多方合作联盟。银行要深入与跨境电商园区、跨境电商平台对接，加强与政府职能部门、跨境电商企业、电商服务企业、物流企业、三方支付平台的多方合作，力争建立构建适应银行业务发展需要的数据平台，共享客户资源，全力推动线上线下互动推动 N + 1 + N 供应链批量客户群形成。

参考文献

［1］艾瑞咨询集团：《2014 年中国跨境电商行业研究报告》。

［2］陈四清：《贸易金融》，中信出版社，2014。

［3］耿忠：《跨境电商和互联网金融对外汇管理政策转变的影响》，载《经济师》，2014（8）。

［4］黄海龙：《基于以电商平台为核心的互联网金融研究》，载《金融与经济》，2013（8）。

［5］卢建华：《银行发力"跨境电商"》，载《CHINA FOREX》，2015（4）。

［6］王国刚、曾刚：《中外供应链金融比较研究》，人民出版社，2015。

［7］谢平、邹传伟、刘海二：《互联网金融手册》，中国人民大学出版社，2014。

［8］徐永慧、周立群：《跨境电商、互联网金融、大数据——天津互联网产业发展的三大重点》，载《天津经济》，2015（2）。

［9］杨芸：《杭州跨境贸易电子商务产业的发展现状探析》，载《中国商论杂志》，2014（11）。

［10］浙江省电子商务工作领导小组办公室、浙江省商务厅：《2014 年浙江省电子商务发展报告》，2015（6）。

新常态下推动浙江产业结构优化的路径分析

——基于上市公司并购重组的视角

中国人民银行杭州中心支行课题组[*]

一、引言

现代经济增长的历史表明，一方面，一个国家（地区）经济发展水平和质量与该国家（地区）的经济结构和产业结构之间存在密切的联系。另一方面，随着经济发展阶段的不同，资源要素禀赋、需求结构等因素也会发生变化，从而促使地区的产业结构有一个动态的、相适应的演进，即产业结构的调整与优化。改革开放以来，浙江省的经济迅猛发展，生产总值从1978年的123.72亿元增长至2014年的40 153.50亿元。在经济迅速发展的同时，浙江的产业结构也在不断优化，尤其是"十二五"以来，面对资源要素瓶颈的制约，浙江省将推动产业升级作为加快转变经济发展方式的重大任务，在推动产业结构优化方面，取得了较大的进展。从三次产业来看，2011—2014年，第三产业对浙江省经济增长的贡献率明显上升，与"十一五"时期相比，第三产业对GDP增长的贡献率上升4.9个百分点，达到52.2%。但是，不可否认，浙江的产业结构调整仍存在不少困难和问题，产业层次较低、产业附加值不高和资源环境消耗较大等问题仍没有得到根本性的改变，因此研究加快浙江产业结构转型的路径依然具有非常重要意义。

2009年以来，浙江经济进入中高速增长的"新常态"，社会需求结构和供给结构发生了重要变化。从需求结构看，浙江省跨境购物非常火爆，欧洲的名牌、美日的电子产品、澳大利亚和新西兰的皮革羊毛制品等成为海淘热点，这表明浙江省中高端消费占比在逐步提高；从供给结构来看，浙江落后产能在逐步淘汰，新兴产业在加速崛起，经济增长的动力也悄然发生转变。可以说，经济新常态伴随着产业结构的转型升级，而在这一过程也必将出现大量落后、低端企业退出市场的情况。如果简单地采用破产倒闭的思路，必然造成诸多经济社会问题。因此，需要寻找合适的途径推动落后、低端企业逐步有序退出市场，

---

* 课题主持人：王去非

　课题组成员：贺　聪　易振华　项燕彪　邓舒仁

实现产业结构的转型升级。一般来讲，产业结构调整的方式可以分为增量调整和存量调整。增量调整是通过调整新增投资在不同部门之间的分配比例来改变产业结构；而存量调整是指通过存量资本在不同产业、产品之间的转移来调整产业结构。增量调整是我国过去运用较多的方式，在全面短缺的时代，也不失为是一种正确的方式。但随着我国经济发展到一定阶段，买方市场已经成为主流特征，出现部分产能严重过剩的行业或产业，这些因素决定了产业结构调整方式将逐步由以增量调整为主向以存量调整为主转变。国际经验表明，企业的并购重组作为存量调整的重要方式，是实现产业结构优化的有效经济手段，同时也是降低转型过程中社会成本的有效途径。从 19 世纪末至今，西方发达国家共发生过五次大规模的企业并购浪潮，每次并购浪潮都对当时的产业结构产生了重要影响①。

　　在实践中，浙江也把并购重组作为优化产业结构的重要抓手和举措。浙江省政府先后发布了《关于支持和引导上市公司开展并购重组的若干意见》（浙政办发〔2010〕139 号）和《关于优化市场环境促进企业兼并重组的若干意见》（浙政办发〔2014〕145 号）等重要文件，支持和推动企业的并购重组。从实践情况来看，浙江业已成为全国并购重组最为活跃的地区之一，2014 年，浙江上市公司的并购重组达到 336 家/次，比 2013 年增加 165 家/次，交易总金额达到 930.76 亿元，比 2013 年增长 54%。在 2015 年 6 月召开的全省资本市场发展暨推进上市公司并购重组大会上，浙江省省长李强强调，上市公司要充分发挥龙头带动作用，成为浙江创新驱动和产业升级的主力军。要大力实施上市公司带动战略，推动更多的企业上市，推动更多的上市公司并购重组，进一步做优做强，为全省稳增长、调结构、打造经济升级版作出更大贡献。基于上述背景，本文从企业并购重组的视角出发，分析了浙江产业结构调整的现状及存在的主要问题，通过理论分析、实证检验、案例分析，论证了企业并购重组对产业结构调整的正向效应，在此基础上，提出借力资本市场、推动企业并购重组，加快推动浙江产业结构优化的政策建议。

　　全文分为六个部分，除引言外，第二部分"文献综述"，从浙江产业结构调整与优化、企业并购重组的产业结构调整效应两个方面，对已有的文献进行整理和总结；第三部分"浙江产业结构调整的现状和存在的问题"，主要基于产业结构高级化的视角，深入分析浙江产业结构的现状和问题；第四部分"企业并购重组对产业结构调整的影响机制：理论分析"，从理论层面探讨了企业并购重组对产业结构调整的影响机制；第五部分"基于省际面板数据的实证检验"，运用省际面板数据，实证检验了企业并购重组对于产业结构优化的正向效应；第

---

① 杜传忠. 企业并购：产业组织调整的有效机制〔J〕. 山东财政学院学报，2000（6）.

六部分"浙江企业并购重组与产业结构优化：案例分析"，分析了浙江上市公司并购重组的情况，并重点以"绍兴板块"的并购重组作为案例，进一步论证了上市公司并购重组对于区域产业结构调整的促进效应；第七部分"政策建议"，从并购重组实践和基础设施建设两个层面，就企业并购重组加快推动产业结构优化提出相关政策建议。

二、文献综述

关于产业结构调整与优化的相关研究一直以来都是经济研究的热点领域。结合本文的研究对象及目标，我们主要从以下两个方面来对已有文献进行梳理。

（一）有关浙江产业结构调整与优化的研究综述

对于浙江产业结构优化问题的研究，学者基本上是以目标为导向，即在论述浙江产业结构调整的方向及目标的基础上，对产业结构调整的现状、问题及对策进行分析。例如，骆腾飞（2013）[①]从产业结构优化的两个方面——产业结构的高度化及合理化出发，构建产业结构优化模型，依据历史数据对浙江省产业结构进行了模拟优化，并且对模拟优化结果进行了评价分析。傅融（2013）[②]从发展循环经济的角度出发，针对浙江省产业结构现状进行分析，运用经济效益、资源效率和环境承载力三者的相互关系的模型对浙江省产业现状进行生态评价，并从循环经济模式下产业结构调整的目标、重点等方面制定了一个循环经济理念下的浙江省产业结构优化体系。吴铭（2013）[③]通过文献分析和问卷调查等方法，对低碳经济背景下的产业结构优化进行了定义，在此基础上建立起产业结构优化的指标评价体系，并以浙江省为例进行实证研究，并依据实证结果对引导浙江省产业结构向低碳化方向演进提出相关的政策建议。

（二）基于企业并购重组视角分析产业结构调整的相关研究

部分学者从宏观的视角分析了并购重组对于产业结构的影响，但缺乏对其影响机制的系统分析。例如，吴晓求等（2006）[④]认为，相对于引导增量投资，盘活存量资源对于产业结构优化来讲更重要；通过企业并购重组整合现有存量资源应是资本市场的本质所在，而并购重组则是调整产业结构、提升产业竞争力的根本性措施。赵礼祺等（2008）[⑤]研究了企业并购对我国产业结构转换的影响，认为企业并购在某种意义上提高了产业结构转换效率，促进了产业结构转

① 骆腾飞.浙江省产业结构优化研究［D］.浙江财经大学硕士学位论文，2013.

② 傅融.基于循环经济的浙江省产业结构优化研究［D］.浙江财经大学硕士学位论文，2013.

③ 吴铭.低碳经济背景下浙江省产业结构优化实证研究［D］.浙江大学硕士学位论文，2013.

④ 吴晓求，赵锡军，翟强.市场主导与银行主导：金融体系在中国的一种比较研究［M］.北京：中国人民大学出版社，2006.

⑤ 赵礼祺，唐滔.企业并购对我国产业结构转换的影响［J］.农村经济与科技，2008（10）.

换的合理化、高度化，并在一定程度上缓解了我国产业结构转换的趋同性，避免了产业结构的空心化与失衡。王世文（2012）① 认为产业整合功能是大规模并购发生的主要动因，产业整合又进一步改变了资源配置效率。并购的集中发生不仅受资本市场和企业层面微观因素的影响，也受产业层面因素的影响；通过并购实现产业整合是我国产业政策和并购实践的重要方向。

综合来看，已有的关于浙江产业结构调整与优化的相关研究，侧重点都在于分析浙江产业结构调整的进程，以及确定浙江产业结构调整优化的目标和方向，对于如何加快推进结构调整的步伐，研究较少；关于企业并购重组推动产业结构调整的相关研究，多停留在理论分析层面，缺少实证及案例分析。本文的主要创新在于，从理论、实证以及案例等多个层面，深入分析企业并购重组在宏观层面对于产业结构调整的正向推动效应，并以此为视角，结合浙江产业结构调整的现状和存在的问题，提出借力资本市场、推动企业并购重组作为浙江加快推动产业结构优化的重要路径，最后从并购重组实践和基础设施建设两个方面提出具体的政策建议。

三、浙江产业结构调整的现状及存在的问题

随着内外部发展环境的变化，浙江经济发展中的结构性矛盾逐步显现，经济发展重点由数量扩张向结构优化转变，已成为浙江经济发展的核心内容。"十二五"以来，浙江省将调结构、促转型作为经济发展的主线，积极推动产业结构优化，取得了较大的进展，三次产业结构实现了从"二三一"到"三二一"的历史性跨越。本节从产业经济学的角度出发，对产业结构优化的内涵进行了解析；并结合浙江的实际情况与相关规划，对浙江产业结构调整的核心与重点进行阐述；在此基础上，通过多维度地比较，深入分析浙江产业结构调整的现状及存在的问题。

（一）产业结构优化的内涵

一般来讲，产业结构是指国民经济系统中各个生产部门之间的组合和构成情况，以及各个生产部门在社会生产总体中所占的比重。而产业结构优化则是一个动态的、相对的概念。它是在国民经济效益最优的目标下，根据区域的经济发展状况、资源禀赋和科技水平等，对产业结构进行调整，使之达到能够适应地区经济发展的状态。其内涵主要包括两个方面：一个是产业结构的合理化，即通过产业结构调整，使各产业实现协调发展，并满足社会不断增长的需求的过程，反映的是产业间的聚合质量，是对要素投入结构和产出结构耦合程度的

---

① 王世文. 并购的产业整合功能及其绩效研究 [J]. 国际商务（对外经济贸易大学学报），2012 (3).

一种衡量。另一个是产业结构的高级化，即产业结构从低级状态向高级状态演进，其标志着一个地区经济发展水平的高低和发展的阶段。从单个产业的角度来看，产业结构高级化可以理解为产业的高附加值化、高技术化、高集约化；而从整个产业体系的角度来看，产业结构高级化突出表现在结构比例的变化，即产业结构中第三产业的比重提升；产业结构中劳动密集型产业比重下降，资金密集型、技术密集型产业的比重逐渐上升；产业结构中初级产品的产业比重降低，而中间产品、最终产品的产业比重逐渐增加。

产业结构的合理化与高级化是相辅相成的，产业结构合理化是高级化的基础，而高级化则是合理化的目标。从当前浙江的实际情况来看，推动产业结构的高级化是产业结构调整的核心。浙江"十二五"规划关于加快产业结构优化升级的相关内容强调，要"加快推进工业现代化，大力发展现代服务业，培育发展战略性新兴产业"，其实质是要通过提升改造传统优势产业、培育发展新兴产业，来提高产业结构的高技术化、高附加值化，同时推动产业结构的重心向第三产业转移。基于此，本文对于浙江产业结构调整与优化的研究将主要着眼于产业结构的高级化视角，并以工业、服务业作为产业结构分析的重点。

（二）浙江产业结构调整的现状分析

整体上看，"十二五"以来，浙江的经济增速虽然相比"十一五"时期有所放缓，但产业结构进一步优化，产业结构的高级化程度有所提升，突出表现在：第三产业对浙江经济增长的贡献率明显上升；工业经济占比有所下降，工业内部结构进一步优化；服务业成为经济增长的新动力，新兴服务业发展较为迅速。

1. 三次产业结构

从三次产业①结构来看（如图1所示），第三产业占比首次超越第二产业，第三产业对浙江经济增长的贡献率明显上升，三次产业比例由2010年的4.9：51.1：44.0调整为2014年的4.4：47.7：47.9。从贡献率角度来看，2011—2014年，第一产业对GDP增长的贡献率为0.8%，第二产业贡献率为47%，第三产业贡献率为52.2%。与"十一五"时期相比，第一产业对GDP增长的贡献率下降0.7个百分点，第二产业对GDP增长的贡献率下降4.2个百分点，第三产业对GDP增长的贡献率则上升4.9个百分点。

---

① 国家统计局于2013年1月对三次产业的划分做了新的规定，明确了第三产业即为服务业，是指除第一产业、第二产业以外的其他行业。第一产业是指农、林、牧、渔业，第二产业是指采矿业，制造业，电力、热力、燃气及水生产和供应业，建筑业。

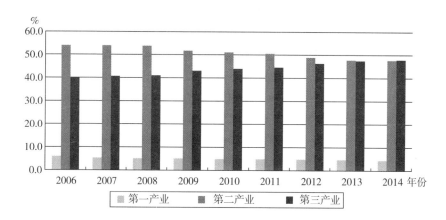

图 1　2006—2014 年浙江省三次产业占比

2. 工业结构

从工业①内部结构来看，工业结构呈现出"重快轻慢"的格局，产业高技术化特征逐步显现。"十一五"（2006 年）以来，浙江规模以上工业企业轻、重工业总产值年均分别增长 9.6% 和 12.5%，重工业增长速度快于轻工业 2.9 个百分点；轻重工业比例由 2006 年的 43.8:52.6 调整为 2014 年的 38.8:61.2，重工业比重提高近 9 个百分点（如图 2 所示）。同时，资本和技术密集型行业逐渐取代传统的劳动密集型行业成为主导产业。2006—2014 年，总产值占规模以上工业比重上升幅度前三位的行业分别为：化学原料及化学制品制造业，交通运输设

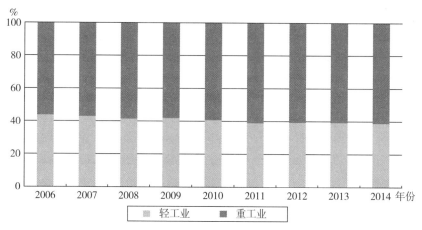

图 2　2006—2014 年浙江轻重工业比重

---

① 工业是第二产业中除去建筑业的其他行业，即包括采矿业，制造业，电力、热力、燃气及水生产和供应业。

备制造业，石油加工、炼焦及核燃料加工业，这些都是资本技术密集型产业。而纺织业，橡胶制品业，皮革、毛皮、羽毛（绒）及其制品业等劳动密集型行业总产值比重有所下降。此外，高新技术和战略性新兴产业发展明显加快，产业比重稳步提升。2014年，高新技术产业增加值为4 283亿元，占规模以上工业的比重为34.1%，2011—2014年年均增速达到10.5%；增幅比规模以上工业高2.2个百分点；2014年，战略性新兴产业增加值3 075亿元，占规模以上工业的比重为24.5%，对规模以上工业增长的贡献率为30.1%，拉动规模以上工业增长2.1个百分点。

3. 第三产业（服务业）结构

从第三产业（服务业）内部结构来看，新兴服务业发展迅速，产业比重不断增加。"十二五"以来，浙江服务业发展呈现传统服务业比重逐步降低、新兴服务业比重不断提高的良好态势。传统服务业中，批发零售业仍然是服务业中占比最高的行业，但是比重稳中有降。2014年，批发零售业增加值4 911.71亿元，占服务业增加值的25.6%。新兴服务业中，信息传输、计算机服务和软件业成为"十二五"以来第三产业中增加值增幅最快的行业，2011—2014年年均增长17.6%，高于GDP增幅9.4个百分点，2014年占服务业增加值的比重为7.1%，比2010年提高1.7个百分点（如图3所示）。

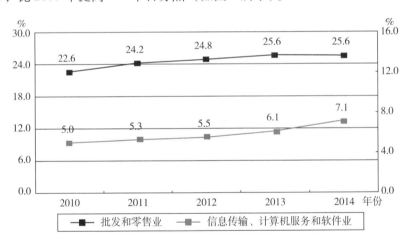

图3　2010—2014年浙江批发零售业与信息传输、计算机服务和软件业比重

（三）浙江产业结构调整过程中存在的问题

从上述纵向比较分析来看，浙江的产业结构调整取得了一定的成效，产业结构更趋高级化、合理化。然而，与广东、江苏等沿海兄弟省份横向比较来看，浙江的产业结构调整依然存在不少的问题，产业结构调整的步伐和力度仍有待加快和提升。

1. 工业结构调整相对缓慢，导致工业增长的质量和效益较差

数据显示，2000 年，浙江规模以上工业增加值前 6 位的行业依次是纺织业，电力、热力生产和供应业，电气机械和器材制造业，通用设备制造业，纺织服装、服饰业，化学原料和化学制品制造业，6 个行业增加值合计占规模以上工业的 47.1%。到了 2014 年，规模以上工业增加值前 6 位的行业依次是纺织业，电气机械和器材制造业，电力、热力生产和供应业，通用设备制造业，化学原料和化学制品制造业，纺织服装、服饰业，仅仅是次序和 2000 年发生了变化，且这 6 个行业增加值合计占规模以上工业的比重为 46.9%，只是略有下降。对比邻近的江苏省，浙江工业结构变动可以说非常之慢。江苏十几年来工业结构变化较大，计算机通信设备一跃成为其最大行业，纺织业比重大幅下降近 7 个百分点，从第一大行业掉至第六大行业。工业结构调整较慢，也在一定程度上导致了浙江工业增长的质量和效益较差。2000—2004 年，浙江工业延续 20 世纪以来快速增长的势头，工业增长速度居各省市前列；但是 2004 年后结构调整较慢导致的影响逐步显现，工业增长速度开始在各省市靠后，且增长的质量和效益不佳。和江苏相比，浙江工业的质量和效益明显偏差。2014 年，浙江规模以上工业增加值率为 18.7%，明显低于江苏的 22.0%；主营业务收入利润率 5.3%，明显低于江苏的 6.3%。

2. 产业规模化程度整体偏低，尤其是传统产业集中度有待提高

从产业的规模化视角来看，相比于江苏、广东两省，浙江工业产业的规模化程度整体偏低。数据显示，2014 年末，浙江的企业平均工业产值①为 1.64 亿元，同期江苏、广东的企业平均工业产值分别为 2.93 亿元和 3.01 亿元，几乎是浙江的两倍；而且，2012—2014 年，浙江的企业平均工业产值并没有显著变化，而江苏、广东的企业平均工业产值则呈现稳步攀升的态势。另外，从大型企业数量占比来看，浙江同样落后于江苏、广东两省，且呈现出逐步下降的态势，而江苏、广东两省的大型企业数量占比则稳中有升。进一步地分行业来看，产业集中度低的问题在传统产业中显得尤为突出。以纺织业为例，浙江和江苏都是纺织业大省，而且纺织业一直以来都是浙江工业的支柱产业。然而，数据显示（如图 4 所示），2010—2014 年，江苏的纺织业总产值都要高于浙江，而且从趋势上来看，江苏的纺织业总产值整体呈现逐步上升的态势，而浙江的纺织业总产值则有升有降；与此同时，从企业数量上来看，却发现一个截然相反的现象，2010—2014 年，江苏的纺织业企业数量总体上处于下降的趋势，2014 年末，纺织业企业数量为 4 730 家，而浙江的纺织业企业数量却呈现先降后升的趋势，2014 年末，纺织业企业数量为 5 027 家。上述背离现象，清晰地反映出浙江纺

---

① 企业平均工业产值 = 工业总产值/企业数量。

织业规模化程度较低的弊端。

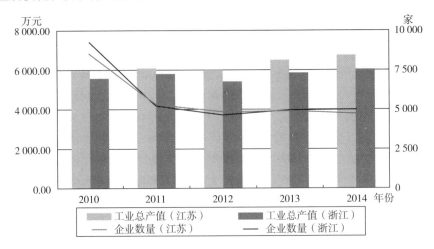

图 4　江苏和浙江两省纺织业企业数量及总产值的比较

3. 产业高级化程度相对还处于劣势，新兴产业仍需进一步发展壮大

从产业分工上来看，浙江产业结构调整升级进展缓慢，使浙江多数制造业企业仍处于全球价值链分工体系的末端，产业层次低，产品档次低，市场定位低，技术含量低，附加价值低，管理水平低。尽管浙江高新技术产业和战略性新兴产业发展迅猛，但仍沿袭了利用劳动力等成本要素的比较优势参与国际分工的老路，主要还是参与在加工制造等生产环节，关键核心技术多数受制于发达国家，实际上就是处于高端产业价值链的底端。以光伏产业为例，技术创新主要集中在光伏组件加工制造方面，而没有掌握包括光伏组件的制造设备、高纯硅提纯技术和新型光伏材料研究等核心技术。从产业规模上来看，与江苏、广东相比，浙江新兴产业的规模仍然较小，还有很大的发展空间。数据显示（如图5 所示），2012—2014 年，浙江高技术制造业[①]占工业总产值比重的平均值为8.76%，而江苏、广东两省同期的平均值分别为 19.92% 和 24.73%，几乎是浙江的 3 倍；在高技术服务业[②]方面，2012—2014 年，浙江高技术服务业规模的平均值为 1 551.09 亿元，同样低于江苏同期水平（2 075.23 亿元）[③]。

---

①　国家统计局 2013 年对高技术产业（制造业）分类进行了界定（国统字〔2013〕55 号），结合数据可得性，本文高技术产业主要是指医药制造业，铁路、船舶、航空航天和其他运输设备制造业，计算机、通信和其他电子设备制造业，仪器仪表制造业四个行业。

②　根据《国务院办公厅关于加快发展高技术服务业的指导意见》（国办发〔2011〕58 号）的内容，本文的高技术服务业主要包括信息传输、软件和信息技术服务业以及科学研究和技术服务业两个行业。

③　由于广东只有 2014 年的数据，因此没有作比较，但从 2014 年的数据来看，浙江同样落后于广东。

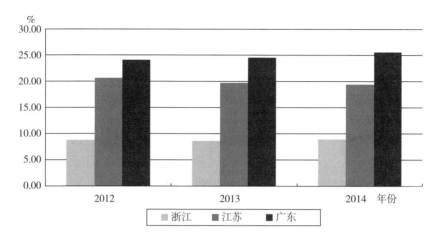

图5　浙、苏、粤三省高技术制造业占比

四、企业并购重组对产业结构调整的影响机制：理论分析

产业结构是否合理不是单一的静态比例关系，而是一个在动态中体现的过程现象，因此，产业结构优化并不是简单地调整各分类部分的比例就可以完成，而是一个类似生态圈那样的流变过程，是不同产业在遵循其自身演进规律过程中相互影响，相互演替，最终平衡的一种状态。而企业并购动机和效果又很大程度上与其产业环境即产业演进阶段存在交互影响，因而，选择从产业演进的视角有利于我们更深入地分析和讨论企业并购重组对产业结构调整的影响。

（一）产业演进规律与特征

产业演进理论是现代发展经济学的重要分支之一，其主要成果包括 Gort 和 Klepper（1982）首先提出的 G－K 模型，Klepper 和 Graddy（1990）与 Agarwal 和 Gott（1996）从不同角度对 G－K 模型进一步发展，提出了产业生命周期理论，Klepper（1999）从创新效率角度提出了寡头进化理论，等等。尽管学者们从不同的角度，采用不同的方法对产业演进进行了研究，划分了产业演进的不同发展阶段，但其核心思想都是一致的，即产业作为一种演化系统，其成长具有阶段性特征，会经历不同的发展阶段。我们借鉴科尔尼产业演进理论，以产业演进曲线为核心，将产业演进过程划分为初创、规模化、集聚、平衡和联盟四个阶段，所有产业沿着演进曲线的规律发展（如图6所示）。

产业演进的第一阶段是初创阶段，初创阶段产业充满创新、机遇和风险。在这一阶段的开始时，产业进入门槛低，企业数量很少，通常包括三类产业：新兴产业，如生物产业、新能源、新材料、互联网金融等。解除管理或正在实施私有化的产业，如邮政物流、金融服务等。处于初创阶段的产业，初始高额

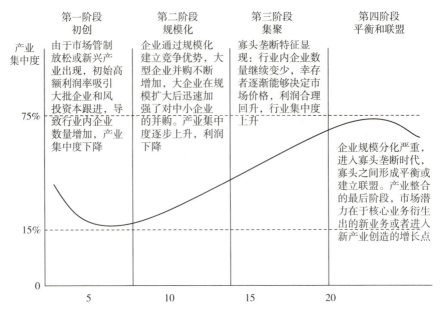

图 6　产业演进曲线

利润率吸引大批企业和风投资本跟进，导致行业内企业数量增加，产业市场完全分散、市场集中度较低。

产业演进的第二阶段是规模化阶段，在规模化阶段中，规模的扩大提高了产量、摊薄了固定成本从而改善了利润。但是由于价格竞争变得特别激烈，这个阶段的企业需要培养自己的核心竞争能力，开始通过差异化的运作来提升自身的企业价值，大企业的市场份额进一步增加，市场地位进一步提升，产业集中度将达 45% 左右。第二阶段的典型产业包括纺织工业、电子信息、钢铁、化工、装备制造等。

产业演进的第三阶段为集聚阶段，在集聚阶段，经过积极的整合，企业的重点从速度转向质量，成功的企业发现它们最具有竞争力的领域，并关闭它们非核心的或次要的业务部门以进一步扩大市场占有率。处于第三阶段的典型行业包括汽车、船舶工业、酿酒等。

产业演进的第四阶段是平衡和联盟，由于产业已充分整合，少数几个企业在产业中处于统治地位，产业集中度最高能达到 90%。处于这一极端的典型行业包括石油、电力、通信、航空航天、烟草等。这些企业可以施展经营能力的余地很小，企业的快速增长较为困难，但一般现金流充裕，为维护自身市场地位，适应产业结构的变化和新技术的出现，通常会投资进入新的产业。

（二）企业并购类型与经济学解释

企业并购重组是指企业法人在自愿平等、等价有偿的基础上，为获得目标企业的控制权而进行的所有相关的产权交易活动，是企业进行资本运作和经营的一种重要方式。根据所属行业相关性来看，可以将企业并购重组分为横向并购、纵向并购和混合并购三种类型。横向并购是指并购双方处于相同行业；纵向并购是指并购双方处于产品生产的不同阶段（即产业链的上下游）；混合并购是指并购双方所属行业没有直接联系，即跨行业的并购。

横向并购的经济学解释是获得规模效应，即增加投入要素数量的过程中，产出增加的比例超过投入增加的比例。横向并购能够通过减少竞争对手，扩大市场控制能力，增大企业规模。在一定的限度内，增大企业规模，并不一定同比例地增大其管理费用、科技开发费用和其他费用，同时企业并购行为发生后，生产要素合并重组，充分发挥优势企业的资源配置优势，这样重组后的生产组合方式就会优于原被并购方的生产组合方式，从而规模的扩大、产量的增加的比例大于每一种投入增加的比例，这样就降低了平均成本，获得了规模收益。

纵向并购的主要动因可以从交易费用经济学的基本结论中得到解释：在信息不对称和外部性的情况下，市场机制配置资源的成本（市场交易费用）显然高于企业组织配置资源的成本（内部管理费用），特别是上下游企业在技术、原材料、中间产品等市场价值的实现方面需要支付高昂的谈判成本、监督成本和交易费用。通过纵向并购使外部市场内部化，不但达到节省交易成本、提高效率的目的，还能确保企业获取核心要素，提升企业在产业中的主导地位。

混合并购的经济学解释有两方面：一是分散经营风险，二是资产的通用性。前者是指通过分散经营，减少长期经营某一行业所带来的风险。理论上，不同产业领域的企业，其风险相关性小，通过混合并购，企业的经济资源被投放到不相关联的市场上去，从而可以分散风险，使整个企业的收益率得到保证，同时通过进入更具增长潜力和利润率更高的领域，企业可以扩大自身的产业结构和技术结构。而后者是指企业某些资产具有专用性，有些具有通用性①（包括声誉、销售网络、研发能力、管理能力），如果通用资产在企业内没有得到充分利用，那么把它用于其他方面就可以获得更多的收益，企业通过混合并购将通用性资产转移到新兴产业或风险互补产业中的被并购企业里，进一步提高资产利用效率，增加资本边际产出，提升和稳定企业盈利水平。

（三）产业演进与并购类型

产业演进阶段的不同特点以及不同并购类型发生的经济动因的不同，决定

---

① 企业是能够独立从事一定经营活动的有形资产、人和无形资产的资源集合。某些资产相对来说是产品专用性资产，只能用于生产特定的商品和服务。而另一些资产则可以通用于生产其他一定数量的产品和服务。

了它们两者有一一对应的关系。

初创阶段中产业，企业急剧上升，盈利能力下降，市场集中度下降，为了在行业内占有一席之地，第一批兼并者开始出现，企业间的并购行为开始发生，此时基于规模经济的动机占据主导，少量的横向并购促进企业市场势力的增强，产业中的市场集中度趋于稳定。

规模化阶段产业，企业数量达到最多，为了竞争有限的市场份额，产业领导者开始出现并逐渐主导产业整合，企业开始大规模地通过横向并购，扩大自己的势力范围，企业规模化效应显现的同时，正如前文所述，企业开始培养核心竞争力，此时剥离非核心业务和扩大自己核心业务共同进行。这期间企业的战略不是单纯地扩大规模，更多的是要关注核心竞争力，进行差异化策略，所以并购的目标可能是同行业的，也可能向上下游产业进行扩展。基于规模效应和节约交易费用的双重动机，大量的横向并购和纵向并购促进企业逐渐增强竞争优势，扩大企业产业链跨度，市场份额进一步扩大，推动产业向集聚阶段发展。

集聚阶段产业，企业寡头效应初现，企业数量萎缩，产业中企业的目标是成为少数几个巨头企业，当产业内企业数量较少时，减少一个竞争对手给自己带来的正面效应将更加显著。所以并购是数量较少，但规模较大。这一期间通常会出现大型的横向并购。

而平衡联盟阶段，产业逐渐走向衰退，企业的增长已十分困难，大型并购已不是重要的产业特征。产业中的企业在产业的衰退中选择新的增长点，他们的战略开始布局于子行业，新兴行业。产业中的企业通常是有充分的现金流的和大量的通用资产，基于分散经营风险和发挥资产通用性效应的动机，大量的混合并购开始居于主导，通过并购处于第一阶段、增长速度快的企业而进入新的产业，开拓新的市场，从而完成企业转型。

总结而言，初创阶段，横向并购频发；规模化阶段，横向纵向并购均有涉及；集聚阶段，并购数量应该较少，但横向并购的规模较大；而平衡联盟阶段，混合并购应占主流（见表1）。

表1　　　　　　　　　　　并购类型与产业演进配比

并购类型	第一阶段初创	第二阶段规模化	第二阶段集聚	第二阶段平衡和联盟
横向并购	●	●	●*	
纵向并购		●		
混合并购				●

注：＊此时发生的为少量但规模很大的横向并购。

（四）企业并购重组对产业结构调整的影响机制

企业并购重组是微观层面的市场行为，在并购重组的过程中，企业控制权的转移其实引导着资源在行业内或行业间的流动，其背后的逻辑之一就是企业对各产业演变趋势的把握和对不同产业资源的选择，从而调整自身的产品、能力和功能体系，以实施新的产业发展战略，从这个角度来讲，企业的并购重组可以看作是产业结构调整在微观层面的重要实现机制。

从资源配置的角度来讲，企业是生产要素资源的基本载体，而产业是企业资源的有机集合，产业结构则是产业内及产业之间资源配置关系的格局。产业结构的调整就是产业层面的资源再分配：一方面，改善产业内资源的配置状况，实现资源的适度集中，以提高资源的利用效率；另一方面，促进资源在产业之间的合理流动，使资源流向效率更高、更能代表未来发展方向的产业。而企业并购重组作为企业所有权与企业产权的转让方式，其过程就是资源再分配的过程，而其目的就是伴随着产业演进规律，通过资源的优化配置，提高资源利用效率，实现效益最大化。从这一点来讲，企业的并购重组与产业结构的调整与优化，在目标上又是一致的。随着企业并购重组的微观效应在产业层面的不断集聚，其对产业结构调整的宏观效应就会逐渐显现出来。

结合并购重组的方式及产业演进规律来看，不同的并购方式，由于其并购动机以及在不同产业演进阶段资源配置效应的不同，对于产业结构调整的影响机制和效果也有所不同。一般来讲，横向并购所获得的垄断势力会产生较高的"效率传导机制"，使集中的资源产生较大的"聚合作用"，从而也会比较显著地对产业结构的变化形成影响，尤其表现在行业集中度的提高。纵向并购的目的是为了降低交易成本和得到纵向一体化的高效率。相比横向并购来讲，纵向并购由于只是涉及相关到上下游产业资源的整合，尽管节约了交易费用，但它改变的只是产业间资源的联系方式，即由企业内部管理战略替代市场契约，而不涉及资源的动态配置，因此它对产业结构调整的效应在短期内可能并不是十分明显。混合并购则涉及多个行业之间的资源转移，而且同时伴随着效率渗透，通过高效率的资本管理低效率的资本，行业之间的资源在数量上和技术联系上都将发生变化。因此，混合并购对资源配置的作用要更直接一些，从某种程度上讲，短期内混合并购对产业结构调整的作用要大于横向并购与纵向并购。综合上述分析，可以用下面的描述性模型作一个直观的归纳，如图7所示。

五、基于省际面板数据的实证检验

上述从理论分析的层面，探讨了企业并购重组对产业结构调整的影响机制，为进一步论证这一机制的有效性，这里，我们以产业结构的高级化为视角，运用省际面板数据来进行实证检验。

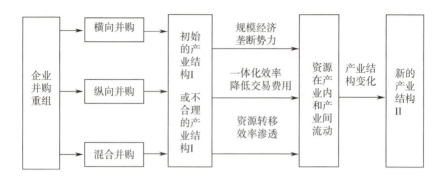

图7　资源配置视角下并购重组对产业结构调整的影响机制

（一）提出假设

结合产业生命周期来看，基于上述影响机制，企业并购重组在一定程度上加快了产业生命周期的演进。一方面，企业的并购重组可以促成新兴产业的形成与发展。新兴产业中的企业是先进技术的创导者，但由于资本实力有限，难以形成一定规模的生产体系。于是，这些企业往往以技术优势与资本较多的企业实现并购重组，使其科技成果能够迅速扩大和传播，当这种科技力量发展到一定程度时，就会逐步形成一个新兴的产业部门。另一方面，通过传统产业与新兴产业、成长产业之间的混合并购，可以加速传统产业的改造升级，加快资源从传统衰退产业向其他新兴产业或成长产业的转移。正是伴随着新兴产业的加快形成，以及传统产业的加速改造，一定程度上加快推动了产业结构的高级化。因此，我们提出以下假设：

假设 H_0：企业的并购重组能够有效地推动产业结构的高级化进程

（二）模型设计与数据选取

1. 模型设计

本文采用省际层面的面板数据回归模型来检验企业并购重组对于产业结构高级化的推动效应，即

$$TS_{it} = \alpha_0 + \alpha_1 MA_{it} + \sum_{j=2}^{J} \alpha_j \prod_{jit} + \varepsilon_{it}$$

其中，TS 为产业结构高级化的代理变量，MA 为反映企业并购重组情况的指标。考虑到企业并购重组对产业结构调整与优化的作用并不是孤立存在的，而是与多种影响产业结构调整与优化的其他因素同时存在并发生作用的，模型中纳入了控制变量集合 $\prod$ 。通过借鉴现有理论或已有研究，除企业并购重组以外，我们认为影响产业结构调整与优化的其他因素还应包括：经济发展水平、消费结构、市场结构、对外贸易等。

2. 数据选取

对于产业结构高级化指标 TS，考虑到实证的稳健性以及数据的可得性，这里从两个层面来分别考察：一个是从三次产业比例的角度，采用第三产业（即服务业）总产值与工业总产值之比来刻画，记为 TS_1，该指标能够清楚地反映产业结构的"服务化"倾向；另一个是从工业内部结构的角度，采用高技术产业总产值占工业总产值的比重来刻画，记为 TS_2，该指标反映了工业产业结构的高技术化、高附加值趋势。对于变量 MA，考虑到各省的上市公司数量分布非常不均匀，上市公司数量较多的省份，其上市公司发生并购重组的概率也相应增多。因此，若仅仅以并购重组的数量或者规模的绝对值作为衡量指标不是十分准确，这里采用相对数量指标，即用一个省份上市公司发生并购重组的规模与该省份上市公司总市值的比值来衡量。控制变量中，我们用各省 GDP 占全国 GDP 总量的比重来衡量经济发展水平，标记为 PG；用最终消费率①来衡量消费结构，标记为 CR；用非国有企业在工业总产值中的比重来衡量市场结构，标记为 NS；用出口总额占 GDP 的比重（即对外贸易依存度）来衡量对外贸易，标记为 TR。变量的标记及其具体含义如表 2 所示。本文选用 2010—2014 年的省际面板数据，其中，上市公司并购重组规模、上市公司总市值的数据来源于 Wind 数据库，其余数据来源于国家统计局网站。

表 2 模型中各变量的标记及具体定义

变量类型	标记	含义	具体定义
被解释变量	TS	产业结构高级化	TS_1：服务业总产值/工业总产值
			TS_2：高技术产业总产值/工业总产值
解释变量	MA	企业并购重组情况	总的上市公司并购重组规模/上市公司总市值
控制变量	PG	经济发展水平	省级 GDP 总量/全国 GDP 总量
	CR	消费结构	居民消费水平×人口总量/GDP
	NS	市场结构	非国有企业工业总产值/工业总产值
	TR	对外贸易	出口总额/GDP

（三）实证结果分析

实证检验过程中，分别采用混合最小二乘法（Pooled OLS，PO）、固定效应模型（Fixed Effect，FE）和随机效应模型（Random Effect，RE）来实证分析企业并购重组对被解释变量 TS_1 和 TS_2 的影响。实证结果如表 3 所示。根据 Haus-

---

① 最终消费率是指一个国家或地区在一定时期内（通常是 1 年）的最终消费（用于居民个人消费和社会消费的总额）占当年 GDP 的比率，这里我们定义为：最终消费率 = 居民总消费水平×人口总量/GDP。

man 检验的结果，我们重点选取固定效应模型下的实证检验结果来进行分析。

表3　　　　　　　　　　　　　　　模型实证结果

被解释变量	TS_1			TS_2		
实证方法	PO	FE	RE	PO	FE	RE
MA	2.935 ***	2.646 ***	2.239 *	1.122 *	1.348 **	1.019 *
PG	8.565 **	8.882 ***	9.124 ***	3.689 ***	4.062 ***	3.911 ***
CR	0.385 ***	0.299 **	0.332 ***	0.055 *	0.034 **	0.067 **
NS	0.510 ***	0.619 *	0.574 ***	0.093 *	0.088 **	0.079 **
TR	−0.514 **	−0.487 ***	−0.548 *	−0.613 *	−0.541 *	−0.574 *
Ad R−Squared	0.771	0.876	0.824	0.597	0.681	0.662
Hausman test	—	—	23.190	—	—	31.468

从实证结果来看，对于被解释变量 TS_1 和 TS_2，无论是最小二乘估计法，还是固定效应模型与随机效应模型，均通过了显著性检验，表明企业的并购重组行为确实在一定程度上能够对产业结构高级化进程产生显著的促进作用。此外，从固定效应模型的实证结果来看，控制变量中，经济发展水平对产业结构高级化的影响显著为正，说明经济发展水平越高的地区，第三产业在国民生产总值中的比重越高，产业结构的高级化程度也越高；消费结构与产业结构高级化显著正相关，最终消费率越高的地区，其产业结构高级化程度越高，反映出消费结构的升级是推动产业结构高级化的重要因素；市场结构对产业结构高级化存在显著的正面影响，非国有工业经济在工业总产值中的比重越高就越能够提高产业结构的高级化程度，表明市场结构的不断完善，资源要素的自由流动，对于产业结构的调整有着积极的促进作用；对外贸易的过度依赖将使地方产业结构停留在较低水平，不利于产业结构的高级化进程，这可能是因为我国目前对外贸易商品结构不合理，很大程度上还停留在技术水平和附加值都相对较低的低端产品上，进而可能导致产业水平仍在国际产业链的低端徘徊，不利于产业结构向高级化发展。

六、浙江企业并购重组与产业结构优化：案例分析

在理论分析和实证检验的基础上，本节将分析浙江上市公司并购重组的情况；并重点以"绍兴板块"的并购重组作为案例，来进一步论证上市公司并购重组对区域产业结构调整的促进效应；最后，总结案例分析的借鉴和启示，为最后的政策建议提供思路。

（一）浙江上市公司并购重组的基本情况

浙江的资本市场规模连续多年来保持着全国领先的地位，截至2014年末，

浙江共有境内上市公司 266 家，数量位居全国第二，仅次于广东，领先于北京、上海、江苏等兄弟省市。其中中小板和创业板的上市公司数量共为 164 家，占该板块上市公司总数的 61.7%。与之相对应，浙江利用资本市场开展并购重组也走在全国前列。2010—2014 年，浙江省上市公司共发生并购重组 918 家/次，涉及资金规模达到 2 773.87 亿元，均位居全国第四，仅次于北京、广东和上海（如图 8 所示）。从并购重组的行业特点来看，一方面契合当前浙江省产业结构特点，并购次数较多的来自机械设备、化工、纺织服装、建筑材料等传统主导行业；另一方面契合产业转型升级的方向，以机械设备、计算机、电子为代表的高技术制造业和以医药卫生、传媒等现代服务业成为并购重组的热点领域。

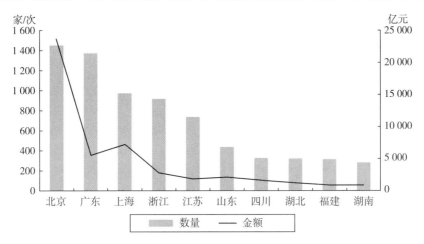

图 8　2010—2014 年上市公司并购重组数量排名前十的省市

（二）案例分析——"绍兴板块"的并购重组

绍兴是浙江的经济大市，GDP 总量一直以来位列浙江省第四，排在杭州、宁波、温州之后。从产业结构来看，绍兴的产业结构以第二产业为主，2014 年末，三次产业结构的比例为 4.6∶51.9∶43.6，其中第二产业占据"半壁江山"。2009 年，绍兴市被确定为浙江省工业转型升级综合配套改革试点城市，由此，绍兴市开启了工业转型升级之路。提升传统优势产业、发展战略性新兴产业①，成为绍兴市工业结构调整的两大主线。经过五年多的实践，绍兴的工业产业结构调整取得了较为显著的成效。传统优势产业方面，纺织业、化学原料和化学制品制造业一直以来是绍兴工业的两大支柱产业，截至 2014 年末（如图 9 所示），两大产业占工业总产值的比重为 34.7%，与 2010 年相比下降了 0.9 个百

---

① 2010 年，绍兴市在浙江省内率先提出大力培育发展战略性新兴产业，并确立了先进装备制造业、新材料、生物医药、节能环保、新能源、新兴信息六大战略性新兴产业。

分点，但在产业集中度方面，两大产业均有了显著的提高，纺织业集中度从2010 年的 41.4% 提升到了 2014 年的 58.7%，化学原料和化学制品制造业集中度从 2010 年的 68.9% 提升到了 2014 年的 80.8%。新兴产业方面（如图 10 所示），2011 年以来，绍兴市战略性新兴产业总产值实现了较快增长，增速高于工业整体水平，战略性新兴产业占工业总产值的比重也稳步提升，2014 年末，该值达到 30.1%，比 2011 年提升了 6.7 个百分点。

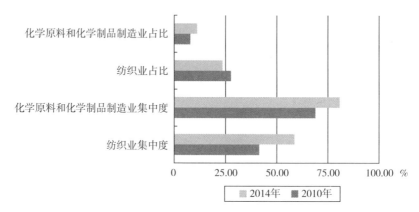

图 9 绍兴纺织业、化学原料和化学制品制造业的发展情况

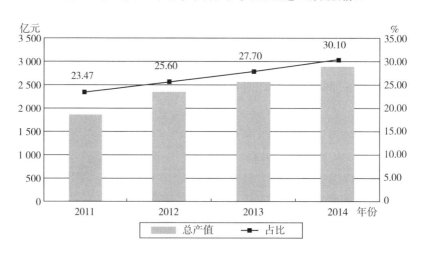

图 10 2011—2014 年绍兴战略性新兴产业总产值及占工业总产值的比重

在推动工业转型升级的过程中，绍兴市充分发挥了资本市场建设方面的先发优势，以上市公司的并购重组来引领产业的转型升级。从上市公司数量来看，绍兴的上市公司数量在浙江省排名第三，位列杭州、宁波之后，2014 年末，上市公司数量为 39 家，其中工业上市企业数量为 33 家，占比达到 84.6%。然而，

从并购重组的数量及规模来看，2010—2014 年，绍兴市上市公司共发生并购重组 145 家/次，规模达到 289.86 亿元，数量和规模都位列浙江省第二，仅次于杭州，优于宁波。具体来看：

1. 通过横向并购，提升产业集中度，加快行业龙头形成，强化传统优势产业的竞争力。如浙江龙盛以 2 200 万欧元并购世界染料巨头德国德司达公司，一举获得了全球的 14 个生产基地、覆盖 50 个国家和地区的销售网和 7 000 多家客户，跃升为全球染料行业龙头企业，掌握了染料产品的定价权，约占全球近 21% 的市场份额；新和成、浙江医药等通过不断收购，成为全球最重要的维生素生产企业之一。

2. 通过横向、纵向并购，做大新兴产业。如卧龙电气自 2011 年以来，已耗资近 50 亿元收购烟台市东源变压器公司、奥地利 ATB 驱动技术股份公司、江苏清江电机制造公司、章丘海尔电机公司、意大利 SIR 股份公司 5 家公司股权，加速布局全球市场，不断做深做强。上风高科通过并购专用风机、整体收购深圳宇星科技，实现了由单一风机制造向环境设施整体集成商的迈进。

3. 通过混合并购，加快传统产业企业向新兴产业企业转型。如精功科技通过不断收购，从传统产业切入光伏装备，企业得到了快速发展；美盛文化通过收购上海纯真年代、杭州星梦工坊等，逐渐进军影视业；万丰奥特控股集团出资 4.5 亿元收购上海达克罗涂复工业有限公司 100% 的股权，收购完成后，公司在汽车零部件行业中的地位进一步提升，实现从汽车零部件产业向环保新材料、新工艺等新兴产业的转型与升级。

可以说，"企业并购重组，优化整合资源"已成为绍兴市加快推动工业产业结构调整的重要路径，在实践的过程中，取得了较好的成效；同时，也应该看到，这一路径也面临着一些瓶颈，主要表现在三个方面：一是并购重组后备主体力量有限，可持续性存疑。相对于绍兴的经济总量，上市资源挖掘得已经很充分，而目前绍兴经济正在逐渐转型过程中，战略性新兴产业尚处于培育阶段，今后一个时期绍兴企业上市的后续潜力挖掘余地不大；同时，现有个别上市公司因主业竞争力衰退，逐渐沦为证券市场的"壳资源"，在市场化并购重组的大背景下，本地企业缺少优质资源与异地企业竞争，存在壳资源流失的可能。二是并购重组资金来源较为单一。"绍兴板块"的并购重组，基本上全部是自有资金，采用再融资手段开展并购重组的案例较少。这一方面显示出并购主体企业自有资金充足，但同时也显示出并购重组企业资金来源相对单一，没有有效利用资本市场融资工具。目前多层次资本市场的建立和完善，推动了并购融资工具的发展，并购贷款、并购债券等日益完善，广泛参与资本市场，有效利用融资工具才是企业进行并购重组、优化资源配置的长久之策。三是并购重组资源整合有效性急需提升。从近几年的情况看，"绍兴板块"并购重组的目的以横向发展为主,主要是为扩大企业规模。但梳理近年来"绍兴板块"并购重组发展案例可以发现,对产业链的并购重组,从效用上看,远不及对技术链的并购重组,如浙江龙盛收购海外染料巨头德司达,通过对其专利技术的应用和整合,一举成为全球染料行业龙头企业,净利润大幅增长。当前,绍兴产业发展的缺陷是产业层级较低、技术要素掌握较少,"绍兴板块"在并购重组中需要更加注重对技术、人才等要素的整合,提高资源整合的有效性。

（三）借鉴与启示

"绍兴板块"的案例表明,推动上市公司并购重组,不仅能够强化企业自身的竞争力,加快企业做大做强,而且能在产业层面,发挥引领作用,加快提升产业集中度、加速产业链上下资源整合、加快推动资源要素向新兴产业转移和聚集。从浙江的情况来看,一方面,浙江在产业结构调整与优化的过程中,存在着结构调整进展缓慢、产业高级化程度偏低等问题,尤其表现在传统产业的集中度较低,以高技术产业为代表的新兴产业规模较小;另一方面,基于理论与实证的分析表明,企业并购重组对于产业结构调整有着显著的正向推动效应,有利于提升产业的集中度,加快推动产业结构的高级化进程。基于这两方面的研究结果,我们认为,通过鼓励和推进企业的并购重组,将是浙江加快推进产业结构优化的重要路径。在区域多层次资本市场建设方面,浙江已经取得了一定的成效,无论是上市公司的数量及规模还是并购重组的活跃度,在全国各省市中都处于领先的地位,这些都为浙江借力资本市场推动产业结构优化,奠定了坚实的基础。此外,结合"绍兴板块"的案例来看,在具体的实践中,如何依据产业结构特点来确定合适的产业作为切入点和突破口、如何完善相应的软硬件基础设施建设以提供有力保障等,都是需要进一步思考和探索的重要问题。

七、政策建议

本文基于浙江产业结构调整的现状及存在的问题等现实背景,通过理论分析、实证检验,并结合"绍兴板块"的案例分析,论证了企业并购重组对于产业结构调整的正向推动效应,在此基础上,提出以借力资本市场、推动企业并购重组作为重要路径,来加快推动浙江产业结构优化的进程。最后,对于这一路径的具体实现,我们从并购重组实践与基础设施建设两个层面,提出以下政策建议。

（一）并购重组实践层面

一是要结合浙江产业结构的特点及未来趋势,选择一些重点产业作为切入点和突破口。鉴于当前浙江产业结构调整的主要问题在于传统产业集中度偏低、新兴产业规模较小,可以从提升传统产业集中度、壮大新兴产业规模两条主线出发来选择合适的产业。在传统产业中,可以选择纺织业、化学原料及化学制品、通用设备制造等优势产业，围绕提高产业集中度、延伸产业链开展并购重组，整合品牌资源和创新资源，加快做强做大。在新兴产业中，可以重点发展信息产业。信息及相关产业是浙江服务业的一个重要突破方向，"十二五"期间，浙江信息类产业发展极为迅速，以信息技术为依托的电子商务产业在浙江的发展更是有目共睹，已成为浙江极具特色的产业名片。因此，可以进一步推动信息产业领域的并购重组，加快实现集群式、跨越式发展，将其打造成为浙江服务业的中心产业、支柱产业。

二是要注重通过并购重组培育行业龙头企业，以发挥其在产业结构调整中的带动效应。行业龙头企业的技术进步、技术路径、战略转型、管理提升等都能够对整个产业产生巨大的辐射和带动作用，从而推动整个产业的结构优化。因此，以并购重组推动产业结构优化的过程中，应重点培育行业龙头企业。一方面，鼓励传统块状经济的龙头企业围绕完善分工协作体系开展并购重组，带动中小企业"专精特新"发展，加快形成协同发展、集聚发展的优势。另一方面，鼓励和支持新兴行业中的大企业通过横向、纵向等并购方式，实现资本、技术等资源的加速整合，形成具有一定竞争力的行业龙头企业，进而带动新兴产业的快速发展与壮大。

（二）基础设施建设层面

一是在硬件设施方面，进一步完善区域多层次资本市场建设，充分发挥其作为并购重组主渠道的作用。近年来浙江企业并购重组日益活跃，既是源于产业发展的阶段性规律，也受益于浙江日趋完善的多层次资本市场建设。资本市场具有强大的价值发现功能和融资功能，信息公开透明，能够大大提升资源配置效率，在推动企业市场化并购重组方面发挥着核心作用。一方面，可以结合浙江经济转型和产业布局的需要，建立分层次、分类别、分梯队的上市挂牌企业后备资源库，重点支持发展潜力大、产业带动力强、有利于加快区域转型升级的企业到交易所、新三板和区域性股权市场挂牌上市，充实上市资源，增强产业资本厚度。另一方面，进一步完善并购重组的渠道建设。加快建立企业并购重组公共信息服务平台，进一步拓宽企业并购重组信息交流渠道，及时向企业提供战略咨询、法规政策、资产评估及兼并重组个案等专业咨询服务。完善发展浙江股权交易中心，充分发挥浙江股交中心区域资本市场的作用，深化挂牌企业服务，辅导企业借助资本市场的力量来推动企业快速发展壮大，为挂牌企业的并购重组提供专业化、个性化服务。

二是在软件设施方面，进一步强化政策支持，优化并购重组的市场环境。推动企业并购重组，必须坚持市场主导原则，与此同时，也需要强化政府在资本引导、政策扶持等方面的职责，为企业并购重组提供良好的市场环境。一方面，可以加大财税政策扶持的力度。减轻企业在并购重组过程中可能承受的税费负担，并购重组后存续企业的性质及适用税费优惠条件未发生改变的，可按规定享受兼并重组前该企业剩余期限的税费优惠政策。对并购重组后企业总部（或区域独立法人总部）和税收迁转到浙江境内、本省企业并购省外或境外企业等重大并购活动，有新增财政贡献的，财政可给予一定奖励。并购重组后企业实施的技术改造、技术创新、"两化"融合等符合产业政策的项目，可优先列入各级政府年度重点项目计划，享受相关领域的扶持政策。另一方面，需要强化对企业并购重组的融资支持。如建立并购贷款风险补偿机制，引导商业银行在风险可控的前提下积极稳妥开展并购贷款业务；支持证券公司、信托基金、资产管理公司、股权投资基金、产业投资基金等参与企业并购重组，向企业提供直接投资、委托贷款、过桥贷款等融资支持；鼓励有条件的企业、投资机构和上市公司发起设立市场化运作的并购基金，进一步提高企业并购重组的能力。

参考文献

［1］杜传忠：《企业并购：产业组织调整的有效机制》，载《山东财政学院学报》，2000（6）。

［2］方军雄：《政府干预、所有权性质与企业并购》，载《管理世界》，2008（9）。

［3］傅融：《基于循环经济的浙江省产业结构优化研究》，浙江财经大学硕士学位论文，2013。

［4］高见、陈歆伟：《中国证券市场资产重组效应分析》，载《经济科学》，2001（1）。

［5］刘笑萍、黄晓薇、郭红玉：《产业周期、并购类型与并购绩效的实证研究》，载《金融研究》，2009（3）。

［6］骆腾飞：《浙江省产业结构优化研究》，浙江财经大学硕士学位论文，2013。

［7］汪海兰：《"绍兴板块"的并购重组》，载《浙江经济》，2014（17）。

［8］王世文：《并购的产业整合功能及其绩效研究》，载《国际商务》（对外经济贸易大学学报），2012（3）。

［9］王文：《浙江龙盛跨国并购德司达的案例研究》，广西师范大学硕士学位论文，2013。

［10］吴铭：《低碳经济背景下浙江省产业结构优化实证研究》，浙江大学硕士学位论文，2013。

［11］吴晓求、赵锡军、翟强：《市场主导与银行主导：金融体系在中国的一种比较研究》，中国人民大学出版社，2006。

［12］张雪芹：《我国上市公司并购方式的探析——对横向并购的探析》，载《北方经济》，2009（10）。

［13］赵礼祺、唐滔：《企业并购对我国产业结构转换的影响》，载《农村经济与科技》，2008（10）。

网络银行：模式、风险和监管框架

中国银行业监督管理委员会浙江监管局课题组[*]

2014 年初，中国银监会宣布国内第一批参加试点的 5 家民营银行名单，其中包括以"小贷小存"为经营模式的浙江网商银行股份有限公司。为更好地推进民营银行试点工作顺利进行，我们"网络银行监管研究"课题组本着"研究先行、服务监管"的立项初衷，多次赴阿里集团对网商银行筹备情况进行了解并对网络银行监管问题进行了深入研究，形成了系列研究成果。本报告为银监会年度重点课题"网络银行监管问题研究"的课题主报告。

本研究报告关注分析的对象是与传统银行完全分离的纯网络银行（以下简称网络银行）。网络银行是依托信息技术和互联网发展而兴起的一种新型银行组织形式，其业务具有突出的虚拟性、动态性、地理位置无关性、技术依赖性以及客户导向性等特点。对于网络银行而言，外部性问题的重要性已经超过由信息不对称产生的"市场失灵"，同时网络银行活动蕴含的风险也与传统金融活动有较大不同，这些因素使网络银行监管相对传统的银行监管有了一些新变化。

目前，我国网络银行刚步入试点发展阶段，如何在加强监管和推动创新之间取得平衡还没有一个简单通行的现成答案。为此，本报告尝试从网络银行运营模式的特点入手，逐步探寻揭示网络银行风险的特殊性及对我国金融监管体系形成的挑战，并在借鉴他国监管实践经验的基础上，对我国网络银行监管框架进行了尝试性勾勒，力求为更好地推进我国网络银行监管、填补相关领域理论与实践的空白提供一些参考。

一、网络银行运营模式研究

（一）网络银行的概念

目前，网络银行在理论上还没有一个公认准确规范的定义，但是为了便于对网络银行进行管理和研究，许多机构均对网络银行进行了定性描述，包括巴塞尔银行监管委员会、欧洲银行标准委员会、美国货币监理署、美联储、英国金融服务局以及香港金管局等。然而必须承认的是，目前各权威机构只是从主

---

   * 课题主持人：傅平江
     课题组成员：张有荣　毛仙青　黎　音　孟繁颖　刘金红　易　静　吴　建

体、方式、构成体系等不同角度对网络银行进行了界定，还没有形成比较权威统一的定义。根据国内最新的分类界定，在网络银行这个大概念下，可以根据网络银行和传统银行的分离程度，将网络银行分为两类[①]：一类是在传统银行基础上建立起来的。此类网络银行的业务依然作为传统银行整体的一部分而存在，更多的是充当对传统物理网点的补充。另一类是完全同传统银行分离，不与任何一个传统银行从属于同一个主体的纯网络银行。这种纯网络银行一般只有一个办公地址，既无分支机构，也没有营业网点，仅以互联网络作为交易媒介，几乎所有业务都通过网上进行。本课题关注分析的就是此类主体上和传统银行完全分离的纯网络银行。

（二）网络银行的特点和运营模式分析

与传统银行相比，网络银行提供了一种全新的金融业务模式，具有其独有的特性：包括虚拟性经营，替代实景服务；开放性服务，突破时空限制；集约化管理，节约运营成本；精准化营销，满足个性需求；标准化服务，提升客户体验；即时性传播，加大风控难度。更为重要的是，网络银行不只是将现有银行业务简单地移植上网，它改变了传统银行的经营模式和经营理念，形成了一种新型银行组织形式。

1. 经营管理理念方面，更加注重资产负债外管理[②]。一是在流动性管理方面，网络银行会更加倾向于利用对市场信息反应灵敏、交易速度快的优势，通过持有资产化证券、协议存款等大量新型交易工具平衡流动性需求。二是在安全性方面，网络银行倾向于通过提高用户对网络交易的信心，保障支付清算的便捷顺畅来维护自身信用，而不单是采用传统的缺口管理方式。三是在盈利性方面，网络银行除借助传统银行的负债管理方式外，还会通过增加客户规模，开展多样化的增值服务来实现规模效应。

2. 经营管理重点方面，更加关注高效、安全及客户规模。由于网络银行具有技术复杂性、信息多样性以及竞争压力加大等特质，网络银行经营管理更注重于以下三方面：一是综合配套管理。实际经营中，网络银行一般高度重视各个部门、各个环节以及资金收转支的确认、有效时限性等方面的综合配套管理，并强化建立健全协调合作机制。二是技术标准管理。基于安全、高效的考虑，网络银行往往对数据传输、加密、认定以及与其他网络链接等的技术协议标准，在说明、监测、升级更新、源代码修改权限以及保管等方面进行统一安排和管

---

① 陈一稀. 美国纯网络银行的兴衰对中国的借鉴 [J]. 新金融，2014（1）.

② 资产负债外管理理论主张银行应从正统的负债和资产业务以外去开拓新的业务领域，如期货、期权等多种衍生金融工具的交易，开辟新的盈利源泉。该理论还提倡将原本资产负债表内的业务转化为表外业务。该理论认为，在知识经济时代，银行应发挥其强大的金融信息服务功能，利用计算机网络技术大力开展以信息处理为核心的业务。

理。三是规模化经营。传统银行资产与负债间的随时匹配与均衡是其经营管理的重点，也是在保持流动性和安全性条件下，增加盈利性的前提。网络银行经营中则更加注重客户规模，只有客户规模达到一定水平，网络银行才有更大的盈利空间。

3. 业务服务模式方面，更加突出"非人格化"标准服务。网络银行利用技术把自己与客户连接起来，是一种能在任何时间、任何地点，以任何方式提供服务的银行。网络银行的实时自动化交易使网络银行不具备传统银行人工"面对面"服务所具有的"人文服务"、"情感服务"的特点（投诉业务除外），业务服务模式更加标准化，"非人格化"特性突出①。

4. 业务结构模式方面，更加依赖存款外负债和非存贷性资产业务。一是负债方面。通常网络银行在吸收个人储蓄方面处于劣势，更多依靠其他途径扩大负债业务，包括通过提供高效的支付清算服务，吸引大量短期结算资金；通过提供企业和个人财务综合投资管理服务，提高单位客户的资金集中度；通过代理业务，比如代收电话费、学费、各类租金等，增加短期资金来源。二是资产方面。经营"电商平台"以外的客户和线下客户是网络银行的先天短板；网络银行所能发展的客户数量，在很大程度上受制于其所寄居的"电商平台"的规模。出于盈利性考虑，网络银行往往更加注重非存贷性资产业务，基金和债券等资产在其总资产中所占的比重会越来越大。

5. 业务拓展模式方面，更加依赖网络渠道和信息技术。网络银行凭借无所不在的互联网，不用设立分支机构，就可以在世界各地开展业务。同时，因为开放的环境和数字化的服务方式，网络银行突破了服务的时空限制，利用互联网，客户可以在世界上任何地方、任何时间获得同银行本地客户同质的服务。数字化、信息化产品设计，使网络银行的业务具有较强的扩展性。

6. 业务处理模式方面，更加强调指令执行效率和运营成本降低。交易的实时处理是网络银行同传统银行业务电子化、信息化形式的一个重要区别。网络银行在大部分的情况下，不需要人工介入，使客户指令得到立即执行，且其交易费用与物理地点具有非相关性。网络银行实时自动化业务处理模式，保证了金融数据的生成与传递不受人工操作误差的干扰，速度快、精度高，同时大大降低了单笔业务的营运费用。

7. 客户识别和评价模式方面，更加侧重数据模型的运用。从识别和评价方法看：网络银行主要依靠互联网技术、大数据运用、模型自动评估技术与视频电话资信调查相结合的方式完成客户识别和评价，除个别业务需辅以人工介入之外，订单贷款等非信用类网络融资产品和信用贷款基本实现全流程网上操作

---

① 当然这也使网络银行在现金收付业务方面，必须依靠传统金融机构协助才能完成。

完成。从评价依据看：网络银行主要依据数据仓库里客户在电商平台上的交易记录、经营信息进行资信评估。

8. 经营评价模式方面，更加侧重客户结构的考量。网络银行竞争的结果，一方面是市场份额转移，另一方面则意味着客户黏性的下降。网络银行有可能迅速获得客户，也有可能迅速失去客户。因此，对于追求客户体验度领先的网络银行来说，客户结构必然成为其一个最为重要的衡量指标。

9. 信息数据使用模式方面，更加侧重数据集成化整合。网络银行基于电商平台和支付系统，积累了海量的客户信息，并通过大数据技术、云计算等将内部和外部的数据进行充分的利用和整合，把各个部门分散的知识库连接起来，打造一个统一的数据仓库。网络银行对内外部数据信息的集成化、价值化提出了更高的要求。

二、网络银行风险的特征分析

独特的运营模式在给网络银行带来经营优势的同时，也带来了一些"特殊"风险。从本质上讲，网络银行的出现并未带来新的风险，只是耦合了信息技术与银行业固有风险，其风险本质与传统银行并没有明显的区别。但这些风险因融入了互联网基因而呈现出一些新特征，风险程度和表现形式有所不同。

（一）网络银行风险的宏观新特征

宏观层面，网络银行风险的突出特征在于风险负外部性效应增强带来的金融体系内生脆弱性加剧，主要表现为：

1. 高传导性。相比于传统银行，在网络银行中流动的更多是数字信息和交易数据，信息传输快，风险传导性高。一旦风险在短时间内爆发，风险的化解较为困难，也难以预防。在传统银行的"纸质"、"柜台"交易中，对于偶然性差错或失误有一定的时间进行纠正，而在网络银行中出现偶然性的错误则可能立即引起巨大的风险和损失，加大了风险扩散面和补救成本。

2. 高隐蔽性。网络银行以信息技术为手段，通过网络传输业务。交易虚拟化使金融业务失去了时间、地点的限制性，交易对象变得模糊，交易过程变得不透明，金融风险产生的形式变得更加多样化。特别是这些不易观察的电子信息所引致的风险具有极强的隐蔽性，一般在短时间内不易被发觉。随着银行应用系统的推广运行，系统漏洞才会暴露出来。

3. 高破坏性。网络银行削弱了传统银行金融监管的效力，使监管的物理隔离有效性大大减弱。网络银行与经济以及证券、保险等其他金融部门业务的相互渗透和交叉，使金融机构间、国家间的风险相关性日益加强。一旦出险，可能威胁国家金融安全。

（二）网络银行风险的微观新表现

如前所述，本质上，网络银行与传统银行面临的风险类型大体相同。但这些传统风险在互联网基因的作用下，也呈现出一些不同的表现形式和风险程度①。初步判断，网络银行风险在微观层面具有以下几个特征：

1. 技术战略风险相对突出。一是科技治理不健全。如技术陈旧过时而威胁系统安全运行；或是IT基础资源分配缺乏统筹安排或合理的授权机制，决策流程复杂，导致业务效率低下；或是采用了不适当和不熟悉的开发工具；又或是在关键的系统架构、数据结构设计出现重大问题，而引发IT规划与IT架构管理失控的可能。二是科技风险管理不到位。科技风险管理并非是简单地以"安全管理"代替"科技管理"。管理层面对科技风险技术控制的协调和重视不足、缺乏完善的信息科技管理体系和信息科技风险管理架构以及缺少对银行信息科技发展的前瞻性认识与规划，都可能导致网络银行信息科技风险管理和审计机制的不健全，无法正确识别、预测并有效化解风险隐患。三是科技外包风险。作为一家技术应用型企业而非技术研发型企业，网络银行由于其对信息技术的高度依赖性，势必在发展时离不开科技外包。然而这种依赖也可能带来潜在风险，包括核心技术受制于人的风险、科技资源与核心业务衔接不匹配的风险以及商业合作的不确定性风险等。

2. 安全技术风险相对突出。一是业务连续性问题。网络银行的虚拟运营模式，意味着通常情况下网络银行仅通过网络与客户进行信息交互和业务处理。一旦出现业务连续性风险，特别是由于信息技术原因导致的业务连续性风险，网络银行客户将无法在网络渠道之外通过面对面的接触交流来掌握银行的动态信息。二是信息安全问题。从技术安全的角度看，安全风险对全部资产集中在线上的网络银行来说，安全风险可能是致命的。信息系统的信息安全涉及网络安全、数据安全、交易安全、传输安全等多个方面，任何一方面的考虑不全面都可能导致系统安全性下降，甚至影响整个银行信息系统的正常使用。三是操作管理问题。有关研究表明，与外部攻击相比，系统更容易受到内部的攻击。一方面，由于内部操作人员更了解系统及访问方法，存在隐瞒问题、监守自盗的可能，道德风险较大；另一方面，管理层和员工素质的不适应性也可能带来系统测试不完全、培训不充分等问题，引发操作风险。如何加强操作流程管理，更合理地预防和监测控制内部操作风险，对于网络银行安全运营尤为重要。

---

① 大体上，网络银行风险的新表现可分为两大类：一是基于信息技术和虚拟金融服务等自身特点，原有的传统业务风险加重；二是由于网络银行的虚拟经营特点，技术风险进一步凸显。应该说，技术风险与业务风险之间并非是泾渭分明、难以逾越的，不同的风险在一定条件下，会迅速发生转变，并且极易在互联网放大效应的作用下，引发宏观金融风险。因此，正确识别判断传统银行固有风险在网络银行运营中的新特征是做好风险管控的基础。

3. 流动性风险相对突出。相对于传统商业银行，网络银行受"无物理网点"等运营模式的限制，存款等稳定资金来源相对有限，加之采取 7 × 24 小时不间断的网上营业模式，在流动性风险管理方面的难度较传统商业银行更大。特别是在我国存款保险制度刚刚建立的情况下，储户出于资金存放"安全性"的惯性考虑，会更多倾向于具备多层信用保障体系甚至政府信用的隐性担保传统商业银行，网络银行极有可能面临存款排异困境，短期内存款客户吸收难，流动性风险突出。因此，网络银行的流动性风险明显要大于传统银行，甚至是致命的风险。

4. 法律风险相对突出。一是网络金融基础性法律的不完善。我国网络银行还处于起步阶段，相应的法规还不完善，如在网络金融市场准入、交易者的身份认证等方面尚无明确且完备的法律规范。网络银行在利用网络提供或接受金融服务以及与合同签订有关的权利与义务等方面，面临较大法律风险。二是网络金融监管制度的不完善。主要表现为由于原有金融监管体系分工格局无法全面覆盖互联网金融创新导致的监管缺位，以及由于网络银行信息技术的高速发展导致的监管制度规则经常会出现时滞性问题和监管漏洞。

5. "长尾"风险相对突出。由于目标市场和客户群定位的特殊性，网络银行拓展了交易可能性边界，服务了大量不被传统金融覆盖的利基市场人群，使网络银行具有不同于传统银行的"长尾"风险特性。主要表现为：一是网络银行服务人群的金融知识、风险识别和承担能力相对欠缺，属于金融系统中的弱势群体，容易遭受误导、欺诈和不公正待遇。二是一旦网络银行出现风险，虽然涉及金额可能不大，但从涉及人数上衡量，对社会的负外部性很大。三是利基市场的个体非理性和集体非理性出现的概率更大。

6. 声誉风险相对突出。不同于传统银行物理网点众多，与老百姓有直接的接触，网络银行完全基于网络平台开展经营，客户感知少，因社会上各种不利传言，特别是网络上的谣言、恶意诽谤等事件而引发声誉风险的可能性较传统银行更大，甚至可能出现客户挤兑、银行网络服务中断等极端事件，声誉风险防范至为关键。特别是在移动互联网时代，自媒体的崛起加速了多中心、碎片化信息的网络性传播，缩短了舆情应对的黄金时间，增加了网络银行网络舆情监测难度，对网络银行的声誉风险管理水平构成较大挑战。

7. 信用风险相对突出。信用风险的广泛存在是现代金融市场的重要特征。在网络融资这种新型金融服务模式中，网络平台作为服务提供方，集资金流、信息流和信用评级为一体，是"信用缺位"条件下的一种"变相补位"方式，在一定程度上保证了网络交易资金流和物流的有序流动，提高了资金交易的信用度。但必须看到的是，网络银行客户信用的获取、识别、评估完全基于电子商务平台的数据积累及大数据技术的应用，虽然信息搜寻成本较低，但由于缺乏与客户面对面的沟通交流，也缺乏类似于传统银行对借款人人品、朋友圈等外围信息的掌握。因此，网络银行的信息成本优势还主要局限于某些领域、某些类型的标准信息获取，对于电商平台以外以及标准信息以外的"软"性信息获取作用有限。而与之相比，传统银行虽然获取信息的成本更高，但其获得的信息往往要比纯粹运用网络技术的网络银行更为全面充分，在对于电商平台以外的合格借款人的评估识别方面及线下客户业务经营中，网络银行的信用风险可能较传统银行更为突出。

三、网络银行监管的国际经验及启示

网络银行最早发展于美国。1995 年 10 月，美国安全第一网络银行成立，成为首家无实体网点的纯网络银行。此后，欧美、日本等国家也陆续设立网络银行。在经历了 2000 年的网络泡沫破灭和 2007 年的次贷危机以后，欧美国家加强了对网络银行的监管并逐步形成一些经验性做法，这些经验做法对于推动我国网络银行健康发展具有重要借鉴意义。

（一）国外网络银行监管实践的主要模式和趋势性特点

从具体的监管实施过程来看，对网络银行的监管目前主要有美国审慎宽松的网络银行监管模式和欧洲标准一致的网络银行监管模式。由于网络银行本身仍处于持续演进之中，对它的监管至今也处于一个不断探索的阶段，即使巴塞尔委员会也只就网络银行业务的监管制度进行了研究，还没有形成较为系统和完善的网络银行业务监管制度。但在实践过程中，一些一般性做法基本已经成型，并逐渐稳定下来。总结近年来国外网络银行监管的实践经验，我们发现有以下几个趋势性特点：

1. 监管框架方面，越发重视监管法律法规体系的完善。建立一套适应网络银行业务和风险特点的监管法律法规体系是实施有效监管的基础和关键。从国际网络银行监管的实践来看，网络银行的监管过程可以说是监管法律制度构建并不断完善的过程，上述各国监管当局无论是采取审慎政策还是宽松政策，都非常重视监管法律制度体系的完善。其中，有以下几点值得我们借鉴：一是注重相关法律体系的完善。如美国《全球及全美商务电子签名法》、《全球电子商务框架》等相关电子商务法规制度的完善，为网络银行的监管提供了良好的法律环境，使网络银行发展更加稳健成熟。二是注重法律制度对网络银行监管保障的及时性和前瞻性。要寻求网络银行监管与金融创新发展的平衡，避免监管抑制效应的出现，在网络银行发展不成熟的领域，不应过度干预，从法律上给网络银行的发展留足空间。

2. 监管机构方面，越发重视部门联动监管机制的构建。就监管的主体而言，欧美负责网络银行风险监管的部门依然以传统银行监管机构为主。由于欧美网

络银行的监管往往要涉及多个监管机构，因此，如何确保监管机构之间高效联动至关重要。当前，欧美监管机构之间普遍建立了网络银行监管协调机制，实现信息的高度共享，协调部门之间的分工，统一监管规则和标准，避免重复监管以及监管空白，以此来提高监管工作的效率。

3. 监管规则方面，越发重视在沿用传统银行监管规则基础上的创新。从实践看，美国对网络银行的监管大致仍然沿用传统银行业的监管规则，但又基于网络银行业务和风险的新特性，对不适应网络银行发展的相关法律法规条款进行修改、调整、补充和完善，同时制定发布《电子银行业务——安全与稳健审查程序》、《计算机安全法》、《数字隐私法》等一系列专门针对网络银行业务及其风险的管制规则。欧洲国家在监管方式上和美国有所不同，其方法比较新颖，但不管是从欧洲银行标准委员会还是从 FSA 发布的规则、法规的内容上看，也是在基于传统银行监管的基础上针对网络银行的新特点制定了新规定，以提升相关法规的适用性和针对性。

4. 监管内容方面，越发重视完善信息披露及消费者权益保护机制。由于网络银行具有无纸化操作、交易记录难以跟踪且可以不留痕迹地修改等特点，监管和审查的难度显著加大。因此，欧美国家都对网络银行执行相对于传统银行更加严格的消费者权益保护要求，其发布的法律法规都倾向于保护个人消费者，禁止交易合同中对消费者歧视或不公平的规定，并在具体风险的分担上给消费者以保护。同时，欧美国家普遍将加强网络银行的信息披露制度作为监管的重中之重，实行强制性信息披露制度。对网络银行信息披露不真实、不完整以及消费者保护不力的行为，均实施较为严厉的处罚。

5. 监管方式方面，越发重视对多样化监管手段的综合运用。欧美国家对网络银行的监管主要包括市场准入、业务扩展管制、日常检查和信息报告等。市场准入方面，美国和欧洲大多数国家的监管部门对网络银行的设立要求申报批准，审查的主要内容有注册资本、银行规模、网络设备标准、技术协议安全审查报告以及风险处置预案等。业务扩展管制方面，主要是对网络银行的业务范围和建立分支机构进行规范。日常检查方面，除传统银行的检查内容外，更加侧重检查交易系统的安全性、电子记录的有效性、准确性和完整性、客户资料的保密与隐私权的保护等。信息报告方面，要求网络银行建立相关信息资料和独立评估报告的备案制度，及时向监管当局报告相关信息。监管手段方面，采用现场检查、非现场分析与评级、技术提供商准入管理、发布 IT 技术规章和指导意见、推动外部评级和审计、IT 风险信息披露等多样化的监管手段，以确保网络银行监管的全面性。

（二）几点结论性启示

从上述各国网络银行监管特点和经验的比较分析中，不难得出以下几点结论性启示：

1. 监管实现法制化是对网络银行有效监管的前提，这离不开网络经济的协调发展和相关立法体系的完善与改进。

2. 传统银行监管的审慎性原则同样适用于网络银行的监管，但在具体规则运用方面，需要根据网络银行业务及风险特点进行调整和补充。

3. 金融消费者权益保护是网络银行监管的首要目标，加强网络银行的信息披露制度是实现此目标监管的重中之重。

4. 信息的有效收集、分析和共享是网络银行日常监管的关键，而监管机构之间高效的协调联动机制是确保信息有效获取和运用的重要保障。

5. 金融机构的内部控制是实施有效金融监管的前提和基础，任何不重视内控制度和行业自律机制配合的网络银行监管法律体系都不可能很好地发挥他律性监管的功效。

6. 在网络银行的监管过程中，除了运用传统银行监管的方式和手段外，还要加强研究、改进和创新现有监管方式和手段。探索建立一套适合我国网络银行发展实际水平的技术风险评价体系至关重要。

四、我国网络银行监管：一个框架性研究

网络银行作为一种新事物，其技术标准和运营模式还处于快速演变之中。从监管角度看，网络银行虚拟的运营模式和对信息系统的高度依赖，使其面临的风险相较传统银行更具复杂性和特殊性，这也给我国银行业风险监管工作带来了挑战。为保障网络银行安全运行，就有必要充分认识这些特殊性对传统监管制度的挑战，并依据网络银行的运营模式及风险特征，对网络银行监管进行探索。

（一）网络银行对我国现有银行监管体系的挑战

1. 现行监管模式架构或不能完全满足对网络银行监管的需要

一是业务划分方面。网络银行不但经营纯粹的银行业务，未来也可能代理证券、保险等其他相关金融业务，提供类似于虚拟金融超市的"一站式"金融服务，不同类型金融机构间的业务交叉将有所增加，一些业务按传统的方法很难划定其所属业务类型。

二是属地划分方面。网络银行的业务运作具有典型的"地理位置无关性"特点，这一业务运作特征的存在，在模糊金融服务疆界的同时，也削弱了传统"物理"隔离的有效性，降低了客户购买金融服务的边际成本，突破了业务开展的地域限制。

2. 现行监管指标参数或不能完全满足对网络银行监管的需要

一是注册资本管理问题。《商业银行法》规定："设立商业银行的注册资本

最低限额为十亿元人民币。城市合作商业银行的注册资本最低限额为一亿元人民币，农村合作商业银行的注册资本最低限额为五千万元人民币。"但在网络银行运作模式下，银行可以仅以互联网络作为交易媒介，在不同的城市与省份提供金融服务，同样可以获得多家银行业务或多家银行分支机构的服务效果。在此情况下，监管部门原有的对传统银行注册资本管理的标准或需要重新考量。

二是资本充足性管理问题。在对于传统银行的监管中，设定资本充足率标准的重要参考因素是银行的风险程度。但网络银行的风险与传统银行的风险存在一定的不同，现行资本充足率标准主要是参考传统银行的风险特征来设定的，能否充分覆盖网络银行的业务风险还未可知。因此，针对网络银行的特殊风险，资本充足性衡量标准或需重新考量。

三是流动性管理问题。设定流动性衡量标准的主要目的是为了保证银行的资产变现能力能够满足在不同情况下产生的变现要求。在互联网条件下，交易的快捷性一方面使网络银行可以迅速通过网上交易取得资金，化解自己所面临的流动性风险，但同时也可能导致其在没有明显征兆的条件下面临突发的集中交易而引致流动性风险。交易的快捷性和挤兑危险的易发性决定了网络银行需具备的变现能力要比传统银行高，因此，传统银行的流动性衡量标准可能并不适用于网络银行。

3. 现行监管内容方式或不能完全满足对网络银行监管的需要

一是监管方式方面。网络银行业务运作的虚拟性和操作方式的无纸化，使金融交易的确认过程复杂化，业务合法性及合规性检查的难度加大，手工操作等传统检查方式可能在效率、质量、辐射等方面无法满足网络银行的现场检查需要，被监管机构易于凭借网络的虚拟性、广泛性和多样性找到"监管真空"。

二是监管内容方面。传统银行的监管内容主要是银行具体业务的风险管理，监管重点主要是资产负债管理和流动性管理。但在复杂的网络环境中，交易流程的安全性、交易信息真实性以及客户个人信息及资金安全也有必要成为网络银行的监管重点。因此，监管部门不仅需要参照传统银行的监管标准，进行一般的风险监管，而且还要根据虚拟银行的特殊性进行技术安全与管理安全的监管，并且要对跨界金融数据流和银行网站上提供的各种互联网金融服务广告进行监管，监管的重点也需由资产负债和流动性管理转向金融交易的安全性和客户权益的保护。

4. 现有监管体系设计或不能完全满足对网络银行监管的需要

传统银行的监管体系设计是一种以他律监管为主，自律监管、企业内控机制为辅的模式。但在互联网条件下，基于网络经济的多边性和加速发展趋势，网络银行所依托的信息技术导致他律性监管所设定的法律制度经常会出现滞后和监管漏洞。因此，在互联网监管的体系设计中，与金融机构合作，充分依赖金融企业和市场的自我管理与规范，外部监管与内部自律紧密结合将是未来网络银行监管的基本模式。为了保证其安全有效地运行，应重视网络银行自律性监管，充分发挥内控机制的作用。

（二）关于我国网络银行监管的基本思路

从上述关于现有银行监管体系对网络银行监管的适用性分析中，我们可以看出，网络银行风险监管不是也不应该是单纯的传统银行风险监管的简单平移，而是要在充分考虑网络银行多方面特殊性的基础上，设计具体监管框架。基于这样的认识，我们对我国网络银行监管初步提出了三个基本认识，这些认识也大体构成了本文对我国网络银行监管的基础性、方向性的思路框架。

1. 对于网络银行的监管应充分考虑我国金融发展的国情实际，因"地"制宜。从国际实践看，网络银行的风险监管具有一定的特殊性和复杂性，它并不是网络风险监管和银行风险监管的简单叠加，而是有其自身的新内容。目前，国际上并不存在一套标准的监管规则。多数学者认为，制定国际统一的技术标准是可行的，但制定国际统一的制度标准则不现实。就我国目前金融发展水平而论，生搬硬套发达国家或地区的制度，只能是"害人害己"。因此，我们在实施网络银行监管时，必须考虑我国网络银行发展状况、信息化水平、金融消费者教育等客观条件，因"地"制宜，综合考量。

2. 对于网络银行监管应充分考虑虚拟银行的特殊属性，因"网"制宜。网络银行业务虽然使银行面对的风险具有了不同的形式，并在某种程度上加重了原有的风险，但其商业银行的业务本质依然不变。因此，银行监管的基本准则不会因金融服务方式的变化而改变。审慎性的监管原则及监管框架的三大支柱依然有效，资本充足性要求、流动性要求、市场纪律要求等监管内容同样适用于网络银行。只不过由于出现了新的风险表现，需要调整在具体实施过程中的规则、重点与操作方法。

3. 对于网络银行监管应充分考虑互联网金融的发展阶段，因"时"制宜。如前所述，网络银行是互联网技术条件的一种新型的商业银行组织形式，但其业务本质不变，因此，实践中网络银行的监管目标依然与传统银行的监管目标是一致的，至少在现阶段是一致的。考虑到目前我国网络银行仍处于试点运营的初期发展阶段，全新的运营模式成功与否尚待检验，创新效果及风险情况都有待观察，我们建议从两方面入手推进网络银行监管：一方面，要重视规则性监管，即在整体上坚持传统银行监管框架的同时，充分考虑网络银行初期发展的特殊阶段性属性，调整部分监管原则和监管侧重，加强部分监管措施，并根据网络银行的发展动态、影响程度和风险水平实行动态监管，尽可能在风险暴露之前，及早发现并根治问题，防患于未然。另一方面，要重视原则性监管，即在有针对性地规范网络银行业务发展的同时，着眼于网络银行的长远稳定发展、创新活力培育以及金融消费者权益保护等，对网络银行的未来发展趋势作出前瞻性判断，在日常监管中注意给业界提供必要的创新空间和灵活度，以推动促进我国网络银行的演化发展，避免产生监管抑制效应阻碍创新发展活力。

（三）关于我国网络银行监管的原则理念、内容重点和方式侧重

我们认为，在互联网金融时代，对网络银行监管将是一种高技术条件下的全方位、综合性监管，在具体操作中，应坚持以下三点实践导向：

1. 监管原则理念方面，坚持"线上线下相一致"导向，注重公平性。从网络银行业务运作的本质来说，运用互联网技术进行金融活动，只是从手段技术上改变了金融活动的空间、时间和组织形式，并在某些方面改变了传统银行机构的管理模式，但并未改变金融运作的实质。因此，网络银行的监管，应该与银行业网络化发展的监管理念相一致，统一将线上、线下业务纳入依法监管框架，保持监管的公平性、权威性，并根据网络银行活动，从金融和信息化技术融合角度进行适当的修订和补充。

我们考虑，对网络银行监管应至少遵循以下几点原则：一是坚持审慎监管。权益维护与秩序稳定并重，始终把维护好金融消费者权益保护和银行业安全运行作为监管的首要宗旨。二是坚持全面监管。行为监管与功能监管并重，始终把兼顾好规范金融服务行为和提升金融服务效能作为监管的引领方向。三是坚持适度监管。风险监管与创新监管并重，始终把平衡好业务风险防范和业务创新拓展作为监管的核心定位。四是坚持包容监管。持续监管与差异监管并重，始终把掌控好监管理念的启导性和监管实践的差异化作为监管的平衡尺度。五是坚持协同监管。属地监管与监管联动并重，始终把协调好跨地区、跨部门监管立场和加大信息共享力度作为监管的联动目标。

2. 监管内容重点方面，坚持"宏观微观相统筹"导向，注重全面性。从网络银行的风险类型判断，目前对网络银行业务的监管可以分为两个层面：一是针对金融机构提供的网络银行业务进行监管；二是针对网络银行业务发展对国家金融安全和其他管理领域形成的影响进行监管。

鉴于网络金融的特殊性，我们考虑，目前对其监管的内容至少要在以下几个方面予以侧重：一是金融安全。着眼于信息安全风险，加强对网络银行系统安全的监管，严防单体机构出险及由此影响国家金融安全。二是法律安全。着眼于法律风险，加强对网络银行业务和服务真实性的监管，严防利用网络银行业务进行犯罪。三是流动性安全。着眼于流动性风险，加强对网络银行流动性管理的监管，严防出现流动性不足的情况。四是声誉安全。着眼于声誉风险，加强对网络银行信息披露的监管，严防发生挤兑事件。五是消费者权益保护。着眼于长尾风险，加强对网络银行金融消费者权益保护的监管，严防消费者权益受到侵害。

3. 监管方式选择方面，坚持"规则原则相结合"导向，注重灵活性。从可供使用的手段资源范围看，目前对于网络银行的监管手段与传统银行监管基本相同，除现有监管"工具箱"外，并没有其他特别的方式手段可供应用。但在监管手段的选择和使用方式方面，我们认为还是应和传统银行监管手段的使用有所区别。建议从网络银行监管的基本原则出发，重点围绕金融消费者保护和业务安全治理，对网络银行的监管开展主动介入式监管，注重监管的前瞻性和灵活性。

具体来说，在监管方式的选择和使用方面，应坚持四个"有机结合"：一是合规监管与风险监管有机结合。以风险监管为主导，重视发挥风险监管事前预警功能与合规监管事后惩戒威力，全面降低金融风险隐患。二是机构监管与功能监管有机结合。以功能监管为主导，重视发挥功能监管宏观联动协调功能与机构监管微观审慎规范作用，切实避免监管真空和多重监管。三是现场监管与非现场监管有机结合。以非现场监管为主导，重视发挥非现场监管持续动态监测功能与现场监管定期抽查指导作用，有效提升监管效能。四是自律性监管与律他性监管有机结合。以自律性监管为主导，重视发挥内控管理等自律性机制的"首道防护墙"功能与监管处罚等他律性监管的外部强制约束作用。

（四）我国网络银行监管建议与监管"工具箱"应用探讨

与传统银行相比，网络银行面临更多的混合性风险。既包括传统银行的经营风险，也包括传统风险的新变种以及一些未知的潜在风险，业务开展的不确定性较传统银行更大。尤其是当前，我国金融改革已进入深水区，利率与汇率的市场化、金融机构市场化退出机制等重要改革措施已进入加速推进期，网络银行不仅要面对来自传统银行的激烈竞争，还要应对金融改革带来的挑战与压力，经营环境较为复杂。因此，我们认为，在监管中既应尊重一般银行的发展规律，灵活运用原有的监管工具，实施底线监管，也应坚持更为审慎的监管标准，可以尝试对网络银行资本充足率、拨备等关键监管指标，设置触发标准，一旦达到触发值或设定情景，立即启动恢复或处置计划，采取风险对冲、资本补充和机构重组等措施，做好风险处置安排，保护存款人合法权益。

1. 资本状况方面，建议要求网络银行建立资本所有者承担风险损失的约束机制，设置更审慎的触发机制，建立自担剩余风险的制度安排。

第一，强化股权稳定性监管。督促网络银行发起主体对未来经营发展作出成熟且长远的规划考虑，秉持"百年老店"的理念，做好长期投资、持续经营的打算。尤其在设立初期，银行经营与业务开拓可能面临较大的压力和困难，将会对发起主体长期投资的意愿构成不小的考验。为保证股权稳定性，建议在准入环节可考虑要求发起主体承诺5年的股权锁定期，5年内不予转让，不予质押。5年后对质押比例予以适当控制。

第二，加强对股东的延伸监管。一是建立与股东及其他关联企业的防护墙，关注网络银行经营体制机制上的独立性。战略规划、业务经营、资产以及人事关系，均需独立于股东和关联企业，服从于网络银行的整体利益，确保经营独立。二是充分切断与股东及关联公司的风险传导，避免其经营情况恶化波及网络银行。三是主要股东、实际控制人、终极受益人和剩余风险承担主体应承诺接受银行业监管部门的延伸监管，定期报告其业务经营、资产负债、净资产变动情况，以确保银行股东及实际控制人持续保有流动性支持能力，防止相关风险责任人通过转移财产等方式规避赔付责任，避免自担风险承诺被"悬空"。四是加强对关联交易的监管。加强股东自我约束，应要求网络银行严格控制关联交易，强化对关联交易的信息披露和报告。同时，鼓励股东及其关联企业自愿放弃从网络银行获取关联贷款，加强对互联网银行关联交易的监测，加大现场检查和违规处罚力度等。

第三，适当提高监管标准。一是适当提高资本监管要求。可考虑资本充足率提高1个百分点，核心一级资本充足率提高0.5个百分点。二是对现金分红进行限制。建议网络银行初始设立前3个会计年度不进行现金分红，第4年起现金分红比例不超过10%，以最大限度地留存利润补充资本。三是加强不达标机构的整改力度。督促其降低风险资产，限制固定资产购置，必要时要求网络银行股东大会或董事会采取禁止分配红利、调整高级管理人员、追加注资等措施，限期达到资本充足率要求。

第四，做好风险处置安排。网络银行设立之初，就要做好"生前遗嘱"，制订恢复与处置计划，明确经营失败后的风险化解、债务清算和机构处置等安排。由股东承诺承担经营失败的剩余风险，防止风险传染和转嫁，以保护存款人的合法权益。相关赔付责任应明确、充分地体现在网络银行的章程或其他协议中，确保自担风险的实现形式合法、有效。

2. 信息科技方面，除了充分运用信息科技审计覆盖率、重要信息系统服务可用率、核心业务系统交易成功率、重要信息系统监控覆盖率、重要信息系统灾备覆盖率等监管工具以外，还应重点强化以下几方面的监管：一是以科技治理工作为核心，加强对业务及高管的准入和日常监管。二是重点加强科技外包管理，确保项目管理过程中的风险控制。三是关注业务连续性保障能力建设，持续提升系统不间断运行的可靠性、稳定性和可用性。四是以信息安全建设为基石，保障信息系统应用可靠安全。五是尊重信息系统开发生命周期，防范系统问题引发其他风险。六是加强流程管理和风险监控，保障信息系统运维。

3. 流动性状况方面：一是作为恢复计划的一部分，应要求网络银行股东作出具有约束力的书面承诺，约定流动性维持条款，即当达到触发条件时，提供流动性支持。二是根据互联网业务特征，规模和业务开展的复杂程度，应提高网络银行的流动性监测频率，提高流动性风险管理限额和流动性风险管理指标触发值。三是推动网络银行与传统银行之间建立流动性应急互助机制，开展资金余缺调剂，"抱团取暖"，增进互助。四是强化流动性压力测试，充分考虑互联网金融风险的特定冲击，充分考虑互联网失真风险、长尾风险等与流动性风险的相关性，增加测试频率，及时实施事后检验和校正，建立更为完备、更为周密的流动性应急计划。

4. 信息披露和消费者保护方面：一是明确网络银行交易中客户隐私权保护规则。网络银行应向客户声明本行的隐私规定和条例。二是清晰网络银行与服务客户责任归属。金融服务协议应明确银行和客户的双方权利和义务，从协议签订环节强化消费者保护。同时，健全网络银行服务中的归责机制，划分银行、客户及其他主体之间的权利和责任。三是设定保存交易证据规则。网络银行依照客户的指示，有效、及时、完整地为相关客户提供服务，维护数据电文的真实性。四是建立强制性信息披露制度。网络银行应及时向公众披露本行财务会计报告、各类风险管理状况、公司治理、重大事项等信息，并对信息披露的范围、频度、内容及违规惩罚做出较传统银行更加严格的强制性规定。五是完善客户投诉处理机制。网络银行应建立一套快捷、规范、透明的应诉机制，处理好同消费者的关系，做好消费者保护工作。六是加强宣传教育，普及金融维权知识，增加与消费者之间的互信。

5. 资产质量情况方面：一是分析网络银行不良贷款和其他不良资产的变动趋势，增加贷款拨备的提取，建议提高拨备覆盖率10~20个百分点；二是分析贷款集中行业的风险状况及风险状况，避免网络信息失真致使贷款流入"两高一剩"等限制性行业；三是评价信用风险管理的政策、程序、模型及其有效性；四是分析贷款风险分类制度的完善和有效；五是分析保证贷款和抵（质）押贷款及其管理状况。此外，建议加强对授信客户的身份识别、资信调查，采取身份比对、交叉验证、建立数据模型等，建立契合网络商务和小微企业信贷特点的专业化、流程化的信贷决策机制，建立贷后风险预警监测系统，对风险进行持续监测和管控。

6. 盈利状况方面：一是网络银行应注重提高对实体经济的服务能力，落实收费规范要求，切实对小微企业减费让利。二是考察网络银行盈利的真实性、稳定性、风险覆盖性和可持续性。三是分析网络银行盈利结构的合理性，银行利息收入、非利息收入和营业外收入的占比情况，银行成本费用的构成及变动趋势，成本管理的有效性。四是考察风险定价能力，是否充分考量了业务和客户的风险。五是考察利润的增长方式是否可持续。经济环境、利率波动、政策调整对网络银行收入和成本的影响。

（五）我国网络银行监管的配套制度建设

作为新事物，目前国内对于以网络银行为代表的互联网金融的整体监管思路还处于探索阶段，与之相关的监管法律框架尚未形成。一方面，与互联网金融有关的基本法律制度在某些领域存在缺失，亟待补充完善；另一方面，一些针对传统银行设置的监管规则可能并不适用于网络银行，需待考量后调整。此外，如何整合监管力量，打造出一支适应互联网金融发展及监管需要的执法队伍也是我们需要考虑的问题。

1. 关于基础性法律制度的完善

一是关于互联网环境下民事行为效力认定与纠纷解决的问题。虽然我国《合同法》第十一条明确了合同的书面形式包含数据电文形式，最高人民法院也出台了网络侵权有关司法解释，但总的来说，我国对互联网民事行为的立法仍然欠缺。2005 年 4 月 1 日，《电子签名法》施行，被称为"中国首部真正意义上的信息化法律"，电子签名与传统手写签名和盖章具有同等法律效力得到正式承认。但在实施过程中，还存在缺乏法律衔接及配套设施等问题。如电子认证服务机构较多，各自的技术标准和认证方式不同；电子签名的鉴定机构仍然较为缺乏；受到攻击时产生的风险如何划分责任等。特别是在诉讼管辖方面，目前尚没有统一适用的规则。合同签订地点如何确定、由当事人还是认证服务机构所在地法院进行管辖？如果所有纠纷集中到网络银行总部所在地法院，可能造成当地司法系统超负荷运转；如果分散到客户所在地，网络银行的诉讼成本将很高。上述领域相关配套制度建设问题亟待有关部门抓紧推进。

二是关于互联网金融犯罪刑事制度完善与执法增强的问题。目前，利用互联网进行的金融犯罪活动有明显上升趋势，"网络钓鱼"、黑客攻击等窃取金融消费者资金案件增加。由于互联网金融犯罪是一种高技术、智能型犯罪，被害人在受害当时很难及时觉察，公安机关在确定犯罪现场、获取证据方面也存在较大难度。特别是与其他犯罪相比，实施互联网犯罪行为的人员一般具有专业知识，精通计算机操作技巧，具有相当的反侦查能力。而当前我国刑事犯罪法律仍然以"97 版刑法"为主体，虽然制定了《关于办理危害计算机信息系统安全刑事案件应用法律若干问题的解释》，修订了刑法第二百八十五条和第二百八十六条，但对借助互联网进行金融犯罪的解释仍涉及较少，对这方面的侦破能力、审判能力都有待提高。如果这方面问题不能得到及时妥善地解决，公众很容易因为安全问题对互联网金融产生不信任。

三是关于个人信息保护制度的完善问题。2014 年 3 月 15 日实施的新《消费者权益保护法》第二十九条对经营者收集、使用消费者个人信息作出了规定，明确经营者及其工作人员对于收集的消费者个人信息负有保密义务。这对属于个人信息保护高危区的互联网业务意义重大。然而就在消保法实施后一周，携程网用户支付信息出现漏洞，一些用户的姓名、身份证号码、银行卡卡号、银行卡 CVV 码等被泄露。4 月，全球互联网通行的安全协议 OpenSSL 也被曝存在安全漏洞，一些用户登录账号密码可被实时获取，暴露出目前我国互联网业务在客户个人信息安全保护方面存在的诸多隐患。从法律层面讲，目前我国对于个人信息的保护缺乏统一立法，相关规定散落于各个法规之中，缺乏可操作性，且既有规定重刑事处罚与行政管理，轻民事确权与民事归责，无法满足日益增长的隐私保护需求。同时，互联网协会虽然早在 2002 年就公布了《中国互联网行业自律公约》，但自律的效力有限，对一些违规行为约束力较弱。建议借鉴有关国际经验，抓紧制定专门的信息保护法案。

四是关于自主知识产权对技术促进的保护问题。金融业信息安全对于国家安全具有十分重要的意义。金融信息安全与信息系统密切相关，包括运载业务本身的系统以及相应的安全系统。目前，在国内市场上，一些 IT 产品和信息安全产品还是主要由国外品牌占据主导，甚至是垄断性地位，一旦出现安全问题，对于我国国家安全和金融安全将造成重大风险。因此，研发具有自主知识产权的产品非常迫切。然而，目前我国的知识产权立法相对比较陈旧，对该领域尚未有充分的激励机制。虽然近年来国内的互联网金融服务业发展较快，也开发出了很多金融管理工具，但总体竞争力不强。其中一个重要原因就是，对行业共有产权与企业自主知识产权的界限划分不清晰，在一定程度上阻碍了我国企业的技术创新。

2. 关于对现行监管制度的调整

一是对营业网点的定义及监管问题。由于网络银行突破了物理网点的概念，所有的业务都通过计算机系统集成至总部，因此无须设立分支机构。但是，出于宣传和客户维护的需要考虑，网络银行可能在某些地区开设线下辅助服务中心，进行一些产品展示，接受客户的咨询，不办理实质性金融业务。这类线下辅助服务中心显然与一般银行的营业网点有所区别，其设立是否需要经监管部门审批或者备案、需具备哪些必要条件等相关问题有待明确。

二是突破异地业务规则的问题。网络可以超越地域甚至跨国界。在网络银行成立之初，应首先明确其业务范围是否可拓展至境外。即使限定为面向境内客户，监管部门有关异地授信或者其他异地办理业务的限制也难以适用。地域的打破容易产生的一个问题是，网络银行与所有客户之间产生的纠纷都可能集中到其总行或者总行属地监管局管辖，因此在纠纷解决的管辖及流程上有待建立起切实可行的规则。

三是客户身份的识别问题。网络银行绝大部分业务均无须和客户见面，这与要求"对客户进行当面身份识别和评估"的有关规定产生了冲突。如根据人民银行开立人民币结算账户相关规定，在开立结算账户时应核对存款人身份证明文件，还要对身份证件进行联网核查；再如根据《个人贷款管理暂行办法》，贷款人应建立并严格执行贷款面谈制度。在理财业务中，客户首次购买理财产品需要在银行网点进行风险能力的评估；在信用卡业务中，申请人应在申请材料上亲笔签名，等等。这些规则都可能成为网络银行的例外规则，并通过其他的风险控制手段代替。

四是电子票据业务的开展问题。支票、本票是重要的支付结算工具。目前，人民银行尚未建立起电子支票与电子本票的标准，根据人民银行《全国支票影像交换系统业务处理办法（试行）》等规定，上述业务的办理需要纸质凭证。对于网络银行来说，如严格遵照人民银行规定要求，则需要与用户通过邮寄等方式来往相关纸质凭证，效率降低，成本增加，大大限制相关支付结算服务的开展。在汇票方面，目前《电子商业汇票业务管理办法》要求持票人申请贴现时，应向贴入人提供用于证明其与直接前手间真实交易关系或债权债务关系的合同、发票等其他材料，并在电子商业汇票上作相应记录，贴入人应负责审查。但由于网络银行通过互联网方式运营，无法通过柜台见面方式核实纸质合同、发票等资料，导致对资料的真实性难以判断。为此，对在线上交易为基础的承兑和贴现中是否可开展电子商票业务这一问题，监管部门需予以考虑。

五是部分业务的准入问题。根据《电子银行个人结售汇业务管理暂行办法》有关规定，近两年内无重大违反个人外汇管理规定行为的银行，才有资格开通测试用户，使用外汇局个人结售汇测试系统进行联调测试。网络银行无法进行线下结售汇，意味着无法满足接入个人结售汇系统的条件，需重新制定相应的准入标准。又如，根据《同业拆借管理办法》，最近两年未因违法、违规行为受到中国人民银行和有关监管部门处罚，最近两年未出现资不抵债情况的机构方可申请进入同业拆借市场，而网络银行 7×24 小时放贷，对资金的流动性要求比较高，同业拆借对其开业初期补足流动性将有着重要作用，能否在有关准入标准上有所放宽也值得研究。

六是尽职标准的重设问题。网络银行主要依靠大数据对客户行为进行分析，作为授信依据。授信调查和审批过程中，银行员工大多无须实地走访和接触客户，贷后管理也主要依靠资金流和数据分析，与传统银行授信尽职调查有较大差异。因此，对银行是否尽职地判断标准应有所调整。同时，网络银行多数风险控制环节均由计算机系统自动完成，人工仅起到辅助作用。为了集约成本，一些岗位可能兼具数个职责，既从事授信的调查也从事审批、贷后管理等，在岗位职责分离上的边界将比较模糊。对网络银行的内控制度如何设计，也成为未来可能的一个挑战。

七是信息披露的加强问题。互联网金融具有"效率高、速度快"的特点，风险传播快，产品更新快，且具有一定的专业特性，监管难度较高。这些特征都容易在一定程度上造成信息不透明，使银行与金融消费者、金融监管者之间出现信息不对称。因此，要在现行信息披露制度基础上，特别就网络银行信息披露义务的强化进行规制，并充分依靠社会公众，共同对网络银行业务开展监督；同时，要注重培育和规范第三方服务机构及行业自律性组织，来督促其履行信息披露义务。

八是专项统计监测的设定问题。网络银行风险特征决定了其可能需要一些特殊的监管指标，如在信息科技方面和创新业务方面有一些常规性的数据需进行统计。同时，在传统统计指标方面，统计监测的频率、预警的界线等也可能有变动。如前文提到的网络银行采取 7×24 小时放贷，对资金的流动性要求比较高，而且一旦发生声誉风险，流动性可能在短时间内遭到冲击。因此在对流动性风险指标的统计上，监测频率要远远高于一般银行机构，才能满足风险控制的需要。

3. 关于监管能力的建设

一是复合型人才亟待培养。网络银行监管要求监管人员既具备金融知识，也具备一定的互联网知识。目前，很多互联网企业和金融机构都在招聘集金融业务知识、网络信息技术、市场营销等多种技能于一体的"互联网金融人才"，而从监管人员知识结构看，此类复合型人才储备较少，急需引进和培养。

二是监管方式特别是非现场监管水平亟待强化。网络银行由于不分设物理网点，且基本没有纸质业务材料，现场检查的主要方式仍然是采用数据分析，与非现场监管的界限较为模糊。因此，未来对网络银行的监管主要还是在于非现场监管能力的提升，只在特定情形下需开展现场检查，如信息系统场所安全检查等。

三是监管协调机制亟待建立。互联网金融涉及领域广，产品交叉现象比较普遍，而且网络银行经营对监管部反应速度要求很高，在"一行三会"间建立互联网金融监管协调机制，形成一套高效的联席会议议事机制必要且紧迫。

五、结语

网络银行作为一种新事物，其技术标准和运营模式还处于快速演变之中。从监管角度看，网络银行虚拟的运营模式和对信息系统的高度依赖，使其面临的风险相较传统银行更具复杂性和特殊性，这也给我国银行业风险监管工作带来的挑战。

目前，我国网络银行刚步入试点发展阶段，如何在加强监管和推动创新之间取得平衡并没有一个简单通行的现成答案。我们认为，网络银行监管不是也不应该是单纯的传统银行监管的简单平移，而是要在充分考虑网络银行多方面特殊性的基础上，设计具体监管框架。网络银行的监管目标依然与传统银行的监管目标一致，至少在现阶段是一致的。

考虑到目前我国网络银行仍处于试点运营的初期发展阶段，全新的运营模式成功与否尚待检验，创新效果及风险情况都有待观察，总体上，我们建议从两方面把握网络银行监管的推进工作：

一方面，要在整体上坚持传统银行监管框架的同时，充分考虑网络银行初期发展的特殊阶段性属性，调整部分监管原则和监管侧重，加强部分监管措施并根据网络银行的发展动态、影响程度和风险水平实行动态监管，尽可能在风险暴露之前，及早发现并根治问题，防患于未然。

另一方面，要在有针对性地规范网络银行业务发展的同时，着眼于网络银行的长远稳定发展、创新活力培育以及金融消费者权益保护等对网络银行的未来发展趋势作出前瞻性判断，在日常监管中注意给业界提供必要的创新空间和灵活度，以推动促进我国网络银行的演化发展，避免产生监管抑制效应阻碍创新发展活力。当然，网络银行监管问题所涉及的研究层面远比本报告中提及的更广、更深，比如网络银行监管的具体标准问题、部分监管指标的设定问题、非现场监管手段的升级问题、金融消费者权益保护问题以及相关领域立法问题，等等。这些问题有的是在文中已经提及但并未展开，有的是暗含其中尚未明确触及。显然，要解决所有这些问题在一篇目标有限的报告中实为勉强，所幸的是，这些遗憾也给今后的研究指明了进一步的议题和可能的方向。

人类对客观事物的认识是一个不断反复、无限发展的过程，我们对包括网络银行在内的金融创新的认识和理解也在不断深化发展中。尽管我们在课题写作中投入了大量精力，但由于专业水平有限，错误和不足在所难免，恳请各位专家指正，以期在今后的跟踪研究中不断改进，不断深入。

参考文献

[1] 柴晶霞：《我国网络银行风险管理研究》，载《合作经济与科技》，2013（9）。

[2] 陈丰其：《商业银行发展网络贷款的法律风险与对策》，载《浙江金融》，2014（7）。

[3] 陈一稀：《美国纯网络银行的兴衰对中国的借鉴》，载《新金融》，2014（1）。

[4] 郝俊香：《我国互联网金融发展模式及风险研究》，载《西部金融》，2014（11）。

[5] 陆岷峰、李琴：《对比传统银行与网络银行的监管》，载《银行家》，2015（10）。

[6] 苗永旺：《网络银行的创新发展对金融市场的影响研究》，载《浙江金

融》，2014（9）。

　　［7］王信淳：《纯网络银行及其监管问题研究》，载《海南金融》，2015（7）。

　　［8］伍旭川、张翔、彭晓云：《我国纯网络银行的风险与监管建议》，载《清华金融评论》，2015（8）。

商业银行与新金融机构竞合策略

一、导论

（一）新金融发展现状

2005 年以前，互联网与金融的结合主要表现为互联网为金融机构提供技术支持，帮助商业银行"把业务搬到网上"，并未出现真正意义的新金融业态。2005 年以后，第三方支付机构逐渐成长起来，网络借贷开始在我国萌芽，互联网与金融的结合开始从技术领域深入到金融业务领域。2013 年，被称之为"互联网金融元年"，互联网金融异军突起，各类新金融业态呈井喷式发展：网络理财、P2P 网络借贷平台快速发展，众筹融资平台开始起步，第一家专业网络保险公司、第一批网络银行获批设立。2013 年 6 月 5 日上线的余额宝，至 2014 年底，用户达到 1.85 亿户，总规模达到 5 789.36 亿元；2014 年全国 P2P 网贷成交额为 3 291.94 亿元，较 2013 年增长 268.83%，月复合增长率 12.50%。2015 年，伴随市场监管政策的出台，各类新金融业态呈现专业化、规范化发展，与此同时不断创新业务模式并进行跨界融合：市场上已出现创新型"互联网 +"理财产品，房地产、消费旅游以及票据等成为创新热点；互联网金融企业 + 传统企业的跨界合作成为当下新金融行业的常态，截至目前已有 100 余家上市公司宣布自设、控股或参股互联网金融公司。现阶段，新金融业态呈现多种模式蓬勃发展，并仍在不断创新和丰富中，其中蚂蚁金服和宜信近年来的跨越式发展恰是新金融业态发展现状的一个缩影（见图 1）。

蚂蚁金融服务集团成立于 2014 年 10 月，其前身依次是支付宝母公司（2004 年 10 月）、阿里小微金融服务集团（2013 年 3 月）。通过旗下支付宝、余额宝、招财宝、蚂蚁小贷、网商银行、芝麻信用等业务，蚂蚁金服逐渐成为一个横跨支付、银行、基金、保险、征信、网络理财、股权众筹、金融 IT 系统的互联网金融集团。蚂蚁金服致力于打造以数据、技术、交易为核心的金融生态，然而其不断拓展的业务已经逐渐渗透到商业银行核心业务领域——通过支付宝实现

---

* 课题主持人：沈仁康
　课题组成员：杜　权　盛　南　吴　颖

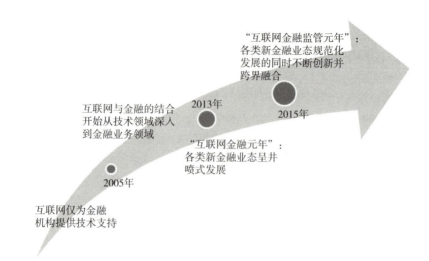

图 1　新金融业态发展历程

由电商到汇,通过余额宝实现由汇到存,通过蚂蚁小贷实现由汇到贷,通过网商银行存款、同业负债等方式加杠杆、增规模。据公开资料显示,蚂蚁金服 2014 财年营业收入达 101.5 亿元,较 2013 财年同比增长 91.6%;调整后净利润达 26.3 亿元,净利润率为 26%,发展潜力不容小觑。

宜信成立于 2006 年 5 月,通过宜信财富、宜信信用、宜信普惠、宜信投资、宜人贷以及宜信 MSE 成为一家集财富管理、信用风险评估与管理、信用数据整合、小额贷款行业投资、小微借款咨询服务等业务于一体的综合性企业。与一般互联网金融机构不同,宜信更加倚重线下发展模式——通过在全国开设物理网点,一方面提供高于商业银行收益的理财产品吸引投资者,另一方面提供类似银行的贷款业务吸引资金需求者,目前已在 133 个城市和 48 个农村地区建立服务网络。2015 年以来,宜信旗下宜人贷交易额以十亿量级裂变式增长,2015 年前 4 个月便实现了 2014 年全年的交易额,截至第三季度末,其出借端累计交易额突破 80 亿元,累计注册用户量突破 600 万,俨然已经成为我国领先的互联网金融 P2P 平台。

我国新金融业态的兴起主要基于两个客观因素:一是金融排斥现象严重,投融资渠道匮乏;二是现代网络信息技术的发展。与此同时,恰逢我国利率市场化、资产证券化、人民币国际化、金融业对内对外开放化以及资产配置方式多元化的宏观环境,在上述两个因素的推动下,金融与互联网深度结合,新金融业态高速发展。2015 年第一季度国内互联网金融市场整体规模超过 10 万亿元,突破 2014 年全年规模;2014 年国内互联网金融用户规模为 4.12 亿人,较

2013年增长27.16%，网民渗透率已达63.38%。蓬勃发展的新金融业态给商业银行带来了巨大冲击，其引发的"鲇鱼效应"逐渐显现，商业银行开始寻求借助新科技实现新生与蝶变。

（二）新金融定义

新金融是近年来新型金融业态迅猛发展背景下出现的新名词，是相对于传统金融而言的，传统金融是指银行、证券、保险等商业性金融或政策性金融。其中，银行是综合业务能力最强的一类传统金融机构。新金融则是传统金融业务的创新，依托于互联网思维与现代网络信息技术，实现资金融通、支付和信息中介等业务的新兴金融模式。按照新金融定义，新金融机构可划分为三类：投融资类（网络银行、网络借贷、网络理财、众筹融资），支付类（第三方支付、虚拟货币）以及信息中介类（金融垂直搜索、金融网销、互联网征信）。其中，网络银行与虚拟货币不断向商业银行负债业务渗透，网络借贷与众筹融资逐渐向商业银行资产业务渗透，第三方支付、网络理财以及金融网销则逐步挤占商业银行中间业务（见图2）。

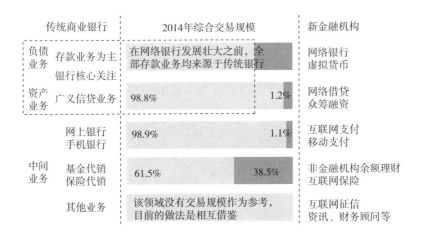

数据来源：艾瑞咨询。

图2　商业银行和新金融机构业务重叠

新金融的蓬勃发展给传统银行业带来了不小挑战。一方面，新金融机构不断蚕食商业银行的存、贷、汇等核心业务领域，抢夺商业银行基础客户，金融替代效应日渐显现；另一方面，新金融机构凭借信息技术上的绝对优势与近乎零成本的平台信息获取方式，迅速在信息成本和作业成本上占据主动。在这种情况下，商业银行究竟该如何应对？是否真的会像比尔·盖茨预言的那样成为21世纪的恐龙？

二、商业银行与新金融机构竞争合作概况

（一）商业银行与新金融机构竞争合作现状

我国新金融最先缘起于第三方支付，在填补支付服务不到位中逐渐发展壮大，随后新金融形式层出不穷，并由支付逐渐渗透到商业银行核心业务领域。2013 年，以阿里集团旗下支付宝打造的余额增值服务——余额宝为触发点，互联网企业全面涉入金融业，并在网络支付、网络借贷、网络理财等多个领域对商业银行构成挑战，商业银行与新金融机构的竞争帷幕也由此拉开。

在余额宝激发的全民理财热潮里，商业银行不甘示弱，竞相推出余额类现金管理产品，如中行的活期宝、工行的薪金宝、民生的如意宝、浙商的增金宝等银行系"宝宝"，与余额宝、百赚、全额宝等互联网"宝宝"争夺理财市场。阿里、腾讯等优秀互联网企业在积极拓展互联网金融业务的同时，还申领了银行牌照。随着深圳前海微众银行、浙江网商银行的正式开业，"轻资产重服务"模式的网络银行引发鲇鱼效应与示范效应，刺激传统商业银行进行自我变革，加速布局互联网金融，争相建立、完善各自的网上银行、电话银行、手机银行以及微信银行。在布局互联网金融过程中，中小银行热衷于建立直销银行、银行系 P2P 平台以及银行系众筹，如民生直销银行、平安橙子银行、招商小企业 E 家，浦发众筹"港囧"等；国有大行则倾向于自建电商平台，如中行的"中银易商"品牌、农行的 e 商管家、工行的"e - ICBC"品牌、建行的善融商务以及交行的交博汇。

当商业银行与新金融机构在新金融领域竭尽所能争夺先手之时，已有银行开始寻求与新金融机构合作，共同掘金另一片新金融蓝海。浦发银行与快钱在互联网金融、支付结算服务、资金管理以及融资服务等多个方面开展合作，以期推出更具增值效益的创新金融综合服务方案；中国银行与百度在"线上 + 线下"、"大数据 + 风控"、"获客 + 资金成本"多维度开展深度合作，并借助百度人脸识别等技术在个人消费信贷领域为用户提供高效便捷的消费金融服务。值得注意的是，商业银行与新金融机构的竞争与合作关系并非一成不变，而是时有转变并且日趋胶着、复杂，是敌是友难以分辨。2011 年，已有两年合作关系的阿里小贷与建行出于利润划分和合作效率等问题"分手"，然而，2014 年阿里集团再次与建行、招行等 7 家银行合作启动基于网商信用的无抵押贷款计划（见表 1）。

表 1　　　　　　　　主要商业银行与新金融机构的代表性合作案例

合作机构	合作年份	合作内容简介
中国银行 VS 百度小贷	2015 年 6 月	在"线上 + 线下"、"大数据 + 风控"、"获客 + 资金成本"多维度开展深度合作，借助百度人脸识别等技术为用户提供高效便捷的消费金融服务。

续表

合作机构	合作年份	合作内容简介
农业银行 VS 佣金宝	2014 年 6 月	在第三方存管、渠道互补方面开展合作。
工商银行 VS 百度	2015 年 6 月	在互联网金融、地图服务、网络营销、融资业务、生活服务等领域达成合作意向，并计划在 O2O 平台、在线支付、LBS 服务、移动终端开发等领域开展合作。
建设银行 VS 快钱	2011 年 8 月	双方将通过共同推出"e 保通"网络金融服务解决国内数以百万计的中小企业融资难题。
交通银行 VS 阿里	2011 年 5 月	在快捷支付、手机支付、中小企业网络融资等方面开展合作，并计划在淘宝网和阿里 B2B 网站开设店铺。
招商银行 VS 你我贷	2015 年 1 月	在交易资金委托管理、财富管理、融资租赁业务、个人金融服务等领域开展合作。
兴业银行 VS 蚂蚁金服	2015 年 6 月	在渠道互通、业务互补、产品共建、客户共享等领域开展合作，共营投融资平台及服务，开发新型获客途径，共同开发公共服务智能化领域服务。
民生银行 VS 阿里	2013 年 9 月	在资金清算与结算、信用卡业务、理财业务、直销银行业务、互联网终端金融、IT 科技等方面开展合作。
浦发银行 VS 快钱	2014 年 5 月	在互联网金融、支付结算服务、资金管理以及融资服务等方面开展合作。
中信银行 VS 百度	2015 年 6 月	将建立起基于联名信用卡、新型电子商务平台、大数据、云计算、金融支付等领域在内的全平台合作关系。
光大银行 VS 壹金融	2014 年 1 月	私人定制信用卡：将照片或图片上传到壹金融网站即可定制到印有该照片、图片的光大银行信用卡。
平安银行 VS 钱宝	2014 年 10 月	在支付业务、网关对接、账户服务、资金增值、商户融资等方面开展合作。
华夏银行 VS 微众银行	2015 年 2 月	在资源共享、小微贷款、信用卡、理财、同业业务、生态圈业务等领域开展合作。
广发银行 VS 百度	2014 年 9 月	围绕大数据和 LBS 技术开展在银行业、互联网金融业务领域的合作。
浙商银行 VS 生意宝	2014 年 6 月	在线上支付、资金管理、信用评级、客户推荐、结算、担保、融资、财富管理等电子商务、互联网金融领域开展全方位合作。
恒丰银行 VS 蚂蚁金服	2014 年 11 月	合作搭建互联网金融银银平台，建立互联网金融战略合作长期机制，为同业提供互联网金融综合服务。

（二）商业银行与新金融机构竞争合作分析

就目前竞争与合作态势而言，新金融机构占据主动地位，商业银行略显被动。例如，在网络支付、网络信贷和网络理财这三个主要竞争领域，新金融机构基于先发优势已占据一席之地，竞争优势较为明显；阿里集团与建行、招行等7家银行合作启动的基于网商信用的无抵押贷款计划，商业银行仅提供资金，交易数据和游戏规则由阿里提供。但是，商业银行与新金融机构的竞争与合作才刚刚开始，未来还存在很多变数，商业银行必须要前瞻判断与新金融机构的竞争与合作策略，以期未雨绸缪，提前应对。

现阶段，在新金融机构的冲击下，商业银行已经开始借助互联网思维促进自身转型升级，并与新金融机构在多个维度展开激烈竞争、进行跨界合作。但是，由于双方竞争与合作模式尚不成熟，还存在局限于框架性合作以及缺少整体战略规划两方面急需改善的局限。

局限于框架性合作。由于商业银行与新金融机构的有效竞合模式尚处于探索阶段，目前双方合作还比较浅，仅限于框架性合作。当前，商业银行与新金融机构的合作多集中在支付结算、资金存管、融资业务、网络营销、生活服务等领域，并未进一步上升至技术层面。未来，商业银行与新金融机构的合作可以充分借鉴中国银行与百度小贷在"线上＋线下"、"大数据＋风控"、"获客＋资金成本"以及将百度人脸识别技术应用于个人消费信贷的多维度合作模式，充分利用各自核心技术，实现优势、技术互补，共同做大市场份额，实现共赢目标。

缺少整体战略规划。目前，很多商业银行的新金融项目及产品落地更多的是出于"别人有我也要有"的心态，至于银行的发展战略、项目与产品的定位以及与传统业务的协同性等方面均未考虑清楚，从而使得其在与新金融机构竞争、合作过程中处于被动地位，难以取得预期效果。商业银行应在充分分析自身与新金融机构的比较优势的基础上，对新金融项目及产品进行清晰化、精准化、差异化定位，并从战略高度思考、制定与新金融机构竞争与合作的策略，从而争取在划分市场收益时掌握主动权，实现转型升级。

三、商业银行与新金融机构比较优势分析

（一）商业银行与新金融机构比较优势

新金融机构的兴起与发展加快了金融脱媒与利率市场化进程，促使存款理财化、贷款债券化、金融行为线上化，对商业银行传统业务的渗透、冲击和挑战深刻而剧烈。然而，商业银行经历了400余年的发展历程，具有很多新金融机构难以替代的优势，新金融机构难以对商业银行传统业务造成根本性、致命性冲击，更无法颠覆和替代商业银行。

商业银行的比较优势。首先，综合实力雄厚。尽管新金融机构发展势头迅猛，但商业银行凭借长期的经营发展与资源积累，在资金实力、技术实力、人力资源、客户资源等方面具有新金融机构无法比拟的优势。其次，专业能力强。大部分金融业务都具有高度的专业性，商业银行在资产管理、风险管理、产品研发等方面的金融专业能力是新金融机构无法通过互联网技术进步用更低廉的成本获得的。再次，线下渠道垄断。分布广泛的物理网点和设备以及不断延伸的海外机构和代理行使商业银行具有垄断性的线下渠道，垄断性的线下渠道使其对复杂化、个性化的金融产品具有强大的营销能力。最后，品牌信用度高。商业银行是社会信用体系的中枢，在为客户融通资金的同时也保障了资金安全。凭借稳健合规的企业文化和成熟的风险控制技术，商业银行在大众心中已经形成新金融机构难以与之匹敌的社会公信力和品牌影响力。

新金融机构的比较优势。首先，服务半径大。新金融机构依托覆盖全球的虚拟网络突破时空局限、开拓线上服务渠道、研制普惠性金融产品，有效满足了长期处于金融服务边缘的长尾客户的金融需求，极大地提高了客户覆盖面。其次，服务成本低。几乎零成本的平台信息获取方式、现代网络信息技术下信息结构的改善以及电子数据库储存和搜索技术的应用均促使新金融机构形成了成本低廉的金融模式。再次，客户黏度高。新金融机构利用大数据挖掘技术、聚焦客户个性化需求，基于开放分享的企业文化以及社交网络的应用进行互动式营销，在提高客户体验的同时有效地增加了客户黏性。最后，信息处理高效。新金融机构通过网络痕迹处理技术积累客户"软信息"、搜索引擎组织和结构化数据、云计算建模和分析数据、计算机行为跟踪技术实时调查和监督客户交易行为，从而在有效甄别异常状况的同时降低了信息不对称、提高了信息处理效率。

通过对商业银行和新金融机构的比较优势分析以及行业本身异质性因素的存在，不论是商业银行还是新金融机构，两者进入对方的优势领域都将会有明显不适性。然而，两者若能够基于自身比较优势开展竞合行为，将能够获取互补性资源、技能、创新等关键要素，进而提升两者的绩效。未来，金融业将会是一个商业银行与新金融机构竞合共存的格局，这种竞合格局将更有利于商业银行与新金融机构的有机融合与长期发展。

（二）竞合要素提炼

基于上文对商业银行和新金融机构的比较优势分析，现将商业银行与新金融机构各自的比较优劣势进行简要归纳，并简析两者比较优势成因，如图3所示。

根据图3所示，商业银行比较优势成因主要包括垄断的线下渠道、产品研发能力、风险控制技术以及稳健合规的企业文化；新金融机构比较优势成因则

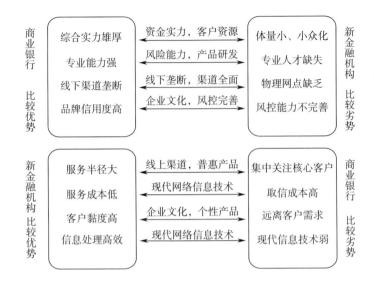

图3　商业银行与新金融机构比较优势分析

主要包括线上服务渠道、普惠个性化产品、现代网络信息技术以及开放共享的企业文化。基于此，可将商业银行和新金融机构比较优势的成因进一步提炼为四个要素：渠道、产品、技术、文化。其中，渠道是指金融产品到达最终消费者的途径，包括线下渠道和线上渠道；产品是指一系列具体规定和约定的组合，是资金融通过程中的各种载体以及与之相应的服务；技术是指生产经营方面的经验、方法、知识和技巧，这里特指现代网络信息技术和风险控制能力；文化是指企业在生产经营和管理活动中所创造的、具有该企业特色的精神财富和物质形态，价值观是其核心内容。商业银行与新金融机构将基于各自的比较优势在渠道、产品、技术、文化四个方面开展竞合行为，实现竞合共赢。

四、企业组织竞合战略

（一）企业战略理论演进

企业战略主要研究企业的持续经营优势构建，探究企业经营业绩来源以及解释企业最终业绩差异（项保华，2001）。对企业经营优势本源的研究通常来自两个领域：一是企业间的竞争行为。企业通过资源和能力的优势获得超越竞争对手的绩效，Porter（1985）在其著作《竞争优势》中开篇即提出"竞争是企业成败的关键"。二是企业间的合作行为。现今企业生存环境往往是多个竞争对手长期并存，"赢家通吃"的局面已经不复现实，通过互惠性合作实现共赢将会是企业的一种理性选择。

企业战略理论可分为三个阶段，即竞争导向战略理论、合作导向战略理论以及竞合导向战略理论。竞争导向战略理论认为，企业在资源稀缺的现实背景下，只有充分进行竞争才能实现效率最大化、获得高额收益。Wernerfelt（1984）提出，企业的经营优势以及卓越绩效来自企业所拥有独特的、有价值的、难以模仿和替代的资源。Porter（1985）将产业分析技术纳入企业战略分析，认为企业的竞争优势主要由产业的吸引力以及企业在该产业中的相对竞争地位两个因素决定。竞争战略曾经统治企业战略相当长的时间，有力地推动了企业战略理论的发展，但其在联盟研究和实证研究等方面受到诸多质疑，Powel（2001）认为，持久的卓越绩效是因变量，竞争优势却并非充分条件的自变量，竞争导向理论应为能够更好地解释卓越绩效来源的理论留出发展空间。

Nielsen（1988）在《合作战略》中提出合作导向的战略理论，并将合作战略视为和竞争战略一样能够提升企业经营、创造卓越绩效优势的另一条路径。合作导向战略理论认为，仅凭单个企业自身的力量不足以保证收益最大化，要充分利用外部条件，通过与其他企业合作，形成合力，才能获取高额收益。Bleeke、Ernst（2000）指出，驱动企业不遗余力竞争的传统力量已经难以确保企业获得持久性的高利润，为了更好地竞争，企业必须学会有效地合作。马浩（2004）将企业间的合作动机归纳为提供立足点、汇聚资源、优势互补、学习关键技能、建立联盟等五个方面。尽管合作战略给予企业更多的选择可能，但其同样具有局限性：合作容易导致垄断、机会主义动机下高失败率、"默会知识"转移威胁等。

将竞合简单分为竞争与合作两个方面进行孤立式"二分法"研究受到了来自博弈论、社会心理学、社会网络等理论的持续冲击，这些理论指出：企业之间的竞争与合作是复杂的互动关系，二者共同作用、相互影响形成了企业之间的绩效差异。现阶段，经济全球化深入发展、我国经济形势"三期叠加"，企业面临着更为复杂多变的发展形势和竞争态势，企业与供应商、顾客、替代者、互补者之间的关系已经演化为复杂的既竞争又合作的博弈关系。单纯的竞争或合作战略已经难以行之有效地指导企业的战略选择、促使企业创新发展，企业必须充分利用竞合战略创造更高的绩效。

（二）竞合战略理论研究

竞合是指两个或两个以上企业之间在一些活动中进行合作，同时又在另一些活动中展开竞争。与研究企业间竞争和合作行为的"二分法"不同，竞合理论的"二元性"补充了传统企业间关系研究视角的不足。竞合观强调事物的对立统一，认为企业之间同时存在竞争与合作，两者共同发挥作用、相互影响，并在一定条件下相互转化。通过有效平衡企业间的竞争与合作关系，企业一方面可以通过合作获得所需的互补性资源与能力，另一方面又可以通过竞争来争取本方在关键领域的利益，并激励本方不断创新以获得更好的绩效。

竞合研究起源于Brandenburger和Nalebuff在1996年进行的一项专题研究，现有文献对于竞合理论的研究主要集中在四个方面：一是竞合行为原因研究。Brandenburger和Nalebuff（1996）提出"竞合"思想，通过构建博弈模型重点分析了企业间竞合的成因，指出价值创造是一种合作过程，而价值分配则是一种竞争过程。Bengtsson和Kock（2000）在对芬兰和瑞典企业的竞合关系进行了案例分析以后，指出企业之间通常在价值链接近消费者的活动环节上展开竞争，而在远离消费者的活动环节上进行合作。二是竞合行为动态演变研究。Bengtsson和Kock（1999）对瑞典齿轮齿条行业四家企业和化工行业三家企业的长期竞合关系进行了案例研究，结果表明企业间的关系随时间推移而演化，可能出现某个时点以竞争为主，下一时点是竞合平衡，而再下一时点则以合作为主的情形。Tsai（2002）在对同一组织内部部门间的竞合是否有利于部门间知识分享的实证研究中得出，外部环境特征和企业特征的变化均会导致原有的竞合关系发生演化。三是竞合行为效果研究。Garcia和Velasco（2002）对一家欧盟生物技术公司进行了长达六年的跟踪研究，得出竞合战略比单纯的竞争或合作战略更能够提升企业的创新能力（绩效衡量主要指标）。黄升旗（2009）提出企业实施竞合战略的基础是每个企业都具有核心竞争力的业务，每个实施差异化战略的企业结成一个共生组织进行运作，通过彼此间的竞合行为使得整个共生组织的竞争力明显提高。四是竞合策略类型研究。Luo（2007）根据跨国公司与其竞争对手间竞争与合作关系的强弱将企业间竞合行为划分为配合型（高竞争高合作）、争斗型（高竞争低合作）、伙伴型（低竞争高合作）和孤立型（低竞争低合作）四种。李健和金占明（2008）以市场重合度衡量竞争强度、以资源互补性衡量合作强度，按照竞争与合作的强弱组合将联盟企业间竞合关系划分为四类：协调关系（强竞争强合作）、竞赛关系（强竞争弱合作）、友好关系（弱竞争强合作）和弱相关关系（弱竞争弱合作）。

（三）竞合策略分析

企业之间的竞合行为具有"二元性"——在一些活动中进行合作，同时又在另一些活动中展开竞争。企业竞合策略能够有机地融合竞争与合作这两种行为，并努力平衡两者之间的关系。

竞合策略随着研究主体采用的竞合研究模型不同而不同。一维竞合模型下，根据竞争与合作程度的不同，竞合策略呈现出三种不同形式：竞争主导的竞合、竞争与合作均衡作用的竞合、合作主导的竞合。该模型下竞争与合作分处于一维空间的两个极端，两者是一种此消彼长的关系。由于一维模型中点并非竞合，而是一种非竞争非合作的状态，因此，在竞合一维假设框架下，竞争与合作难以协调并存，竞合策略研究需要拓宽竞合分析的维度。二维基本竞合模型中，根据竞争与合作的有无将竞争与合作视为二维空间中的两个坐标，竞合策略呈现出四种不同形式：竞合、竞争、合作，非竞争非合作。这一模型克服了一维假设中竞争与合作的冲突，使得两者相互兼容。但是，企业竞争与合作行为存在强度和程度上的差异，随着企业竞争与合作强度的不同，企业表现出的竞合策略也有所不同。二维竞合模型下，根据竞争与合作强度的不同，竞合行为在二维坐标上表现为四种策略：强竞争强合作策略、强竞争弱合作策略、弱竞争强合作策略和弱竞争弱合作策略。二维竞合模型在企业竞合行为理论与实证研究中得以广泛运用，Luo（2007）、李健和金占明（2008）分别根据竞争与合作关系的强弱构建了二维竞合模型，并将竞合关系划分为四类（见图4）。

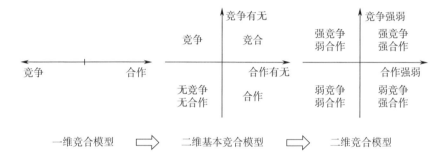

图4 竞合策略演变历程

本文将在已有研究的基础上构建一个以竞争强度与合作强度相结合的反映商业银行与新金融机构竞合关系的二维模型。结合竞争与合作的成因以及已有文献研究中对于竞争强度与合作强度衡量指标的选择，本文选取价值链环节与消费者距离的远近作为竞争强弱的有效衡量指标——与消费者近距离的价值链环节，竞争程度高，与消费者远距离的价值链环节，竞争程度低；选取资源互补性强弱作为合作强弱的有效衡量指标——资源互补性强，合作程度高，资源

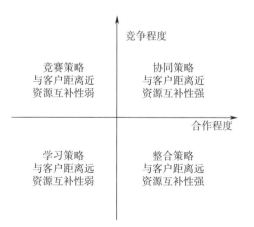

图5 商业银行与新金融机构竞合策略

互补性弱，合作程度低。如图 5 所示，本文构建了一个以价值链环节与消费者的距离衡量竞争强度、以资源互补性衡量合作强度的二维竞合结构模型，将商业银行与新金融机构竞合策略划分为四类：协同策略、竞赛策略、整合策略以及学习策略。

协同策略一般出现在与客户距离近且资源互补性强的价值链环节。价值链环节与客户距离近使得企业在划分市场收益时相互竞争，资源互补性强又促使企业间为了寻求各自发展所需的资源而相互依赖，加强彼此间的合作。协同策略下，企业竞争与合作都很激烈，双方需要不断调整彼此的竞争与合作关系，在保证最大限度获得收益的同时又要从长远考虑，争取实现双赢。竞赛策略一般出现在与客户距离近且资源互补性弱的价值链环节。企业间保持着激烈的竞争以获取持续经营优势的同时，资源相似性又使得企业间无法实现资源互补，降低了双方的合作愿望。竞赛策略下，企业尽管还存在一定程度上的合作，但由于双方有着不同甚至相互冲突的利益，合作相对有限，更多地处于对抗性竞争状态。整合策略一般出现在与客户距离远且资源互补性强的价值链环节。价值链环节与客户距离远避免了企业发生正面冲突、减少了相互激烈竞争的可能性，同时，企业间又要相互依赖以获得发展所需资源、实现各自的战略目标。整合策略下，企业可通过整合双方核心资源来补齐进一步发展的短板，共同做大市场整体规模。学习策略一般出现在与客户距离远且资源互补性弱的价值链环节。在这种情况下，企业间虽然还存在一定程度的竞合行为，但由于彼此间相互影响和联系都比较小，是一种弱竞争弱合作的竞合状态。

五、商业银行与新金融机构竞合策略

（一）商业银行和新金融机构二维竞合策略模型

渠道、产品、技术、文化是商业银行与新金融机构展开竞合行为的四个方面，本文已经将商业银行与新金融机构竞合策略划分为协同策略、竞赛策略、整合策略以及学习策略四类。那么，在渠道、产品、技术、文化四个方面各应采取何种竞合策略，需要进一步从这四个方面与消费者距离的远近以及商业银行与新金融机构在这四个方面资源互补性的强弱两个维度进行研究。

价值链环节与消费者距离维度。渠道是资金流和客户流的导入端口，产品作为金融服务的载体直接面向终端客户，技术为企业持续运营和客户良好体验提供有效保障，企业文化则延伸出企业创造力和客户吸引力。因此，从价值链环节与消费者距离的远近这一视角来看，渠道和产品是直接与消费者"接触"的近距离价值链环节，竞争程度高；技术和文化是为消费者提供"后勤"服务的远距离价值链环节，竞争程度低。

资源互补性维度。商业银行和新金融机构的核心技术分别为风险控制能力和现代网络信息技术，这两项技术是彼此发展必需但目前尚未完全掌握的；商业银行垄断线下渠道，新金融机构则在线上渠道方面更具优势，整合线上线下渠道是双方进一步发展的趋势；商业银行与新金融机构均基于市场需求和自身特点研发产品，产品功能和效用相似度较高；文化则因企业特色性强而具有较强的异质性和排斥性。因此，从资源互补性这一视角来看，商业银行和新金融机构在技术与渠道方面资源互补性强，合作程度高；在产品与文化方面资源互补性弱，合作程度低（见图6）。

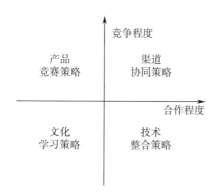

图6　商业银行和新金融机构二维竞合模型

从上述分析可得出，渠道属于强竞争强合作领域，应采取协同策略；产品属于强竞争弱合作领域，应采取竞赛策略；技术属于弱竞争强合作领域，应采取整合策略；文化属于弱竞争弱合作领域，应采取学习策略。

（二）商业银行与新金融机构竞合策略分析

1. 渠道协同策略——打通"虚实"渠道，抢占客户、数据制高点。

渠道是资金流和客户流的导入端口，也是数据优势的关键来源。在紧密贴近用户需求的新金融机构挤压下，商业银行正不断被"后台化"和"边缘化"，"存、贷、汇"遭遇全方位金融脱媒。金融脱媒不可逆转，但商业银行可以在新的行业分工和要素分配过程中找准竞合平衡点，通过与新金融机构合作加速打通线上线下渠道，进而顺势突围、掌握主动，抢占客户、数据制高点。

实体渠道对商业银行来说是重资产，成本高昂，但在可预见的未来，客户对实体渠道的心理依赖尤其针对复杂的金融产品和综合化金融服务方案面对面交流的需求不会消失。因此，实体网点有其存在的必然性，商业银行应充分利用银行经营管理经验和现代网络信息技术来巩固实体网点优势、探索实体渠道改革与拓展。如通过运用流媒体、远程集中处理、宽带互联、无线通讯等技术重塑业务流程，实现实体网点转型升级；丰富与整合智能化电子渠道资源，建成线上与线下、实体与虚拟有机结合、开放性、智能化、前中后台联动的智慧银行网点综合渠道体系。

　　未来渠道之争将异常激烈，新金融机构在线上渠道方面已经占据先发优势，商业银行应双管齐下，不拘一格谋发展。短期来看，商业银行应基于垄断的线下渠道优势加强与新金融机构的合作。通过运用战略合作、多元并购等方式与互联网电商平台、垂直搜索平台、第三方支付、网络借贷等新金融机构合作，以期快速导入流量、拓展线上渠道、完善金融生态系统；长期来看，商业银行必须掌握"入口"的控制权。商业银行可以资管平台建设为核心，反哺电商平台、引入社交网络，自建"商务＋社交＋金融"全业务功能、"网点＋互联网＋移动端"全线覆盖的金融服务渠道，构建自己的网络商业信用体系，实现对客户与市场信息的全程把控，有效整合账户数据、交易数据以及行为数据，为客户提供高附加值的"一站式"综合金融服务。

工商银行：线下智网点，线上云银行

　　工商银行是国内较早布局智慧银行的商业银行之一，早在2012年，工行就开始在深圳开设智慧银行网点，并不断迭代更新。目前，工行已在北京、江苏、广东、上海、重庆、福建、云南、山东、海南、湖北、内蒙古、甘肃等省份的多个城市建立智慧银行网点或者设立智能化服务体验区。与传统网点相比，智慧银行网点提供的服务内容丰富而新颖：利用智能终端机、产品领取机、智能打印机等自助设备机具，能够实现办理并领取银行卡、卡片启用、开立网上银行并领取U盾、转账汇款、账户查询与明细打印、购买理财基金等非现金项目；根据地区实际情况还可以增设一些新型自助机具设备、专设功能性金融专区。通过将线下网点打造成智慧银行网点，工行重塑业务流程，实现资源高效配置，为客户提供了一个综合的金融平台，有效改善了客户体验。

　　除了线下实体智慧银行网点，工行还积极与腾讯、百度等互联网企业开展战略合作：早在2004年，工行就与腾讯在发行虚拟联名卡、推广电子银行产品、网上安全认证以及营销宣传渠道等方面展开合作，极大地推动了工行网上银行业务的发展；2015年6月，工行又与百度在互联网金融、地图服务、网络营销、融资业务、生活服务等领域达成合作意向，快速导入流量的同时完善了工行金融生态系统。在与百度合作之前，工行已于2015年3月正式发布自有互联网金融平台"e－ICBC"品牌（包括电商平台"融e购"、即时通讯平台"融e联"以及直销银行"融e行"三大平台），并于2015年9月升级为以"三平台、一中心（网络融资中心）"为主体，覆盖和贯通"金融服务＋电子商务＋社交生活"的互联网金融整体架构，为争夺"入口"控制权做好进一步准备。通过实体智慧网点、与现有互联网巨头合作以及自有平台建设，工行实现了线上线下联动发展以及由其后台控制客户与市场信息，从而基于大数据进行精准营销、拓展应用场景，为客户提供高附加值的"一站式"综合金融服务。

2. 产品竞赛策略——加强研发竞争，推进产品定制化、个性化创新。

产品是客户获取金融服务的载体，也是金融机构实现盈利、传播价值和服务理念、树立市场形象的载体。理财、信贷、资产管理等业务本质上均是金融产品，多渠道整合的背后也是不同渠道在产品、流程、技术上的无缝对接。因此，产品对于商业银行和新金融机构都非常重要，是流量导入的基础条件、流量变现的重要工具。

商业银行的产品研发采用的是"单向模式"：由中后台部门集中研发后再向客户推广。由于生产过程远离客户，客户需求传导到产品研发环节存在一定障碍。新金融机构的产品研发则采用"双向模式"：在应用场景中发现用户需求，反向进行相应的产品开发，最终再将产品嵌入到场景中化金融于无形。商业银行应借鉴新金融机构产品研发模式创新自身产品研发机制，实现产品的快速研发和按需定制；提高产品供给竞争力，有效满意客户现实金融需求的同时进一步挖掘客户潜在金融需求。

基于产品的重要性以及现有研发模式的不足，商业银行必须在产品研发方面与新金融机构展开强有力的竞争。首先，商业银行可创新"总分支行"联动研发机制：总行负责开发标准的制定与核心系统的研发，并根据汇总数据细化客户群；分行在总行框架下负责开发本地化、定制化、个性化产品；支行则负责收集客户需求信息并开展互动式体验。其次，在产品设计时为客户预留充足的自定义空间，让客户根据自身需要和使用环境对产品参数进行组合，通过差异化服务带来的高溢价坐实用户体验、提高用户黏性。再次，通过"商务＋社交＋金融"全功能业务平台将产品嵌入到应用场景之中，为客户提供流畅、随时随地的金融生活体验。最后，通过"网点＋互联网＋移动端"全线金融服务渠道打造立体化的业务经营和客户服务模式，满足众多客户通过移动金融服务系统自主选择和灵活下载的诉求。

浙商银行：增金宝迎战余额宝

2013年6月，支付宝联合天弘基金推出兼具商业银行定期存款收益与活期存款支取便利的余额增值服务——余额宝。余额宝的推出，对商业银行活期存款挤占效应十分明显，吸纳了商业银行大量的流动性，抢夺了商业银行相当一部分客户资源。

面对余额宝的冲击，浙商银行不惧与互联网金融机构比拼，与易方达联合推出用户体验更好的余额理财产品——增金宝。在研发增金宝时，浙商银行充分借鉴产品研发"双向模式"，定位于金融服务而非代理销售，将融资概念与互联网思维植入其中，精确叩击用户痛点。凭借收益高、随意用、门槛低、办理易、安全性高的特点，增金宝在"宝宝"市场上完美逆袭、后来居上——上线三个月签约用户已达55万户，余额即超100亿元。在此基础上，浙商银行通过不断了解市场动态与客户需求变化，进一步升级增金宝服务功能、拓宽营销渠道，推出专属增金币权益、微信银行签约等服务，打造"网点＋互联网＋移动端"立体化的业务经营和客户服务模式，让客户享受到更灵活便捷的金融服务。增金宝作为浙商银行布局"互联网＋"的重要产品之一，在为客户带来实实在在收益的同时，也成为浙商银行快速获取客户、扩大市场影响力、增加金融资产总量的重要抓手。

3. 技术整合策略——出租核心技术，补齐现代网络信息技术短板。

风险控制是金融业的核心，无论是商业银行还是新金融机构，良好的风险管理都是其持续经营的前提。商业银行已在长期的经营过程中形成了一套相对完善的以抵（质）押为基础的风险控制体系，新金融机构也以商业信用为基础在风险管控领域走出了一条全新的道路。商业银行应充分借鉴新金融机构的风控理论，发挥自身在风险控制技术方面的比较优势，力争在竞争中占据有利地位：一方面，商业银行服务中小微企业的最大障碍在于风险评估，因为中小微企业往往不能提供可以作为抵押的资产，这就迫切需要一套以信用为基础的风险管理体系，商业银行应主动学习新金融机构的风控方法，将抵押与信用作为风险控制的两个重心，统筹并重发展。另一方面，商业银行可依托自身成熟的风险控制技术向新金融机构提供技术输出，以期合作共赢。例如，商业银行可以向P2P平台、小贷公司输出信用风险识别、评估和管理技能，向第三方基金销售机构输出流动性风险管理技能等。

随着信息技术的不断推陈出新，商业银行对于信息处理能力的依赖将越来越强，网络信息技术将成为和风险控制技术同等重要的核心技术。而新金融机构恰恰拥有信息技术上的绝对优势——能够通过网络痕迹处理技术积累客户"软信息"、搜索引擎组织和结构化数据、云计算建模和分析数据、计算机行为跟踪技术实时调查、监督客户交易行为。商业银行在补齐现代网络信息技术短板的过程中，可权衡与抉择"外包"和"自建"两种发展模式，以期能够快速推进自身信息技术发展，加快构建信息化银行：一方面，商业银行应通过与新金融机构的合作提高自身的信息处理能力，依托其专业化的信息处理团队，保持与世界先进信息技术发展水平同步；另一方面，加快推广数据挖掘和信息应用，短期内要以存量信息的深入挖掘为切入点，提高存量数据向有价值信息的转化能力，长期来看则应制定信息技术发展战略，自建信息技术团队，掌握发展必需的核心技术。

中国银行：以风控技术换信息技术

2015 年 6 月，中国银行北京分行与百度金融事业部在北京签署战略合作协议，双方将发挥各自比较优势在新金融领域展开全面合作。这一战略合作打破了商业银行与新金融机构之间局限于框架性合作的现状，将合作上升至技术层面。

根据双方战略协议内容，中国银行与百度小贷将在"数据＋风控"、"线上＋线下"、"获客＋资金成本"、个人消费信贷多个领域展开合作："数据＋风控"方面，中国银行通过输出风险控制技术获取百度线上搜索以及大数据整合、分析能力；"线上＋线下"方面，中国银行与百度小贷充分利用各自的线下实体网点优势与线上虚拟渠道优势，合力打通线上线下渠道；"获客＋资金成本"方面，在互联网高效获客与便捷服务基础上，通过共建风控模型、共享数据资源以及共用线下网点，中国银行利用自身较低的资金成本为百度业务圈内企业与个人提供金融服务；个人消费信贷领域，中国银行借助百度关键技术，如人脸识别、语音识别，通过洞察和分析网络消费者行为，利用百度搜索平台和各种网络场景闭环为用户提供高效便捷的消费金融服务。此次合作中，中国银行利用自己的核心技术实现了与百度的优势、技术互补，对于提高自身的信息处理能力大有裨益。

---

4. 文化学习策略——互习文化内涵，重构"合规＋创新"的企业文化。

企业文化作为企业成长发展的一种恒久动力支持系统，影响着企业生存与发展的方方面面，是企业竞争力提升的关键要素。商业银行倡导自上而下的执行文化，强调严谨合规，风险规避倾向较强，在保证稳健经营的同时也设置了诸多制约环节和监控措施，制约了在新金融领域的创新，降低了客户体验。从金融本质来看，新金融机构与商业银行的区别不仅仅在于金融服务所采用的渠道、产品以及技术的不同，更重要的在于其深谙创新文化的精髓。新金融机构的文化氛围更符合"开放、平等、协作、分享"的互联网精神，鼓励自下而上的创新文化，大量创新来源于基层，一旦发现市场商机，首先考虑的是如何通过创新抢占市场，创新周期短，产品推出速度快，但风险承担压力也较大。

商业银行和新金融机构应在维持自身优秀文化基因的基础上，以一种包容、互鉴共赢的心态互习对方文化内涵，提升各自团队素质，保持持久生命力。一方面，商业银行应在最大化保障客户资金安全、维护行业信誉的基础上，开放视野去关注客户的操作感受，放低姿态去迎合互联网一代的消费习惯，聚焦小微企业及新一代年轻人；加强与新金融机构的文化交流，汲取先进文化理念，提高对新兴市场和新技术的敏感度，重塑与目标客户及关联机构的关系，培育新的产业链和生态系统。另一方面，将创新文化与企业战略结合在一起，将"开放、平等、协作、分享"的文化渗透到日常管理环节，培养高层管理者的文化自觉、全体员工的实践信仰，持经达变，返本开新。

参考文献

［1］李健、金占明：《战略联盟内部企业竞合关系研究》，载《科学学与科学技术管理》，2008（6）。

［2］刘衡、王龙伟、李垣：《竞合理论研究前沿探析》，载《外国经济与管理》，2009（9）。

［3］马浩：《竞争优势：解剖与集合》，中信出版社，2004。

［4］魏江、建萍、焦豪：《基于竞合理论的集群企业技术能力整合机理研究》，载《科学学与科学技术管理》，2008（6）。

［5］项保华：《战略管理——艺术与实务》，华夏出版社，2001。

［6］徐亮、张宗益、龙勇、周旭：《竞合战略与技术创新绩效的实证研究》，载《科研管理》，2009（1）。

［7］叶永玲：《虚拟经营的竞合博弈及合作动力分析》，载《管理科学》，2003（5）。

［8］Bengtsson M. and Kock S., 2000, Coopetition in Business Networks – to Cooperate and Compete Simultaneously, Industrial Marketing Management.

［9］Brandenburger A. M. and Nalebuff B. J., 1996, Coopetition：A revolutionary mindset that combines competition and cooperation in the marketplace, Boston：Harvard Business School Press.

［10］Garcia C. Q. and Velasco C. B. 2002, Coopetition and performance：Evidence from European biotechnology industry, Innovate Research in Management.

［11］Luo Y. , 2007, A coopetition perspective of global competition, Journal of World Business.

［12］Nielsen R. P. , 1988, Cooperative Strategy, Strategic Management Journal.

［13］Porter M. E. , 1985, Competitive Advantage, New York: Free Press.

［14］Powel T. C. , 2001, Competitive Advantage: Logical and Philosophical Considerations, Strategic Management Journal.

［15］Tsai W. , 2002, Social structure of "coopetition" within a multiunit organization: Coordination, competition, and intraorganizational knowledge sharing, Organization Science.

［16］Wernerfelt B. , 1984, A Resource – Based View of the Firm, Strategic Management Journal.

二等奖

互联网金融全面风险管理体系建设：基于商业银行视角

浙商银行课题组[*]

一、绪论

（一）问题的提出

近年来，我国互联网快速发展，互联网金融创新推动并加速了我国商业银行改革创新的进程，但由于金融监管和创新业务发展的不匹配，各种金融风险也在不断孕育放大，对商业银行经营管理提出了新的要求。商业银行在互联网金融领域的创新和突破急需针对性的风险管控理念和方式，传统的风险管控理念难以胜任。现有的研究多从两个角度研究互联网金融：一是从整个互联网金融行业角度看待风险管理，特别是监管政策完善；二是从商业银行如何发展互联网金融进行分析，主要聚焦于业务的角度。如何站在商业银行的角度处理互联网金融创新中的风险管理，目前的研究相对较少。有鉴于此，本研究拟从风险管理角度入手研究分析商业银行互联网金融领域发展路径。

（二）研究意义

我们认为，未来互联网金融将呈现趋于平衡的共生状态：互联网企业借助新技术和理念的探索在创新商业模式过程中获取超额利润；商业银行在创新商业模式趋于成熟过程中据此改造既有业务体系，实现创新战略突破。其中商业银行创新战略成功与否的关键在于能否构建特定的风险管理体系与之相匹配。在互联网金融创新过程中，如何识别和评估商业银行所面临的风险？对于这种全新的风险来源，商业银行如何构建系统性的风险管理体系去防范和控制，实现互联网金融领域风险收益平衡？本文将从这两个问题入手试图揭示和构建符合互联网金融特征的商业银行风险管理体系，具有较强的理论意义和现实意义。

一是本研究具有很强的前瞻性和可操作性。现有的互联网金融概念范畴相对混乱，商业银行创新产品和组织架构使诸多的管理部门、产品、渠道等要素掺杂在一起，各自的业务运行与风险特点差异较大，难以进行一致性监管。目

* 课题主持人：叶建清
　课题组成员：杜　权　杨　跃

前尚无商业银行提出互联网金融领域的全面风险管理体系的概念，本研究期前瞻性系统分析业务背后的风险管理体系，能够有效填补理论空白，为银行实践操作提供指导。

二是本研究创新性地构建了基于互联网金融创新业务的商业银行全面风险管理体系。现阶段国内商业银行仍是被动抵御互联网企业的跨界经营冲击，零散的开展互联网创新业务。未成体系的创新业务经营管理难免以点带面，形成以监管风险和信用风险为主的片面风险管理模式，对新问题、新风险的认识仍不充分。系统性地梳理商业银行互联网金融创新业务框架和发展趋势，构建全面、针对性强的风险防范和管理体系，有助于商业银行正确把握创新本质，为未来互联网金融创新业务扫清障碍。

二、商业银行金融功能重构与风险审视

（一）互联网金融趋势下银行功能重塑势在必行

1. 传统银行功能受到互联网金融冲击

商业银行作为金融行业最为重要和核心的组成部分，其功能体现是金融对经济的作用方式的直接反映。凯恩斯主义认为，银行主要是通过信用扩张创造货币影响实体经济的作用，功能定位的核心在于传统的存贷业务带来的资源融通作用以及一系列相关影响。近几年，随着大数据、云技术等技术的不断突破和互联网企业平台战略的稳步推进，金融业如同其他传统产业一样受到互联网浪潮的冲击：第三方支付在保持网上支付业务规模优势的同时不断蚕食线下支付领域、P2P行业规模超快发展形成另类直接融资市场、阿里巴巴集团旗下的余额宝等"类理财产品"异军突起创造货币基金发展神话……互联网企业利用其技术优势和跨界思维对银行业传统业务造成了巨大深远影响，金融脱媒不断加速，商业银行的基本金融功能正在被不断地侵蚀甚至替代。

2. 银行金融功能与功能载体匹配度正在减弱

根据博迪、默顿和伊志宏（2000）的观点，金融机构的基本功能不会随时间和空间而改变，只有金融机构的形式和特征才会发生改变。随着技术和监管约束的放开，互联网金融企业正逐步替代传统商业银行的主要金融功能。如果商业银行不正视问题核心，积极调整功能定位和配置模式，"商业银行将是21世纪的恐龙"将不会是危言耸听。

（二）基于全资产经营理念的银行金融功能框架

互联网金融以及利率市场化等因素的出现使得建立在原有金融功能配置结构基础上的银行业传统分工格局随着功能配置结构的改变而逐渐不适应行业发展需要，金融机构之间的业务交叉变得越来越普遍。商业银行功能重塑需要业务发展和资本约束之间谋求平衡发展，探索较低资本耗费业务发展，其核心在

于突破传统的存贷业务范畴，贯彻全资产经营理念。从聚焦特定客群向服务整个经济体系转变，从专注存款贷款向资产多元并以资产驱动负债转变，从培育竞争优势向构建动态能力转变，进而迎接和面对互联网金融浪潮的挑战。

全资产经营战略可以从业务形态、客户服务、经营策略和实现途径四个维度进行刻画，具备四大特征对接行业发展趋势。一是获客渠道共享共生，各项资产业务、负债业务以及中间业务均成为彼此之间重要的客户来源。二是银行产品、业务模式的专业性、复杂性、依存度明显提升，需要有专业能力和专业团队来推动和驾驭。三是资产和负债的内涵都趋于多样化，资产驱动负债，两者高度相关。四是平等、开放、创新、容错、去中心、自组织等互联网精神核心要素将在银行的经营管理体系中得到充分体现。

（三）商业银行功能重构下的风险考量

在互联网金融影响下，全资产经营理念下的银行功能重构对传统风险管理提出新的要求。一是全资产经营市场领域包括过去的传统金融没有覆盖或未曾顾及但又对金融服务有极大需求的细分市场。互联网的扩散能力、渗透能力非常强，风险相应会扩散得很快很强。二是在金融服务功能模块中涌现大量的创新业务和经营领域，商业银行无法通过外部监管约束审视和分析可能存在的潜在风险。

三、商业银行互联网金融功能创新路径实践与风险匹配

（一）商业银行互联网金融功能创新路径选择

面对挑战商业银行并未故步自封，顺应时代潮流纷纷"触网"，不断提升互联网金融功能创新能力。整体上，商业银行主要从两个层面应对互联网金融冲击：一是传统业务网络化，深入金融互联网。该策略着眼于银行信息化提升，从业务流程再造的高度将信息技术和银行业务高度融合。二是融入互联网金融，建立平台化、网络化的金融服务能力。

1. 负债端业务创新：高收益和客户体验并重

余额宝大获成功后，商业银行负债类创新业务进入新阶段，产品设计和营销手段逐渐借鉴互联网思维。现有"银行宝"创新产品核心亮点在于提高客户闲散资金收益率，利用高流动性高收益的特性吸引客户，同时关联银行其他金融服务，提升客户资金收益率同时增强客户体验。

2. 资产端业务创新：银行比较优势核心所在

商业银行对资产端业务的互联网金融创新业务格外重视，借助商业模式的重塑以实现两个目的：一是传统优势如客户、声誉的持续发挥，强化优势提高资产端业务服务能力。二是产生扩散效应形成跨业务高附加值效益，以此作为互联网金融业务融合的突破口能够依托综合金融服务实现低成本高收益。可以

分为三种业务模式。

一是渠道导向型创新网络信贷业务，其实质是将互联网技术作为业务载体提高运营效率和客户体验，实现传统信贷业务的服务（如表1所示）。

表1　　　　　　　　　银行网络贷款创新模式（业务实现方式划分）

实现方式		典型产品	产品特点
线上线下业务结合	业务前段网络化	农业银行个人网上贷款平台系统	为个人、合作商客户提供7×24小时的个人贷款网上申请、预审批、进度查询、咨询交流等多项服务。
	业务后端网络化	工商银行"网贷通"	工商银行接受贷款申请后通过线下调查、审查、审批签订相关合同，客户可通过网上银行自助进行循环贷款合同项下提款和还款业务申请，银行对客户申请进行集中受理和处理的循环贷款业务。
全自助全流程线上操作		工商银行"网上贷款"	客户（个人）开立工行个人贷款综合账户并关联拟质押账户（网上银行注册卡内定期子账户），通过证书签名确定电子贷款合同信息获得贷款。网上银行途径归还贷款后解除质押子账户。
		光大银行"融e贷"	客户（个人消费者及小微企业）将账户中的定期存款或国债作为质押即自主申请并发放贷款，具有门槛低、实时到账、利率低等特点。除首次在物理网点进行签约外，客户能够利用网上银行和电话银行完成所有的贷款流程操作，实现"自助申请→自动审批→自动放款"。

资料来源：浙商银行发展规划部。

二是数据型创新业务，其典型创新业务形式为以电子商务平台为载体的金融服务业务。利用电子商务平台，贷款提供方能运用互联网技术和数据挖掘工具对信贷业务流程实现再造，降低成本、防范风险的同时扩大优质客户群。

三是资源性创新业务以资金资源流转为核心，本质相似于各类P2P网络贷款平台。此类创新业务能够吸引传统小微金融业务无法覆盖的大众次优融资客户和理财资金，在负债端和中间业务领域为银行提供新的利润增长点。

3. 支付业务创新：意在加强客户体验

（1）传统支付业务电子化平稳推进

近年来，银行柜面业务的电子替代率显著提高，互联网信息技术为银行支付业务提供有效效率提升手段。网络银行、电话银行、手机银行等新型支付终端的出现确保商业银行在互联网金融兴起之前即已经稳步推进支付业务的电子化、互联网程度。未来网络支付业务市场空间更为广阔。

（2）移动支付市场成为聚焦热点

国内各家银行主要从两个方向发展移动支付创新业务。一类是移动远程支付模式，即客户通过手机等移动设备通过网站或者实体店中扫描二维码打开支付链接支付。另一类是移动近场支付模式，即客户在手机中添加移动支付卡，通过 NFC 技术在商店中使用专用的 POS 机进行支付。从业务发展前景分析，移动近场支付起步较晚，但将是移动支付业务的重点发展方向。其能够凭借其高度便利性，以超市购物、公交刷卡场景为突破口，利用移动终端的金融功能和线下各类消费场景，实现 O2O 的消费闭环生态。

（二）创新实践下风险冲击及特点

互联网金融在商业银行表内、表外业务具有较多创新属性，风险管理不能简单复制传统方式，导致风险管理相对滞后于业务发展，难以较好地应对内在资金、技术等风险，以及不断严格的外部监管风险。具体而言，相比于商业银行传统业务，互联网金融创新业务具有三个风险特性。一是风险可控性降低。互联网金融信息传输时间快，对风险控制的能力提出更高要求。二是风险传染性增加。互联网金融的隔离有效性相对弱化，强化了银行各自间以及不同银行的风险关联。三是风险的外部因素作用显著。互联网金融企业的创新功能和产品可能会直接向商业银行传染，使整个业务体系受到危险。以上的几个风险特性使得商业银行在互联网金融领域的业务拓展会遇到数据风险、技术风险等传统银行业务一般难以遇到的"另类风险"，本文将在第四部分风险管理体系构建中详细阐述。

（三）商业银行现有风险管理体系的缺陷

一是风险管理战略思维未能匹配互联网理念，现阶段商业银行风险管理尚未实现战略思维和资源配置的数据化与信息化。二是风险管理机制相对僵硬，风险管理流程的不同环节和相关职责分布在不同的部门和人员，信息系统和大数据分析的资源配置投入不足。三是风险管理流程相对冗长低效，仍然以主观经验积累的专家判断型为主，没有真正使用大数据相关决策模型。四是风险管理数据挖掘不够深入，信息分散化、碎片化，不能实现各类数据信息的有效互联与整合。五是外部风险冲击防御能力相对较弱，互联网金融下风险向银行传导的途径增多，对银行风险管理带来较大影响（如表2所示）。

表2 　　　　　　　　　　　互联网金融企业的外部风险冲击类型

互联网金融类型	业务维度	对银行的潜在风险冲击
类资产业务	P2P 融资类	➤ 不当宣传导致的声誉风险； ➤ 资金链断裂跑路引起银行风险。
	电商＋信贷类	➤ 虚假交易风险； ➤ 套现、套贷风险。

续表

互联网金融类型	业务维度	对银行的潜在风险冲击
类负债业务	余额宝理财类	➤ 抢占存款，形成恶性竞争风险； ➤ 货币基金外部赎回对银行资金使用带来较大冲击。
类支付业务	第三方支付	➤ 多头接入、不当竞争等干扰银行定价； ➤ 割裂客户交易信息影响银行交易真实性确认； ➤ 客户信息被外部泄露； ➤ 洗钱、欺诈、非法套现风险。

资料来源：刘振阳、刘明勇，2014。

四、互联网金融全面风险管理体系模型构建

（一）三层级体系模型内在机制及构建逻辑

在互联网金融趋势下，"大数据＋平台经济"业务创新逻辑将会颠覆传统商业银行风险管理的模型方法和体系。在传统的风险管理模式下，商业银行在巴塞尔协议的框架下逐步推进风险管理模式的升级，从资产管理角度、负债管理角度过渡到风险资产管理角度，直至现阶段的全面风险管理框架。互联网大数据技术则进一步增加商业银行风险管理数据变量和观测视角，对原有的全面风险管理框架提出了更高的要求。由于互联网金融仍处在快速发展阶段，其监管体系、发展路径和最终形态仍在不断地探索和发展过程中，其风险管理也出现了不同于以往的诸多特点。为此，本文从更大的审视框架下建立三层级体系模型内在机制，从动态、过程视角入手研究商业银行互联网金融创新风险管理，为实现传统银行融合互联网金融的目标提供有效的风险防范手段（如图1所示）。

互联网金融风险管理体系框架由三层机理图构成。第一层宏观体系环境层由互联网金融监管和商业银行风险管理理念构成，也是银行互联网风险管理能力建设和提升的动力源。健全的互联网金融监管体系是商业银行发展互联网创新的重要外部推动力，商业银行将互联网金融思维贯彻到业务创新和风险防范中则是银行构建针对性风险管理框架的重要前提。第二层中观管理机制层由风险管理战略、组织架构、风险管理人员能力以及相关的数据和IT系统共同构成。全面风险管理需要战略层面确定管理目标，并匹配相应的各类资源，在特定的组织架构中予以贯彻实施。互联网金融的网络特性和数据特性需要商业银行形成一整套适应性强的资源配置方式和管理机制。第三层微观核心要素层由信用风险、市场风险、操作风险等传统金融风险在互联网金融中的体现，以及科技风险、平台风险等互联网金融的特殊风险构成。

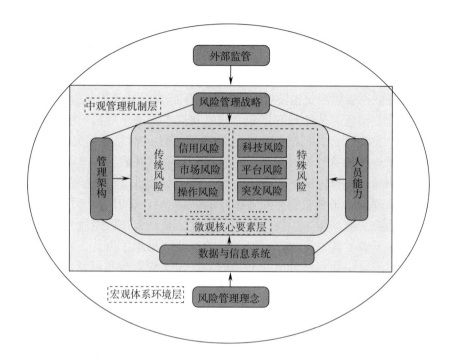

资料来源：自行整理。

图1　互联网金融风险管理体系框架图

（二）宏观层：风控体系环境营造

1. 构建全方位、松紧有度的监管体系

互联网金融是新兴事物，其在业务发展初期必然存在业务创新快于监管制度的情况，短期内存在"道高一尺，魔高一丈"的现象，对互联网金融的风险防控和金融监管提出更高要求。2015年7月人民银行等十部委联合印发了《关于促进互联网金融健康发展的指导意见》，是我国互联网金融第一个纲领性文件，对互联网金融的健康规范发展具有重要意义。坚持以市场为导向发展互联网金融，遵循服务好实体经济、服从宏观调控和维护金融稳定的总体目标，切实保障消费者合法权益，维护公平竞争的市场秩序，在互联网金融创新领域提出相关监管要求。总则出台后，预计各互联网金融业态监管细则将逐步出台。我们认为构建有效的互联网金融全面风险管理体系，宏观监管应该体现"包容监管"和"竞合发展"两大理念。传统金融和互联网金融的便捷会日渐模糊，金融互联网化和互联网金融化相互渗透成长，形成融合发展的格局。在监管上，应坚持鼓励和规范并重、促进公平竞争、保护消费者权益，维护金融体系稳健运行。

2. 树立基于互联网思维的风险管理理念

商业银行开展风险管理的本质和核心是对具有不确定性的风险加以管理，以实现对风险的"可知、可控、可抵补"，风险管理就是一项经营行为。"风险"既是损失的可能也是盈利的来源，本身是中性的。新常态下，面对更为复杂的经营环境和互联网金融的快速发展，银行不仅不能简单地畏惧风险、回避风险，更要站在经营的角度，从宏观和微观、战略和战术等多个层面，勇于直面各类风险的挑战，主动管理，把握好确定性和不确定性、收益和损失的有效平衡，实现银行各项业务的有效发展、高质量发展。互联网开放、共享的特征使得平台效应更为明显，其与传统产业的融合为商业银行提供了全新的金融服务需求和自我经营管理模式调整机会。商业银行能够建立有效的风险管理体系，抓住发展机遇，适应"互联网＋"时代需要，关键还是在于在风险管理理念上进行升级，贯彻"开放、共享、融合、创新"的互联网思维。由此，商业银行才能在互联网金融领域中达到在开放和共享的心态中实现融合和创新，在融合和创新的实践中不断推动业务发展的转型。

（三）中观层：管控机制土壤培育

1. 动态调整差异化的风险管理战略

一是从战略高度重视互联网金融业务的风险管理。风险管理的核心在于在确定风险容忍度情况下和相关业务以及各类资源使用的匹配。可以认为，互联网金融的创新重构银行价值链，需要在银行发展战略的高度重新匹配创新业务和相适应的风险管理策略。二是动态调整风险管理战略，顺应发展趋势要求。需要从战略层面根据互联网金融的发展趋势和市场环境，最大限度地发挥风险管理效能，有效体现出风险管理对互联网创新业务发展的推动与支持。三是稳扎稳打，加强银行自身自律管理，避免冲动冒进。商业银行互联网金融在发展过程中，创新找准业务模式的同时，"行业自律"是前提，要在监管的政策框架下合理合法地开展业务创新，有效保护消费者权益。

2. 形成相对独立的风险管理组织架构

互联网金融环境下，商业银行的整个业务流程和组织架构需要发生改变，提升银行对市场和客户需求的快速反应能力，以增强市场竞争优势。相对应地，风险管理架构也需要随之发生改变，核心在于互联网金融风险管理组应与传统业务风险管理体系相对独立，以便更好地适应互联网的风险特性。发展初期，可采取半独立模式成立专业运营部门，由行领导牵头成立互联网金融领导小组，下设风险管理工作组，在现有风险管理框架下协调其他各业务部门。同时构建总分行之间的协同处理机制。充分吸收市场反馈意见进行产品迭代开发，提前分析创新风险。

3. 不断提升风险管理人员能力

要提高人员的专业能力，形成专业化和跨专业化相结合的风险控制能力。互联网金融背景下的各类业务跨度大，交叉性强、复杂度高，导致风险的表现更具有复杂性、隐蔽性和交叉性，容易被其表象所迷惑，其识别和管理的难度急剧提高。这需要银行进一步加强专业化风险管理队伍建设，并发掘和培养跨专业化的高级专家队伍。

4. 加强风险管理数据和信息系统建设

互联网技术为商业银行克服传统业务思路、强化风险管理 IT 系统、创新风险管理手段和模型提供了技术基础。商业银行应不断加大对信息安全技术的投资力度，用互联网技术和理念管理、经营互联网金融创新业务带来的潜在风险。

（四）微观层：核心风险要素识别与管理

1. 正确认识互联网金融风险本质与特征

互联网金融背景下，银行面临传统银行风险以及互联网金融特殊风险的双重挑战，需要形成更为有效的核心风险要素识别与管理框架。一是传统金融风险在互联网金融中的体现，包括信用风险、流动性风险、操作风险和法律风险。互联网金融本质上也是金融活动，互联网的扩散效应使得流动性风险冲击可能会更大；互联网金融平台业务的开展涉及的参与方更多，会出现更复杂的技术类操作风险；相对不完善的监管体系也会带来一系列法律风险。二是互联网金融的特殊风险及其表现形式。软硬件配置和技术设备的可靠性以及网络系统遭到技术性外部攻击都会引起信息科技风险；同时互联网金融的平台效应使得银行在业务发展过程中更具有开放性，各类衍生风险难以预测。

2. 有效把握不同风险传播路径和防控栅栏

互联网金融是互联网和金融的有机结合，其业务风险诱因和传播渠道更为复杂，需要通过各类风险管理栅栏手段塑造更为安全的开放平台。一是建设完善的信息安全制度，高度重视信息安全。二是严格按照央行监管要求做好电子账户合法性和电子交易合法性。要建立交易监控和预警机制，通过构建交易监控体系，及时发现可能潜在的风险并进行事中处理。

3. 充分利用互联网技术"借力打力"

互联网银行和大数据技术为商业银行创新业务风险管理提供了新的工具和相关数据。利用互联网技术，能够有效突破地理距离限制，获得更多的非结构化信息，并对传统海量信息和客户特征进行分析和归纳，提前发现风险隐患。利用互联网技术带来的新方式能够使得商业银行更好地适应互联网金融创新业务的发展。

4. 系统性发挥风险三层机理框架对核心风险管理能力的提升作用

商业银行对互联网金融的风险管理能力是一种全面风险管理能力，它的竞争优势来源于银行对互联网金融创新时各种主要风险管理能力管理优势的整合。互联网的复杂性、外延性和动态性决定了商业银行必须在一个大的风险管理体系框架下去建立风险管理能力，系统性发挥风险三层机理框架对核心风险管理能力的提升作用。其中宏观体系环境层的金融监管和风险管理理念是风险管理能力提高的原动力。这两个影响因素从银行外部和内部两个层面对商业银行中观管理机制层，即风险管理战略、管理架构、人员能力以及数据与信息系统四大维度起到正向推动影响。在宏观层和中观层的共同作用下，商业银行得以建立针对传统风险和特殊风险的核心风险管理要素。

五、研究结论与展望

现阶段，商业银行在互联网金融领域仍处在探索过程中，试图寻找成熟的商业模式和差异化的竞争方式。业务伊始，业务边界和监管政策的不确定性导致银行在创新业务种类选择上充满困惑和疑虑。不同于银行传统业务，互联网金融具有高频率迭代、颠覆性创新、信息技术依赖性强等特征，所蕴含的互联网精神甚至和部分传统理念背道而驰。在和非金融机构的竞争中，商业银行互联网金融产品创新往往陷入"保守—激进"进退两难困境，效益和风险的平衡难以把握。本研究从风险管理角度入手研究分析商业银行互联网金融领域发展路径，构建商业银行互联网金融创新的多维度风险管理体系。本研究首先基于银行的本质对商业银行金融功能进行重构，提出全资产经营功能框架，认为需要重新对风险进行审视和考量。其次对商业银行互联网金融创新进行分类和归纳，建立较为全面的业务分析管理框架。不同类别业务具有差异化流程特点和资源配置要求，风险的触发和管理各具特点。在此基础上，识别探索互联网金融创新业务风险和传统业务风险之间的蔓延和交互影响特征和现有风险管理能力的缺陷。最后提出基于互联网金融创新的三层次多维度风险管理框架，从动态、过程视角入手研究商业银行互联网金融创新风险管理，为传统银行融合互联网金融目标实现提供有效的风险防范手段。

本研究创新性主要体现在两点：一是建立基于互联网金融的差异化银行金融功能重构和业务体系。互联网金融创新业务和传统银行业务存在较大的差异性，传统的功能定位和商业模式可能不适应业务创新发展需要。二是创造性地构建了系统化的互联网金融风险管理体系框架，从宏观体系环境层、中观管理机制层和微观核心要素层三层构建全面的风险管理能力，寻找建立针对性的风险管理方法和技术。互联网金融理念和思考逻辑和商业银行传统业务有较大差别，传统商业银行风险管理方法难以满足互联网金融创新产品的风险识别和防范。必须构建系统化、动态化的针对互联网金融理念和特征的多维度风险管理体系才能更好地推动商业银行在互联网金融领域的发展，最终实现两者的高度融合。

由于笔者水平有限，本研究仍存在诸多不足，如实践案例和数据相对不足，难以检验理论框架的正确性等。相信在《关于促进互联网金融健康发展的指导意见》的指导框架下，商业银行将在创新商业模式趋于成熟过程中据此改造既有业务体系，实现创新战略突破，实现基于"新生代"客户需求基础的业务理念和模式的全新提升。

参考文献

［1］艾瑞咨询：《中国互联网金融发展格局研究报告》，载《艾瑞咨询咨询》，2015。

［2］白钦先、谭庆华：《论金融功能演进与金融发展》，载《金融研究》，2006（7）。

［3］本顿·E. 冈普·詹姆斯、W. 克拉里：《商业银行业务——对风险的管理》，康以同译，中国金融出版社，2009。

［4］博迪、默顿、伊志宏：《金融学》，中国人民大学出版社，2000。

［5］杜欣欣：《基于全面风险管理的商业银行功能再造研究》，博士学位论文，2014。

［6］康欣华：《互联网金融对商业银行的影响与启示研究》，硕士学位论文，2014。

［7］李麟、钱峰：《移动金融》，清华大学出版社，2013。

［8］刘晓春：《对互联网金融要心存敬畏》，新浪财经，2015。

［9］刘晓春：《新时期商业银行的"全资产经营"之道》，载《中国银行业》，2015。

［10］刘振阳、刘明勇：《互联网金融发展对商业银行运营的风险冲击研究》，载《金融会计》，2014（11）。

［11］人民银行等十部委：《关于促进互联网金融健康发展的指导意见》，国务院网站，2015（7）。

［12］王光宇：《互联网金融蓬勃兴起》，载《银行家》，2013（1）。

［13］谢平：《互联网金融模式研究》，载《金融研究》，2012（12）。

［14］杨有振：《商业银行经营管理》，中国金融出版社，2004。

［15］中国银行业监督管理委员会浙江监管局课题组：《迎战互联网——大数据时代商业银行的生存之道》，中国金融出版社，2014。

［16］周万阜：《互联网金融崛起对商业银行的影响及应对策略》，载《中国银行业发展研究成果优秀作品》，2014。

浙江农信打造社区银行跨界
生态系统建设的探索

浙江省农村信用社联合社课题组[*]

引　言

在大工业时代，浙江农信充分发挥了小法人机构人缘地缘的优势，走出了一条独具特色的农信发展道路。随着互联网时代的到来，在互联网经济、金融脱媒和利率市场化等大背景下，互联网企业都不约而同地将生态系统或生态圈竞争作为自己的最高核心战略。新时代背景下，如何更好地探索浙江农信适应时代变化的经营理念、商业模式、运营模式。本文将就此进行讨论。

一、浙江农信打造社区银行跨界生态系统的分析

（一）互联网时代带来了根本性的变革

1. 互联网改变了人类的行为方式（见表1）

表1　　　　　　　　　　　　互联网时代的人类行为方式

行业	原模式	网络化方式	典型企业（应用）
社交			
通讯	手机、电话	即时通信工具，提供私密和公开的社交功能及支付入口功能。	微信、QQ、微博
社交	同事、朋友	全球社交网络用户超过16亿人，通过弱连接形式交流。仅豆瓣网上7 900万用户组建了兴趣小组就达39万个。	微博、微信、豆瓣、Facebook、Tiwtter
生活			
餐饮	当面或电话订餐	提供线下丰富多样、快捷方便的订餐服务，提供客户消费体验评论。	美团、大众点评、饿了吗

＊　课题主持人：苏亦林

　　课题组成员：范卓桓　李九良　曹治中　游　尧　傅照华　吕水亮　陈瑞芳　秦晓君　潘　丽　陈学军　陈义达

续表

行业	原模式	网络化方式	典型企业（应用）
交通	公共交通或出租车	提供免费叫车服务，提供拼车、专车服务。	滴滴打车、快车、优步、神州专车
金融	银行、证券、保险公司	提供网络支付、理财、融资等综合性金融服务。	支付宝、余额宝、微众银行、陆金所
生产				
制造	集中资源大工业生产	用户参与到产品设计中，个性化定制产品，智能工厂＋机器人，重造制造流程、创新管理组织架构。	波音、特斯拉、小米、远景能源
房地产	实地看房或二手中介	提供房地产相关信息的综合信息服务，提供租赁、交易的中介服务。	百度房产、民生 e 房、airbnb
行为				
工作	朝九晚五	越来越多的人通过网络在家办公，如 IBM 有三分一的员工在家办公。	IBM、自由职业者联盟 Elance、威客
教育	学校、培训机构	处于世界各地的人们通过网络可以得到世界一流的教育。	Coursera 教育平台、网易公开课
购物	超市、百货店	购物平台取代购物超市，网购、网付、物流抵达成了人们的新消费习惯。2014 年，淘宝销售额达到 1.4 万亿元。	淘宝、京东、亚马逊、苏宁易购
创造				
创业创新	受制于知识、资金、信息制约	互联网拉平了世界，让沟通民主化，让创业制造民主化，为创新提供低成本、便利化、全要素的开放式综合服务平台。	众创空间、硅谷
众包	无	人人参与，自由参与，共同协作。如由人人参与构成的维基百科成为全球第五大网站，拥有词条 3 124 万条，是《不列颠百科全书》的 260 倍。	维基百科、百度百科、NASA 寻星计划、Linux 操作系统、宝洁
众筹	向亲朋、社会组织筹集	通过互联网向群众募资，以支持发起的个人或组织的行为。2013 年全球总募集资金已达 51 亿美元。如：天使汇已为 305 个项目完成 30 亿元人民币融资。	天使汇、创业工场、AngelList

《互联网时代》一书这样描述未来的人类：人类向互联网全面迁徙，是不可

阻止的人类命运。[①] 一种全新的人口红利即网民红利正在形成。

2. 互联网改变了金融的基础设施

正如交通、能源等是传统经济的基础设施，移动终端、云计算、大数据像水电一样成为了互联网时代赖以发展的新基础设施。

移动终端的出现使得移动支付成为金融引流的基础设施。根据支付宝最新的数据统计，2014 年在所有大陆省份，移动支付占整体支付的比例已经全面超过 50%。[②]

就像货币或黄金一样大数据已经成为了银行的重要资产。当前金融企业正由单一的传统金融信息采集分析，转而利用这种新工具来形成大数据金融产业链。

云计算技术是近年来互联网技术发展的重大突破，国内第三方支付机构支付宝和国际第三方支付机构 PayPal 都是基于云计算平台的新型金融支付工具，应付如此量级的支付业务在传统 IT 架构下的投入将是天文数字，但云计算技术做到了投入低、扩展性好、可靠性高、随时随地接入的便利，成为了一种银行必须投入的新金融基础设施。

3. 互联网改变了商业竞争模式

互联网时代 BAT 等生态型企业利用自身拥有大量用户的优势，运用开放平台引入有优势的第三方为用户提供各类跨界式、互补式、交叉式、递延式服务，以点及面地占领用户生活方方面面的场景，将客户牢牢地黏住，从而形成以自身为主导的，对共生共荣、对外具有强大竞争力和不可复制性的生态系统。

生态型企业的崛起昭示了一种不同的竞争规律的到来。单个企业想要凭借一己之力不间断地覆盖所有的新兴领域、保持最领先的商业模式的难度越来越大，于是开放合作也成为了必然的选择。[③]

（二）浙江农信构建跨界生态系统的利弊分析

1. 面临的机遇

（1）政策包容创造了新的环境。2015 年 10 月 31 日，国务院发布了《促进农村电子商务加快发展的指导意见》指出"培育多元化农村电子商务市场主体，鼓励电商、物流、商贸、金融、供销、邮政、快递等各类社会资源加强合作，构建农村购物网络平台，实现优势资源的对接与整合。参与农村电子商务发展。"明确鼓励村级电子商务服务点与助农取款服务点进行资源整合。标志着互联网金融创新在政府层面正式获得认可，支持互联网金融包容性创新态度是基

---

① 央视主创团队．互联网时代［M］．北京联合出版公司，2015：163.

② 新华网．支付宝发布 2014 年度对账单：移动支付占比超过 50%［EB/OL］.

③ 赵大伟．互联网思维"独孤九剑"［M］．机械工业出版社，2014.

本明确的。

（2）客户改变是革新的动力。波士顿咨询公司于2014年针对中国银行业消费者开展的一项调研显示，选择社交网络、博客、手机应用等作为信息来源的客户占到了10%～15%，且这一比例仍在快速增长。

（3）金融压抑是革新的土壤。中国的金融体系仍面临一些深层次的问题，即需求和供给的不匹配。客户庞大需求没能在传统金融行业中得到充分满足，从而构成了金融压抑，这种需求与供给之间的不平衡也为浙江农信的跨界生态系统发展提供了原动力。

2. 面临的挑战

（1）金融改革的推进凸显了自身发展瓶颈。随着金融改革的不断深化，进一步凸显了农合机构在产品创新、科技支撑、人才储备、利率定价管理经验等方面的不足，处于追赶者的位置。

（2）跨界金融的竞争抢占着农村金融市场。阿里、京东、顺丰等电商巨头都将农村金融领域作为下一个十年的风口。阿里的"千县万乡"计划，京东发布的农村金融战略等布局正酣，农村互联网金融蔚然成势。

（3）其他银行涉足跨界金融对农信构成威胁。近年来，以工、农、中、建等为代表的传统银行，在互联网金融上也作出了较大的布局。如工行已经建成了电商平台、即时通讯平台、直销银行三大平台，其互联网金融跨界生态系统轮廓已经初步形成。

3. 具有的优势

（1）已经具有了大量的客户基础。浙江农信专注服务"三农"、小微企业、低收入群体，经过六十多年的积累，已经拥有5 105万存款客户，221万贷款客户，这些雄厚的客户基础恰恰是开展跨界生态系统构建的最重要的资产。

（2）具有广泛的线下渠道和服务平台优势。浙江农信在全省有4 200多个持牌网点，村级便民服务点2.5万个，网点遍布全省各城乡，形成了一张强大的物理渠道网络。拥有一支5万余名的员工队伍。[①] 这些服务网络，能够更快更好地推广产品和服务，更多更全地搜集有价值的信息，为生态系统建设提供支持。

（3）具有不可比拟的人缘地缘优势。60年的积累使得浙江农信赢得了良好的服务口碑，在地区和群众中的影响力远大于刚涉足农村金融的互联网金融企业。而且在长期的发展过程中，农信已与政府搭建了相对稳定的合作关系。此时建设社区银行跨界生态系统（以下简称农信生态系统）更容易得到支持。

4. 自身的劣势

（1）思维模式的局限。当前包括农信在内的大部分银行还停留在"封闭式

---

① 孙建华. 坚定坚决地实话社区银行转型建设战略［J］. 农村金融研究，2015（7）：3.

战略"的传统阶段,对客户的服务还仅仅局限在金融服务,所有服务也均由自己提供,即使引入第三方,也是作为业务中的某一项进行外包,没有树立"自己全力做好金融主业+开放平台引入第三方为用户提供跨界服务"的开放合作、共生共荣的理念。

(2)行业特性的限制。相对于对互联网企业做金融的监管包容的态度而言,对于传统金融跨界的门槛就更高了。金融业内部也不允许混业经营,更不要说跨行业经营了,农信跨界生态系统建设存在一定的制度风险。

(3)技术支撑的薄弱。跨界生态系统的构建需要强大的互联网技术支撑,其前提是要打通内部资源的互通互联。浙江农信虽然积累了大量的用户,掌握了大量的信息资源和数据,但系统之间是隔断的,数据仍然是一个个孤岛,没有达到数据的整合利用。

在互联网时代背景下,各商业巨头纷纷将生态系统作为最高层级的竞争手段,并将矛头瞄准了金融领域,农信机构唯有以变应变,主动求变,利用自身优势,构建由自身主导的跨界生态系统,这是应对最高层级竞争的迫切需要。构建跨界生态系统是浙江农信的必然选择。

二、国内外跨界生态系统构建的实践经验与借鉴

(一)国外金融机构经验

1. 乐天生态圈的基本构成

乐天主要业务包括互联网服务、互联网金融、其他业务三大类。互联网服务包括在线零售平台"乐天市场"、门户网站、网上书店、电子书等;互联网金融涵盖银行、信用卡、证券、保险等众多领域;其他业务包括通信、乐天棒球队等。乐天的服务虽然多达40多种,横跨众多领域,但每个服务并不是孤岛,而是通过每一块业务都使用统一的ID并共用底层数据库,在各业务中共用"乐天超级积分",打通了信息流、资金流、数据流,在集团内部形成了良性循环,成为一个有乐天特色的商业生态系统(见图1)。

2. 乐天生态圈的循环经济

消费者购物时可以使用乐天发行的卡进行支付。当商家和消费者缺少资金时还可以从乐天银行获取个人贷款。消费者在乐天市场的消费记录可以成为发行信用卡的授信依据。乐天给会员发送促销短信时,可以通过自己的通信公司降低与会员沟通的成本。会员可以把自己在乐天银行里面的钱用于保险、证券投资等获得更大的收益。门户网站等媒体是乐天的宣传阵地,可以为其培养潜在顾客。乐天通过搭建"经济圈"让资金流和信息流在乐天提供的各种服务里面形成良性循环,各种业务相辅相成、互相助力。

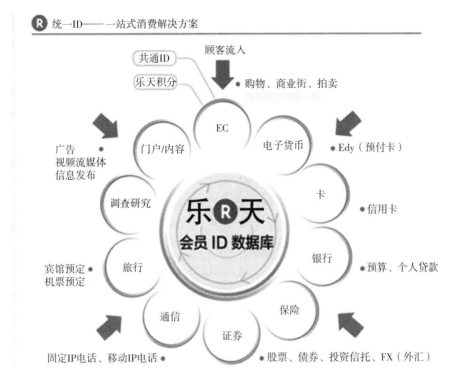

图 1　乐天生态圈

3. 对乐天生态圈运用大数据情况的分析

乐天的每一个服务都可以流入客户，为乐天带来流量。而将这些巨大数据通过统一的 ID 打通，更是乐天生态圈的优势。整合了乐天 40 余种服务数据的数据库"乐天超级 DB"，不仅可以存储数据，还会将数据按照会员的人口属性、地理信息、行为、心理属性等进行分析之后返回"乐天超级 DB"（见图 2）。利用大数据分析，乐天对客户提供个性化、定制化的广告推送。

（二）国内生态型企业经验

1. BAT 等互联网企业的跨界生态圈构建

BAT 三家的生态系统布局虽然做法各异，但都是围绕各自的核心优势展开布局，主题都是"连接"，运用的都是互联网技术，阿里通过淘宝、天猫等交易平台打造生态圈、腾讯通过 QQ、微信等社交平台打造生态圈、百度通过搜索平台打造生态系统。如腾讯运用其流量、用户、社交网络和支付平台四大优势，引入包括游戏类、生活类、商业类、就业类、经营类、工具类等题材的各类合作伙伴，形成了"开放平台、引入第三方、利益分成"的格局，通过丰富服务强化客户黏性，在增强自身盈利能力的同时，也使竞争对手难以模仿。

"乐天超级DB" 数据库架构

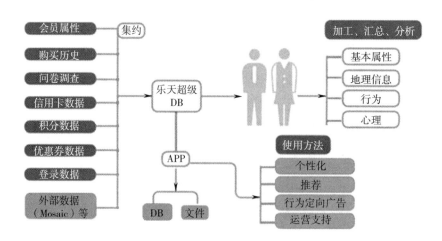

图 2　乐天超级 DB 数据库架构图

（1）腾讯：通过社交关系打造生态系统（见图 3）。

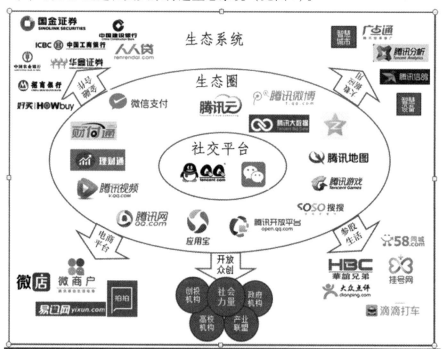

图 3　腾讯生态系统分析图

（2）百度：通过搜索平台打造生态系统（见图4）。

图4 百度生态系统分析图

（3）阿里：通过市场打造生态系统（见图5）。

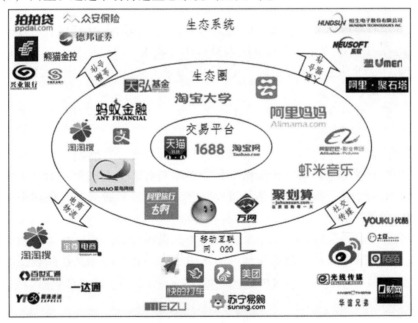

图5 阿里生态系统分析图

2. 金融行业内跨界生态圈构建

平安银行利用其具有 1 亿客户的用户资源优势，分别打造了面向不同客户群体的开放式平台"橙 e 网"、"行 e 通"、"橙子银行"和"金橙俱乐部"。

一是面向公司客户，推出"橙 e 网"平台。平安银行开放该平台引入了核心企业、物流服务提供商、第三方信息平台等战略合作伙伴，为用户提供了在线商务、在线支付、在线融资、在线理财，以及平安自身的保险产品等完善的"电子商务＋综合金融"的一站式服务。形成了"订单—运单—收单"的闭环数据，这些数据集成了"价值信息＋供应链信用"。

二是在普惠金融层面，建立"行 e 通"平台。运用开放思维，输出产品、服务、管理技术和理念，与中小银行合作，把 1.2 万个缺失产品创新资格、无法解决客户购买金融产品的其他小银行网点系统对接进来，获客的同时，丰富了大数据。

三是在个人服务方面，平安银行通过"橙子银行"切入个人客户的日常生活，为客户提供 24 小时全方位便利的金融服务，满足个人客户多样化的金融需求。

四是在资产交易方面，建立网络投融资平台——陆金所。为中小企业及个人客户提供投融资服务。从最初单纯的 P2P 业务，逐步转向平台化，成为纯粹的金融资产交易信息服务平台，深度整合资产、数据、征信、评级以及法律等链条，构建大生态圈格局。

平安银行还推出了"平安万里通积分平台"，并联同中国电信、上海汽车、携程网等在内的 40 多家企业设立国内首家积分联盟。通过积分的互兑互通，形成客户黏性、带动主营业务销售，并为商圈带来了流量，进而形成大数据优势。

（三）启发与借鉴

无论是互联网企业还是银行，在构建跨界生态系统时都把握了四大制高点：基础设施、平台、渠道、场景。

基础设施。指支付体系、大数据平台、云计算等。互联网时代，移动支付已经成为最基础的金融需求，虽然支付业务本身并非盈利来源，但接入客户生活场景、汇聚流量、积累数据是其重要功能，而流量和数据是互联网企业开展其他金融业务的基础。

平台。平台是连接两个或多个主体，为其提供行为规则、互动机制和互动场所，并从中获取收益的商业模式。美国哈佛大学托马斯·艾丝曼教授的研究表明，全球前 100 家互联网公司中，有 60 家主要收入来自平台商业模式，排在前 15 位的公司，无一例外都是平台模式。

渠道。渠道是客户获取金融产品和服务的路径。既包含实体渠道也包含电子渠道。渠道的核心议题是多渠道的整合，并确保不同渠道在产品和服务、流程、技术上的无缝对接。

场景。即占领客户的生活时间。跨界生态系统建设，关键是要找准客户生活高频度、高黏度的主场景，并以此为核心应用的切入点，这个主场景链接的是客户最基本的需求。

根据以上定义及笔者对生态型企业建设路径的分析，发现这些跨界生态系统都不约而同地在四大制高点上进行了布局（见表2）。

表2　　　　　　　　　国内外生态企业布局四大制高点分析表

	基础设施	平台	渠道	场景
日本乐天	电子货币 Edy、大数据、云计算	乐天市场	电子渠道和实体渠道相结合	购物、休闲、娱乐、理财
阿里	支付宝、移动支付、大数据、阿里云	淘宝、天猫	互联网、移动互联网，逐步建设线下渠道，如乡村淘宝、百信银行	电商、打车、娱乐、O2O、健康、养老、理财
腾讯	微信支付、腾讯大数据	QQ、微信等社交平台		社交、游戏、打车、O2O、理财
百度	大数据、百度云	百度搜索		搜索、地图、理财、O2O
平安银行	平安支付体系、万里通积分	橙e网、橙子银行、行e通、金橙俱乐部、陆金所	电子渠道	产业链贸易、理财、投资、交流、O2O等

三、浙江农信社区银行跨界生态系统的定义和原则

课题组在总结其他企业经验的基础上结合实际，提出农信生态系统建设的定义及其应当遵循的"三大思维、四大原则"。

（一）农信生态系统的定义

在自然界中，单一的物种是很难存活的。各种生物形成的生物群落和无机环境，通过能量流动和物质转换形成一个更趋稳定的集合，称为生态系统。生态系统复杂性和多样性越高，会具备更强的抵抗力和修复力，生态系统稳定性会更强。生态系统不仅仅存在于自然界，人类社会的组织、运转和生物学意义上的生态系统极为类似。1993 年，美国著名经济学家穆尔（Moore）在《哈佛商业评论》上首次提出了"商业生态系统"概念。

从浙江农信系统而言，农信生态系统就是在当前互联网时代下，浙江农信立足"三农"服务社区，发挥自身平台、客户、渠道、影响力等优势，围绕金融主业，运用互联互通、开放合作、跨界融合等竞争方式，打造一个与合作伙

伴共生共荣，对浙江农信金融主业提供有力支撑，同时对外具有强大综合竞争力的可持续发展的商业生态系统，从而实现为人民群众提供更加优质综合惠民服务的终极目标。

（二）三大思维

1. 互联互通思维

互联互通的思维是指，通过开放平台接口，建立与合作伙伴、客户网络化的连接，进而打通人流、数据流、资金流等资源，并将外部各项信息、资源不断进行系统化、全方位连接。

打造跨界生态系统就是将合作伙伴、客户、资源进行连接的基础之上构建一个整合资源、利用资源的网络，成为"金融主业 + 非金融业务"的合作伙伴与客户的连接器，在此基础上构建起农信生态系统。

2. 开放合作思维

生态系统的最核心要素，就是开放式战略。从封闭到开放，近年来成功打造跨界生态系统的谷歌、BAT 都选择了这条道路。

当前，包括农信在内的多数银行的战略都仍显封闭，针对客户的服务也多局限金融领域，开放合作战略能够借助外力、协同立体作战共赢市场的最有效方式，深入与合作伙伴合作，可以充分进行互补、互助、互力，整合各自优势，进而达到"1 + 1 > 2"的效果。

3. 跨界融合思维

跨界思维，也就是跳出原来固有的行业边际的界限思维，从行业内外互相融合、渗透切入，用多角度、多视野看待行业竞争的一种思维方式。互联网 +、大数据时代，行业竞争格局发生巨变，行业与行业之间不断在相互交叉、融合、渗透，行业间的边界在不断消融，看似不可逾越的银行业，不断闯入跨界竞争者。

对于农信而言，固守建立在传统行业边界清晰的经营模式也将越来越不适应跨界交融的竞争模式，面对跨界的竞争，"拘于金融干金融"会越来越难，传统领域终将被侵蚀。要树立"跳出金融学金融"、"找好伙伴干金融"、"跳出金融干金融"的思路，在坚定不移地做好金融主业的前提下，找准切入点，形成金融业与非金融业相互支撑的格局，主动进军金融领域以外的市场，赢得更好的生存和发展空间。

（三）四大原则

1. "3W"原则

生态构建要秉持 3W 原则，就是三赢原则，客户赢、合作伙伴赢、农信赢。首先对客户而言，这种跨界能够给他们带来实实在在的收益。其次对合作伙伴而言，加入农信跨界生态系统能够获取远比他自身单打独斗更多的收益，如能够带来更多的客源、更大的市场份额、更多的利润。最后对农信而言，在前双赢的基础上，力争自赢，从而实现自身的可持续发展。达到以上三赢才是农信跨界生态系统发展的目标。

2. 立足本地、省县两级原则

立足本地。农信在本土深耕 60 多年，具有很强的物理渠道、人缘、地缘优势，因此对于农信而言，构建生态系统，一定要立足本地，立足社区、服务社区、融入社区，源于本地，从本地汲取资源。

浙江农信的体制架构是省县两级、统分结合。在构建生态的过程中要充分考虑二级法人的体制特点，构建省县两级生态系统。省级层面负责生态系统的规划建设、跨界平台的搭建、基础设施的建设，对科技、数据、交易、互联互通等平台等进行优化重构。81 家行社构建相应的县域生态，针对黏性强的消费痛点，切入到各个可能的应用场景，挖掘客户资源。运用省联社搭建的开放平台，打通合作伙伴、客户和农信之间的网络，建立具有自身特色的生态系统。

3. 轻资产运营、单点突破原则

轻资产运营。轻资产运营可以利用少量的自有资金，撬动大量营收、利润和现金流，而重资产运营模式需要巨大的投入，而且随着规模的扩张，资金投入量越大。农信主业在于金融，布局生态是为了更好地服务于金融，轻资产运营的理念有助于防止跨界业务对于主业的冲击，易于实现商业可持续性。

单点突破。求多求全不一定会成功，做个爆点推而广之，反而会取得意想不到的成功。要有田忌赛马的思路，不与对手做整体实力的比拼，通过行业边缘切入，在一个点上击败对手，最终从单点突破到百花齐放。

4. 以我为主，主导生态原则

商业生态系统的构建者，一直都是生态的主导者，主宰着生态的走向。如腾讯的生态系统，腾讯就像大树的树干，是系统掌控者，合作伙伴就如同树枝，树干是根本，也决定了树枝成长的高度和方向。对于农信而言，同样也要秉持这样的原则，确保客户和合伙伙伴对我们的构建生态具有高黏性，不会轻易从农信的生态中离开。

四、浙江农信打造社区银行跨界生态系统建设的实施路径

(一) 农信生态系统的主要框架与建设路径

新时代下，浙江农信需要基于跨界生态系统的三大思维和四大原则，搭建起互联网时代的新架构，新生态。课题组建议农信生态系统应当包含以下主要架构，并通过三大开放平台、创新金融基础设施、完善布局场景和渠道达到建设目的（如图 6 所示）。

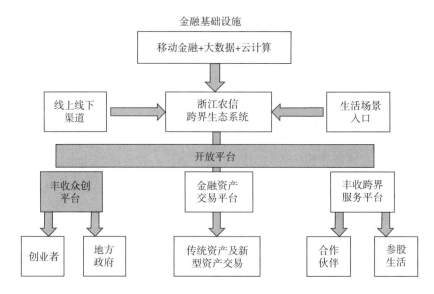

图 6　农信生态系统架构图

1. 搭建三大丰收开放平台

（1）发挥线下优势，搭建丰收跨界服务平台。在农信生态系统中，丰收跨界服务平台将发挥三大作用。一是创造服务主场景。通过服务维度扩张，占领客户生活时间，扩大目标客群。二是激活农信线下优势。农信系统的渠道和人缘地缘优势等隐性资产，在支撑主业发展的同时，完全可以作为跨界平台的线下接口，创造出优于 BAT 的线下服务支撑体系。三是提供共生共荣契机。平台合作伙伴为消费者提供综合跨界服务的同时，也可以借助平台，实现与浙江农信共生共荣。

跨界服务平台主要的建设举措：

一是农信主导，商业运营。通过参股方式成立省、县两级跨界综合惠民联盟，由第三方独立商业运营（如丰收驿站、丰收购、丰收家等线上线下渠道，采取合伙人制经营），通过与跨界合作伙伴共同投入，降低联盟建设成本，实现轻资产运营。通过浙江农信丰收品牌、数据资产、客户资源以及农信生态系统的不可复制性，防止合作伙伴轻易流失。通过专业化团队运营，提高专业经营水平，隔离风险，达到双赢效果。

二是分析需求，选准痛点。马斯洛将人类的需求由低到高分为 5 个层次，即生理需求、安全需求、社交需求、尊重需求、自我实现需求。根据这一理论，平台搭建之初需要省、市各建设主体充分分析对应目标客群的需求，选择不同的痛点。根据前期调查，课题组建议省级平台应当选择生理需求与安全需求的目标进行跨界，为全省提供基本需求。而行社则应根据自身的目标客户群体，选择性进行跨界。

三是边缘切入，引爆单品。当互联网企业进入某个传统产业的时候，通常都不是从核心业务端切入，而是从非核心业务进入。支付宝的初期只是为客户提供线上支付服务，弥补商业银行不感兴趣的网银支付。边缘进入可以减轻行业原有企业的抵制，可以规避行业政策的管制，也有利于逐步掌握技术，培育品牌。

四是不断创新，保持多样。《失控》一书指出：均衡即死亡。对于自然生态系统是这样，对于农信生态系统更是如此，不断地分析客户群体的新需求快速迭代创新才能保证生态系统中"物种"的多样性。建立合作伙伴招募、评价与退出机制，保持活力和多样性，通过优胜劣汰，保持生态系统的稳定和平衡。

（2）对接新兴客户群体，搭建丰收众创平台。一是培育年轻客户群体。不断引入创业客户流储备客户。二是对接金融产品。为创业企业提供金融产品与服务的同时，获得收益和相对对称的信息。三是增加收益回报。用平台提供的综合服务换取创业企业2%~5%的微股权，从而获得股权收益的回报，维持平台运行。

丰收众创平台主要的建设举措：

一是顶层设计，省县两级。建设创客空间有很强的专业性，浙江农信应当与国内成熟的众创空间管理机构（如创业公社）、地方政府进行合作，分别在省县两个层面成立丰收梦想小镇众创平台，依托省县两级的服务渠道形成网状的丰收众创平台。

二是不设门槛，开放引流。众创平台对入驻团队和合作方保持开放的态度，不设过多门槛。支持跨界服务平台合作伙伴，甚至是支持农信员工创业，将其打造为生产消费者（prosumer），[①] 形成农信系统内的生产消费闭环。

三是互联互通，综合服务。互联互通能够为平台提供活力，众创平台应当与跨界服务平台、金融资产交易平台实现互联互通。众创平台的创业者可以成为跨界服务平台服务的提供者，同时也可以向金融资产交易平台提供项目，获得股权众筹的支持。

（3）盘活各类资产，搭建丰收金融资产交易平台。资产是金融企业主要经营的业务，丰收金融资产交易平台一旦实现，将发挥其巨大的作用。一是丰富了产品线。二是提供更多的获客来源。三是增加资产收益。交易平台将是未来利润的增长极。

丰收金融资产交易平台主要的建设举措：

一是制定规则，积累数据。互联网产品的体验、风控很重要，产品的类型、

---

① 百度百科，生产消费者。

流程设计、端对端的标准等问题非常复杂，这也意味着金融资产交易平台应当及早布局。其基本产品、流程规则与数据经验需要在金融资产交易平台开放引入其他金融机构产品之前充分积累。

二是整合资源，盘活线下。浙江农信有大量的"沉淀资产"。尝试改变对信贷资产普遍采取持有到期的模式，应当让线下的优质小额农贷或其他小微企业贷款等沉淀资产流动起来，打造面对机构投资者的金融资产交易平台。

三是开放平台，互联互通。丰收金融资产交易平台最终应是一个开放的平台，未来不排除其他金融机构的资产和P2P在平台交易。但作为农信生态系统的重要一环，平台首先要互联互通的是跨界服务平台和众创平台。一方面为创业企业和个人的非标金融资产（例如信用证、应收账款、资产收益权）和标准金融资产（例如基金、寿险等）提供交易，使其获得不限于股权众筹等方式进行融资。另一方面，为社会上有实力、有经验的人投身股权融资提供投资渠道。

三大平台能够进一步完善浙江农信生态系统。三大平台应实现互联互通，为在生态系统内的客户、人群、组织提供包括自我实现在内的各层次需求的最大可能。综合惠民联盟的建立，在整个生态系统中起到稳住扩大传统客户的作用；众创平台起到引入年轻创业群体的作用；金融资产交易平台，瞄准了借贷、证券、保单、信托等各类资产的交易，特别是瞄准了农村市场暂时不能交易的资产，一旦政策允许农村资产上市交易，将成为农信系统最大的增长点。

2. 打造新型金融基础设施

如果说平台是生态系统物种生存的土壤，那么人流、资金流和数据流就是生态系统中的阳光、水和空气。为了使这三种流形成闭环为农信生态系统提供充足生长资源，我们需要搭建起互联网时代的新型金融基础设施。

（1）支付体系。正如前文所述，乐天、BAT等巨头在切入金融领域时，不约而同地将支付作为边缘切入点。乐天Edy、支付宝、微信支付、百度钱包都是其汇聚流量、积累数据的重要手段。

主要的建设举措：

一是高度重视支付价值，将其作为流量入口的制高点。重新审视支付的价值，从将其作为战略高度进行重新规划，并加快项目实施。

二是打造极致支付体验。首先是整合打造新型移动支付工具，开发线上线下一体的快捷支付工具——丰收宝（建议），解决多APP、多应用支付的不合理流程。其次是优化支付流程，追求支付方便极致。

三是加大移动支付推广力度。建议广泛嫁接客户生活场景，加大线下推广力度，接入线下的各类服务场景，如丰收驿站、超市、餐厅、购票、旅行等，全方位地引导客户使用丰收移动支付工具的消费习惯。

（2）大数据平台系统。大数据是互联网时代金融的核心资产，对于这个核心资产的利用能力决定了未来农信生态系统的可能边界。

主要的建设举措：

一是集中力量建设全省统一的大数据平台。实现全省大数据的集中存储、处理分析、备份和安全管理，降低数据管理成本，通过大数据专业技术人员和人工智能的机器分析，提升大数据处理分析能力和数据价值挖掘能力，最终通过云服务方式为行社提供按需的数据服务。

二是实现跨界平台与金融主业间的数据互联互通。打破大数据"孤岛"，把具有不同特征的数据整合在一起，从而有效、准确地刻画出客户状况。

三是建立全省统一的丰收会员制，拓展 ECIF（客户信息管理系统）边界。通过云技术实现客户使用单一 ID 在全省各地都可以进行农信生态系统内的跨平台，跨业务种类，跨服务范围登录。

（3）云计算平台服务。一是能够实现金融服务的随时随地接入，为金融服务均等化创造可能。二是缩减跨界服务信息系统的部署时间和成本。三是云平台本身也具有轻资产的特点，可以通过成本相对较低的云平台快速扩容服务能力。

主要的建设举措：

一是建设服务生态的私有云。可以先建立封闭的私有云，首先精简整合，通过 IT 整合简化基础架构，降低管理成本；其次通过虚拟化建立共享资源池，灵活管理 IT 资源；再次通过 IT 实现业务流程的自动化，按需提供满足服务等级水平的 IT 服务；最后在整合优化基础上，顺次逐步打造自己的私有云平台 。[①]

二是建设提供外部服务开放云商。通过云计算平台为其他中小金融机构提供服务，这不仅有利于中小金融机构减少系统建设成本和运维管理负担，同时也有利于完善农信生态系统。

（4）丰收超级积分。丰收超级积分在农信生态系统中起到了虚拟货币的作用。丰收超级积分可以在各种场景中通用，金融与非金融，线下与线上消费获得的积分，不仅可以在线上消费，可在我系统平台中实现转让（即打通丰收币与人民币的互换），也可以在线下实体店铺使用。

主要的建设举措：

一是以大数据应用为支撑，尽快建立全省统一的积分管理系统。通过全方位、一站式管理，涵盖传统金融业务和跨界平台业务的综合积分系统。

二是落实全省统一的积分管理部门。制定积分管理制度，管理积分的交易类型和交易方式、稳定全省农信系统积分的货币价值。

三是开展省县两级的丰收超级积分应用的推广，拓展各类应用场景的接入

① 蔚赵春，凌鸿．商业银行大数据应用的理论、实践与影响［J］．上海金融，2013（9）．

（见图 7）。

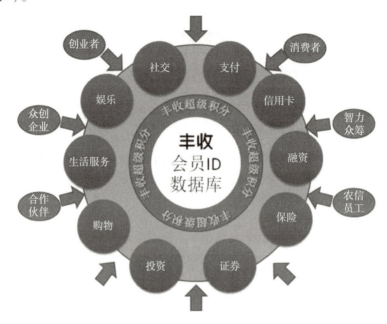

图 7　农信生态系统超级积分示意图

3. 布局场景入口

农信生态系统中人流主要依靠场景入口进行导入，无形地嵌入到人们的各种生活场景，达到"无处不丰收"的效果。

主要的建设举措：

一是加强场景入口的管理。首先是打响全省统一的场景形象（如 ETC）。自上而下的场景入口设计，统一的场景入口设计有利于客户识别，有利于整体宣传推广。其次是细分客户需求，县域行社设计高中低黏度分层式的场景入口。按照必争高黏度、布局中黏度、适当涉及低黏度的原则，分省县两级进行场景入口布局。

二是强化场景入口大数据归集。布局场景入口除了客户引流的目的，大数据归集也是重要目标之一。今后应当建设丰收驿站站点管理系统等工具，采集客户行为信息。

三是加强场景入口营销。发挥浙江农信点多面广的优势，借题发挥（如双11）、借势发挥（如双创），将本县域内的场景入口推广给广大消费者。

4. 建设多元化渠道

农信生态系统渠道的核心是多渠道整合，即客户能够自由选择在任何时候，通过任意渠道获得跨界服务。

主要的建设举措:

(1)渠道建设应体现客户思维。从"以我为主"向"以客户为主"转型,根据客户对社交、移动的需求提供更全面的服务。线下渠道布局更多地应考虑跨界服务相互配合的布局,以较低的成本覆盖更广泛的服务区域。

(2)渠道建设应运用开放跨界思维。运用合作伙伴渠道,将网点像便利店一样在超市、购物中心布局,将这类渠道作为品牌推广与标准化产品的接入口。

(3)渠道转型应体现互联网时代特征。

(二)农信生态系统的远景设想

按照课题组设想,浙江农信通过三大开放平台、移动金融、大数据、云计算以及丰收超级积分系统的建设,形成客户流、数据流、现金流的贯通,同时通过传统金融服务的客户流的引入能够形成适应互联网时代的各种跨界业务相互促进,各种类型客户相互支撑,各种数据资金相互联系流通的农信生态系统(见图8)。

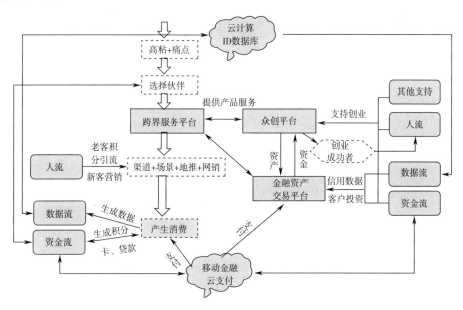

图8　未来农信生态系统远景设想图

(三)农信生态系统跨界经营路径

从国内外的经验来看,商业银行开展跨界经营路径主要有两类,一类是基于资本,另一类是基于契约。

(1)资本投资跨界经营政策及探索。目前国内银行业在资本跨界经营上有两条路,一是境外设子公司实现跨界经营。工商银行和中国银行采取海外投资的方式,获得全牌照证券子公司,兴业银行则通过信托子公司实现对证券公司的控制权。① 二是境内投资子公司实现跨界经营。目前，五大国有商业银行已经通过这种银行控股方式实现综合化经营。课题组也发现，国内农信系统也存在银行参股或控股的方式进行跨界经营的案例。这些案例表明监管当局在推进商业银行跨界经营有了新的突破和尝试。

（2）契约形式跨界经营的实现方式。契约形式跨界经营是指商业银行与非银行金融机构、非金融企业通过签订业务合作协议的方式，开展通道类曲线跨界业务，来实现跨界经营的战略目的。

（3）农信生态系统跨界经营路径的选择。从农信生态系统建设角度来看，浙江农信集团化经营，成立丰收跨界经营法人主体是生态系统建设的理想状态。

集团化模式（见图9）：

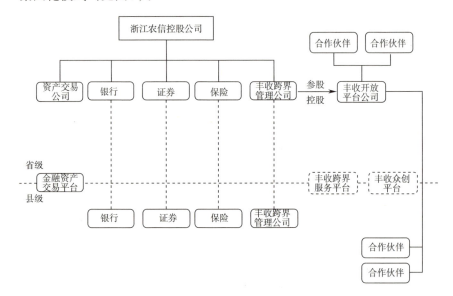

图9　农信生态系统集团化跨界经营示意图

集团化法人治理结构非常清晰，丰收开放平台公司由浙江农信子公司——丰收跨界管理公司与外部合作伙伴通过股权方式成立丰收开放平台公司。公司负责丰收跨界服务平台和丰收众创平台的运营，自负盈亏，达到公司与集团之间的隔离，但同时由浙江农信金融主导生态布局的目的。

省县两级法人模式（见图10）：

在现有两级法人模式下，浙江农信不能直接投资丰收开放平台公司，只能通过海外控股公司或以品牌、渠道、客户群取得合作伙伴的认同，成立新法人

---

① 清科财富.2015中国金融将迎来混业经营大时代［EB/OL］.http：//www.pwmchina.com/zxzx－1743.html.

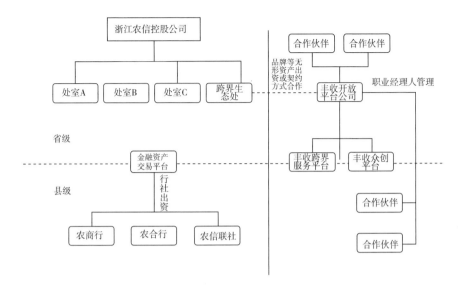

图 10　农信生态系统两级法人跨界经营示意图

（由省联社代表行社派出职业经理人实际控制）运营两个开放平台。同时力争监管政策许可，由全省 81 家行社出资与外部金融集团合作成立金融资产交易平台公司。

五、社区银行跨界生态系统建设的保障体系

（一）建设防火墙，为生态系统建设提供风控保障

从商业银行的跨界经验来看，跨界业务与金融主业之间可能会导致风险的跨业传递和扩散，因而必须在制度层面，设计多道防火墙。

1. 建立跨界经营"内部控制防火墙"避免风险传导

一是制定跨界业务管理部门的责任和权限，建立制衡监督机制。二是建立源头把控机制。将风险与收益不匹配的业务挡在门外。三是建立跨界业务的法律风险控制机制，防止法律和合同纠纷。

2. 建立跨界经营"法人间防火墙"防止关联交易风险

在跨界各子公司交易规则和交易流程，设置子公司与母公司间的资金流动、投资设置限额，通过制订规则确立商业主导地位，并主动控制风险。

3. 建立跨界经营"信息安全防火墙"保障信息充分传递和泄露风险

对内建立信息完全披露制度，避免由于信息不透明产生风险积聚。对外应建立对外信息披露的防火墙，一方面加强对公众的合法信息的公开，保护消费者权益。另一方面要通过制度与技术的设计，防止平台与合作伙伴渠道泄露客户隐私造成的声誉风险。

4. 建立跨界经营"责任约束防火墙"强化内外部约束

一是设置跨界保险阀。对跨界经营的子公司要求其从事跨界经营的管理层对所负责业务的清偿能力负责，避免出现破产风险。二是设置自律阀。建立内部督导检查制度，对跨界业务进行不定期检查。三是做好跨界业务定期评价机制，发现不当行为，应暂停或取消跨界业务经营资格。

（二）强化创新激励机制，为生态系统提供人力智力保障

1. 加强人才队伍建设

一是加大农信系统内部的跨界人才培养。二是加大科技队伍建设。培养数据治理、云计算、大数据中高端科技人才。同时，可以借助开放平台的优势，引进相关的高科技合作伙伴。三是加大外部复合型人才引进力度。

2. 建立开放创新平台

一是面向内部员工的"梦想创意"平台，向基层员工、管理人员征集问题与优秀创意。二是面向所有内外部开发者，设立"THINK 创意"平台，发布创新需求和征集方案。三是面向用户，设立"丰收互动创意"平台，收集客户体验，为其提供交流、挑刺、体验新产品的机会。

3. 探索建立创新容错机制

运用互联网技术，可以采用虚拟或模拟的方法来降低成本，加快创新速度。同时应设置员工和团队的创新错误底线，投入一定的试错成本。

4. 建立匹配的绩效考核体系

制定好战略规划和有效的考核机制。做到短期与长期相结合，省级与县级考核相结合，充分发挥绩效考核体系在浙江农信生态系统建设过程中的指挥棒作用。

（三）加大资源投入，为生态系统提供强大科技保障

1. 建立适应互联网时代的 IT 治理结构

需要进一步强化适应互联网金融和生态系统建设的部门设置与人员配置，形成与时俱进的 IT 治理机制。

2. 加大金融基础设施研发投入

一是加大 IT 投入中金融基础设施研发比重。二是增加金融基础设施创新研发项目，对应用效果好的项目实施重奖，激励团队创新。三是开展金融基础设施应用推广竞赛，将科技开发与基层实践相结合，加速转化生产力。

3. 开放思维运用全球资源

一家企业的科研团队毕竟有限，但如果运用众包模式，就有可能运用互联网将一些创新难题外包给全球开发者。运用开放思维，采用自主研发与部分外包相结合的建设模式，能够大大加快浙江农信的科技和产品研发步伐。

社区银行建设是浙江农信普惠金融工程的具象化，而农信生态系统则是社

区银行运用金融服务人民群众，服务普惠大众的良好载体，生态既为人民群众提供了跨越金融的丰富服务内容，同时为"大众创业、万众创新"提供了强有力的支持，最终也能够使浙江农信通过商业模式的转型获得可持续发展能力。

参考文献

［1］霍学文：《新金融，新生态：互联网金融的框架分析与创新思考》，中信出版社，2015.

［2］清科财富：《2015 中国金融将迎来混业经营大时代》，http：//www. pwmchina. com/zxzx – 1743. html .

［3］孙建华：《坚定坚决地实话社区银行转型建设战略》，载《农村金融研究》，2015（7）。

［4］蔚赵春、凌鸿：《商业银行大数据应用的理论、实践与影响》，载《上海金融》，2013（9）。

［5］新华网：《支付宝发布2014年度对账单：移动支付占比超过50%》。

［6］央视主创团队：《互联网时代》，北京联合出版公司，2015。

［7］赵大伟：《互联网思维"独孤九剑"》，机械工业出版社，2014。

浙江舟山群岛新区企业信用指数编制方法与应用[①]

舟山市金融学会课题组[*]

第一部分　指数编制的背景和意义

一、什么是 ZECI

舟山群岛新区企业信用指数（Zhoushan Enterprise Credit Index，ZECI）是以海洋经济为主题，舟山群岛新区海洋相关产业为主体，企业信用风险评价为核心，运用统计指数相关原理编制的，用于综合反映舟山海洋相关产业信用变动趋势和变动程度的指数化分析工具，是反映舟山群岛新区海洋产业信用状况的"晴雨表"。

舟山群岛新区企业信用指数系统（Zhoushan Enterprise Credit Index System，ZECIS）由两大子系统构成：舟山企业信用综合指数子系统和舟山企业信用早期预警指数子系统。如图 1 所示。

图 1　舟山企业信用指数架构体系

① 因涉及作者的知识产权和编辑篇幅要求，本文中对指数的具体编制方法和核心指标组成进行了省略。

* 课题主持人：谢海潮
　课题组成员：楼裕胜　黄　雁　冯增国　毛　通

舟山群岛新区企业信用综合指数（Zhoushan Enterprise Credit Comprehensive Index，ZECCI）系统是用于综合反映舟山群岛新区海洋产业整体信用水平的指数化分析工具，其主要着眼于对区域海洋产业信用现状的刻画。

舟山群岛新区企业信用早期预警指数（Zhoushan Enterprise Credit Early Warning Index，ZECWI）系统，是在 ZECCI 基础上，构建的一套相对独立于 ZECCI 的，具有早期信用预警功能的系统，其主要着眼于对舟山海洋产业信用风险的早期预警。

ZECCI 和 ZECWI 共同组成了舟山信用海洋经济指数系统的两大体系，两者相互关联又功能各异。ZECCI 是对舟山群岛新区企业信用的全方位综合评价，其主要着重于对信用现状的客观评价与分析，而 ZECWI 是对舟山群岛新区企业早期信用风险的预警，其主要着重于对信用变动趋势的预测与分析，两者相辅相成，共同实现舟山群岛新区企业信用的评价与分析。

编制 ZECI，是浙江省建设海洋经济强省和舟山群岛新区打造信用海洋经济发展先导区背景下，以新区海洋相关产业企业为信用主体，通过运用现代统计综合指数方法编制而成，用于反映新区主要海洋产业信用综合变动方向、变动程度和发展趋势。它可以满足管理部门在新区海洋经济建设中对当地信用生态监管的需要，可以成为反映新区产业企业核心竞争力的重要参考依据，同时这也是新区信用海洋经济建设中取得的一项成果，是舟山群岛新区经济"软实力"的一大象征。

二、ZECI 产生的背景

舟山群岛新区信贷企业信用综合指数产生的宏观现实背景是 2012 年《全国海洋经济发展"十二五"规划》出台，以及 2011 年《浙江海洋经济发展示范区规划》获批与浙江舟山群岛国家级新区正式批准设立。2012 年全国海洋生产总值 50 087 亿元，比上年增长 7.9%，海洋生产总值占国内生产总值的 9.6%。以发展海洋经济试点省为契机，大力发展海洋经济，加快建设海洋经济强省成为浙江省在"十二五"期间的重大战略目标。而舟山群岛新区作为上述战略中最为重要的一环，将打造成为海洋经济发展的先导区、海洋经合开发试验区和长江三角洲地区经济发展的重要增长极。海洋产业是舟山的支柱性产业。2012 年舟山海洋经济总产出达 1 959 亿元，海洋经济增加值占 GDP 比重达 68.7%，是全国海洋经济比重最高的城市。"十二五"期间，其目标是海洋经济总产出超过 2 600 亿元，海洋经济增加值达到 860 亿元以上，占 GDP 比重达到 72%。可以说，舟山海洋产业的发展将关乎新区建设和浙江省建设海洋经济强省战略目标的成败。

市场经济是信用经济，企业信用是信用经济的重中之重。建设海洋经济强省，大力发展海洋产业离不开发挥企业信用的作用。但是，有信用就会有信用风险，管理部门需要一种能够从宏观层面上及时掌握当地产业企业整体信用状况，客观地反映企业信用生态的监管工具，以便科学管控信用风险，合理引导信贷资金走向，从而更好地发挥信用在地方经济建设中的作用，编制和开发企业信用综合指数是一种合适的选择。

正是在这样的背景下，2012年初由人民银行舟山市中心支行主导，并和浙江众城资信评估公司以及浙江金融职业学院等省内外部分高校信用管理领域的专家学者共同参与编制国内首个以"海洋经济"为主题的信用综合指数——"浙江舟山群岛新区企业信用综合指数"。编制ZECI将有助于客观评价与反映新区建设进程中企业信用状况和变动态势，为管理部门进行信用监管、分析评估新区企业信用风险、合理引导信贷资金走向提供科学量化依据。该指数是对区域社会信用建设的一种探索和创新，正式发布运行后将对区域信用生态产生积极的正面引导作用。

三、ZECI 的特征与功能

（一）指数的特征

1. 评价对象

ZECI紧紧围绕海洋相关产业的信用编制而成，指数以信用海洋经济为主题，综合反映海洋相关产业多个层面和维度的信用生态，这是其有别于其他任何信用指数最为显著的特征。

2. 指标体系

ZECI的指数指标体系着眼于区域中观层面，ZECCI从产业信用环境和产业信用能力两大层面构建，前者由海洋经济环境、海洋金融环境、商业信用环境和海洋景气环境四个二级指标构成，后者由产业信用素质、经济实力、偿债能力、经营能力和发展潜力五个二级指标构成，是一个全面评价海洋产业信用的综合性指标体系；而ZECWI则是在ZECCI指标基础上，遴选出的少数几项具有先行性和预警性功能的指标组成的预警体系。

3. 评价方法

ZECCI在多指标综合评价模式上采用兼顾"功能性"的乘法合成模型与"均衡性"的线性加权综合模型的组合集结评价模型。ZECCI的一级指标和三级指标合成公式采用线性加权方法，其主要突出评价对象的差异性，允许取长补短，而在反映海洋产业信用六个维度内部的二级指标层，采用非线性加权综合法中的乘法合成模型，用于体现受评对象在各个维度上的均衡性。ZECWI则采用线性加权综合模型。

4. 指数模型

ZECI 采用目前较为流行的基于多指标综合评价的加权综合指数法编制。无论是 ZECCI 还是 ZECWI，均通过横向的产业信用维度和纵向的海洋产业门类双向加权合成指数，这是一种基于双向分层嵌套平衡表格式的综合指数评价方法，可以同时进行的横向产业信用维度和纵向产业门类的交叉分类指数的编制，从而满足分维度、分行业等多个角度信用分析的需要。

5. 指数权重

ZECI 由指标权和行业权双向权向量加权合成。ZECCI 的指标权综合采用主观赋权和客观赋权相结合的赋权方式，在一级指标层上采用群组 AHP 确权方法，在二级指标层采用均方差确权方法，在三级指标层上则采用序关系确权（G1 - 确权法），ZECWI 指标权则是在 ZECCI 指标权基础上推算得到；在行业权重设置上，两者均依据历年行业产值占比来确定，并采用移动加权方式对其逐年加以调整。

6. 指数数据

编制 ZECI 的数据主要来源于两个层面：一是舟山群岛新区区域层面上反映新区海洋信用环境的公开数据；二是对舟山群岛新区各海洋产业代表性企业的信用评级调查，其数据由舟山当地的信用评级公司提供，在样本企业选择上，采用目前指数编制中常用的"划类选典"法，从评级数据库中抽取与海洋相关产业企业，并通过样本轮换方式，编制综合指数和预警指数。

（二）指数的功能

1. 信用分析功能

从信用经济分析的视角来看，信用海洋经济指数的编制具有以下几点作用：第一，可以客观反映一地在大力发展海洋经济过程中相关产业信用的综合变动方向和变动程度；第二，可以用于分析造成该地区海洋相关产业信用变动的影响因素、影响方向和影响程度；第三，可以用于分析判断该地区海洋相关产业信用变动的长期趋势和发展规律；第四，可以进行不同海洋产业间信用状况比较分析；第五，可以进行跨区域信用比较分析；第六，对样本企业信用评价的结果可以作为该企业了解和评估自身信用状况的参考依据。

2. 信用监管功能

从政府信用监管的视角来看，信用海洋经济指数的编制具有以下几点作用：第一，可以为政府管理部门提供一个分析评价一地海洋产业信用生态整体水平和变动状况，成为反映当地企业信用生态的"晴雨表"，是对海洋产业企业信用监管的工具；第二，可以为人民银行等金融管理部门提供一个分析评价海洋产业企业整体信用风险的工具，以便及时管控金融机构信贷风险，合理引导信贷资金走向；第三，可以成为一地信用海洋经济建设中取得的一项成果，是反映新区产业企业核心竞争力，体现该地区经济"软实力"的一大象征。

3. 信用预警功能

从信用风险预警的视角来看，ZECI的编制有以下几点作用：第一，可以根据指数分值所处的区间对区域海洋产业信用风险进行灯号预警；第二，可以构建指数时间序列，进行趋势预测和波动预测，从而实现短期和长期的信用风险预警；第三，可以实现分行业预警、分地区预警、分规模预警等多种预警功能，满足不同层面分析的需要。

四、ZECI 涉及的两种行业分类

ZECI 主要以区域海洋产业的企业信用为研究对象，首先对来自不同行业的企业进行信用评价，然后再按照不同行业分类编制指数。由于当前的企业信用评价按照国民经济行业分类标准实施，而 ZECI 则需要按照海洋经济行业分类输出，因此，编制 ZECI 过程中会涉及两种常见的行业分类方法：一是国民经济行业分类方法；二是海洋经济行业分类方法。

一是从国民经济行业分类的角度进行划分，在对各样本企业进行信用评价过程中，其行业参考标准值的设定主要依据的是该种分类方法。其采用《国民经济行业分类（GB/T 4754—2011）》分类标准，将全部国民经济行业划分为20个行业门类、96 个行业大类、960 个行业中类、8 234 个行业小类。

二是从海洋经济行业分类的角度进行划分，在编制 ZECI 行业分类指数的过程中，采用该种分类方法。当前主要有三种常见的分类标准：第一，按照中华人民共和国国家标准《国民经济产业分类》（GB/T 4754—2002）和中华人民共和国海洋产业标准《海洋经济统计分类与代码》（HY/T052—1999）规定的海洋三次产业分类；第二，按照国家海洋局《海洋及相关产业分类》（GB/T 20794—2006）公布的海洋产业分类；第三，在其他层面上对海洋产业的分类。

ZECI 编制一方面要和现行的统计标准和统计口径保持基本一致，从而保证指数数据来源的质量和指数的权威性，另一方面也需要突出指数时效性等特征，突出反映当前形势下海洋经济主要产业的信用状况，而对海洋经济中所占比重较小的可以暂时忽略，等今后时机成熟再加以补充。根据这一思路，重点选择了舟山海洋经济结构中占有较为突出地位的 14 个产业大类，其中海洋科研教育管理服务业在生产总值中的比重较小，因此，忽略不计（具体组成略）。

第二部分 ZECI 指数理论模型

一、信用指数理论研究现状及相关评述

（一）信用指数理论研究进展

ZECI 是以海洋经济为主题，海洋相关产业为主体，舟山地区企业信用风险评价为核心，用于综合反映舟山新区海洋相关产业信用状况的指数化分析工具。指数编制的理论基础在于企业信用风险评价的相关研究。从目前国内外对企业信用风险评价的理论研究进展来看，主要有以下几类：一是以"5C"信用要素理论为代表的古典分析方法，这类评价方法将企业信用区分为若干个信用要素（比如"5C"要素、"4F"要素、"5P"要素、"5W"要素等），然后采用专家主观评判的方式对各个要素进行量化评分，用于判断企业的信用风险大小；二是以信用风险判别模型为代表的多元统计评价方法，较为典型的有 Edward I. Altman 的"Z-score"模型以及在此基础上改进的"Zeta"判别分析模型，这类模型依据历史累计样本数据，采用线性概率模型、LOGIT 法、PROBIT 法和判别分析法（MDA）等建立企业财务特征变量的相关数学模型，从而预测公司破产或违约的概率；三是多指标综合评价方法，它通过分层分类筛选与企业信用相关的评价指标，建立一套完整地反映企业信用状况的评价指标体系，然后采用一定的集成模式，将各项指标加权综合从而得到信用评价结果的方法，沃尔比重评分法就属此类，同时这也是当前国内外主要评级机构广为采用的企业信用风险评价方法；四是随着计算机应用的普及和人工智能技术的不断发展和成熟，以人工神经网络模型为代表的新型评价方法在企业信用风险预测中得以推广和使用，比如 Tam 和 Kiang 运用 BP 神经网络来预测破产；除上述四类直接针对企业本身的信用风险评价方法之外，还有一些以金融市场交易工具为对象的评价方法，比如信用风险的期权定价模型、KMV 的 EDF 模型、债券违约率模型、随机模拟方法等，由于这类方法并不直接针对企业本身，因此并不在讨论的范围之内。

（二）信用指数理论研究的评述

尽管上述评价方法各有所长，从编制企业信用指数的特定角度来看：古典分析方法虽然强调要从企业各信用要素角度全面综合考评信用风险，但其评价过程过于依赖评价者的主观经验，忽视对客观数据中包含的企业信用状况的挖掘和分析，以此为基础编制信用指数将过于主观；多元统计评价方法虽然强调用较少的几个反映企业信用的关键变量以及历史统计数据来预测违约或破产概率，但其一方面由于建模需要，变量不宜过多，因此往往倚重于企业的少数几

个财务指标和数据，同时还要对数据分布形态等作出事先假定，对数据有较高的要求，容易出现模型设定错误；另一方面，过于依赖样本数据所包含的历史信息，忽视对企业基本素质和发展前景等其他方面信用状况的主观判断，因此难以满足指数综合分析的需要；人工智能评价方法尽管无须考虑数据的分布形态，也不用担心模型设定错误，但其从数据输入到最终结果输出的过程就像一个"黑匣子"，难以进行评价指标和评价结果之间的关联分析，因此实际应用受到很大的限制，不宜用于编制企业信用指数。在上述方法中，最适合用于编制企业信用综合指数的评价方法是多指标综合评价法。其理由是：第一，指标设定方便灵活，可以根据不同产业企业的信用特征灵活设定与调整评价指标，且同时满足定性评价和定量评价的需要；第二，评价更为全面和客观，可以通过分层分类筛选与企业信用相关的各项指标，建立一个全面综合反映企业信用的指标体系，而无须依赖于少数几个关键指标进行判断，评价过程中充分尊重企业信用基础数据的作用，同时又能发挥评价者的主观能动性，评价结果更为客观；第三，可以满足各种指数分析的需要，由于指标体系的设定具有鲜明的层级结构，因此可以分层分类编制各级单项指数、分类指数和总指数，满足各类指数分析的需要；第四，实际应用效果好，可操作性强。目前国内外编制的信用指数绝大多数采用的是以多指标综合评价法为基础的综合指数法，其应用效果比较理想。正是基于上述理由，此次编制的用于反映舟山海洋经济信用建设和海洋产业信用状况的 ZECI，在编制方法上采用基于多指标综合评价的综合指数方法。

二、当前国内外信用指数的实践现状与评述

（一）国内外信用指数的实践现状

从实践层面来看，目前，信用指数已经在国内外不少领域中得以应用，例如，美国的信用经理人指数、世界银行信用信息指数、国内的义乌市场信用综合指数、中国城市商业信用环境指数、中国信用小康指数、中国出口信用保险公司的中国短期出口贸易信用风险指数等，这些指数涉及个人信用、企业信用、产业信用、政府信用、国家信用等。其中与企业信用直接相关且较具代表性的指数包括美国的信用经理人指数和国内的义乌市场信用综合指数，下面我们以上述指数为例，对企业信用综合指数编制的原理和特点进行分析比较，以便为编制舟山新区企业信用综合指数提供更好的借鉴。

1. NACM 信用经理人指数

美国国家信用管理协会（NACM）2002 年创建信用经理人指数（Credit Managers Index，CMI）是为了让美国企业的首席执行官、财务主管、销售主管及时了解美国经济中信用状况的变化，同时希望其成为经济学家和媒体考察美国

经济的一个常用工具。CMI 用百分比值来表示，如果超过 50%，表明总体信用状况向好，从信用的角度来看总体经济有所增长；得分越低表示负面的评价越显著（具体介绍略）。

2. 义乌市场信用综合指数

义乌市场信用指数（Yiwu Market Credit Index，YMCI），是由义乌市工商行政管理局和北京大学中国信用研究中心联合研发编制，用一套反映和量化义乌市场信用变化发展趋势和特征的指数体系。YMCI 是国内首个市场信用指数，该指数自 2007 年 9 月运行以来，较好地反映和预警了义乌市场信用的发展变化，已成为指引义乌市场主体走向诚信经营的"风向标"，是监督市场信用状况变化的"晴雨表"（具体介绍略）。

（二）对信用指数实践现状的评述

通过对上述国内外两种最有代表性的企业信用指数的比较分析来看，我们可以得到以下几点结论：第一，企业信用指数编制既可以单独围绕产业企业微观主体信用进行（例如 CMI），也可以将微观信用和反映经济总体的宏观信用结合进行（例如 YMCI），但不管采用哪一种，不应脱离企业微观信用，这是企业信用的直接来源和基础。第二，企业信用指标体系建立因指数编制目的和考察对象而异，指标设计具有灵活多样性，但不应脱离企业信用的相关理论，采用关键指标方法建立的指标体系其指数针对性较强（例如 CMI），而采用全面考核方法建立的指标体系其指数综合分析能力较高，功能全面（例如 YMCI）。第三，指数编制的样本规格品抽取与数据取得除考虑样本的代表性等问题之外，还应充分考虑指标数据的连续性、数据的可得性、采集和编制成本等问题，因为指数的编制往往具有长期性，频繁地调整指标和调查对象势必影响指数的效果。第四，基于多指标综合评价方法的综合指数法在实践中效果较为理想（CMI 和 YMCI 均采用此种编制方法），其权重确定的方法和指数计算的公式灵活多样，可以满足不同功能指数编制和分析的需要。

三、ZECI 指数理论模型

舟山群岛新区海洋产业信用取决于两个方面的因素：一是产业自身的信用能力，它是信用的基础和内在制约因素；二是产业外围的信用环境，它是信用的外在影响因素。产业信用能力处于核心地位，它表现在以下五个维度，分别是海洋产业的信用素质、经济实力、偿债能力、经营能力和发展潜力，其中信用素质和经济实力是信用能力的基础保障，偿债能力、经营能力和发展潜力则为信用能力创造了必要的条件。产业信用环境处于外围层，它由海洋经济环境、金融环境、商业信用环境和海洋景气环境四部分组成，为海洋产业信用创造了外部的条件。基于此，可构建 ZECI 指数理论模型（如图 2 所示）。

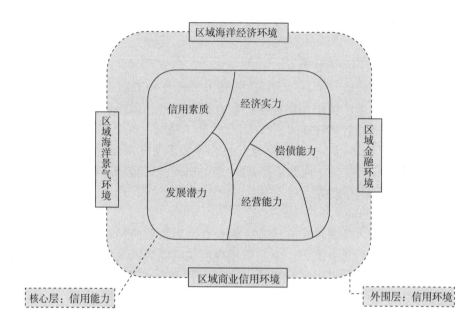

图 2　ZECI 指数理论模型

第三部分　ZECCI 指标体系

一、ZECCI 指标体系构建原则

（一）权威性原则

本文构建 ZECCI 的综合评价指标体系包括三个层级指标，指标体系由反映整个海洋经济信用环境和产业信用能力的指标组成，其中的环境指标均来自公开的数据库，由权威部门统计测算，而反映产业信用能力的评价指标体系是由两家资信评估公司企业信用等级评价指标为遴选范围建立的。各项指标的产生不仅具有科学严谨的信用理论作为依托，同时，更为难得的是经过长期企业信用评级实践的检验，具有很高的权威性。

（二）科学性原则

ZECCI 综合评价指标体系的构建必须要有科学的依据，要以信用基础理论为依托，能够全面反映评价目标的内涵，其指标的选择应该能够客观反映被评价一地在发展海洋经济相关产业过程中各个方面的信用状况，符合信用评价的最终目的。

（三）全面性原则

ZECCI 综合评价指标体系必须能够覆盖海洋经济信用状况的方方面面，能够根据指标的不同特征进行不同研究目的分类分析。评价指标体系是一个完整的有机整体，可以根据评价对象的特点，使选择的指标形成一个具有层次性和内在联系的指标系统。

（四）可操作性原则

ZECCI 综合评价指标必须可以测度、可以比较，即评价指标必须可进行定量或定性测量（测评），评价结果可进行大小、高低或优劣比较。同时，评价指标的各项数据来源具有可获得性，评价方法科学实用，可以满足信用评价的现实需要。

（五）简约性原则

舟山信用海洋经济体现在方方面面，评价海洋经济的信用指标非常多，但是指标体系并非越庞大越好，指标也并非越多越好。指标过多不仅容易造成指标之间的关联性和重复性，产生属性上的冗余，同时也增加了数据采集和运算的成本，增加了操作的难度。因此，要充分了解企业信用评价的特点，选择最具代表性的关键指标。

（六）定性与定量评价相结合原则

在企业信用综合评价指标设置上，不仅要从量的角度对企业信用水平加以度量，而且还要从质的角度，对一些难以用数量表示的企业信用品质加以评价，从而做到更为全面、客观、科学地反映评价企业的信用状况。

二、ZECCI 评价指标体系及编码

根据 ZECCI 指数理论模型，在遵循上述指标筛选原则基础上，构建如下 ZECCI 指标体系。ZECCI 是由两个一级指标和九个二级指标和若干三级指标组成的三层级评价体系。

三、ZECCI 评价指标的测算方法

（一）产业信用环境评价指标的测算方法

舟山海洋及海洋相关产业信用环境主要包括海洋经济环境、金融环境、商业信用环境和景气环境四个维度。

（二）产业信用能力评价指标的测算方法

舟山海洋产业的信用能力是由来自舟山各海洋及海洋相关产业企业的信用综合而成，其核心是上述企业的信用能力评价，主要通过对各企业的信用素质、经济实力、偿债能力、经营能力和发展潜力五个维度的评价来实现，然后根据各企业在所属行业中的地位按照行业归属加权综合而成。

四、ZECCI 的指数分析方法介绍

ZECCI 的指数输出结果分析采用五色灯号预警系统方法。下面对其相关原理进行介绍。

（一）ZECCI 五色灯号法的概念

灯号法是指数分析中广为采用的一种做法。ZECCI 五色灯号法借助交通管制的红、黄、绿信号灯的概念，来直观、形象地揭示舟山群岛新区信贷企业的信用状况，并通过计算信用综合评分，对整体信用状况进行评价。

（二）ZECCI 五色灯号系统的原理说明

依据 ZECCI 综合评价模型及等级划分原理，将判断区域根据综合评价得分由高到低区分为五级，用红、橙、黄、绿、蓝五色来分别表示"危险"、"警戒"、"关注"、"正常"和"安全"，具体划分标准如表 1 所示。区域划分临界值的设定依据是 ZECCI 综合评价等级划分原理，由于 ZECCI 的综合评价得分值位于 [0，100] 分，采用国际通行的"四等十级制"划分，由此设定了不同级别的临界值，具体如表 1 所示。

表 1　　　　　　　　　ZECCI 五色信号灯区域划分标准及含义

颜色	符号	取值范围	含义
红	●	$0 \leqslant ZECI < 20$	危险级
橙	●	$20 \leqslant ZECI < 40$	警戒级
黄	●	$40 \leqslant ZECI < 60$	关注级
绿	●	$60 \leqslant ZECI < 80$	正常级
蓝	●	$80 \leqslant ZECI < 100$	安全级

（三）ZECCI 五色灯号分析工具

ZECCI 五色灯号分析工具包括五色灯号分析表和五色灯号分析图两种。

1. 五色灯号分析表

ZECCI 五色灯号分析包括综合指数分析、产业信用环境指数分析和产业信用能力指数分析三部分，五色灯号系统根据总指数和各分类指数在不同年限实际测算的结果，判断其所处的区域范围，亮出不同颜色灯号，以此直观形象地揭示信用状态（见表 2 和图 3）。

表 2　　　　　　　　　ZECI 五色灯号分析示意表

维度分类指数和总指数	t 年	t + 1 年	t + 2 年	t + 3 年	⋯
ZECCI 综合指数	●	●	●	●	⋯
产业信用环境指数	●	●	●	●	⋯

续表

维度分类指数和总指数		t 年	t+1 年	t+2 年	t+3 年	…
海洋经济环境指数		●	●	◐	◔	…
海洋金融环境指数		●	◐	◔	◔	…
商业信用环境指数		●	◔	◔	●	…
海洋景气环境指数		●	●	◐	●	…
产业信用能力指数		●	●	◐	●	…
（一）按维度分	产业信用素质指数	●	●	●	●	…
	产业经济实力指数	●	●	◐	●	
	产业偿债能力指数	●	●	●	●	
	产业经营能力指数	◔	◐	◔	●	
	产业发展潜力指数	◔	◔	◔	◐	
（二）按产业分	海洋一产信用指数	◔	◔	◔	●	
	海洋二产信用指数	◔	◔	◐	◐	
	海洋三产信用指数	●	●	●	●	
（三）按规模分	大型企业信用指数	◔	●	◐	◔	
	中型企业信用指数	●	●	●	●	
	小型企业信用指数	●	●	◔	●	
	微型企业信用指数	◐	◔	◔	◔	
（四）按地区分	定海区企业信用指数	◔	◔	◔	◐	…
	普陀区企业信用指数	●	●	●	●	
	岱山区企业信用指数	◔	◐	◐	◔	
	嵊泗县企业信用指数	◐	●	◐	●	

2. 五色灯号分析图

五色灯号分析图常见的有两种：一种是基于 ZECCI 综合指数和分类指数序列的走势图，其常用于对指数序列进行短期和长期的趋势预测，如图 3 所示的基于 ZECCI 综合指数序列走势图；

另一种是通过对 ZECCI 综合指数或分类指数序列计算环比（定基）指数，进行指数环比分析或定基分析，并对指数的波动性进行分析（见图 4）。

（四）ZECCI 指数分析方法

1. 灯号分析

ZECCI 灯号分析是根据 ZECCI 总指数和各分类指数的最终测算结果，结合五色灯号区域划分准则，通过使用五色灯号分析表，直观给出 ZECCI 总指数及各分类指数当前的信用等级信号，对区域信用海洋经济的现状作出最终判断。

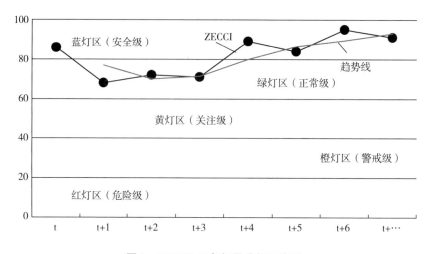

图 3　ZECCI 五色灯号分析示意图

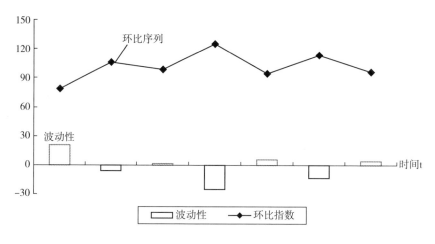

图 4　ZECCI 波动性分析图

2. 趋势分析

ZECCI 趋势分析是在 ZECCI 总指数和各分类指数时序数列基础上，通过使用基于时序数列的分析方法，结合 ZECCI 时序数列走势图，对区域信用海洋经济的短期和长期走势进行外推，常用的趋势外推方法包括移动平均法、指数平滑法等。

3. 波动性分析

ZECCI 波动性分析是在 ZECCI 总指数和各分类指数序列基础上，通过计算定基指数和环比指数，并计算指数序列的波动性指标，结合 ZECCI 波动性分析图，对区域信用海洋经济的波动状况进行分析。

第四部分 舟山信用海洋经济生态建设的对策建议

一、加强舟山社会信用体系建设，为信用海洋经济营造良好的氛围

良好的信用环境是舟山海洋经济健康可持续发展必不可少的外部条件，舟山社会信用体系建设是促进本地区资源优化配置、促进产业结构优化升级的重要前提。当前国家十分重视社会信用体系建设。党的十八大报告提出"加强政务诚信、商务诚信、社会诚信和司法公信建设"，党的十八届三中全会提出"建立健全社会征信体系，褒扬诚信，惩戒失信"，以及《中华人民共和国国民经济和社会发展第十二个五年规划纲要》中也明确提出要"加快社会信用体系建设"。2014 年 6 月《社会信用体系建设规划纲要（2014—2020 年)》正式发布。舟山地区应以此为契机，切实推进本地区社会信用体系建设，为信用海洋经济营造一个良好的氛围。

二、加强舟山海洋经济信用监测能力，提升服务海洋经济发展的水平

当前中国经济进入增速换挡的新常态，舟山海洋经济的发展也迎来产业转型升级和发展方式转变的换挡期，需要综合考虑海洋生态系统、沿海地区社会系统和经济系统的内在联系和协调发展。在此背景下，亟待加强对海洋经济发展方式转变和布局优化的指导与调节，进一步完善海洋经济调控体系，切实提高海洋经济监测评估的能力。尤其需要注意防范和化解海洋产业结构调整升级，以及海洋经济发展方式转变过程中积累的产业信用风险，切实提高服务海洋经济发展的水平。

三、以舟山群岛国家级新区获批为契机，切实提升信用软实力

随着 2011 年《浙江海洋经济发展示范区规划》获批与舟山群岛国家级新区正式批准成立，舟山海洋经济发展迎来重大的机遇期。作为"十三五"期间浙江省海洋经济强省战略中最为重要的一环，舟山将在"十二五"时期新区战略地位明显提升、发展基础不断夯实的基础上，舟山江海联运服务中心、绿色石化产业基地、现代航空产业等一批功能性重大项目落户，舟山海洋产业的健康发展关乎新区建设的成败。因此，应切实加强舟山海洋经济信用建设，实施行业信用评价与行业分类监管，建立综合性信用信息共享平台，促进信用信息的整合应用，切实提升信用软实力，营造对外开放和招商选资的优良环境，为实现发展新跨越、建设魅力新舟山服务。

双重委托代理关系下小额贷款公司经营绩效研究

——以浙江台州为例

台州市金融学会课题组[*]

一、引言

（一）选题背景

小额贷款公司作为一种新型金融组织，其具有两大突出的特征，一是公司从事的是金融业务，与股东的传统产业完全不相关，均聘用具有金融从业经验的人担当管理者；二是股权集中度高，单个股东持股比例在 20% 左右，小股东基本委托大股东对小额贷款公司进行经营管理。小额贷款公司这样的股权结构决定了其经营过程中面临着典型双重代理问题："所有者—管理者"的代理冲突，"大股东—小股东"的代理冲突。

经过六年多的运行，小额贷款公司的经营状况出现明显的分化，部分小额贷款公司经营状况平稳健康，部分小额贷款公司不良贷款多，亏损严重，甚至处于关停倒闭的边缘，经过深度的调查发现，造成小额贷款公司业绩显著分化的主要原因，取决于在双重委托代理模式下，大股东干预小额贷款公司经营的方式和程度。那么在经济下行及改制为村镇银行希望渺茫的形势下，小额贷款公司要实现良性可持续发展，大股东应如何参与小额贷款公司的经营管理，监管层又应如何对小额贷款公司实施有效监督管理？这些问题值得深入探究。

（二）研究思路

本文在对双重委托代理理论进行阐述基础上，以台州 29 家小额贷款公司为研究对象，对其在运行过程中委托代理问题进行深入分析，在此基础上运用面板回归模型对大股东如何影响公司业绩进行实证分析，最后提出完善小额贷款公司内部治理、外部监管的相关建议。

（三）本文创新

一是首次对小额贷款公司的双重代理机制进行分析。

* 课题主持人：肖宗富
课题组成员：王立平　赵敏慧　潘忠兵　魏博文　潘松权

二是首次运用指标法对企业的资金周转情况进行衡量。

三是首次从双重代理理论角度对小额贷款公司的业绩进行实证分析。

二、文献综述

(一) 核心概念阐述

1. 大股东

本文所研究的大股东 (large shareholder or block – holder) 是指公司的控股股东, 这些股东持有公司的股份达到一定比例, 可以直接或者间接地控制公司业务经营、财务或者人事任免。可以看出, "控制" 能力是大股东具备的必要特征, 是影响大股东行为的本质特征。当然, 本文的控股大股东并不要求股东拥有小额贷款公司 100% 或 51% 以上的股权, 只要这些股东对小额贷款公司拥有绝对的控制权就可视为控股大股东现实情况中, 确实有一些股东, 他们的持股比例并不是绝对控股, 但却拥有对小额贷款公司极强的控制能力, 这些股东也属于本文的控制性大股东。

2. 隧道效应

"隧道效应" 一词是 LLSV (La Porta, Lopes – de – Silanes, Andrel Shleifer, Robert W. Vishny) 在 2000 年提出的一个概念, 也有译为 "隧道挖掘" 或 "利益输送", 原意指通过地下通道转移资产的行为。LLSV 把它理解为企业的控制者从企业转移资产和利润到自己手中的各种合法的或者非法的行为, 这种行为通常是对中小股东利益的侵犯。本文的大股东 "隧道效应" 界定为小额贷款公司控股大股东利用手中的控制权通过 "隧道" 将小额贷款公司资产或利益转移到自己手中, 从而发生的侵害中小股东利益的行为。

(二) 双重委托代理的研究成果

罗斯 (Ross S. A. , 1973) 首次提出了委托代理概念, 他认为, 如果当事人双方之间, 其中作为代理人的一方代表作为委托人的另一方的利益来行使某些决策权, 那么代理关系就随之产生了。委托代理机制广泛应用于公司制企业, 一般表现为所有者与经营者之间的利益冲突, 却忽略了外部众多中小股东的共同利益诉求。张维迎指出, 单重委托代理理论主要是模型化了如下一类问题: 处于信息劣势的委托人想使有信息优势的代理人按照前者的利益选择行动, 但委托人不能直接观测到代理人选择了什么行动, 能观测到的只是另一些变量, 这些变量由代理人的行动和其他的外生随机因素共同决定, 因而充其量也只是代理人行动的不完全信息。委托人的问题是如何根据这些观测到的信息来奖惩代理人, 以激励其选择对委托人最有利的行动 (张维迎, 1996)。

国内首次提出双重委托代理理论的学者是冯根福 (2004), 他认为西方传统委托代理理论本质上是一种单委托代理理论, 主要是针对以股权分散为主要特征的上市公司而构建的一种公司治理理论，不适合作为以股权相对集中或高度集中为主要特征的上市公司治理问题的分析框架。他针对以股权相对集中或高度集中为主要特征的上市公司的实际情况，在已有的单委托代理理论的基础上，提出和构建了一种新的上市公司治理问题分析框架——双重委托代理理论。他的研究表明，对以股权相对集中或高度集中为主要特征的上市公司而言，双重委托代理理论比单委托代理理论的解释力更强，更有利于实现降低这类公司的双重代理成本和全体股东利益的最大化。因此，可知，双重委托代理理论是经济学家们根据现实发展的需要，不断调整传统委托——代理理论与实践的差异，而逐渐发展起来的一种对公司治理问题解释力更强的新理论。该理论的核心是如何设计最优的治理结构和治理机制，既能促使经营者按照全体股东的利益行事，又能有效防止控股股东或大股东恶意损害中小股东利益。本文认同冯根福先生的观点，小额贷款公司作为典型的股权集中型企业，较适合用双重委托代理理论进行阐述。

1. 第一重代理关系——股东与经理人

委托代理关系实质上是一种契约关系。公司制企业就是建立在这种契约关系上的一种现代组织形式，经营者（经理人）按自利行为原则追求自身利益最大化，却违背了所有者（股东）实现股东财富最大化的目标，由于效用函数的不一致及信息的不对称性，经营者可能会面临道德风险和逆向选择的责难，与此同时，股东不得不承担昂贵的代理成本和监督成本来协调自己和经营者的目标，形成了所有者与经营者之间的委托代理关系。

2. 第二重代理关系——大股东与小股东

由于小额贷款公司的大股东对公司具有决定的控制权，股东之间的制衡作用完全失效。在大股东或控制性股东与外部众多中小股东的利益冲突问题上，大股东是相对的强者，极有可能会通过各种手段，如"隧道效应"来侵占中小股东的财富。中小股东处于相对弱势，只能委托大股东作为代理人对公司进行控制。

三、模型选择与指标定义

（一）模型假设

假设一：股权与控制权的分离与公司业绩负相关。当大股东对小额贷款公司失去控制或不去行使控制权，经营者将按自利行为原则追求自身利益最大化，影响小额贷款公司业绩。

假设二：大股东的干预程度与小额贷款公司业绩成倒 U 形关系。大股东能有效地将公司发展的经营决策贯彻实施，促进管理层工作，加强公司战略规划，有利于公司业绩提升，但当其对公司经营层的干预过多，即实际的控制权过多，将导致经营层无法按照正常的市场规律运转，影响公司业绩。

假设三：大股东业绩好坏对小额贷款公司业绩好坏具有重大影响。大股东由于对小额贷款公司具有绝对控制权，如果大股东的企业经营不正常，资金周转困难，就会采取"隧道挖掘"的方式和一些短期行为从小额贷款公司获取贷款，侵占其他股东的利益，导致小额贷款公司业绩出现问题。

（二）模型的选择

本文搜集了台州辖内 29 家小额贷款公司的 2010 年至 2015 年（9 月）的数据，采用面板回归模型进行实证分析。根据小额贷款公司的实际运行情况和本文的假设设定，我们建立了以下双重委托代理模型：

$$E_{it} = \alpha_1 TOP_{it} + \alpha_2 KP_{it} + \alpha_3 DP_{it} + \alpha_4 W_{it} + \varepsilon_{it} \qquad （模型 1）$$

其中，E 代表绩效指标；TOP 代表大股东的持股比例；KP 代表控制权指标；DP 代表大股东财务状况指标；W 代表小额贷款公司规模指标；i、t 分别代表样本和时间标志。

（三）指标定义

1. E（小额贷款公司业绩指标）：本文选定资本利润率为衡量小额贷款公司业绩指标，资本利润率是指企业净利润（即税后利润）与平均资本的比率，其计算公式表示为：资本收益率 = 净利润/实收资本 × 100%。

2. TOP（大股东的持股比例）：大股东持股量/总股本解释 × 100%。

3. KP（控制权）：即大股东对小额贷款公司经营的干预和控制情况，本文采用专家评定方法对控制权进行评定，当大股东对小额贷款公司经营不干预为 0，适度控制为 1，过度控制为 2。

4. DP（大股东财务状况）：由于企业财务报表涉及的指标很多，也无法从某一单独指标如净利润、应收账款等判定企业的财务困难与否，因此本文利用比例分析法，重点关注小额贷款公司大股东的偿还债务能力，并结合企业的实际经营情况，判定企业财务是否困难。

主要考虑以下 5 项指标：一是资产负债率。资产负债率是全部负债总额除以全部资产总额的百分比，也就是负债总额与资产总额的比例关系。通常情况下，资产负债率在 50% 左右为最优比率。如果企业的资产负债率超过 75%，则表明其债务负担较重，资金周转困难。二是速动比率。速动比率是企业速动资产除以流动负债的比率。传统经验认为，速动比率为 1 是安全边际，如果速动比率小于 1，则表明其面临一定的周转困难。三是流动比率。流动比率是流动资产与流动负债的比率。一般情况下，流动比率若大于 1，表明流动资产高于流动负债，短期负债可以清偿，并有余额可供周转运用。若该比率小于 1，流动比率越高，短期偿债能力越强。四是现金比率。现金比率是企业现金类资产与流动负债的比率。现金类资产包括银行存款、货币资金和有价证券，一般情况下，现金比率为 20% 以上较好，如果低于 20%，表明企业存在现金支付困难，短期资金周转困难。五是净利润。如果企业的净利润连续 2 年以上为负，表明企业实际经营陷入困境。

根据以上判定标准，我们认为如果小额贷款公司的大股东符合其中 3 条或以上，即认为其资金周转困难，我们设定用 1 表示股东资金周转困难，0 表示股东资金周转正常，具体结果如表 1 所示。

表1   小额贷款公司资金周转情况表

	2010 年	2011 年	2012 年	2013 年	2014 年	2015 年 9 月
HA 小额贷款公司			0	0	0	0
SB 小额贷款公司	0	0	0	0	0	0
XY 小额贷款公司				0	1	1
YB 小额贷款公司	0	0	0	0	0	0
ZY 小额贷款公司	0	0	0	0	0	0
LK 小额贷款公司	0	0	0	0	0	0
BL 小额贷款公司				0	0	0
LO 小额贷款公司	0	0	0	0	0	0
JH 小额贷款公司	0	0	0	0	0	0
SG 小额贷款公司	0	0	0	0	0	0
JT 小额贷款公司				0	0	0
XJ 小额贷款公司				0	0	0
YH 小额贷款公司	0	0	1	1	1	1
LY 小额贷款公司	0	0	0	0	0	0
HX 小额贷款公司	0	0	1	1	1	1
WS 小额贷款公司				0	0	0
SBE 小额贷款公司	0	0	0	0	0	0
SD 小额贷款公司				0	0	0
ZJ 小额有限公司				0	1	1
RF 小额贷款公司				0	0	0
YX 小额贷款公司	0	0	0	0	0	0
YA 小额贷款公司	0	0	0	0	0	0
HJ 小额贷款公司				0	0	0
SY 小额贷款公司				0	1	1
YF 小额贷款公司	0	0	0	0	1	1
JD 小额贷款公司	0	0	0	1	1	1
FY 小额贷款公司	0	0	0	0	0	0
JF 小额贷款公司			0	0	0	0
XX 小额贷款公司	0	0	0	0	0	0

5. W（贷款规模）：本文选取小额贷款公司的月度平均贷款余额来衡量贷款规模。

（四）数据来源

本文共选取符合条件小额贷款公司 29 家，数据来源为小额贷款公司报表和实际调查。绩效、大股东的持股比例、小额贷款公司规模指标来自报表，控制权、大股东财务状况指标来自调查。

四、实证模型的建立

根据上文模型设定和指标说明，我们建立了面板数据回归分析的实证模型。

$$E_{it} = \beta_1 TOP_{it} + \beta_2 KP1_{it} + \beta_3 KP2_{it} + \beta_4 DP_{it} + \beta_5 W_{it} + \zeta_{it} \qquad （模型2）$$

模型 2 与模型 1 基本相似，仅股东控制权虚拟变量由于存在 0/1/2 三种情况，所以本文设置两个股东控制权虚拟指标。当虚拟指标实际值为 0 时，KP1 和 KP2 均为 0；当虚拟指标实际值为 1 时，KP1 为 1，KP2 为 0；当虚拟指标实际值为 2 时，KP1 为 0，KP2 为 1。

（一）单位根检验

为了考察上述各因素与企业不良之间是否存在长期均衡关系，需要进行协整分析。在进行协整检验之前，需要对进行回归序列的平稳性进行检验。平稳性检验的方法称为单位根检验。本文采取 LLC 检验（Levin、Lin 和 Chu，2002）、IPS、Fisher 检验（包括 ADF 和 PP 检验）对指标的一阶拆分数据进行了单位根检验。检验结果如表 2 所示。

表 2　　　　　　　　　　　　　　　　单位根检验

Method	Statistic	Prob. **	Cross − sections	Obs
Null：Unit root（assumes common unit root process）				
Levin, Lin & Chu t*	− 5. 04153	0. 0000	34	136
Null：Unit root（assumes individual unit root process）				
Im, Pesaran and Shin W − stat	− 4. 22009	0. 0000	34	136
ADF − Fisher Chi − square	112. 264	0. 0006	34	136
PP − Fisher Chi − square	129. 664	0. 0000	34	136

从表 2 可知，在用不同的方法分别对变量进行单位根检验时，检验结果都可以强烈地拒绝"存在单位根"的零假设。由此，上述四种检验说明各变量是不存在单位根的，数据是平稳的。

（二）协整关系检验

由于面板数据的不稳定性，应用最小二乘法可能导致伪回归，所以必须要分析相关变量的协整关系。面板数据协整检验主要有两类方法，一是 Kao（1999）、Kao 和 Chiang（2000）利用推广的 DF 和 ADF 检验提出了检验面板协整的方法，这种方法零假设是没有协整关系，并且利用静态面板回归的残差来构建统计量。二是 Pedron（1999）在零假设是在动态多元面板回归中没有协整关系的条件下给出了七种基于残差的面板协整检验方法。和 Kao 的方法不同的是，Pedroni 的检验方法允许异质面板的存在。本文利用上述两类方法分别对协整的存在性进行检验，具体结果如表 3 所示。

表 3　　　　　　　　　　　　**协整关系检验**

检验方法	检验假设	统计量名	统计量值（P 值）
Kao 检验	H0：r = 1	ADF	− 3. 347552（0. 0016）*
Pedroni 检验	H0： = 1 H1 ：（ri = r）< 1	Panelv − Statistic	4. 076549（0. 017）*
		Panel rho − Statistic	− 4. 768341（0. 0002）*
		Panel PP − Statistic	− 5. 876402（0. 0000）*
		Panel ADF − Statistic	− 2. 674398（0. 0101）*
	H0：r = 1 H1 ：（ri = r）< 1	Group − rho − Statistic	− 0. 836514（0. 0780）**
		Group PP − Statistic	− 9. 087943（0. 0000）*
		Group ADF − Statistic	− 8. 395710（0. 0000）*

由表 3 可知，此模型除了在 Group – rho – Statistic 统计量上在 90% 的置信水平下通过检验之外，其他的均在 95% 的置信水平下通过检验，说明上述指标间应存在协整关系。

（三）模型选择

1. 影响形式

面板数据模型的选择通常有两种形式：一种是固定效应模型（Fixed Effects Regression Model），另一种是随机效应模型（Random Effects Regression Model）。在面板数据模型形式的选择方法上，我们采用 Hausman 检验确定应该建立随机效应模型还是固定效应模型，具体结果如表 4 所示。

表 4　　　　　　　　　　　　**Hausman Test 检验**

Test Summary	Chi – Sq. Statistic	Chi – Sq. d. f.	Prob.
Cross – section random	6. 290584	1	0. 0287

Hausman 检验结果显示，统计量是 0. 0287，P 值小于 0. 05，拒绝了原假设（随机效应模型），故本模型应选择固定效应模型，即个体影响与解释变量相关。

2. 模型形式

确定影响形式后，面板数据模型还应对模型形式进行确定，模型主要有三种形式：

形式一：变系数模型　　$y_i = \alpha_i + x_i \beta_i + u_i$

形式二：固定影响模型　$y_i = m + x_i\beta + \alpha_i^* + u_i$

形式三：不变参数模型　$y_i = \alpha + x_i\beta + u_i$

对上述三种模型主要根据 F 检验来确定，具体如下：

原假设：

$$H1 : \beta_1 = \beta_2 = \cdots = \beta_N$$

$$H2 : \alpha_1 = \alpha_2 = \cdots = \alpha_N$$

$$\beta_1 = \beta_2 = \cdots = \beta_N$$

判定规则：

接受假设 H2，则为不变参数模型（形式三），检验结束。

拒绝假设 H2，则检验假设 H1。如接受 H1，则模型为变截距模型（形式二）。

若拒绝 H1，则模型为变参数模型（形式一）。

计算 F_2 统计量：

$$F_1 = \frac{(S_2 - S_1)/[(N - 1)k]}{S_1/[NT - N(k + 1)]} \sim F[(N - 1)k, N(T - k - 1)]$$

$$F_2 = \frac{(S_3 - S_1)/[(N - 1)(k + 1)]}{S_1/[NT - N(k + 1)]} \sim F[(N - 1)(k + 1), N(T - k - 1)]$$

其中，S_1 为构建变参数模型得残差平方和，S_2 是构建变截距模型得残差平方和，S_3 是构建不变参数模型得残差平方和。

获得 S_1，S_2，S_3 后手工计算 F_2，F_1，并查找临界值作出判定。

根据上述公式，在给定 5%（$d = 0.95$）的显著性水平下，本文得到模型 2 的 F_2 为 8.98，F_1 为 25.36，F_2、F_1 对应临界值分别为 1.87、2.049，$F_2 > 1.87$，所以拒绝 H2，$F_1 > 2.049$，所以也拒绝 H1。因此，本文选择构建变系数模型（形式一）。

五、实证分析

根据上文分析结果，我们选择固定效应、变系数模型对样本数据进行面板回归，结果如表 5 所示。

表5　　　　　　　　　　　　　面板回归结果

Variable	Coefficient	Std. Error	t – Statistic	Prob.
C	8.234158	9.954947	0.827142	0.4109
DP? (－1)	－2.725806	2.630766	－1.036127	0.0336
KP1?	5.247854	3.012764	1.741873	0.0857
KP2?	－6.662123	3.788575	－1.758477	0.0829
TOP?	－0.294504	0.377227	－0.780708	0.4375
W? (－1)	3.697659	1.453845	2.543365	0.0131
Fixed Effects (Cross)				
HA_ －－C	10.04397			
SB_ －－C	5.387863			
XY_ －－C	7.499825			
YB_ －－C	8.276494			
ZY_ －－C	－0.014362			
LK_ －－C	3.118043			
BL_ －－C	8.320689			
LO_ －－C	1.197124			
JH_ －－C	－1.869989			
SG_ －－C	－1.725574			
JT_ －－C	1.255081			
XJ_ －－C	2.082658			
YH_ －－C	－9.085248			
LY_ －－C	－6.389250			
HX_ －－C	－9.661706			
WS_ －－C	－1.755499			
SBE_ －－C	1.713187			
SD_ －－C	3.773025			
ZJ_ －－C	－18.98384			
RF_ －－C	4.299701			
YX_ －－C	3.103401			
YA_ －－C	1.882363			
HJ_ －－C	2.447155			
SY_ －－C	12.04489			
YF_ －－C	2.506528			

Variable	Coefficient	Std. Error	t – Statistic	Prob.
JD_ – – C	1.866883			
FY_ – – C	– 0.581203			
JF_ – – C	0.427880			
XX_ – – C	2.151145			
Fixed Effects（Period）				
2011 – – C	4.265092			
2012 – – C	2.645065			
2013 – – C	– 0.016047			
2014 – – C	– 2.963406			
2015 – – C	– 3.930703			

面板回归模型拟合程度（R^2）为 0.772，拟合程度较好。

（一）实证结论

根据实证分析，我们可以得出如下几点结论。

1. 小额贷款公司大股东资金周转状况对小额公司业绩影响较大，且具有一定的先验性。可以看出，DP 指标对小额贷款公司绩效影响为负相关，且显著性较强（P 值为 0.033），即股东公司资金周转出现问题时，小额贷款公司的业绩也会有一定的负面影响。且从滞后一阶的结果看，这种影响有一定的先验性。

2. 股东适度干预对小额贷款公司绩效影响较为正面，过度干预则负面影响大。KP1、KP2 分别代表小额贷款公司适度干预与过度干预的指标，实证结论显示，KP1 的系数为正，达到 5.24，KP2 的系数为负，为 – 6.66，且两者系数在 10% 的置信区间均通过了显著性检验。

3. 大股东持股比例与小额贷款公司经营绩效影响不显著。从 TOP 指标影响来看，该指标虽然对企业绩效有较小（系数为 0.29）的负面影响，但这种影响极不显著。

4. 小额贷款公司规模与其业绩正相关。W 指标的正向系数结论显示，规模越大，其绩效越好，且这种关系也是显著的。

5. 小额贷款公司绩存在较为明显的个体差异。这点可以从模型中个体的固定影响上反映出来，具体如图 1 所示。

6. 模型各项指标对小额贷款公司绩效的影响随时间推移日趋负面。从变系数实证结论来看，近年来，该系数从正值转变为负值，且逐年递减（如图 2 所示）。

（二）实证结论的经济解释

1. 小额贷款公司的绩效与大股东资金周转状况负相关，并具有滞后性。大

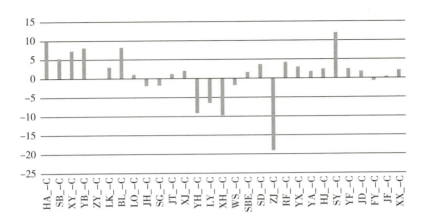

图1　样本固定影响对比图

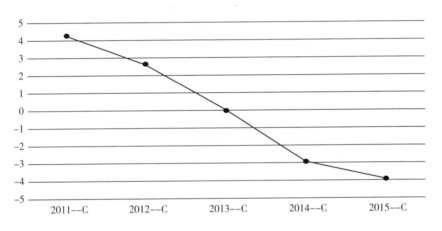

图2　时间系数变化趋势图

股东"隧道效应"理论表明当大股东对公司具有绝对控制力时，能够轻易地侵占其他中小股东利益，"掠夺"公司的资产和利润。当前小额贷款公司的大股东的持股比例在17.25%～30%，对小额贷款公司具有较好的控制力，当其资金周转情况困难时会通过各种方式从小额贷款公司获取贷款，变相地抽逃资本金并侵占其他中小股东的利益。目前其方式主要有：一是以大股东的控股子公司名义从小额贷款公司贷款；二是当大股东拖欠其他企业账款时，以拖欠企业的名义从小额贷款公司贷款。而由于不良贷款的产生具有一段时间，因此在反映小额贷款公司的绩效上具有滞后性。

2. 小额贷款公司的绩效与大股东干预程度呈倒U形关系。从实证分析的结果看，SY、HA、BL、YB等几家小额贷款公司绩效较好，实际调查也发现这几家小额贷款公司的大股东干预管理层的具体运作，仅给管理层制定明确的风险控制目标、透明的奖罚机制和合理的盈利指标，充分发挥管理层的优势。FY、ZY、SG 等几家小额贷款公司由于自身产业发展良好，无暇参与小额贷款公司经营管理，公司发展一直处于缓慢状态，绩效表现也不佳。相较于前两种情况，大股东若过度干预小额贷款公司经营，尤其在其自身资金周转出现困难时，将通过"隧道行为"挖掘公司利益，导致小额贷款公司陷入困境，目前辖内濒临关停倒闭的 ZJ、HX、YH 等几家小额贷款公司均是由于小额贷款公司的过度干预引起的。

3. 小额贷款公司的绩效与大股东的持股比例关系性不强。相对于其他公司股权结构的千差万别，小额贷款公司的股权结构相对一致且简单，总股东在 10～15 个，大股东的持股比例在 17.25%～30%，对小额贷款公司较高的控制权，其他股东的持股比例不超过 10%，基本委托大股东参与小额贷款公司经营，因此，小额贷款公司的绩效与目前小额贷款公司的股权结构没有直接的关系。实证结果也进一步证明这一结论。

4. 小额贷款公司的绩效与规模正相关。从规模经济效益看，随着小额贷款公司规模的加大，能够有效地整合资源优势、市场优势，降低运营成本和运营费用。从委托代理人角度看，小额贷款公司规模越大，表明股东的股东实力较强，参与小额贷款公司的积极性较高，会组建较优秀的经营管理团队，并给予经营管理层较高的薪酬激励。在较高的薪酬激励约束机制下，能够降低经营管理的逆向选择和道德风险，保证作为委托人的经济效益和作为代理人的高管人员的个人利益能够和小额贷款公司的发展、股东的利益保持高度一致，委托代理双方目标函数趋于一致，调动高管人员在企业经营管理过程中具有更大的积极性和主动性，提高企业经营绩效。

5. 经济下行时期小额贷款公司的委托代理成本趋于上升。在经济下行过程中，小额贷款公司的风险不断显现，不良贷款大幅增加，在央行多次降息后，小额贷款公司的贷款利率不断降低，营业收入下降明显。这一方面导致股东对小额贷款公司的积极性降低，进行撤资或减资，目前辖内已有 7 家小额贷款公司出现减资现象，同时在不良贷款出现的情形下股东加大了对小额贷款公司的干预力度，从而提高了双重委托代理的成本。另一方面在经济不佳的形势下，股东的实体经济也会受到较大影响，致使大股东资金周转困难，增加了其通过"隧道挖掘"的方式从小额贷款公司获取贷款的概率，侵占其他中小股东的利益，从而提高了第二重委托代理的成本。

六、政策建议

"一股独大"现象是小额贷款公司股权结构基本的特征，其存在具有一定合理性，是规范和引导民间融资，有效配置金融资源的一种探索。大股东的出现一方面有利于提高小额贷款公司的控制力，对管理层进行有效地监管"降低代理成本"，从而保持小额贷款公司长期可持续发展。另一方面大股东利用其控制权通过各种"隧道"掏空小额贷款公司的资源来满足自身的利益需，损害了其他中小股东的利益，使小额贷款公司经营陷入困境。因此，应建立健全完善的管理体系、内部控制体系、外部管理体系，引导大股东适度的参与小额贷款公司经营。

（一）建立健全科学的管理者激励体系。管理者代理行为是管理者在代理收益与成本之间进行博弈之后的一种选择。管理者报酬作为一种显性的企业激励机制，企业在给管理者较高报酬时，则相应增加管理者舞弊行为的机会成本，从而降低管理者舞弊动机，降低管理者代理成本。然而，基于固定工资的报酬制度对管理者所产生的激励效应往往具有边际递减特点，因此，小额贷款公司要将代理人的效用函数引导、统一到自身利益目标上来，逐步引入激励机制，建立健全科学合理的管理者激励体系，通过绩效工资、股权激励等方式来协调管理者的短期利益与企业长远利益之间的矛盾，抑制管理者机会主义行为。

（二）优化完善管理者的报酬构成。在管理者报酬的构成方面，通过转让部分剩余索取权给管理者，使管理者能够获得的收益与承担的风险相匹配，从而将管理者个人利益与企业整体利益有机联系起来，促使管理者优质经营，减少管理者舞弊行为。具体而言，小额贷款公司可以通过管理者股权的激励方式将管理者与企业的长远利益统一起来，降低管理者发生"逆向选择"和"道德危机"的概率。股权激励促使企业外部股东与企业内部经营者利益趋同，形成配套的管理者激励机制，一定程度上可大大抑制管理层"内部人控制"等现象。

（三）完善内部控制体系。小额贷款公司的股权结构"一股独大"特征使大股东易凭借其自身优势谋求控制权私人收益，侵占其他中小股东利益。目前小额贷款公司虽然都建立了3～5人组成的贷审委员会，但其他中小股东基本很难参与小额贷款公司业务开展，基本都是大股东决定贷款的发放与否。因此可参考国际上引入的股东实质平等原则，其目标就是要在坚持资本多数决定原则的同时对其施加合理的限制，强调大股东对公司和中小股东的诚实信用义务，防止大股东对资本多数决定原则的滥用，以实现股东间的利益平衡，同时完善公司财务报告制度，降低信息的不对称程度，规范公司的信息披露行为，维护中小投资者的合法利益，从而有效控制大股东的"隧道行为"。

（四）完善小额贷款公司外部监管。一是建立小额贷款公司的奖惩机制，目前监管部门对小额贷款公司的监管手段不多，仅有《浙江省小额贷款公司年度考核评价管理办法》，每年对小额贷款公司的绩效进行考评，但考评结果应用有限，仅作为财政补贴的标准，对小额贷款公司的约束力有限。因此，应加大考评力度，对经营不规范的小额贷款公司给予一定金额的罚款，对股东变相贷款抽逃资本金的，坚决要求取消其股东资格，情况严重的吊销小额贷款公司的营业执照。二是强化对小额贷款公司日常业务监管。借鉴银监会对银行业业务的监管经验，组织专门人员加强对小额贷款公司日常业务的检查，发现有股东变相贷款的，及时告知其他股东，发挥其他股东的约束作用。

（五）营造良好的发展环境。实证结果显示：小额贷款公司的绩效逐年变差，这既是经济下行过程中经营环境恶化引起的，更是由于小额贷款公司缺少扶持政策和发展前景，从而导致股东和管理层的信心下降，造成双重委托成本上升。因此应采取"逆周期"调控的思维，加大对小额贷款公司的扶持力度，使财税政策给予小额贷款公司同其他支农支小的金融一样的税收优惠，拓宽小额贷款公司的融资渠道，加大金融支持力度。同时尽快明确小额贷款公司发展方向，鼓励小额贷款公司发展成专业运作和商业可持续的非存款类贷款零售商。

参考文献

［1］李斌：《上市公司家族企业的双重委托代理关系与企业绩效》，载《财经问题研究》，2010（11）。

［2］李春红、王苑萍、郑志丹：《双重委托代理对上市公司过度投资的影响路径分析——基于异质性双边随机边界模型》，载《中国管理学》，2014（11）。

［3］彭卉、宋婷：《中国特色双重委托代理与家族公司绩效的关系研究》，载《商业时代》，2014（23）。

［4］阮梓坪、汪睿：《中小企业股权结构与公司治理绩效研究——基于委托代理理论解释的实证研究》，载《中国管理信息化》，2008（8）。

［5］周继军：《企业内部控制与管理代理问题研究》，华中科技大学博士学位论文，2011。

［6］Alchian, A. A. and Demsetz, H, 1972, Production, Information Cost and Economic Organization. American Economic Review, 62.

［7］Amihud, Y. and B. Lev, 1981, Risk Reduction as a Managerial Motive for Conglomerate.

［8］Anjali Kumn, 1993, State Holding Companies and Public Enterprise In Transition. New York：St. Martin Press.

［9］Antle R, Smith A, 1986, An Empirical Investigation of the Relative Performance Evaluation of Corporate Executives. Journal of Accounting Research, Vol. 24（1）：1 – 39.

征信大数据在金融风险预警中的应用

——基于 11 810 家企业数据的逻辑回归模型

嘉兴市金融学会课题组[*]

李克强总理于 2015 年 10 月在金融企业座谈会上要求，坚决守住不发生区域性、系统性金融风险的底线。为此，地方政府积极响应，坚决执行中央和部门出台的多项措施，维护区域金融安全。另外，我国的征信体系近年来取得了长足的进步，金融信用信息基础数据库（以下简称 NCC）建设的初衷就是为了防范金融风险，其征集的信用信息在数量上已排在全球首位，有效降低了借贷双方信息不对称。在此背景下，我们提出这样的问题：能否应用征信大数据建立区域性金融风险预警系统？如果能，金融风险预警系统的构架和方法应该是怎样的？因此，本文讨论的是金融信用信息基础数据库的大数据如何应用于金融风险的估计和预警。

一、文献综述

国际上将公共信用体系简称 PCR，对它的讨论主要集中在 PCR 数据服务于银行监管的方向上。目前的研究主要为实证性和应用性的，尚未见到理论性的研究成果。德国是最早将 PCR 应用于银行监管的国家，于 1934 年建立了世界上最古老的 PCR，主要监控大型借款者，防止此类借款人违约而导致银行业的危机（Powell 等，2004）。Powell 在他的文章中清晰地提出了 PCR 与商业银行监管的问题，论述了如何利用 PCR 数据服务于商业银行监管，并制定了若干 PCR 的设计原则。Artigas（2004）基于西班牙的经验详细讨论了服务于监管的 PCR 应该包含的信息有哪些；Faglio（2002）、Schechtman 等（2004）和 Balzarotti 等（2004）分别以意大利和巴西为研究对象，建立了利用 PCR 数据检验和估计新巴塞尔协议高级法中关键参数的模型和方法，给出了利用 PCR 对商业银行的内部评级结果进行监管校验的方法和步骤。世界银行对全球的征信体系进行调研以及 Jappelli 和 Pagano（2000）对欧洲征信体系进行调研，对国家样本按功能进行聚类分析，验证并确定主流模式，95% 的国家监管者认为 PCR 在金融监管中

---

* 课题主持人：张一兵
课题组成员：朱 宏 沈彦菁 郑 飞 张 月

发挥重要作用，PCR 的核心职能主要是监控风险集中，向相关银行及时通报可能的风险。

与国外学者的研究不同，国内学者对这类主题的研究较少，且更加注重理论的构建。比较有代表性的是石晓军（2007），他在国内首次提出征信体系具备监管功能的理论，同时，根据"功能—结构"的观点提出以征信为主线的结构划分模式，应用世界 29 个国家数据进行聚类分析，归纳出四种主流的征信体系模式。石晓军（2008）着重讨论了服务于资本监管功能的 PCR 制度设计，并认为服务于资本监管的立足点应该是验证，而不是测量，提出了 PCR 应该包含最小信息集，并满足内部评级法中重要参数的估计需求，并对商业银行的内部评级结果和最低资本要求进行检验和批准。

国内外专家的研究成果成为本文研究的基础，为本文的研究提供了方向。未来的研究可以从两个方面进行延展：一方面，监管当局应用大数据建立全局性评级系统，可以用来检验商业银行的内部评级结果，还可弥补信息不完全的缺陷。但已有的研究角度集中在 PCR 数据服务于商业银行监管上，没有建立全局性、区域性的风险估计系统，实现征信体系早期发现风险，预警风险的功能，可以沿着此方向进一步研究。另一方面，国内外学者多以国家为研究对象，而没有将研究应用于区域的金融风险。研究范围的差别导致现有研究集中在单一的个案研究上，忽略了研究对象与周边经济体之间的关系。因而可以在建立区域性风险评价体系上，充分考虑到风险的传导性和输入性，将金融风险传染扩散程度和金融机构筹资压贷程度作为评价地区金融风险的重要维度，准确估计和预测区域性金融风险。

二、区域金融风险评估的模型选择

准确的信用风险度量是风险监管的前提和依据。为了客观公正地评估区域信用风险，统计学方法被广泛应用于风险度量之中。Altman（1968）的"Z—score"模型就是该法在信用风险度量中的典型应用。假设条件较宽松的 Logistic 回归、Probit 分析和 Tobit 分析等方法逐步被引入到信用风险度量领域，并取得了长足的进展。虽然现在出现了许多更为高级的现代信用风险度量模型，如基于期权理论的 KMV 模型、基于在险价值方法的 Credit Metrics 模型等，以及一些非统计学方法，如基于人工智能的神经网络技术、遗传算法等。但是这些模型和方法的运算过程复杂，在本研究中还难以得到运用。因此，本文根据征信数据离散型特征，选用 Logit 模型对区域风险进行度量，下面对模型进行更详细地描述。

通常情况下，借款者的违约概率会受到许多因素的影响。一般地，信用评分模型明确了如何结合不同的信息以获得对违约概率的准确评估，从而帮助金融机构实现对违约风险的自动化和标准化评估。信用评分模型一般采用最直接的方式，即将这些因子线性地结合起来，如式（1）所示：

$$score_i = b_1 + b_2 x_{i2} + \cdots + b_K x_{iK} = b' x_i, x_i = \begin{bmatrix} x_{i1} \\ x_{i2} \\ \cdots \\ x_{iK} \end{bmatrix}, b = \begin{bmatrix} b_1 \\ b_2 \\ \cdots \\ b_K \end{bmatrix}, i = 1, 2, \cdots, N$$

(1)

其中，N 是样本容量；k 是解释变量个数。设 y_i 表示取值为 0 和 1 的离散型随机变量：

$$y_i = \begin{cases} 1, & \text{企业次年违约} \\ 0, & \text{企业次年未出现违约} \end{cases}$$

如果某公司在搜集信息因素值年份的次年违约，则 y_i 取值为 1，否则为 0。信用评分模型会对违约公司的违约概率给出一个较高的预测值，而对违约公司给出的违约概率预测值较低。为了选择适当的权重 b，需要把信用评分与违约概率联系起来，这里可将违约概率表示为信用评分的函数 F，表达式为

$$\text{Prob}(Default_i) = F(Score_i) \tag{2}$$

函数 F 应该被限制在 0 ~ 1 的区域内，每一个可能的信用评分值应该对应一个违约概率，可以满足的是累计概率分布函数，此时，可用 Logistic 分布函数 $\Lambda(z)$，如式（3）所示

$$\Lambda(z) = \exp(z)/(1 + \exp(z)) \tag{3}$$

将公式（3）代入式（2）后，可得

$$\text{Prob}(Default_i) = \Lambda(Score_i) = \frac{\exp(b' x_i)}{1 + \exp(b' x_i)} = \frac{1}{1 + \exp(- b' x_i)} \tag{4}$$

运用 Logistic 分布函数将信息和概率联系起来，建立 Logit 模型。Logit 模型是假设事件发生概率服从标准 Logistic 累计概率分布函数的二元选择模型（因变量只取 0、1 两个值）。如果 p 是在因素（$x_1, x_2, \cdots, x_k$）下事件发生（Y = 1）的概率，则 1 - p 表示事件不发生（Y = 0）的概率，通过 Logit 模型可以预测时间发生或者不发生的概率。一般将 0.5 设定为临界值，判定规则为：若 p > 0.50，则时间发生的概率较大，否则相反。

三、区域金融风险的估计

（一）区域金融风险体系的构建

借鉴西班牙、巴西、阿根廷、意大利和国内金融风险测度的实证经验，区

域风险评价体系应该包含四个维度①（见表 1）：第一维度违约情况，如借款人次年的五级分类情况，记为 FC。正常和关注类的企业界定为不违约，次级、可疑、损失的企业界定为违约。第二维度为企业基本情况指标。主要反映企业借贷行为的基本情况。如企业贷款占全部信贷业务②的比重，企业保证担保占全部担保业务③的比重，金融机构授信家数，分别记为 LOAN、CG、NO。第三维度为风险传染扩散程度，主要反映企业风险传染扩散的范围。例如，企业的不良贷款率、垫款率和欠息率，是指不良贷款，垫款，欠息余额分别与所有信贷业务总额的比率，分别记为 NPL、OI、A。第四维度为抽资压贷力度，代表企业风险累计的程度以及企业处理风险的能力。例如，表内各项信贷业务压缩幅度、表外其他信贷业务压缩幅度，分别记为 ONBI、OUTBI。

表 1　　　　　　　　　　　　　　**区域金融风险指标体系**

一类指标	指标符号	二类指标	备注
违约情况	FC	次年的五级分类情况	正常和关注贷款记为 0，次级，可疑，损失记为 1。
基本概况	LOAN	贷款占全部信贷业务的比重	
	CG	保证贷款占全部担保的比重	
	NO	金融机构授信家数	金融机构债权人的数量
风险传染扩散程度	NPL	不良贷款率（或关注率）	不良贷款余额占全部信贷总额的比率
	OI	欠息率	企业的欠息余额占全部信贷业务余额的比率
	A	垫款率	垫款余额占信贷总额的比率
抽资压贷力度	ONBI	表内各项信贷压缩幅度	贷款、贸易融资、票据贴现、保理业务信贷下降幅度
	OUTBI	表外其他信贷余额下降幅度	银行承兑汇票、保函、信用证业务下降幅度

注：表内各项信贷业务数据均包含借款人在其他地区金融机构的借贷情况。

（二）征信大数据的描述

基于 NCC 数据库，选取嘉兴地区 2013 年、2014 年贷款余额为 100 万元以上的企业（假设其不属于公共部门）作为研究对象，共涉及 27 650 家企业的

---

① 中国人民银行绍兴市中心支行课题组. 企业担保圈风险的监测与预警研究［R］. 中国人民银行，2014.

② 信贷业务是指贷款，保理，票据贴现，贸易融资，保函，信用证，承兑汇票，其中表内业务为贷款，保理，票据贴现，贸易融资；表外业务为保函，信用证，承兑汇票。

③ 全部担保业务是指保证、抵押、质押业务之和。

235 314项连续的、离散的信用数据，在剔除数据不完整的企业1 506家，有效企业26 144家，有效的信用数据221 760项。数据被分为两个部分，一是用于构建模型，2013年的征信大数据用来建立风险评估模型中的解释变量。2014年的五级分类情况作为因变量，用于描述每一个企业出风险或是不出风险的情况。也就是说，如果企业在2014年的各类信贷业务有五级分类状态出现次级以下的记载，就被认为该企业在金融机构处于违约状态，反之将被认为处于不违约状态。二是用于模型验证。2014年，企业的信用大数据用于模型的验证，获得企业的风险评价结果。模型数据来源于中国人民银行金融信用信息基础数据库，使用EVIEWS 6.0对数据进行统计。

（三）征信大数据的分布

在对模型进行估计前，首先检验变量的分布情况，表2给出9个变量的特征统计量情况。

表2 各个变量的统计学特征

指标	FC – 14	LOAN	CG	NO	NPL	OI	A	ONBI	OUTBI
平均值	0.1063	0.9093	0.4987	0.0900	0.0554	0.0155	0.0066	0.3781	3.8923
中值	0	1	0.5	0.0182	0	0	0	0.0541	0
最大值	1	1	1	1		0.4967	6.9998	3.4305	25566.83
最小值	0	0.2863	0	0.0182	0	0	0	- 0.5833	- 1
标准差	0.3082	0.1816	0.4372	0.2213	0.2253	0.0789	0.1063	0.7372	251.5223
偏度	2.5552	- 2.0698	0.0038	3.7449	3.8834	5.4678	34.7729	2.0283	92.9759
峰度	7.5293	6.2604	1.2225	15.4513	16.2044	32.1184	1840.418	8.2569	9 180.056
JB检验结果	22946.5	13663.1	1554.7	103894.7	115480.4	476075.1	1.66×10^9	21696.3	4.15×10^{10}
极值	0	0	0	0	0	0	0	0	0

数据来源：金融信用信息基础数据库数据计算而得。

基于表2，以正态分布为参照，发现除CG近似于正态分布外，其余变量的峰度多在7.53～9 180.6，说明相当多的观察值远离正态分布的均值，这些变量是偏斜的，极端观察值集中在分布的左边，如变量LOAN，或者是分布的右边，如变量FC、NO、NPL、OI、A、ONBI、OUTBI，这是因为解释变量中包含了一些极端值，可能确实反映借款人的意外情况，但是也可能出自错误数据，也可能是对数据标准、定义的错误理解，因而有必要对异常数据进行处理，常用的方法是对数据进行winsor化，将极端值拉向较小的极端值，本文设定特定的winsor化水平 α 为2%，在变量分布的2%以上的水平等于2%对应的分位数，在98%的百分位之上的值等于98%对应的分位数，得到各变量新的winsor矩阵，便于后续检验。

（四）多重共线性检验

在 Logit 模型中牵涉多个解释变量，解释变量之间可能会相互关联，即它们之间存在有多重共线性，这样会混淆和误导结果，需要对各变量之间进行多重共线性检验，计算不同解释变量之间的相关关系，检验结果如表 3 所示。如果两个解释变量之间的相关系数超过 0.9，则会带来共线性的问题；如果相关系数在 0.8 以下，即不存在多重共线性问题。

表 3　　　　　　　　各变量的多重共线性检验结果

	FC_14	LOAN	CG	NO	NPL	OI	A	ONBI	OUTBI
FC_14	1.0000	0.0336	0.0664	−0.0775	0.7102	0.5660	0.1787	−0.1347	−0.0044
LOAN	0.0336	1.0000	−0.1331	0.0178	0.1075	0.0892	0.0176	0.0130	−0.0068
CG	0.0664	−0.1331	1.0000	−0.1840	0.0664	0.0154	0.0666	−0.0065	−0.0046
NO	−0.0775	0.0178	−0.1840	1.0000	−0.0744	−0.0607	−0.0142	−0.0325	−0.0020
NPL	0.7102	0.1075	0.0664	−0.0744	1.0000	0.7919	0.2399	−0.1530	−0.0039
OI	0.5660	0.0892	0.0154	−0.0607	0.7919	1.0000	0.0413	−0.1139	−0.0031
A	0.1787	0.0176	0.0666	−0.0142	0.2399	0.0413	1.0000	−0.0484	−0.0011
ONBI	−0.1347	0.0130	−0.0065	−0.0325	−0.1530	−0.1139	−0.0484	1.0000	−0.0035
OUTBI	−0.0044	−0.0068	−0.0046	−0.0020	−0.0039	−0.0031	−0.0011	−0.0035	1.0000

基于表 3，9 个解释变量之间的相关系数在 −0.1347 到 0.7919，绝对值小于 0.8，表明各个变量之间不存在多重共线性问题。

（五）区域金融风险 Logit 模型

如果各变量间不存多重共线性，则可以构建区域风险评估模型，模型使用逻辑回归算法（Logistic regression），并使用极大似然方法检验模型，回归模型如表 4 所示。

表 4　　　　　　　　Logit 模型的回归结果

变量	系数	标准差	z 统计量	极值
C	−1.7844	0.1963	−9.0900	0.0000
LOAN	−1.1796	0.2006	−5.8808	0.0000
CG	0.1027	0.1021	1.0060	0.3144
NO	−1.2908	0.3375	−3.8244	0.0001
NPL	9.9537	1.4412	6.9063	0.0000
OI	38.4580	8.1923	4.6944	0.0000
A	6.5850	2.4342	2.7051	0.0068
ONBI	−0.2233	0.0664	−3.3664	0.0008
OUTBI	−0.00014	0.00056	−0.2406	0.8099

1. 信用担保率和表外信贷业务压缩与区域金融风险不相关。表 4 中观察 z 统计量和极值结果，变量保证担保率 CG、表外信贷业务压缩幅度 OUTBI 和期望值 FC_ 14 的符合度是不显著的，即这两个变量与区域信用风险不相关。在统计学意义上，解释变量保证担保率 CG 对于区域风险评估不重要，这与巴西的实证结果相同。但与我们的预期不一致的是，表外信贷业务压缩幅度 OUTBI 对区域信用风险的影响也不重要，驳斥了增加表外业务监管，维护地区金融稳定的逻辑。

2. 需要重点监测欠息率对区域风险的影响。LOAN 等其余解释变量和期望值 FC_ 14 符合度显著并高度相关，说明贷款占全部信贷业务的比例 LOAN、受信金融机构家数 NO、不良率 NPL、欠息率 OI、垫款率 A、表内信贷业务压缩幅度 ONBI 对区域金融风险的影响显著，其中，欠息率的系数 38.45，远高于其他变量的系数，需关注欠息率的变化对区域风险的影响。

3. 模型反映了真实经济情况。与以往统计学中使用部分样本数据估计总体的思路不同，本文中建立的 Logit 模型使用征信大数据，模型反映了真实的经济现象。因而，只需要考虑对数极大似然值 LR 及其 P 值。如果对数似然值在加入限制条件之后，损失越多，LR 统计量就越大，检验整个回归的显著性越大。模型结果显示，LR 的值 3616.475，P 值为 0，说明模型拟合度非常好。

4. 区域风险评价模型的表达。可以用下面方程表达区域风险：

$$fc\_ 14 = -1.7844 - 1.1796 \times loan + 0.1027 \times cg - 1.2908 \times no$$
$$+ 9.9537 \times npl + 6.5850 \times a + 38.4580 \times oi - 0.2234 \times$$
$$onbi - 0.00014 \times outbi \tag{5}$$

观察模型的方程式可知，贷款占全部信贷业务的比重 LOAN，授信金融机构家数 NO，表内信贷业务压缩力度 ONBI，这三个解释变量的系数是负数，意味着这几个解释变量的增加引致企业的违约风险降低。相反，不良率 NPL，欠息率 OI 和垫款率 A 的系数为正数，意味着变量的增加引致企业违约风险的发生，这个结果与经济规律相同。

根据区域风险评价模型，每一个借款人的信用风险被赋以一个违约风险评分值，可以通过每一家企业的解释变量数据，代入方程式（5）得出，并将评分结果代入公式（4）计算企业的违约风险概率，并制成风险概率——风险得分图图 1。

观察图 1 发现，区域风险状况呈现 J 形曲线的形状，其评分结果在 -6.46 至 53.30 之间，并且随着得分的增大，企业发生违约的概率增加。为更清楚地了解评分结果的分布情况，如表 5 所示，以风险概率为 0.5 作为临界分界线，评分小于 0.06 的企业，共有 11 109 家，其发生违约的概率在 0.5 以下，违约的可

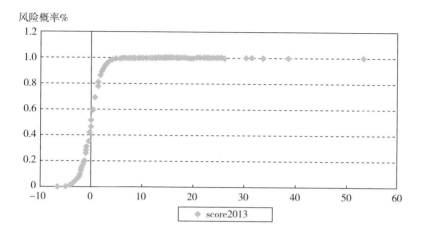

数据来源：金融信用信息基础数据库数据计算而得。

图 1　2013 年风险概率——风险得分图

能性比较低。同时，随着评分增加违约概率上升，违约概率在 0.5 以上的企业一共 701 家，其中，企业得分大于 2.21 的时候，风险概率急剧升高，违约的可能性极大。

表 5　　　　　　　　　　2013 年的评分结果的分布情况　　　　　　　　单位：家

风险概率范围	企业得分范围	企业家数
0.0 ~ 0.1	(-6.46, -2.20)	10 899
0.1 ~ 0.2	(-2.20, -1.48)	200
0.2 ~ 0.3	(-1.38, -0.91)	7
0.3 ~ 0.4	(-0.82, -0.63)	2
0.4 ~ 0.5	(-0.32, -0.12)	2
0.5 ~ 0.6	(0.06, 0.38)	3
0.6 ~ 0.7	(0.42, 0.84)	4
0.7 ~ 0.8	(1.26, 1.29)	2
0.8 ~ 0.9	(1.39, 2.10)	5
0.9 ~ 1.0	(2.21, 33.51)	686

（六）区域金融风险违约概率的预测

在确定区域金融风险违约模型之后，需要对下一个考察期进行预测，可以采用的方法有两种：一种是使用历史数据，基于 2013 年的数据，使用 EVIEWS 软件的预测功能，直接预测 2014 年的评分结果和风险概率。另一种使用真实发生数据，基于 2014 年的数据，计算出 2014 年的评分结果和风险概率。本文分别使用上述两种方法，计算 2014 年的区域风险分布情况，结果如表 6 所示①：

表 6　　　　　　　**2013 年预测与 2014 年验证的评分结果的分布情况**　　　单位：家

风险概率范围	2013 年预测			2014 年验证		
	企业风险得分	企业家数	企业家数占预测总数比例/%	企业风险得分	企业家数	企业家数占验证总数比例/%
0.0 ~ 0.1	(−4.99, −2.20)	10 893	92.24	(−3.79, −2.20)	13 026	90.86
0.1 ~ 0.2	(−2.20, −1.42)	206	1.74	(−2.20, −1.39)	402	2.80
0.2 ~ 0.3	(−1.31, −0.90)	6	0.05	(−1.36, −0.90)	40	0.28
0.3 ~ 0.4	(−0.82, −0.67)	2	0.02	(−0.82, −0.42)	5	0.03
0.4 ~ 0.5	(−0.34, −0.10)	2	0.02	(−0.35, −0.02)	6	0.04
0.5 ~ 0.6	(0.05, 0.40)	4	0.03	(0.20, 0.36)	3	0.02
0.6 ~ 0.7	(0.46, 0.79)	2	0.02	(0.41, 0.57)	3	0.02
0.7 ~ 0.8	(0.88, 1.37)	4	0.03	(0.91, 1.36)	11	0.08
0.8 ~ 0.9	(1.44, 2.19)	5	0.04	(1.39, 2.12)	13	0.09
0.9 ~ 1.0	(2.25, 53.95)	686	5.81	(2.38, 35.1)	827	5.77

1. 2014 年区域金融风险有上升。预测结果显示，两种方法的最低风险得分为别为 −4.99 和 −3.79，都高于 2013 年的 −6.46。同时，与 2013 年的结果相比，同一级别的风险概率下，风险得分也呈现上升的状态，因而判定区域内违约风险呈现上升趋势。

2. 历史预测方法近似反映区域风险状况，观察验证结果，预测方法计算出未来一年，高于 0.5 临界值，违约企业总数为 701 家，与 2013 年持平，占样本总数的 5.93%；相反，2014 年数据验证结果显示，高于 0.5 临界值，违约企业总数为 857 家，占样本总数的 5.97%，二者相差 0.04 个百分点，风险水平微弱上升。

3. 真实数据验证方法能够准确反映区域风险状况。在数据充足的前提下，真实数据验证法应该被优先考虑。依据下方两对风险概率——风险得分图（见图 2），左图是使用真实数据法的验证结果，右图使用历史预测法绘制而成。2014 年度的区域风险暴露比预测的结果更多，每一个风险概率区间内企业的风险得分高于历史预测值。图 2 左图中 J 形曲线下端近似垂直，表明区域内的违约风险升高。而右图中 J 形历史预测曲线与 2013 年的 J 形曲线形状类似，因而，历史预测方法只能近似衡量风险的变化程度，不能依赖历史预测方法衡量区域风险的变化。

---

① 2013 年的企业数为 11 810 家，2014 年的企业数为 14 336 家。

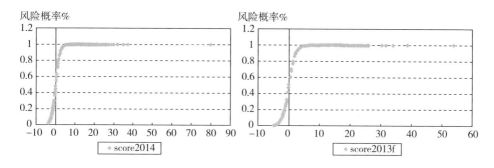

数据来源：金融信用信息基础数据库数据计算而得。

图2　2013年预测与2014年验证风险概率——风险得分图

4. 区域风险预警模型的准确率需要提升。值得注意的是，金融信用信息基础数据库显示，2014年共有1 255家企业出现不良，如果风险概率以0.5为临界值，通过模型结果判定857家企业违约，预测成功率为68.3%。如果调整临界值，模型的预测率可随之提高。

四、区域金融风险的防范和化解

在前文，我们构建了区域风险估计的Logit模型，并应用模型对2014年的区域风险状况进行衡量，发现区域的风险出现上升的情况，需要对这个情况加以防范。随着经济增长步入新常态，面对可能发生的风险状况，地方金融监管部门要牢牢把握稳中求进的工作总基调，主动适应经济发展新常态，深入推进地方金融改革，全面提升金融服务水平，扎扎实实做好金融风险管理，牢牢守住不发生区域性、系统性金融风险底线，有效提升地区金融生态。

（一）认真贯彻稳健的货币政策，保持信贷规模合理适度增长

实证结果表明，加大贷款占全部信贷业务的比重，企业授信分散，可有效降低区域风险。一是营造相生共荣的货币环境。要坚决贯彻稳健货币政策，切实落实各项货币信贷工作部署，根据地区经济金融形势变化，以逆周期调节为主要原则，对地区货币总量进行适时适度预调微调，引导金融机构平稳信贷投放节奏和速度，努力平滑经济波动周期。二是优化区域信贷结构。信贷政策要与地区产业政策有效对接，积极推动把信贷资源投向地区经济转型升级的关键领域，以信贷结构的优化推动经济结构优化，再以经济结构优化再推动金融资产保值增值，实现金融资产优质高效。引导金融机构盘活存量、用好增量、强化定向支持，进一步发挥再贷款、再贴现、差别存款准备金动态调整机制等的结构调控作用，有针对性地引导金融机构落实信贷政策要求，将更多信贷资源配置到"三农"、小微企业、服务业、科技创新、新兴产业、新增长点以及水

利、铁路等重点领域和薄弱环节，努力缓解企业融资难和融资贵问题。

（二）建立区域性风险防范和评估体系，坚持金融风险监测全覆盖

一是建立区域性风险评估和预警系统。借鉴国际经验，本着数据来源于地方，服务于地方的原则，建立适合当地特点的金融风险监测评估方法和操作框架，加强对重大风险的早期识别和预警，强化跨行业、跨市场、线上线下金融风险的监测评估。加强对具有融资功能的非金融机构、民间借贷、互联网金融机构的统计监测，密切关注其对区域金融稳定的影响。健全跨境金融风险的监测评估，完善跨境资金流动监测预警体系。二是加大对重点领域的监测排查力度。深入推进金融机构稳健性现场评估，严格落实银行机构重大事项报告制度，强化对金融创新业务和地方中小金融机构的风险监测，重点关注产能过剩行业、大企业融资担保圈、地方政府债务、房地产市场、影子银行等风险状况。加强对小贷公司、融资性担保公司等机构的监管，推动区域金融生态环境建设。切实防范支付机构风险。

（三）深入推进金融机构公司治理和内控建设，切实提高稳健经营水平，进一步优化生态环境

要根据风险预警的结果，有针对性地采取风险防范措施，实施审慎监管，引导金融机构稳健经营，为全社会营造守信激励，失信惩戒的信用生态环境。一是金融机构需要更加注重稳健经营。强化金融机构的风险意识，高度重视各种风险隐患，更加审慎经营。防范金融风险最终要落实到各类金融机构身上。金融机构自身应加强内控和风险管理，打造完善的现代风险管理体系，督促各金融机构平衡好业务发展与风险防控、市场规模与经营效益、市场开拓与内控管理等方面的关系，真正转变"重效益、轻风控"的经营理念，实施审慎集约经营。健全完善信贷审批管理，高度重视现金流等第一还款来源，合理确定互保联保授信额度，避免过度授信。创新实施新型主办银行制度，促进银企双方构建长期稳定合作关系，缓解银企间存在的信息不对称问题。二是加强社会信用体系建设，形成守信激励，失信惩戒的社会氛围，加快社会信用体系建设，作为优化金融生态、维护金融稳定的重要制度安排，立足企业和居民两个维度，理顺信用信息征集、信用信息处理、信用信息运用的各个环节，推动形成"守信者一路畅通、失信者寸步难行"的良性信用环境。

（四）完善金融风险应对处置措施，有序推进各类金融风险化解方案实施

一是发挥地方政府的主导作用。推动各地政府在区域金融风险处置中发挥主导作用，强化对舆论宣传的管理和引导，弱化负面舆情对公众的误导，防止负面信息发酵和蔓延。二是加大金融债权保护力度，坚决打击恶意逃废银行债务行为。要加大对失信行为打击惩戒力度，要立足于维护区域信用环境建设的高度，打击担保人逃废债，维护了金融债权和银行自身形象，形成广谱示范效

应。三是加强金融监管的协调和合作，防范跨行业、跨市场风险传递，强化金融市场秩序综合治理，严厉打击非法吸存、发放高利贷、集资诈骗等金融违法犯罪活动，严防相关风险向正规金融体系传递。加大金融安全宣传力度，强化金融投资者教育，切实提高社会公众理性投资意识及风险防范能力。四是加大不良资产的处置力度。实证结果表明，企业压缩表内信贷业务，对降低金融风险有明显作用。要针对"资金链"、"互保链"的风险传染性，创新还款方式、扩大企业抵押担保范围、推动政府建立风险补助基金。要建立政府部门和金融机构相互协调的不良贷款处置机制，通过不良贷款核销、资产转让等方式，加快不良贷款处置。

参考文献

［1］石晓军：《试论征信体系的资本监管服务功能及对应的制度设计》，载《山西财经大学学报》，2008（1）。

［2］石晓军：《利用 PCR 进行商业银行资本监管的思路与方法研究》，载《财经论丛》，2008（6）。

［3］中国人民银行绍兴市中心支行课题组：《企业担保圈风险的监测与预警研究》中国人民银行工作论文，2014。

［4］Falkenheim, M. and A. Powell , 1999, The Use of Credit Bureau Information in the Estimation of Appropriate Capital and Provisioning Requirements, *Central Bank of Argentina Working Paper.*

［5］Foglia, 2002, A. Using Credit Register and Company Account Data for Measuring Credit Risk：A Supervisory Approach, *Bank of Italy Working Paper.*

中国金融法律制度的健全与完善研究

中国人民银行杭州中心支行课题组[*]

一、导言

党的十八届四中全会通过了《中共中央关于全面推进依法治国若干重大问题的决定》，提出全面推进我国依法治国的总目标和重大任务，在此背景下，我国金融法制的系统完善也迎来了良好契机。我国的金融法律制度是在总结历史经验、借鉴国外先进成果的基础上逐步发展起来的，为保障金融业合法稳健运行、支持国民经济发展、实现国家宏观调控目标，发挥了重要而积极的作用。但是，随着近年来我国金融业的快速发展和金融改革的不断深化，尤其是金融业综合经营趋势的日益凸显和金融创新步伐的加快，金融法律制度建设滞后的问题逐渐显现，有必要进一步完善金融法律制度，建立起更具适应性的金融法律体系。从危机后发达国家的金融改革动态看，总结危机教训并修改完善法律制度、运行规则都是其中必不可少的一项主要内容。

研究我国金融法制的健全与完善问题，要超越传统研究就金融谈立法的局限性，应将视野扩展到更为宏大的社会发展与制度变迁的背景下，强调金融法制在促进"公平、效率、安全"三大维度上的作用，兼顾重视金融法制的经济功能和社会功能，并要具有系统性、实践性和前瞻性。本课题将从金融法制的功能扩展入手，深入研究经济转型发展、金融深化改革、金融制度变迁等需求推动下的金融法制完善问题，对于未来我国建立一个成熟、完善、有效并以市场为基础优化资源配置的金融体系具有重要的意义。

二、我国金融法律制度的现状

法律制度也有一定的层次，一般可分为基本法、行政法规、行政规章（又可具体分为地方规章和部门规章）、规范性文件四个层次。经过多年的发展，我国目前形成了以《中国人民银行法》、《商业银行法》、《银行业监督管理法》、《公司法》、《证券法》、《保险法》、《证券投资基金法》等为基本框架的中国金

---

[*] 课题主持人：刘仁伍

　　课题组成员：盛文军　洪　昊　王紫薇

融法律制度，以此为基础，不同行业、不同部门、地方和中央又分别根据经济金融实际运行发布了各种规章制度和规范文件，共同形成了一套较为完备的体系，为维护国家金融稳定和促进经济健康发展提供了一定保障。我们从中央金融法律制度、地方金融法律制度与农村金融法律制度三个维度对我国金融法律制度现状作简单的梳理。

（一）中央金融法律制度

1. 中央银行法律制度

1995 年《中国人民银行法》第一次将中国人民银行货币政策写入法律，从此开始了我国中央银行货币政策的制度化和规范化时代。2003 年修订的《中国人民银行法》将中国人民银行对银行业的监管职能分离出去，明确规定人民银行具有维护金融稳定的职责，使中央银行在职能上更加集中于货币政策的制定与执行，更好地发挥中央银行的职能，并在法律上保障了中国人民银行相对独立的地位。

2. 商业银行法律制度

1995 年《商业银行法》颁布实施，2003 年修改后的《商业银行法》第四条将"安全性"排在第一位，将"效益性"排到了第三位；在第十二条规定了放开地方金融权的内容。2015 年 6 月 24 日，国务院常务会议通过《中华人民共和国商业银行法修正案（草案）》，删去了"存贷比例"，于 10 月 1 日起不再将此作为硬性监管指标，引导商业银行将更多精力转移至资产管理等蓝海领域。另外，2015 年还有一个对商业银行经营具有历史性意义的举措——《存款保险条例》的出台，明确了被保险存款的范围、偿付条件和限额、保费缴纳主体和费率、基金的运用等规定。

3. 证券期货法律制度

证券法：我国在 1998 年制定了《中华人民共和国证券法》，但这部证券法是在亚洲爆发金融危机背景下出台的一部法律，相对比较仓促和不成熟，因以防范风险为主旨，而导致限制性条款和禁止性的条款比较多，并且维护投资者合法权益方面规定不够，有关民事赔偿方面的条文更是没有具体实施规定。2005 年，《证券化》得到大修，涉及了原法 40% 以上的条款，其中对违法行为的处罚条款增加了三分之一，达到 47 条，对证监会权力的监督，明确证监会法律责任的修改。2015 年 4 月 20 日，第十二届全国人民代表大会常务委员会第十四次会议又审议了《证券法》的修订草案，该修订草案共 16 章 338 条，其中新增 122 条、修改 185 条、删除 22 条，明确股票发行注册制，确定多层次资本市场体系的法律规则，健全上市公司收购制度，同时，专章规定投资者保护制度，尊重证券行业的自治与创新，突出监管者的简政放权，强化事中事后监管制度，完善跨境监管合作机制，提高失信惩戒力度。但是截至 2015 年 10 月底，该修订草案都还未进行公开征求意见。

《中华人民共和国证券投资基金法》于 2002 年制定，并于 2012 年修订，将非公开募集基金纳入法律调整范围，加强了对基金管理人、股东、从业人员的监管，有利于强化非公开募集基金的监管，规范证券投资基金业务和保护投资者利益。2015 年 4 月，该法又得到修正，删除了原第十七条①。

期货法律制度：2007 年制定《期货交易管理条例》，2012 年、2013 年进行两次修改，与之配套的四个管理办法《期货交易所管理办法》《期货公司管理办法》《期货公司董事、监事和高级管理人员任职资格管理办法》《期货从业人员管理办法》也同时在 2007 年实施。但是，我国目前的期货市场仍然存在交易品种较少、交易规模小、经济功能发挥不充分、市场投机过度等问题，一定程度上也反映出目前期货期权法律制度还尚待大力完善。

4. 保险法律制度

1995 年，制定了基本法《中华人民共和国保险法》，2002 年 10 月，根据中国加入世贸组织的承诺，重点对保险业法部分进行了第一次修改。2009 年第二次修订。2015 年 10 月 14 日，国务院法制办公室发布了《关于修改〈中华人民共和国保险法〉的决定（征求意见稿）》，向各界人士公开征求意见。此次对《保险法》进行的系统性修订，除首次提到建立巨灾保险制度和互联网保险业务等外，还在拓宽保险业务、适度放松资金管制、完善保险监管体系、保障消费者的合法权益和加强偿付能力违规处罚等方面作出重要修改。

5. 民商法

在实际金融业与实体经济发生的业务关系中，也需要民商法来保障业务的合法运转，降低金融领域的风险。1995 年颁布的《票据法》对维护结算秩序，保障经济流通具有非常明显的作用。1995 年颁布的《担保法》对土地和公益事业财产的保护十年来发挥了许多重要作用，主要包括：一是对我国土地公有制的保护；二是对我国公益事业财产的保护。还有《破产法》、《物权法》、《信托法》等基础法律法规，为实体经济的发展退出提供了必要的法律保障，保护投资人、债权人等金融市场参与主体的合法权益。另外，2013 年出台的《征信业管理条例》，也促进了征信业的发展和金融机构对借款人信用状况的评估，有利于保护信用主体利益，推进社会信用体系建设。

---

① 公开募集基金的基金管理人的法定代表人、经营管理主要负责人和从事合规监管的负责人的选任或者改任，应当报经国务院证券监督管理机构依照本法和其他有关法律、行政法规规定的任职条件进行审核。

表 1 中央金融法律基础制度一览表

法律名称	出台时间	修改时间		
《中国人民银行法》	1995 年	2003 年		
《商业银行法》	1995 年	2003 年	2015 年	
《银行业监督管理法》	2003 年	2006 年		
《保险法》	1995 年	2002 年	2014 年	2015 年
《证券法》	1998 年	2005 年	2014 年	2015 年
《公司法》	1993 年	1999 年	2004 年 2005 年	2013 年
《证券投资基金法》	2002 年	2012 年	2015 年	
《票据法》	1995 年	2004 年		
《担保法》	1995 年			
《信托法》	2001 年			
《破产法》	2006 年			
《物权法》	2007 年			

6. 互联网金融法律制度

2010 年 6 月，中国人民银行出台了《非金融机构支付服务管理办法》（人民银行令〔2010〕第 2 号），视为最早规范互联网金融企业的规范性文件。之后，中国银监会、中国保监会等部门也陆续针对部分互联网金融企业或业务出台了一些管理办法。直到 2015 年 7 月，国家层面正式出台了与互联网金融密切相关的两大纲领性文件。7 月 2 日，国务院发布了《关于积极推进"互联网＋"行动的指导意见》，明确将"互联网＋普惠金融"作为"互联网＋"十一项重点行动之一。7 月 18 日，经党中央、国务院同意，市场期盼已久的《关于促进互联网金融健康发展的指导意见》由中国人民银行等十部委联合发布，该意见确立了互联网金融主要业态的监管职责分工，落实了监管责任，明确了业务边界，为下一步互联网金融健康发展奠定了方向和基调。

（二）地方金融规章制度

1. 确立地方金融组织管理职责

近年来，随着各种地方新型金融机构及准金融机构的快速发展，中央开始将部分金融管理权下放，通过发文明确部分地方金融机构的监管权限交由地方政府，地方各类针对从事金融业务的其他机构的管理办法集中出台，金融办或相关职能部门的管理范畴得以不断扩展。

2. 探索民间金融的法规建设

地方金融管理部门对民间金融负有直接管理责任，历年来很多地方都在积极探索促进民间金融规范发展的规章制度。以温州地区 2014 年出台的《温州民间融资管理条例》为例,成为了全国首部金融地方性法规和首部专门规范民间金融的法规。值得一提的是,2015 年 8 月,在中央层面国务院法制办公室就《非存款类放贷组织条例(征求意见稿)》首次公开征求意见,明确规定非存款类放贷组织①须经省级人民政府监督管理部门批准取得经营放贷业务许可,对其实缴注册资本作出具体要求,并规范其经营行为和金融消费者权益保护的内容。

3. 自贸区金融法制建设创新。2013 年 9 月 27 日,国务院发布中国(上海)自由贸易试验区总体方案。根据方案,上海自贸区发布《中国(上海)自由贸易试验区外商投资准入特别管理措施(负面清单)》(2013 年),首创负面清单管理模式,深化行政审批制度改革,对负面清单之外的领域,将外商投资项目由核准制改为备案制(国务院规定对国内投资项目保留核准的除外),并积极推动政府由事前审批向事中、事后监管的职能转换,由此大大促进了外商投资便利化,增强了外商投资吸引力。由于上海的良好示范作用,2015 年 9 月,中央全面深化改革领导小组第十六次会议审议通过《关于实行市场准入负面清单制度的意见》,首次明确我国将从 2018 年起正式实行全国统一的市场准入负面清单制度,寓意着以后负面清单式的法制建设思路可能在未来会得到不断延伸和拓展。

(三)农村金融法律制度

农村金融一直处于我国金融发展的弱势地位,其金融法制建设也严重滞后。因农村金融发展既涉及中央层面的制度设计,如 2003 年开始的农信社整体改革方案,又要具体遵循地方金融管理部门颁布的监管规章办法和风险处置机制,所以对此进行单列分析。

2004—2009 年,连续 6 年中央一号文件均高度关注"三农"问题,农村金融法律制度也成为这一时期改革的重点。中国银监会在 2006 年末发布了《调整放宽农村地区银行业金融机构准入政策　更好支持社会主义新农村建设的若干意见》,指出要"适度调整和放宽农村地区银行业金融机构准入政策,降低准入门槛",并于 2007 年初制定颁布了《农村银行管理暂行规定》和《农村资金互助社管理暂行规定》。2008 年党的十七届三中全会《关于推进农村改革发展若干重大问题的决定》明文提出建立现代农村金融制度。此外,由于传统意识形态和文化所导致的"政府路径依赖",农村地区的金融市场机制比较薄弱,政府及相关金融监管部门应加快推进农村信用社改制为农村商业银行,改善产权结构与治理结构的矛盾,同时发展普惠金融,促进农村金融创新,更好地服务

---

① 并不包括典当行、证券期货经营机构、消费金融公司、汽车金融公司、贷款公司等非存款类放贷组织。

"三农"。2014 年，中国银监会发布的《关于鼓励和引导民间资本参与农村信用社产权改革工作的通知》，将民营企业入股监管评级五级以下的农信社的，持股比例从 10% 放宽至 20%。同年发布的《关于进一步促进村镇银行健康发展的指导意见》为村镇银行的健康发展提供了建设性意见。目前，针对农村金融的法律法规覆盖面仍然不足，且缺乏可操作性，要全面有效地解决农村金融问题、支持农村金融发展还任重而道远。

三、我国金融法律制度的不足：基于未来金融改革发展趋势的几个判断

现阶段我国的中央金融法律制度基本体系已经形成，但是由于近年来国内外经济金融形势的瞬息万变，金融创新层出不穷、全球资本市场快速发展融合、金融风险不断积聚，部分金融法律法规已然滞后，部分法律法规过于原则、笼统，可操作性不强，部分则与现实脱节，实践中难以执行，还有一些市场急需的基础性法律制度如中央银行维护金融稳定、金融机构市场化退出等重要的法律制度安排仍然缺失，这对我国金融体系的健康发展形成了一定的阻碍。中国人民银行行长周小川曾说过："在下一步金融改革中，我们还需要做很多事情，其中非常重要的就是要完善与金融有关的立法。法律方面的问题直接影响到我国的金融生态环境。当前这些问题越来越突出，越来越重要。"

（一）宏观审慎监管框架下的中央银行监管职能问题

2008 年国际金融危机以后，宏观审慎监管理念逐渐受到重视。2009 年 4 月，二十国集团峰会宣布成立金融稳定委员会（FSB）作为全球金融稳定的宏观审慎监管国际组织。同年，美国政府公布金融监管改革的白皮书，通过新设立一个包含主要金融监管机构成员在内的金融服务管理理事会来负责美国金融体系的宏观审慎监管，并扩大美联储监管职权，负责对系统性金融机构的统筹监管。随后，英国也改革并扩大中央银行体系，下设金融政策委员会（FPC）负责宏观审慎监管，设立审慎监管局（PRA）和金融行为局（FCA，设在英国财政部下）共同负责微观审慎监管。由此可见，经过金融危机的洗礼之后，欧美发达国家的中央银行不仅肩负起了宏观审慎的重任，而且微观审慎监管职能部门也统一纳入中央银行体系，使中央银行在统筹和协调微观与宏观审慎管理中真正发挥关键作用，但我国在这一方面还未充分重视。巴曙松（2015）指出，流动性风险逐步取代信用风险成为最重要的系统性风险因素。央行作为最后贷款人，但被排除在金融监管体系之外显然不利于其作用和优势的发挥。相比监管机构主要专注于个体金融机构风险，央行更能把握金融体系的系统性风险，只有将宏观和微观监管相统一，才能有效地防范金融危机的发生。

另外，我国当前对诸如系统性金融风险的监测识别、金融危机应急处置、

问题金融机构的救助和退出、金融稳定再贷款制度等事关金融稳定的重要事项缺乏明确的法律规定，也没有制定出有效的金融稳定工具和监管措施，可操作性不够强，在实践中难以有效实施。"十二五"规划纲要中也提出要构建逆周期的金融宏观审慎监管制度框架，使宏观审慎监管制度成为我国深化金融法制改革中的重要基础。因此，应进一步发挥人民银行在宏观审慎管理和维护金融稳定方面的职能，通过立法进一步确立人民银行在宏观调控职能上的地位，建立完善金融机构破产法律制度、金融危机应急处理机制以及金融稳定法等，并在宏观审慎监管和金融稳定等方面进一步加强与国际规则的衔接。

（二）混业经营趋势下的分业金融监管问题

随着金融业务融合的不断加深，不同类型金融机构之间、金融市场之间以及金融机构与金融市场之间的相互连接逐步紧密，特别是2015年我国加快推进了银行业的混合所有制改革，这些都使原先以分业监管、机构监管为准的监管方式面临了前所未有的挑战。在分业监管体制下，单一监管机构在风险识别和防范方面显得力不从心。例如，在2015年上半年的那轮股市大幅波动前，银行、信托资金通过多种渠道和形式进入股市，单凭银监会很难掌握其资金流向、资金规模和杠杆率水平，而在股市暴跌过程中，因缺乏对以上信息的准确把握和影响的客观评估，不仅导致市场恐慌情绪四起，而且不利于监管层把握住最佳救助时机，顺利达到预期的救助效果。

当前，我国金融法律制度不能适应金融监管体制改革的需要，也导致了金融监管改革跟不上金融创新的步伐。一是针对跨行业综合经营和交叉性金融产品，以及互联网金融等新业态，存在法律空白，法律的系统性、体系性还不够强。在金融立法工作上，部分立法项目制定时间过长，整体效率不高，不能适应不断变化发展的金融市场对法律保障的迫切需求。特别值得一提的是，各类金融控股公司还在法律间隙中生存发展，在某种程度上处于脱法状态，蕴含着极大风险。二是金融监管协调力度不够。各金融监管部门之间监管协调工作的规范化和制度化水平还不高，货币政策与金融监管政策、交叉性金融产品与跨市场金融创新的协调仍有欠缺，监管真空和监管重复仍有发生。三是监管理念有待转变。随着金融体制改革的不断深化和金融市场的日益繁荣，监管部门的监管思路须从注重事前审批向事中、事后监管转变，而在部分领域"重事前审批，轻事中、事后监管"的现象仍有存在。

（三）融资结构调整下的金融市场发展问题

随着我国融资结构调整的深化，金融市场特别是资本市场的发展是必然之举。虽然我国一直在进行资本市场的改革，但是资本市场的对内对外开放仍然滞后，完全市场化进程缓慢。对此周小川行长（2013）指出，要达成市场在资源配置中起决定性作用的目的，落实在金融领域，须在三个范畴进行改革：首先是金融市场准入的对内对外平等开放，以实现充分竞争；其次是金融要素价格的市场化定价，以实现资源的优化配置；最后是强调市场主体的作用，落实企业自主权及个人的自由选择权利，强化市场主体的作用。

无可否认，我国当前的金融法律制度与完善金融市场体系建设的目标不完全匹配。与国外成熟的金融市场相比，我国金融市场尚不完善，金融要素价格尚不能完全市场化，金融管制还未完全解除。党的十八届三中全会明确提出要建设统一开放、竞争有序的市场体系，着力清除市场壁垒，提高资源配置的效率和公平性。具体到金融领域，未来需要着力构建竞争性和包容性的金融服务业，健全多层次资本市场体系，稳步推进汇率和利率市场化改革，加快实现人民币资本项目可兑换等。特别是近年来随着证券市场的快速发展，证券法修订迎来了关键的窗口期。

（四）分层监管体系下的中央和地方金融监管协调问题

2002年上海金融办设立，标志着我国开启了地方金融管理的探索之路，随着各地地方金融办纷纷设立并逐渐成型，地方金融管理体系也初具雏形，与中央金融管理体系相辅相成共同形成双层金融监管体制。自"十二五"规划首次提出"完善地方金融管理体制"以来，党的十八届三中全会又重申"深化金融体制改革，完善监管协调机制，界定中央和地方金融监管职责和风险处置责任"，我国分层金融监管体系的构建完善正加快提上日程。

尽管如此，当前分层金融监管体系的制度建设方面还有所欠缺，主要存在管理边界不清晰、监管空白、交叉监管等问题。一是中央和地方金融管理职责存在交叉、冲突的情况。对于农村合作金融机构，《国务院关于印发深化农村信用社改革试点方案的通知》（国发〔2003〕15号）明确"信用社的管理交由地方政府负责"，但"银监会作为国家银行监管机构承担对信用社的金融监管职能"。这就导致中央金融管理部门及其派出机构与省、市、县各级政府的管理职责存在一定交叉，容易造成地方金融管理与监管政策的冲突。二是在某些涉及资金融通的领域又存在着管理盲区。如对农村资金互助会、P2P等信用合作组织从事金融业务，中央金融管理部门没有审批、地方政府又未将其纳入地方金融管理范畴，管理力量薄弱，基本处于无人管理的真空状态。三是地方金融管理法律制度建设在规范化、明确法律目标及职权边界等方面的经验不足。上海、温州、泉州等地进行的地方金融立法创新对我国地方金融立法有促进作用，但是湖南、四川等内陆省份则出现了一些问题，相关地方性法规稀少，内容上存在盲区。

（五）普惠金融下的金融公平问题

在唯经济增长论下，过去片面强调金融安全和金融效率的金融法律制度，只是仅仅关注了金融市场的经济属性，而事实上，完善的金融法制应该不仅仅是规制金融市场活动，还应该积极引导金融市场发挥其社会功能，即通过金融发展促使社会公平正义的实现，主要包括两大方面的内容：普惠金融发展和金融消费者权益保护。

普惠金融即能有效、全方位地为社会所有阶层和群体提供服务的金融体系，其真谛在于通过模式创新和技术创新，使金融服务惠及传统金融体系未充分覆盖的贫困地区和弱势群体。尽管近年来我国普惠金融呈现出了快速发展的态势，但要引导普惠金融纵深化发展仍需要通过建立相关法律法规来加以保障。另外，2008年全球金融危机暴露出对金融消费者利益的漠视和保护不足，各国纷纷加快推进了金融消费者权益保护的法制建设。我国现有的法律法制体系中，关于金融消费者权益保护的立法主要有《中国人民银行法》、《银行业监督管理法》、《消费者权益保护法》、《商业银行法》、《民法通则》、《证券法》和《保险法》等法律，行政法规主要包括《外汇管理条例》和《储蓄管理条例》等。但是，《消费者权益保护法》等法律是针对一般消费者权益保护的规定，针对金融消费者来说，缺乏一定的可操作性、针对性和具体型，不能实际解决金融消费者保护中存在的问题。尽管目前"一行三会"已经在分别推动金融消费者权益保护，但整体缺乏统一健全的法律制度支撑。

四、美国金融法律发展经验借鉴

美国虽然仅有200多年的历史，但是拥有世界上最发达、最健全的金融体系，也是世界上金融法律制度发展最为成熟的国家。

（一）美国金融法律建设历史进程概述

美国几乎每一个重要的金融法案都是在一次危机或者重大市场变化中颁布的，具有"危机导向"的历史特征。基于这一特征可以按照重要的法案将美国的金融法制建设划分为四个时期：萌芽时期——18世纪末至20世纪初，以1864年出台的《国民银行法》为代表，建立了财政部货币总监局，对银行的最低资本金、贷款的种类和额度、发钞量等进行了约束，并设立了存款准备金制度，是美国第一个关于统一管理全国银行业和金融业的联邦金融法，标志着二元银行体系的形成；形成时期——20世纪初至20世纪70年代，重要法案有1913年的《联邦储备法》，1933年的《格拉斯—斯蒂格尔法》和1934年的《证券交易法》，建立了美国分业监管的法律制度，开启了银行、证券分业经营的模式，也意味着美国进入金融业实行严格全面监管的时代；改革时期——20世纪70年代末至21世纪初，重要法案是《1999年金融服务现代化法》，顺应了混业经营趋势，允许银行、证券、保险等金融机构以金融控股公司的形式进行业务交叉经营，保留双线多头的金融监管体制并扩展监管机构，实行功能监管和控制金融风险；重建时期——21世纪初至今，2008年金融危机以后颁布的《多德—弗兰克法案》，通过成立金融稳定委员会以防范未来系统性风险，提高资本金，限制银行从事高风险业务以降低杠杆，提高金融业稳定性，强调投资者保护机制等。法案对现行金融监管体系进行了重大调整，强调全面监管和协调修正理念，解决监管重叠与缺失的问题，同时加强宏观审慎监管，防范系统性风险。

（二）次贷危机后美国金融法制建设的发展趋势

沿着历史痕迹看，美国金融监管法律制度经历了"二松二紧"交替的演进过程；在监管结构上，经历了分业监管—混业监管—功能监管的改进过程。美国的监管法律制度的每一次变化都建立在前一次的基础上再结合新时代的特点，因此，次贷危机后，美国推出的一系列重大改革措施也将成为全球金融监管改革发展的风向标。

1. 追求微观审慎监管与宏观审慎监管并重，防范系统性风险。金融危机彰显出系统性风险防范在维护金融稳定中的重要性。全球各主要经济体和国际组织都充分认识到要在加强和完善微观监管机制的同时，尽快构建以宏观审慎监管为重点的金融监管新框架。

2. 以综合监管和分业监管相结合的功能型监管模式。功能型监管是指基于金融体系的基本功能设计的，更具连续性和一致性，并能实施跨产品跨机构跨市场协调的监管。即在一个大范围统一的监管机构内，由专业分工的管理专家和相应的管理程序对金融机构不同的业务实行监管。

3. 强化全面监管理念并重视投资者和消费者的利益保护。在现代金融监管体系中，一个小的漏洞可能引发大的风险，因此，美国强化全面监管理念，填补监管漏洞，深化风险管理。另外，随着金融创新的发展，金融衍生品的复杂性使金融投资者和消费者难以理解和有效评估风险，因此，保障投资者和消费者的知情权和索赔权、加强对其权益的保护是未来金融监管的重要内容。

4. 加强国际对话，促进国际监管合作。在金融全球化的背景下，大型金融机构开始跨国经营，在许多国家都开展业务，强化了国家之间的金融联动效应。在这种情况下，单个国家的监管不足以防范危机。因此，加强国际金融监管协调与合作成为未来金融监管改革的共识。

（三）美国金融法律建设的经验启示

美国的金融业是目前世界上最发达的，其现在的金融监管法律体制是经历了很多经济金融危机后逐步完善起来的，并且其金融监管的发展是全球金融监管的风向标。因此，梳理美国金融法律制度建设的发展历程，总结金融法制建设的经验启示，对我国金融监管法律制度的改革建设具有重要意义。

1. 金融法制建设与金融市场发展是循环往复的互动过程。金融法制一方面是构成金融市场的一种资源禀赋，另一方面也是影响金融市场发展的一种制度结构，金融法制与金融市场由此而不断循环往复地进行着互动。美国金融发展仅二百多年，金融监管体制逐步建立完善，但金融业务经历了分分合合、松紧相间的复杂过程，为适应金融市场化需求，因此诞生了《格拉斯—斯蒂格尔法》、《金融服务现代化法案》、《多德—弗兰克法案》等众多影响深远却又具重大转折意义的"危机导向"型法案，其主要目的就是为危机以后重塑一个公平、公正、公开的良好市场环境。以 2008 年金融危机为例，它成为美国乃至国际金融衍生品市场发展的分水岭，美国通过颁布沃克尔法则，限制银行从事自营交易、拥有对冲基金和私募股权基金等高风险业务，由此对市场发展的趋势和特征产生了重要影响。

2. 确立中央银行在宏观审慎监管中的关键作用。美国危机后扩大美联储监管职权，负责对具有系统重要性的银行、证券、保险、金融控股公司等各类机构以及金融基础设施进行监管，牵头制定更加严格的监管标准，对这些金融机构设定资本及流动性监管要求，对金融市场基础设施、产品和交易进行全面监管；与联邦存款保险公司共同负责系统性风险处置。如前所述，这不仅体现在美国，英国、欧盟等国的中央银行也呈现出了同样的集权趋势。

3. 混业经营下加强金融监管机构之间的协调至关重要。美国不仅有联邦和州两级监管体系，仅联邦监管机构就有美联储、货币监理署、存款保险公司、美国信用社管理局、消费者金融保护局等机构，各司其职，相对独立。受危机启示，美国危机后设立了金融稳定监管委员会，负责制定统一的监管标准、协调监管冲突、加强监管合作，解决金融监管机构协调与制衡，从而达到全面防范系统性风险的目的。

4. 需要建立完善系统重要性金融机构的退出机制。美国本身具有较为完善的金融机构退出机制，但系统重要性金融机构的退出因关系面更广、影响力更大，如雷曼兄弟破产的导火索效应，因此更需要进一步的清算机制设置。美国事后不断强化了系统重要性金融机构的有序清算，明确由联邦存款保险公司对问题金融机构破产清算，对陷入困境的大型金融公司进行清算和拆分，通过适当的清算程序将大型机构失败对市场的系统性冲击降至最低，解决"大而不倒"对经济金融的不利影响。

5. 加强投资者和消费者的权益保护。美国《多德—弗兰克法案》的颁布也引领了全球金融消费者保护运动，美国金融消费者保护局制定、实施多项举措，推动美国金融消费者权益保护进入新阶段。一是理顺与完善金融消费者保护法律法规体系；二是加强金融消费者的金融知识与金融风险教育；三是建立和完善金融消费者权益保护争议处理机制。

6. 国际金融监管合作是必然趋势。金融危机促进了金融监管的国际合作，美国积极完善国际金融监管标准，加强国际协作，推动全球金融市场的联合监管，促进在跨境危机管理中实行统一原则，提升全球性金融危机应对能力，并不断增强了其在国际监管合作中的主导地位。

五、健全完善我国金融法律制度的相关建议

党的十八届四中全会通过了《中共中央关于全面推进依法治国若干重大问题的决定》，提出全面推进我国依法治国的总目标和重大任务；正在酝酿中的"十三五"金融规划也将对健全与完善我国金融监管与法律制度提出新的理念。可以说，我国金融法制的系统完善也迎来了良好契机，特别是在中央层面的金融监管法制建设和地方层面的金融监管体系完善两大方面。

（一）健全与完善我国金融监管法律制度的总体思路

1. 树立现代化金融监管理念。改变监管部门集监管与发展功能于一身、"重发展、轻监管"倾向。监管目标集中于防范金融风险、规范金融机构行为、保护金融消费者合法权益。改变监管割据、画地为牢以及"谁的孩子谁抱"的传统观念，监管理念从机构监管向功能监管转型。监管与创新并重。坚持开放包容理念，在保证底线基础上加大开放步伐，为金融业发展提供空间。改变"重事前准入、轻事中事后监管，缺市场化退出机制"现状，建立"公平准入、严格事中事后监管、制度化退出"新规则。

2. 改革金融监管体制。一是加强宏观审慎管理。构建宏观审慎政策与微观审慎监管统一、审慎监管与行为监管相互配合的新型金融监管框架。加强中央银行的宏观调控与金融监管职能，统一货币政策职能、金融稳定职能与系统重要性金融机构监管职能。适时修订《中国人民银行法》、《银行业监督管理法》、《证券法》和《保险法》等，完善监管机构职能和工具，完善金融监管协调机制。二是加快推进功能监管体制建设。混业经营是大势所趋，推动《商业银行法》的修订和完善；逐步改革现有以机构为主的金融监管模式，积极进行监管体系的资源整合和架构改造，将分业监管向综合性的功能监管过渡，因此，要基于未来的功能监管模式，针对现代金融监管法律规则体系进行大幅修正，也要通过建立完善金融监管协调机制加强跨监管部门间的沟通和协调。

3. 建立符合国际标准的金融监管规则。监管标准符合国际规则，逐步达到国际水平。落实金融稳定理事会、巴塞尔 III 和全球系统重要性银行总损失吸收能力要求（TLAC）监管标准，确立以资本约束为核心的审慎监管体系，并在流动性和杠杆率等方面实施更加严格监管要求。强化对系统重要性金融机构监管，实施更加严格的资本监管和逆周期调控，并制订恢复和处置计划。建立全球跨境处置合作机制。

4. 实现对金融控股公司和新金融业态监管全覆盖。一是推动金融控股公司立法。制定金融控股公司监管法律，明确对交叉性金融业务和金融控股公司的监管主体、职责和分工。对金融控股公司进行集团整体监管，加快制定金融控

股公司治理、资本充足、关联交易、风险集中度等监管规则；同时加强金融产品功能监管，按金融产品的法律关系明确监管主体，金融机构业务牌照切实履行分业经营、功能监管的原则，尽快统一相同功能的金融产品的行为准则和监管标准。二是制定新的金融机构分类标准和监管目标。加快对新型金融形态监管的法制建设和完善，明确各类、各层次监管机构对影子银行、互联网金融各业态的全覆盖监管。与此同时，进一步完善影子银行监管制度和规则，明确落实各类影子银行主体的监管责任。

（二）完善地方金融法律和管理体系的建议

建立中央与地方的双层监管体制是"十三五"期间健全与完善我国金融监管与法律制度的重要内容之一。党的十八届三中全会通过的《中共中央关于全面深化改革若干重大问题的决定》明确提出，要界定中央和地方金融监管职责和风险处置责任，为此，国务院出台了《关于界定中央和地方金融监管职责和风险处置责任的意见》（国发〔2014〕30号）。可以预见，未来随着新兴金融组织的不断创新和金融监管体系的不断完善，地方金融管理将在履行地方金融监管职责、开展地方风险处置方面发挥越来越大的作用。根据中央和省两级金融管理职责的总体要求，结合金融业发展和金融产业打造的需要，明确现阶段地方金融管理的主要职能为：改革发展、统筹协调、监管服务、防范风险。

1. 推进地方金融立法。牢牢把握基本建成法治政府新要求，坚持依法监管，加强地方金融领域立法，研究制定《地方金融监管条例》，通过地方立法明确地方金融监管的目标、原则、对象、主体和内容等重要事项，为市场准入、日常监管、违规认定、风险处置等各环节提供法律依据，逐步增强地方金融立法的针对性、及时性和系统性。

2. 建立地方金融监管机构体系。为了把国务院交给省级政府的监管职责落实到位，设立地方金融监管局，与省政府金融工作办公室合署办公，列入政府工作部门，人员编制和内设机构单独核定，实行"两块牌子、一套人马"。省金融办继续承担金融业改革发展和协调服务工作。省地方金融监管局主要承担地方金融业的监督管理和风险处置职能。根据全省实际，对现有分散在省级有关部门的地方金融管理事项，按照积极稳妥的原则，实行统一归口管理，纳入省地方金融监管局的管理职责，形成市场准入、日常监管、违规认定、风险处置前后贯通完整的管理体系。

3. 建立地方金融管理沟通协调机制。地方金融监管部门要主动加强与驻地中央金融监管部门和有关部门的协调配合，建立并不断完善信息交流平台和工作沟通渠道，加强工作的合作和配合，加快形成条块结合、运转高效、无缝对接、全面覆盖的区域性金融管理与风险防范机制，不断增强地方金融监管合力。

4. 完善规制统一的地方金融监管方式。按照国家金融政策法规，在监管职责范围内制定具体实施细则和操作办法。丰富和完善金融业技术监管手段，确保依法、严密、公开、公正地对地方金融机构和金融活动进行合规性和审慎性监管。培育发展地方金融行业组织，充分发挥其行业自律作用。推动地方金融机构完善法人治理机构和内控机制建设。

参考文献

［1］巴曙松、沈长征：《国际金融监管改革趋势与中国金融监管改革的政策选择》，载《专稿》，2013（8）。

［2］党宇峰：《后危机时代的金融监管改革及其对我国的启示》，载《现代管理科学》，2012（11）。

［3］冯果：《金融法的"三足定理"及中国金融法制的变革》，载《法学》，2011（9）。

［4］郭红蕾：《美国金融监管发展趋势及对我国金融监管的启示》，载《对外经贸实务》，2011（10）。

［5］郭庆平：《新时期我国金融法律制度建设》，载《中国金融》，2015（13）。

［6］黄家胜：《透过全球金融危机看金融监管改革》，载《中国金融》，2009（5）。

［7］孔爱国：《中国金融市场开放的节奏研究》，载《复旦学报（社会科学版）》，2009（2）。

［8］匡国建：《完善金融生态法律制度的思考》，载《金融研究》，2005（8）。

［9］蓝虹、穆争社：《论完善地方金融管理的边界、组织架构及权责制衡机制》，载《上海金融》，2014（2）。

［10］李荣国：《美国金融监管的变革及对我国的启示》，北京交通大学学位论文，2009。

［11］李成、徐永前：《"后金融危机时代"我国金融监管体制的完善》，载《南京审计学院学报》，2011（1）。

［12］李成等：《宏观审慎监管视角的金融监管目标实现程度的实证分析》，载《国际金融研究》，2013（1）。

［13］李妍：《宏观审慎监管与金融稳定》，载《金融研究》，2009（8）。

［14］马欢欢：《后危机时代我国金融监管法律制度的完善》，郑州大学学位论文，2011。

［15］廖凡：《竞争、冲突与协调——金融混业经营监管模式的选择》，载《北京大学学报》，2008（5）。

[16] 穆怀鹏：《建立效率与公平的金融法制》，载《中国金融》，2014（12）。

[17] 刘丹冰：《金融创新与法律制度演进关系探讨》，载《法学杂志》，2013（5）。

[18] 齐萌：《欧盟金融监管改革对我国的启示》，载《经济纵横》，2012（2）。

[19] 祁斌：《美国金融监管改革法案：历程，内容，影响和借鉴》，载《金融发展评论》，2010（9）。

[20] 钱正：《刍议以金融公平理念引领我国金融法制建设》，载《金融与经济》，2011（11）。

[21] 强力、杨为乔：《后金融危机时代的金融法制变革与重构》，载《重庆大学学报（社会科学版）》，2011（1）。

[22] 宋丽智、胡宏兵：《美国〈多德弗兰克法案〉解读——兼论对我国金融监管的借鉴与启示》，载《宏观经济研究》，2011（1）。

[23] 孙涛：《美国〈金融服务现代化法〉述评》，载《科学决策》，2001（4）。

[24] 孙天琦：《金融消费者保护：市场失灵、政府介入与道德风险的防范》，载《经济社会体制比较》，2012（2）。

[25] 王建敏：《我国现行金融法律制度存在的问题及建议》，载《山东经济》，2007（1）。

[26] 袁满、由曦：《金改市场化攻坚——专访中国人民银行行长周小川》，载《财经》，2013（36）。

[27] 张建华：《深化地方金融管理体制改革》，载《金融发展评论》，2013（10）。

[28] 周小川：《关于改变宏观和微观顺周期性的进一步探讨》，http：//news. xinhuanet. com/fortune/2009 – 03/26/content_ 11079284. htm。

[29] Dodd – Frank Wall Street Reform and Consumer Protection Act, H. R. 4173.

[30] FED, 2014, 100th Annual Report 2013.

[31] KALEMLI - OZCAN S, Papaioannou E, PEYDRÓ J L. , 2013, "Financial Regulation, Financial Globalization, and the Synchronization of Economic Activity". *The Journal of Finance.*

[32] http：//www. federalreserve. gov/.

金融支持 PPP 模式研究

中国人民银行杭州中心支行课题组[*]

一、引言

在中国经济发展进入"新常态",全面深化改革的背景下,基础设施建设为代表的公共产品需求不断增长,而另外,财政运行呈现出收入低速增长、支出刚性增长的新常态,基础设施建设的资金需求与供给之间的缺口不断扩大。未来,政府与社会资本合作(PPP)模式将成为我国基础建设投融资改革的重要方向,推广运用 PPP 模式,不仅可以缓解基础设施资金缺口大、政府财力不足、债务负担重的困境,有效防范政府债务风险,还可以将政府发展规划、市场监管、公共服务职能,与社会资本的管理效率、技术创新能力有机地结合起来,充分发挥政府和社会资本各自的比较优势,提高公共产品供给效率。

党的十八届三中全会明确提出要"大幅度减少政府对资源的直接配置"、"允许社会资本通过特许经营等方式参与城市基础设施投资和运营"。自《国务院关于加强地方政府性债务管理的意见》(以下简称 43 号文)提出剥离地方融资平台公司的政府融资职能后,财政部多次召开相关 PPP 专题会议,从制度、机构、项目和能力建设等多方面着手推广 PPP 模式。此后,国家发改委和财政部连发三份关于 PPP 模式的重磅文件,其中,发改委颁布的《关于政府和社会资本合作的指导意见》以及《政府和社会资本合作项目通用合同指南(2014 年版)》,要求各地建立发改委的 PPP 项目库。财政部《政府和社会资本合作模式操作指南(试行)》,从项目识别、项目准备、项目采购、项目执行、项目移交五个方面对相关实务操作给出了具体的指导意见。2015 年 5 月 22 日,财政部、发改委、人民银行联合出台了《关于在公共服务领域推广政府和社会资本合作模式指导意见的通知》是国内首个跨部委支持和推动 PPP 模式发展的规范性文件。此外,很多地方政府也出台了一系列相关政策文件支持 PPP 模式发展。例如,《浙江省人民政府办公厅关于推广运用政府和社会资本合作模式的指导意见》、《浙江省财政厅关于推广运用政府和社会资本合作模式的实施意见》。

---

* 课题主持人:郭安娜

课题组成员:王去非　贺　聪　芦华征　宋　玮　朱培金

在相关政策文件的指导下，国内PPP发展迅速。2014年12月财政部对外公布了总投资规模约1 800亿元的30个PPP示范项目，涉及供水、供暖、污水处理、新能源汽车等多个领域。这些项目中有22个是存量项目，8个是新建项目。从地方来看，各省纷纷推出大规模发展PPP项目计划。2015年5月，国家发改委首批公布的PPP项目多达1 043个，总投资为1.97万亿元，涵盖水利、市政、交通、公共服务、资源环境等多个领域。两者侧重点有所不同在于财政部注重"稳"，发改委注重"推"。在总结经验的基础上，2015年9月29日，财政部公布PPP第二批示范项目名单，上榜项目206个，总投资6 589亿元，数量是第一批示范项目的近7倍，总投资额是第一批示范项目的3.7倍。其中，浙江有10个项目上榜，总额119.39亿元。从地方来看，各省纷纷推出大规模发展PPP项目计划。例如，福建公布28个试点项目，总投资1 478亿元；浙江公布27个PPP项目，总投资1 680亿元。

目前来看，虽然中央和地方推动PPP模式的决心很大，项目计划庞大，但实际推动的成效并不理想。2014年9月，我国34个省市区地方政府推出的总额约1.6万亿元的PPP项目，但截至2015年3月真正签约的项目投资金额仅为2 100亿元，占投资总额的1/8。究其缘由，其中一个重要原因在于，金融支持PPP模式的形式还过于单一，大多依靠银行贷款，而目前银行对于PPP贷款还存有顾虑，金融支持PPP模式的杠杆作用还有待发挥。金融支持PPP融资有哪些具体模式，其现实阻碍是什么，如何有效破解，这是本课题希望回答的中心问题。

二、PPP的概念界定和模式分类

PPP是Public Private Partnerships的缩写，即"公私合作伙伴关系"。PPP是公共部门（通常为政府部门）和私人部门为提供公共产品和服务而形成的各种合作伙伴关系。

（一）PPP的概念

PPP的定义有广义和狭义之分。广义的PPP泛指公共部门与私人部门在提供公共产品和服务的过程中建立的各种合作伙伴关系；狭义的PPP指公共部门和私人部门合作项目一系列融资模式的总称，例如，BOT（建设—运营—移交）、BOO（建设—拥有—运营）和TOT（转让—运营—移交）等。正确理解PPP的定义，首先要明确公共部门和私人部门的界定；其次需要明确PPP的目的是为了提供公共产品和服务；最后公共部门和私人部门通过合同文本等形式明确约定各自的职责和权利。

依据财政部《关于推广运用政府和社会资本合作模式有关问题的通知》（财金〔2014〕76号），中国将PPP定义为政府部门和社会资本在基础设施及公共服务领域建立的一种长期合作关系，属于广义 PPP 的范畴。但对 PPP 的通用模式进行阐述时则主要针对狭义的 PPP，即"通常模式是由社会资本承担设计、建设、运营、维护基础设施的大部分工作，并通过'使用者付费'及必要的'政府付费'获得合理投资回报；政府部门负责基础设施及公共服务价格和质量监管，以保证公共利益最大化。"

在理解财政部关于 PPP 的定义时需要注意：第一，PPP 中的公共部门明确为政府部门，并未包含其他非政府公共部门（例如，社会团体、行业协会、民办非企业单位等），即财政部关于 PPP 定义中公共部门的范围相对较小。第二，PPP 定义中私人资本范围放大为社会资本，私人资本不再以所有制性质来定义，泛指以盈利为目的的建立了现代企业制度的境内外企业法人（见财政部《关于印发政府和社会资本合作模式操作指南（试行）的通知》（财金〔2014〕113号）。因此，社会资本不仅包括私人资本，国有控股、参股、混合所有制企业都应该进来。第三，社会资本的范围中排除了本级政府所属的融资平台公司及其他控股国有企业。

（二）PPP 基本模式

PPP 模式可以在公共产品和服务全生命周期的各个环节实施，因此可依据社会资本在 PPP 项目中的参与程度、项目资产产权归属、投融资职责分配、商业风险归属（社会资本承担的风险大小）等因素对 PPP 项目进行分类。目前，国家财政部和发改委并没有对 PPP 的具体合作形式作非常严格的限定，主要是对政府部门和社会资本各自要承担的主要职责进行描述。从各类 PPP 相关文件的描述来看，国内正在推广的 PPP 主要以特许经营类（包含"O，Operation"的项目）为主，主要包括 BOT（建设—拥有—转让）、BOOT（建设—拥有—经营—转让）、TOT（转让—运营—移交）、ROT（改建—运营—移交）等具体运作模式。成立项目公司（SPV）是 PPP 推广的主要组织形式。即通过所谓的 SPV 来作为 PPP 项目的建设和运营主体。在中国，由于很多商业化企业以国有控股形式长期存在，所以 PPP 的合作方应该不限于民营和外资，也包括国有企业。目前国内的 PPP 基本模式如图 1 所示。

三、浙江省推广运用 PPP 模式概况

为加强 PPP 工作的组织领导，加快推进 PPP 试点工作，浙江省财政厅成立 PPP 试点工作领导小组，浙江温岭、海宁、嘉善、建德等多个市县政府也相继成立了 PPP 工作领导小组，各地 PPP 工作机制已经逐步建立起来。

强化制度建设。浙江省财政厅争取省政府办公厅支持，促成《浙江省人民政府办公厅关于推广运用政府和社会资本合作模式的指导意见》的出台，这是推广运用 PPP 模式的第一个省级指导性意见，对于增进政府部门、社会各界共

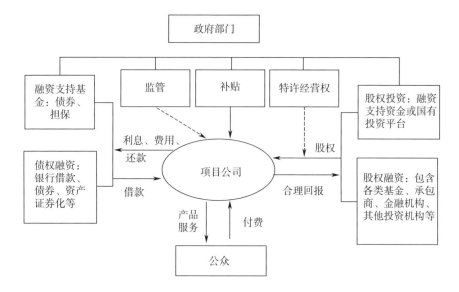

资料来源：财政部，21世纪网，国务院43号文，中金公司研究。

图1 国内PPP基本模式

识，稳定社会资本预期都将发挥积极作用。与此同时，制定出台了《浙江省财政厅关于推广运用政府和社会资本合作模式的实施意见》，进一步规范PPP项目操作。在此带动下，一些市县政府也十分重视制度建设，如海宁市政府印发了支持和鼓励民间资本进入基础设施和社会事业领域的实施意见，并制订了具体的工作方案。

积极储备项目。由浙江省财政厅组织各地报送PPP项目，并组织PPP项目评审会，邀请专业咨询机构、省级部门对备选项目进行评审和论证，根据PPP运作方式、采购程序、交易结构、风险分配、监管架构和物有所值等因素，确定了首批推荐项目名单，投资规模总计超过1 000亿元，涉及城市轨道交通、机场、铁路、垃圾和污水处理、水利、文化体育等领域。

提升PPP工作能力。2014年4月，浙江省在全国率先组织了PPP模式专题业务培训，对全省财政系统、金融机构、省级有关部门300余人进行培训；9月，邀请有关省级部门、金融机构、中介机构和市县举办PPP专题研讨会，通过专题介绍、问题咨询等形式，研究推广运用PPP模式。浙江省财政厅在门户网站建立PPP专栏，多方位介绍浙江省PPP工作的开展情况。

注重技术支撑建设。加强同金融、法律、资产评估、专业咨询机构合作，并通过政府采购选择专业咨询机构提供PPP项目评估、咨询、培训等服务，为PPP项目实施提供专业技术指导。同时，研究建立咨询机构库，为省内PPP项目寻求专业技术支持提供服务，推动PPP模式规范有序开展。

专栏 国内推广运用 PPP 的概况

自 20 世纪 80 年代以来，我国开始在基础设施领域探索使用以 BOT 为主要方式的 PPP，由于各方面原因 PPP 始终未能在国内真正发展起来。党的十八届三中全会提出"大幅度减少政府对资源的直接配置"、"允许社会资本通过特许经营等方式参与城市基础设施投资和运营"，开启了我国发展 PPP 的新局面。之后，国务院及相关部委在 PPP 概念和原理的普及、法律制度的建立与完善、PPP 专门管理机构建设、PPP 项目操作指引等方面做了大量工作，短短一年多时间，使 PPP 有力地从概念、理念走向实践。目前 PPP 开局总体平稳，一些示范性项目逐步落地实施。

一是政策制度先行。2014 年以来，国务院先后出台《关于加强政府机构性债务管理的意见》、《关于深化预算管理制度改革的决定》和《关于创新重点领域投融资机制鼓励社会投资的指导意见》，在体制机制层面作了政策制度安排。财政部及时发布 PPP 工作要求、示范项目、操作指南（试行）、合同管理、财政承受能力论证指引以及在水污染防治、收费公路、公共租赁住房建设等领域推广运用 PPP 的一系列配套政策，完善了预算管理、政府采购等配套办法，在财政操作层面作了制度安排。同时，国家发改委印发关于开展政府和社会资本合作的指导意见和 PPP 项目通用合同指南，明确分别由政府和社会资本主体发起的 5 个阶段 19 个步骤的 PPP 项目操作流程。国务院办公厅转发财政部、国家发改委、人民银行关于在公共服务领域推广政府和社会资本合作模式的指导意见，在 16 个领域大力推广 PPP。这些政策制度的密集出台，标志着我国 PPP 发展进入有章可循、有据可依的新阶段。下一阶段，财政部还将在 PPP 项目财政管理办法、物有所值评价指引、PPP 项目标准化合同范文和分行业合同等方面进一步加强政策制度建设。

二是立法研究推进。党的十八届三中全会后，国家发改委牵头成立基础设施和公用事业特许经营立法工作领导小组，会同财政部、法制办、国土资源部、人民银行等部委研究起草《基础设施和公用事业特许经营法》，但考虑到当前促进民间投资、稳定经济增长需要任务紧迫，2015 年 4 月，国家发改委会同财政部、住房和城乡建设部、交通运输部、水利部和人民银行联合起草了《基础设施和公用事业特许经营管理办法》，报经国务院第 89 次常务会议审议通过，自 2015 年 6 月 1 日起施行，该规章为我国基础设施和公用事业特许经营提供了基本的制度遵循。同时，关于政府与企业合作法的立法工作也列入了财政部近期立法工作计划，力争 2016 年前颁布实施。

三是具体项目落地。财政部于 2014 年 5 月成立 PPP 工作领导小组，并以下属的中国清洁发展机制基金管理中心为基础建立 PPP 中心，同时，江苏、河北和四川等部分省级财政部门专门建立实体的 PPP 办公室或者虚拟的协调机制，全面推进 PPP 工作。2014 年 12 月，财政部对外公布 PPP 示范项目。2015 年 9 月，财政部公布 PPP 第二批示范项目名单。国家发改委无论在项目体量上还是在投资金额上都远超财政部，2015 年 5 月，公布 28 个省市区 1 043 个 PPP 项目，总投资额近 2 万亿元。

四、PPP 模式的主要特点与金融支持的瓶颈

PPP 模式是公共基础设施建设中发展起来的一种优化的项目融资与实施模式，这是一种以各参与方的"双赢"或"多赢"为合作理念的现代融资模式。其既有独到的特点，也有外部金融支持的瓶颈。

（一）PPP 模式的主要特点

其典型的结构为：政府部门或地方政府通过政府采购形式与中标单位组成的项目公司签订特许合同由项目公司负责筹资、建设及经营。从融资角度而言，PPP 模式主要具有如下几个特点。

1. 参与主体多元化。PPP 模式改变过去传统政府主导的公共产品的提供模式，积极吸引包括私人部门在内的各方提供资金和服务，促进了投融资体制改革。PPP 模式的参与方包括政府、社会资本方、融资方、承包商和分包商、原料供应商、专业运营商、保险公司以及专业机构等多个部门，涉及多方利益。由于不同部门之间的利益诉求是不同的：政府的主要目标是顺利落实 PPP 项目，提供公共服务和产品，而企业以盈利为主要目标，金融机构主要考量是如何要保证投入资金的安全。如何平衡各方利益，达到多方共赢是顺利推动 PPP 模式需要解决的根本性问题。

2. 融资方式多样化。PPP 的融资方式主要包括债权模式、股权模式和混合模式。债权模式是项目公司通过向银行信贷和债券（资产证券化和项目收益债）形式筹资，股权模式是项目公司通过让渡股权方式吸引外部资金进入，例如引入保险资金、产业基金等。混合模式是项目公司通过债权和股权多种方式进行融资，通过不同融资方式、不同期限资金的相互配合，提高资金的配置效率。

3. 资金需求大、期限长。PPP 模式实质上是一种长期合作关系，对资金的需求大、期限长。PPP 项目通常分为规划设计期、建设期、试运营期、运营期、移交期几个期间，根据融资阶段不同，PPP 融资可以分为项目前期融资、项目建设期融资和项目运营期融资，而无论哪个阶段，都需要大量的资金投入。PPP 项

目时间周期通常长达 20 至 30 年，发改委、财政部等 6 部门共同公布《基础设施和公用事业特许经营管理办法》在全国范围内确立最长 30 年的特许经营期限。发改委与国家开发银行日前联合印发《关于推进开发性金融支持政府和社会资本合作有关工作的通知》明确表示，国开行可以对符合条件的 PPP 项目，贷款期限最长可达 30 年。

（二）目前金融支持 PPP 存在的主要瓶颈

第一，法律政策风险。我国现行可用于 PPP 项目的法律法规多以行业部门规章和地方规章的形式存在，缺少国家层级的 PPP 法律。通过法律途径来保障项目实施困难，还会因相关法律法规的修订、颁布等，导致原有项目合法性、合同有效性发生变化，给 PPP 项目的建设和运营带来不利影响，甚至导致项目失败和终止。

第二，管理协调成本较高。PPP 模式参与主体多，且运作较为复杂，需要专业的项目评估，进行复杂的合同谈判，实现合理的风险分担，并实行有效监管来防微杜渐。这是一项系统且复杂的工作，需要政府成立专业机构推进 PPP 模式。虽然目前我国财政部已成立政府和社会资本合作中心，国家发改委也承担 PPP 模式推广的监管职能。但多部门监管的现状削弱了 PPP 项目透明度，阻碍统一协调管理和信息沟通渠道畅通，导致 PPP 项目进展并不理想。

第三，市场退出机制不健全。PPP 项目资金需求大、运营期限长，动辄二十年或三十年的期限，严禁通过保底承诺、回购安排、明股实债等方式进行变相融资，将项目包装成 PPP 项目，但缺乏对社会资本退出机制的设计。完善健全社会资本的退出机制有助于盘活社会资本、增加社会资本的参与度。

第四，收益风险不匹配。目前政府部门在测算 PPP 项目收益定价时，一般遵循"既不能亏损，也不能暴利"的微利原则，以达到"激励相容"效果。但目前我国 PPP 项目的收益定价论证不严谨，目前反映定价问题较多的是，有些基层政府对 PPP 投资规模测算的随意性大，投资回报率和回收期等投资收益论证不严谨，公共服务定价机制和财政补贴方式等内容含糊不清，社会资本主体参与 PPP 更加谨慎。

五、PPP 的国际实践与启示

PPP 融资模式在发达国家使用比较普遍，我们选择了运行较为成熟的英国、加拿大和澳大利亚三个国家的案例。

（一）英国 PFI（Private Financial Initiative）

英国是现代 PPP 模式的起源国，也是目前全球 PPP 项目规模最大、涉及领域最广的国家。其采用的 PPP 模式主要分为两大类：一类是特许经营（使用者付费）；另一类是私人融资计划 PFI（政府付费）。但因大部分公共建设项目属非营利项目，所以较少采用特许经营，多数情况下选择PFI。

英国PPP模式分为两个阶段：分别是PF1（Private Finance Initiative）阶段和PF2阶段。1992年英国政府率先推出了PFI，随后通过PFI模式建设的公共项目迅速增加，成为英国使用最广泛的PPP模式。至2014年，英国共实施PFI项目700多个，总投资近600亿英镑，涉及教育、医疗、住房、公路、国防和污水处理等多个领域。

PFI的主要特点是私人部门参与到公共项目的整个存续期，项目目标由政府提出，私人部门进行设计、建设和融资，政府不提供建设费用，建成交付使用后，继续由私人部门进行日常运营和维护，政府按年支付使用费，一般适用于免费使用的公共设施和服务项目。

PFI模式充分利用了私人部门的项目管理经验、创新意识和风控技术，提升公共项目建设效率和服务水平。但在运行过程中PFI也暴露出一些问题，比如成本浪费、合同灵活性差、项目透明度低、风险收益分配不合理等。为此，2012年，英国财政部进一步推出新型私人融资（PF2），它与PFI最大的区别之一是改进了股权融资方式。政府在特殊目的公司（SPV）参股投入部分资本金以吸引长期投资者，政府资本的参与使PF2模式下股本金比例从10%提高到20%～25%，化解了在资金紧缺时的融资局限性，又有助于发挥私人资本的专业能动性。同时，公共部门将承担更多的管理风险，如因法律政策、场址污染、项目服务流量、保险等不可预见的变化引发的费用增加的风险。PF2的融资结构更有利于获得长期债务融资，特别是从资本市场融资。

法律制度方面，目前英国在PPP项目方面没有专门的法律，但有较为完善的市场经济体制及相关法制环境，主要通过《公私合作指南》、《如何与选定的投标者合作》等政策指南及合同法来规范和指导PPP项目的实施。

管理方面，英国财政部是PPP的主管部门，财政部下属的英国基础设施局（Infrastructure UK，IUK）全面负责PPP工作，为所有公共管理部门提供PPP的专业管理。在地方政府层面，英国财政部与地方政府协会联合成立了地方合作伙伴关系组织（Local Partnerships），独立于财政部，按公司化运营（市场投资人占股51%，财政部和苏格兰主管部门分别占44%和5%），为地方政府提供PFI项目技术援助和评估服务，并帮助制定标准化的合同，以市场化方式对项目和公司进行投资。

融资支持方面，2008年金融危机前，由于英国金融市场竞争充分，银行和资本市场都可提供固定利率的长期融资，期限最高可达40年，最低利率为国债利率加75个基点，有效促进了PFI发展。2008年金融危机爆发后，英国长期信贷市场开始恶化，相关部门采取了一系列措施，包括政府增加资本注入、为银行贷款提供担保、加强欧洲投资银行的支持力度等支持PFI项目融资。英国财政部还设立了基础设施融资中心（TIFU），作为市场融资渠道的补充。当 PFI 项目从市场融资遇到困难时，TIFU 提供临时、可退出的最后救助，可全额贷款，也可与商业银行、欧洲投资银行等一起贷款。当金融市场恢复，利于 PFI 融资时，就将未到期的 TIFU 贷款出售。

（二）PPP 在加拿大的实践经验

加拿大是国际公认的 PPP 运用最好的国家之一。加拿大 PPP 市场成熟规范，政府采购部门经验丰富，服务效率和交易成本优势显著。自 1991 年至 2013 年，加拿大启动 PPP 项目 206 个，项目总价值超过 630 亿美元，涵盖全国 10 个省，涉及交通、医疗、司法、教育、文化、住房、环境和国防等行业。目前加拿大的 PPP 项目占所有公共领域项目的 15% ~20%。

在加拿大的 PPP 模式中，私人部门负责 PPP 项目设计、建造、运营和维护的全过程，以避免由不同投资人负责单一阶段带来的风险和责任推诿；政府在项目建设完成前不承担支付责任，支付的前提是私人部门提供的服务达到事先约定的标准。

法律制度方面，加拿大各级政府积极制定基础设施规划，不断完善 PPP 项目采购流程。加拿大工业部出版的《对应公共部门成本——加拿大最佳实践指引》和《PPP 公共部门物有所值评估指引》等政策指南是目前 PPP 项目的主要依据。

管理方面，加拿大组建了国家层级的 PPP 中心（PPP Canada）。该中心是一个国有公司，由加拿大联邦政府所有，采取商业模式运作；专门负责协助政府推广和宣传 PPP 模式，参与具体 PPP 项目开发和实施，审核和建议联邦级的 PPP 项目，为 PPP 管理制定政策和最优实践，提供技术援助等，并负责与地方级 PPP 单位的合作。

融资支持方面，加拿大 PPP 中心设立了"加拿大 P3 基金"（基金总额 12 亿加元，2014 年 4 月再次增加 12 亿加元），为 PPP 项目提供不超过投资额 25% 的资金支持，各层级地方政府都可以申请该基金，该基金通过撬动资源和运用专业技能寻找优质 PPP 项目，在培养市场过程中起到催化作用。同时，积极推动股权投资者在 PPP 领域发挥更重要的作用，例如，加拿大养老基金以股权形式参与 PPP 项目，或持有 PPP 相关债券等，使加拿大养老基金成为国内参与基础设施建设的重要力量。此外，加拿大还建立了为 PPP 项目提供资金的项目债券融资市场，从而降低对银行资金的依赖。

（三）PPP 在澳大利亚的实践经验

澳大利亚在运用 PPP 模式实施大型基础设施项目方面处于世界领先地位。20 世纪 80 年代，澳大利亚开始在基础设施建设领域运用 PPP 模式，其最普遍的 PPP 模式是投资者成立一个专门的项目公司 SPV，由 SPV 与政府就项目融资、建设和运营签订项目协议，协议期限一般为 20～30 年。一旦 SPV 出现不能履行合约的状况，政府可以随时跟进，合同到期时项目资产将无偿转交给政府。

澳大利亚政府在 PPP 模式的推广过程中，不断地加大私人资本参与范围，并将项目建设和运营的风险更多地交由项目公司（SPV）承担，使私人资本享受的收益同其承担风险之间产生不匹配，进而导致部分 PPP 项目以失败告终。2000 年以来，澳大利亚政府对现行法律进行修订，并制定特别法律，保障私人资本的权益，以进一步推广 PPP 模式的发展。

法律制度方面，澳大利亚对 PPP 没有专门立法，于 2008 年 11 月颁布一系列国家政策与指南对 PPP 进行规范，各州在此基础上再制定本地的指南。以维多利亚州为例，2000 年公布的《维多利亚州合作方法》、2003 年颁布的《合同管理方法》等是本地 PPP 项目开展的主要依据。

管理方面，澳大利亚成立了全国性的 PPP 单位，即澳大利亚基础设施局（IAU），负责全国各级政府基础设施建设需求和政策，业务不局限于 PPP，推广 PPP 仅是职能之一。2008 年 IAU 会同澳大利亚全国 PPP 论坛制定了全国性的 PPP 政策框架和标准，各级政府（州）在此基础上制定本地的指南。上述政策要求各级政府资本金超过 5 000 万澳元的所有项目必须把 PPP 作为备选模式。

（四）主要启示

1. 完善相关法制建设。PPP 项目投资周期长，影响项目的因素多，收益不确定性大。如果没有相应法律、法规保障私人部门利益，PPP 模式难以有效推广。虽然上述国家在 PPP 项目方面没有专门的法律，但有较为完善的市场经济体制及相关法制环境，并制定了统一的政策指南及合同法来规范和指导 PPP 项目的实施，有效保障了私人部门利益。

2. 成立专业机构规范项目管理。PPP 模式运作较为复杂，需要长时间项目评估，进行复杂的合同谈判，实现合理的风险分担，并实行有效监管来防微杜渐。这是一项系统且复杂的工作，需要政府成立专业机构推进 PPP 模式。为推进 PPP 模式发展公共事业，许多国家设立了专业的 PPP 管理机构，专门从事和协调 PPP 项目相关事宜，为政府与私人部门搭建合作平台。

3. 设计合理的风险分担机制。风险分担的合理性对 PPP 项目实施是否成功起着至关重要的作用。英国和澳大利亚在 PPP 模式发展过程中都曾因风险分担机制不合理而遇阻，因此进行了相应的改革。实践中往往根据 PPP 项目参与各方的职责和收益情况来合理分担风险，即由政府部门承担政策法律风险、最低需求风险等，私人部门承担项目设计、建设、财务和运营风险，融资机构及其他投资人承担投资风险等，对于其他不可预知的风险需要设定相应的调节机制。

4. 拓展项目融资渠道。PPP 参与各方之间实现公平有效的风险分担和利益共享还需要完善的金融体系及丰富的融资工具予以支持。由于 PPP 项目的债务率较高（一般在 70% ~ 90%），因此融资工具的便利性和丰富程度也是影响 PPP 项目成功与否的重要因素。目前国际运用较为广泛的融资工具主要还是银行贷款（含银团贷款），但也有部分项目尝试采用多种融资工具，包括利用资本市场发行债券（含项目债、企业债和政府债），以及引进追求长期稳定回报的资金，如养老基金、保险资金和社保基金等。

六、金融支持 PPP 的国内实践

目前，我国已推出上千个 PPP 项目，金融机构参与 PPP 项目，既可以作为社会资本[①]直接投资 PPP 项目，也可以作为资金提供方[②]参与项目。从当前成功的 PPP 项目来看，银行仍然是 PPP 融资的主力军，保险、产业基金、信托也不断介入 PPP 项目。

（一）银行参与 PPP 案例

目前，商业银行一般通过资金融通、投资银行、现金管理、项目咨询服务、夹层融资等方式参与 PPP 项目；政策性银行由于具有期限长、利率优惠等优势，一般通过为项目提供投资、贷款、债券、租赁等综合服务，并对于国家重点扶持的基础设施项目，如水利、污水处理、棚户区改造等项目进行特殊信贷支持。

广州西朗污水处理项目是我国第一个采用项目融资方式建设的污水处理项目。项目公司初始投资主要由政府方授权单位和外商按持股比例共同出资和项目融资两部分组成，初始投资为 3.33 亿元（中方广州市污水处理有限公司和外商投资方美国泰科亚洲投资有限公司分别出资 1.10 亿元和 2.23 亿元），中国工商银行广东省分行为广州西朗污水处理有限公司提供约 6.67 亿元的项目抵押贷款。广州西朗污水处理项目由于项目资产运营具有收费机制，收费机制具有长期稳定性，因此信贷模式上采取了商业银行项目融资，银行贷款的安全性也比较高（见图 2）。与传统贷款人角色不同，商业银行在 PPP 项目中担当综合性的融资服务咨询机构，一方面，银行为 PPP 项目提供良好的金融资源；另一方面，银行业也积极参与到项目的设计、开发等顾问服务，为项目开发提供咨询。

值得注意的是，PPP 项目大多涉及基础设施和公共服务领域，融资周期较一般工商企业贷款更长，对于主要以中短期存款为负债来源的商业银行来说，存在着期限错配的风险；PPP 项目涉及地方政府、项目公司等多个主体，相关主体对于契约的遵守情况直接影响项目现金流、盈利能力和融资项目的信用风险。

---

①　作为社会资本直接参与 PPP，金融机构可以联合具有基础设施设计、建设、运营维护等能力的社会资本，与政府签订三方合作协议，在协议约定的范围内参与 PPP 项目的投资运作。

②　作为资金的提供方参与 PPP，金融机构可以为主要负责经营的社会资本方或者项目公司提供融资，间接参与 PPP 项目。

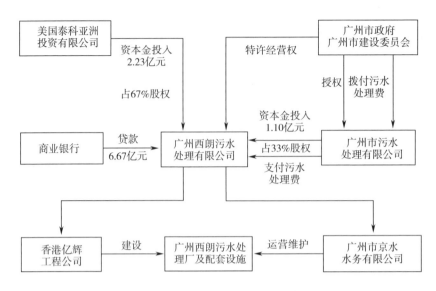

图2　广州西朗污水处理项目结构图

（二）保险参与PPP案例

保险资金追求安全性，具有期限长、规模大的特点，是基础设施最佳资金来源之一，比较适合基础设施、物业之类的投资。但由于险资也以属于负债性资金，并具有刚性兑付性质，因此，险资对项目的担保和增信要求较高，大型保险机构一般都要求项目资产的评级达到AAA级，且有大型金融机构或大型央企国企、政府机关提供担保，符合要求的项目相对有限。

北京地铁16号线项目是国内首次采用"股权融资+特许经营"模式引入社会资本建设的大型城市轨道交通项目，为我国基础设施投资建设提供了新的参考样本。北京地铁16号线PPP项目将总投资按一定原则和比例分为A、B两部分，A部分通过股权融资方式引入中再资产管理股份有限公司（以下简称中再资产）约120亿元保险股权投资，B部分通过特许经营方式引入北京京港地铁有限公司（以下简称京港地铁）150亿元，合计吸引社会资本达270亿元。股权投资人将所持有的股权全部委托京投公司管理，股权投资人不参与16号线公司经营管理，同时股权投资人不得向第三方转让其所持有的16号线公司股权。股权投资期不超过20年，期末京投公司按原值回购股权投资人所持16号线公司股权；股权投资期间，股权投资人以股权权益让渡对价款或其他名义获取股权投资收益。

北京地铁16号线作为"股权融资+特许经营"的样本，在融资模式和机制上进行了创新，使基础设施和公共服务领域的资金需求契合保险资金的投资需求。一方面，基础设施和公共服务领域建设投资资金规模大、投资期限长，因有政府主导和支持，收益相对稳定。另一方面，保险资金开展股权融资，具有资金量大、长期性和稳定性的优势，保险投资人实质上仅为财务投资人，不承担建设和运营风险，因此，北京地铁 16 号线建设和保险股权无论是从资金规模、投资期限，还是收益需求方面都高度匹配。

（三）证券公司参与 PPP 案例

由于国内 PPP 项目正在探索推广期，好的 PPP 项目较少，参与 PPP 项目对证券公司等中介机构来说，也面临着收益率低、变现期长和存在金融风险等多种挑战。因此目前证券公司主要以服务中介的形式参与 PPP 业务，其介入程度无法和银行、保险相比。

1. 资产证券化模式

2015 年 1 月，民族证券成立的"濮阳供水收费收益权资产支持专项计划"，规模为 30 500 万元。通过设立资产支持专项计划（SPV），发行 1 ~ 5 年不等的五档优先级资产支持证券①及一档次级资产支持证券，所得收入用于购买濮阳市自来水公司的供水合同收益权，投资者收益来源于濮阳市自来水公司的供水收费，并由濮阳市自来水公司担任差额补足义务人，在现金流不足以支付投资者本息时承担差额补足义务，此类项目为 PPP 项目的资产证券化提供了良好的解决方案。

2. 项目收益债模式

2014 年 11 月，广州市"14 穗热电债"②成功簿记建档，成为发改委审批的首单项目收益债。中标利率 6.38%，"14 穗热电债"规模 8 亿元，期限为 10 年，从第三年起分期还本。发行人股东及实际控制人分别对债券本息提供差额补偿，确保债券的本息偿付，债项信用等级为 AA。同时，"14 穗热电债"还进行了增信安排：由广州环保投资集团有限公司、广州广日集团有限公司作为本期债券的第一差额补偿人和第二差额补偿人，当本期债券募投项目收入无法覆盖债券本息时，将由其承担差额补足义务。

（四）产业基金参与 PPP 案例

PPP 产业基金是指以股权及夹层融资等工具投资基础设施 PPP 项目的投资基金，可以为基金投资人提供一种低风险、中等收益、长期限的类固定收益。在各地不断涌现的 PPP 产业投资基金中，根据基金发起人的不同而分成三种模式：政府层面出资成立的引导基金、金融机构联合地方国企发起成立有限合伙基金以及有建设运营能力的实业资本发起成立产业投资基金。

---

① 收益率分别为 6.5%、6.8%、7.1%、7.5%、7.9%。

② 资金投向广州市第四资源热力电厂垃圾焚烧发电项目，发行人是项目建设运营主体广州环投南沙环保能源有限公司。

2014年12月，河南省政府与建设银行、交通银行、浦发银行签署"河南省新型产业投资基金"战略合作协议，总规模将达到3 000亿元，具体可细分为"建信豫资城镇化建设发展基金"、"交银豫资产业投资基金"和"浦银豫资城市运营发展基金"。以单只基金的总规模为1 000亿元为例，母基金按照子基金10%的规模设计，金融机构与省财政分别出资50%，省财政出资部分由河南省豫资公司代为履行出资人职责，即母基金规模100亿元，金融机构和省豫资公司各出资50亿元，按承诺分期同步到位。子基金设立前将由市县政府和省级投资公司进行项目推荐，随后交由金融机构和省豫资公司履行调查程序。一旦出现风险，将采取优先劣后的退出机制，保证金融机构的本金和收益。

（五）混合模式案例

1. 信托+银行信贷

2015年1月，余杭城建文化艺术中心PPP项目成立，该项目以银行理财借道信托计划+银行信贷的混合PPP模式进行金融支持（见图3）。

该项目的出资结构为：工行理财资金不超过18 000万元投资信托公司设立的信托计划；信托公司、浙建集团作为有限合伙人（LP）分别出资18 000万元、2 700万元，浙江基建投资管理公司作为一般合伙人（GP）出资300万元，共同成立城建集团文化艺术中心开发投资基金（共计21 000万元）。城建集团出资20 000万元，注册资本共计41 000万元。项目贷款情况：工行牵头为PPP项目配套银行项目贷款59 000万元，期限不超过10年，担保方式由余杭其他平台担保，利率上浮15%。同时，在提供PPP项目融资以外，对于项目建设资金还不足的，工行可牵头配套银团贷款。理财资金退出选择权分为两种，选择权一是5年到期后，由浙建集团受让工行理财资金投资的信托计划持有的LP份额18 000万元，浙建集团和余杭政府通过另行签订协议的方式完成份额的再转让，该模式工行资金价格和浙建集团资金价格均为8%。选择权二是5年到期后，由浙建集团受让工行理财资金投资的信托计划持有的LP份额18 000万元，浙建集团将受让后持有的所有LP份额20 700万元转让给万向信托或其他资产管理机构，其他机构通过滚动发行理财产品的方式承接该LP份额，总期限5年，该期限内资金价格为12%（最终价格根据当时的市场利率情况另行协商），余杭政府通过辖内其他平台公司分5年回购该理财产品。

作为混合PPP模式，余杭城建文化艺术中心PPP项目中银行的成功体会：一是社会资本投资者必须要参与到项目建设或营运中，从项目建设或营运中获取盈利来弥补股本投资收益的不足，使投资者参与PPP项目整体内部收益率IRR能够达到至少15%以上，才能吸引社会资本参与PPP项目。二是社会资本必须和银行类理财基金或保险等长期中等回报要求资金结合，一同参与项目，充分利用资金杠杆，才能使IRR进一步提高。三是必须设计风险分担，合理的

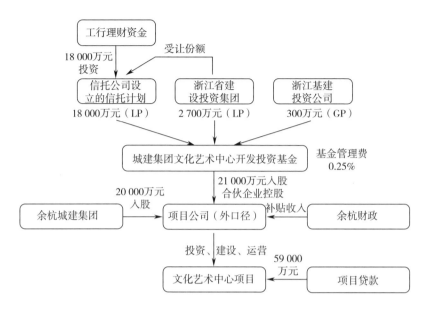

图 3　余杭城建文化艺术中心项目结构图

基金退出渠道,包括证券化、社会资本或第三方回购等,在证券化尚不完善前,最好承诺回购作为过渡手段。四是政府要大力配合支持,PPP 项目向省财政备案,PPP 项目的招标程序,仔细测算每年需要对项目的财政补贴额度,保证项目的营运、还本付息、股东合理的回报。并以合法程序纳入合作期年度预算安排,并经人大通过。

2. 政策性银行 + 商业银行 + 保险 + 债券

杭州湾跨海大桥项目是典型的运用 BOT 操作模式的 PPP 项目。大桥项目的主要投资来自浙江省地方政府和浙江民营企业,由宁波和嘉兴两地政府作为发起者。杭州湾跨海大桥的工程建设资金主要由银行授信和资本金两部分构成,分别为 92 亿元和 49.35 亿元,共计 141.35 亿元,是工程建设资金主要来源。

(1) 银行授信为融资主要来源。由于该项目融资规模较大,其银行授信采用银团贷款方式,相关银行在进行全面综合评估后出具了贷款承诺书,其中主要贷款银行国家开发银行承诺贷款 40 亿元,工商银行 20 亿元,中国银行和浦发银行各 5 亿元。

(2) 多家保险公司合力保险。大桥项目工程庞大,为最大限度地转移工程风险,切实保障投资者和债权人的利益,杭州湾大桥指挥部分别与人保宁波分公司、太保宁波分公司、平安杭州分公司、华泰北京分公司和大众宁波分公司 5 家保险公司签订了保险协议。这 5 家保险公司合力为大桥提供保险金额为 90 亿元的建设工程一切险,并确定人保宁波分公司和太保宁波分公司为联合首度承保人。多家保险公司合力保险有效地将工程建设风险进行了转移，为项目的顺利开展提供了坚强保证。

（3）充分利用银行间债券市场进行融资。2010 年起，项目公司连续三年在银行间债券市场发行了一年期短期融资债券，发行金额分别为 6 亿元、3 亿元和 3 亿元。从融资成本方面来看，三期短融的发行利率分别为 3.53%、6.97% 和 4.66%，相比同期一年期的贷款基准利率分别下降 1.78 个、升高 0.41 和下降 1.90 个百分点。2013 年，项目公司又发行了三年期非公开定向债务融资工具，发行金额 4 亿元，发行利率为 5.6%。

（六）金融支持 PPP 的国内经验小结

通过以上多种融资方式的案例分析，总结出以下结论：

1. 金融机构参与 PPP 的方式，既可以有直接融资，也可以有间接融资，还通过混合模式来进行。

2. 商业银行仍然是 PPP 融资的主力军。除了传统的企业贷款方式外，还可以通过信托、券商资管、基金子公司等通道，间接参与 PPP 项目融资，此类业务由商业银行发起，在实现表外融资的同时，还能确保对项目的把控力。保险资金追求安全性，具有期限长、规模大的特点，是基础设施最佳资金来源之一，比较适合基础设施、物业之类的投资。券商在 PPP 的介入深度较浅，其发力点主要在项目收益债及 ABS 等固定收益类产品。信托由于资金期限及成本原因，直接介入 PPP 项目难度较高，可通过过桥型融资参与风险较高的 PPP 建设期或发起管理信托计划作为基础设施基金的优先级投资人。

3. 非银金融机构可以发挥牌照优势，结合合理的产品创新和资源整合能力，通过各类资管计划参与项目的投融资。

4. 作为城投债潜在的替代，PPP 下的各类工具将成为金融机构新的资金配置方向，资金流向的改变将会对包括债券在内的原有配置标的产生影响。

5. 目前 PPP 模式还处于概念推广期，相关操作指引也在陆续制定中，在《政府和社会资本合作项目财政承受能力论证指引》出台后，预计关于物有所值（VFM）评价方法的实施方法近期内也将细化。从 PPP 项目的特点看，从项目论证到确定合作社会资本开始运作，有少则半年长则数年的周期，PPP 项目短期内全面启动建设的可能性不大，因此，对政府债务的缓解作用是一个长期的过程。

七、有效推进 PPP 模式的政策建议

（一）进一步加大法律政策支持力度

PPP 的成功运作不仅依赖于政府的信用、项目公司的能力，更与运行 PPP 所需的配套法律规范、政策体系息息相关。PPP 作为一种公共部门和社会部门共同提供产品或服务的合作模式，其法律本质为一系列的契约关系。而我国 PPP

项目的开展经历了零星尝试、试点起步、扩大探索阶段，现在虽步入了制度创新与全面发展的关键时期，但还是没有建立起一套比较完善的法律体系，对于PPP模式的相关规定都较为简单，法律效力等级较低，可操作性不强。这使PPP项目在实施过程中常因利益相关方不按"规则"办事、中央和地方政府责权划分不清，甚至现有法律规定互相"打架"等问题，造成项目的延期甚至夭折。这些都是我们在推广运用PPP模式应加快修正完善的。因此，要通过专门立法或修改相关法律形式，制定统一的基础性、规范的法律体系，明确界定部门之间的分工、协调、审批、监管等诸多问题，以及对PPP项目的立项、投标、建设、运营、管理、质量、收费标准及其调整机制、项目排他性、争端解决机制，以及移交等环节作出全面、系统的规定，促进PPP机制的健康发展。

（二）进一步加强PPP项目规范管理

从国际经验看，为推进PPP模式发展公共事业，许多国家设立了专业的PPP管理机构，专门从事和协调PPP项目相关事宜，为政府与私人部门搭建合作平台。一要加强组织协调，保障合同效力。建议在推进PPP的过程中，各级财政部和发改委，以及税务、国土、金融、环保等相关部门要加强会同行业主管部门做好合同审核和履约管理工作，确保合同内容真实反映各方意愿、合理分配项目风险、明确划分各方义务、有效保障合法权益，为PPP项目的顺利实施和全生命周期管理提供合法有效的合同依据。二要加强能力建设，防控项目风险。建议由财政部和发改委牵头，加强对各地方政府及相关部门、社会资本以及PPP项目其他参与方的法律和合同管理培训，使各方牢固树立法律意识和契约观念，逐步提升各参与方对PPP项目合同的精神主旨、核心内容和谈判要点的理解把握能力。在合同管理全过程中，要充分借助、积极运用法律、投资、财务、保险等专业咨询顾问机构的力量，提升PPP项目合同的科学性、规范性和操作性，充分识别、合理防控项目风险。三要加强监管独立，提升配套支持措施。建议适度增强我国PPP模式监管机构的独立性，可考虑成立由财政部门、发改委、各级行业主管机构、第三方机构以及社会团体等共同参与的联合机构，主要承担PPP项目的技术支持和政策服务、评估评价和咨询等工作。注重加强国际交流与合作，"引资"与"引智"相结合，积极推荐示范项目申报列入世界银行全球基础设施基金支持试点范围。

（三）进一步保障社会资本的合理回报

目前国内PPP项目风险分担普遍不够合理，运营成本偏高，迫切需要建立公平合理的风险分担机制。一是项目实施地政府要综合考虑"使用者付费"定价、建设成本、运营费用、行业平均收益率和财政中长期承受能力等因素，合理确定和动态调整财政补贴的规模和方式，保障还本付息和参与合作方的合理回报，着力解决社会资本"进不来"和"不愿进"的问题。二是要建立合理的风险分担和动态风险定价机制，充分发挥各参与方的不同风险控制优势，使项目风险在各参与方之间进行合理、公平地分担，并动态评估风险，让社会资本获得合理的风险回报。三是要坚持公开透明、诚信履约，增强社会资本合作的信心。建议由 PPP 主管部门定期发布合同各方的权责配置、风险分担、违约处理、政府监管、履约保证等方面信息，并定期提供 PPP 发展报告，引导社会资本预期，推进 PPP 项目顺利实施。

（四）进一步拓宽融资渠道并完善退出机制

一是进一步完善金融体系及融资工具予以支持 PPP。在解决我国 PPP 项目的融资问题上，不但要积极对接财政部 PPP 融资支持资金、各类保险投资基金、全国社保基金等，而且要综合应运用商业银行贷款、信托、基金、项目收益债券、资产证券化等金融工具。建立多元化的项目融资渠道，降低融资成本，提升资本运作效率。二是由省级政府建立 PPP 模式下的合作引导基金，吸引金融机构参与，提高项目融资的可获得性。探索建立 PPP 项目融资增信资金，为 PPP 项目融资提供增信支持。三是进一步完善社会资本低成本高效率的自愿退出机制。要加强协调，积极引入外资企业、民营企业、中央企业、地方国企等各类市场主体，协调解决项目融资、建设中存在的问题和困难，为融资工作顺利推进创造条件。此外，也要设计合理的投融资资金退出渠道，可考虑在省级地方政府层面，通过地方股权交易中心，实现 PPP 股权流转中心，增强投入 PPP 项目的社会资本流动性，为社会资本退出增加渠道，包括项目清算、资产证券化、股权回购或转让等，在证券化尚不完善前，以承诺回购作为过渡手段。

（五）进一步完善政府存量项目转换为 PPP

一是引导和鼓励社会资本通过转让—运营—移交（TOT）、改建—运营—移交（ROT）等方式重点推进符合条件的存量项目按 PPP 模式改造。对地方政府自建自管的存量项目，可优先考虑按照 PPP 模式转型；对企业已是投资运营主体的存量项目，可按照 PPP 模式改造，加强政府和社会资本的风险分担与权益融合；对企业在建但因各种原因停滞的项目，政府可以注入一定资金，与企业合作。对经充分论证确实需新建的项目，也可按照 PPP 模式设计运作。二是加强对存量项目转换为 PPP 监督管理，避免资产"一卖了之"，建议设立一个 PPP 项目监督管理中心，建立公众信息反馈系统，扩大政务信息披露，实现 PPP 项目评价过程与评价标准的公开化。

参考文献

［1］陈辉：《PPP 模式手册：政府与社会资本合作理论方法与实践操作》，知识产权出版社，2015。

［2］程连于：《PPP 模式与我国民间投资问题研究》，载《河南社会科学》，

2009（3）。

[3]［英］达霖·格里姆赛、［澳］莫文·K. 刘易斯：《公私合作伙伴关系：基础设施供给和项目融资的全球革命》，中国人民大学出版社，2008。

[4] 杜亚灵、王奎：《PPP 项目中信任的动态演化研究》，载《建筑经济》，2012（8）。

[5] 李秀辉、张世英：《PPP：一种新型的项目融资方式》，载《中国软科学》，2002（2）。

[6] 盛和太、王守清：《特许经营项目融资（PPP/BOT）：资本结构选择》，清华大学出版社，2015。

[7] 唐祥来：《公共产品供给的"第四条道路"——PPP 模式研究》，载《经济经纬》，2006（1）。

[8] 王秀芹、梁学光、毛伟才：《公私伙伴关系——PPP 模式成功的关键因素分析》，载《国际经济合作》，2007（12）。

[9] 王雪青、喻刚、邴兴国：《PPP 项目融资模式风险分担研究》，载《软科学》，2007（6）。

[10] 王颖林、刘继才、赖芨宇：《基于风险偏好的 PPP 项目风险分担博弈模型》，载《建筑经济》，2013（12）。

[11] 叶秀贤、孙慧、范志清：《韩国 PPP 法律框架及其对我国的启示》，载《国际经济合作》，2011（2）。

[12] Li B，Akintoye A，Edwards P. J，Hardeastle C，2005，The alloeation of risk in PPP/PFI construction projects in the UK，Intemational Journal of Project Management，Vol. 23.

[13] Medda F，2007，A game theory approach for the allocation of risks in transport public private partnerships，International Joumal of Project Management，Vol. 25.

金融不良资产处置方式多样化
研究及创新模式探讨

——以中国信达浙江分公司为例

中国信达资产管理股份有限公司浙江省分公司课题组*

一、研究金融不良处置方式和模式的必要性

自 2012 年以来，金融不良资产市场日益"火爆"，浙江地区作为重灾区之一也备受关注。然而在不良资产数量不断增加的同时，市场不活跃、资产价格下行、处置难度加大等现状却使作为不良资产市场主要参与者们如银行、资产管理公司等面临着较大的处置压力。中国信达资产管理股份有限公司浙江省分公司（以下简称中国信达浙江分公司或浙江分公司）作为浙江地区不良资产市场战场的主力军，也同样面临如何处置庞大资产实现效益最大化问题。

（一）不良资产持续增加，化解压力倍增

随着宏观经济下行，我国商业银行不良资产余额和不良率持续"双升"（见图 1）。银监会统计数据显示，截至 2015 年第三季度末，商业银行不良贷款余额 11 863 亿元，较年初增长 40.8%，连续 16 个季度增长（见图 2）；不良贷款率 1.59%，较年初提高 0.34 个基点，连续 9 个季度上升（见图 3）。

就浙江地区而言，随着经济进入增速换挡期，经济步入新常态，信贷风险持续暴露。从浙江银监局公布的数据①来看，截至 2015 年第三季度末，浙江地区的银行业不良贷款余额已达 1 778 亿元，比年初增加了 381 亿元，不良贷款率达 2.35%，比年初提高 0.39 个百分点（见图 4）。

不良资产余额和不良率的快速攀升，使传统的处置手段已远远不能满足市场的需求，市场亟待处置方式的多样化和处置模式的创新。

（二）不良资产收购端供给加大

由于不良资产数量进一步增大，银行受制于经营范围、年报压力等因素，更倾向于将不良资产转让给资产管理公司进行处置。就浙江地区而言，经不完

* 课题主持人：胡 德
　课题组成员：高殷勤　金 盈　周希佳　黎倩文　黄梦娴　王莫顶
① 数据来源：浙江银监局，http://www.cbrc.gov.cn/zhejiang/index.html。

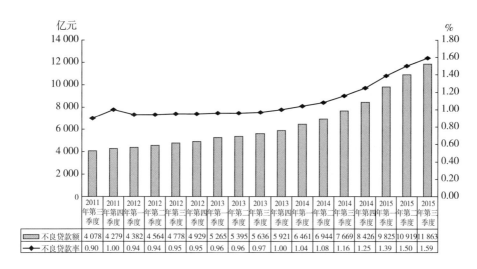

图1　我国商业银行不良贷款的增长趋势

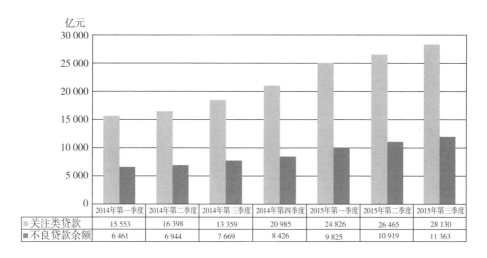

图2　2014—2015年第三季度商业银行主要监管指标1

全统计，自2012年以来，浙江银行业推出的不良资产数量急剧增加。就2015年来看，截至第三季度末，浙江地区合计推出资产包约103个，本金约516.52亿元（其中转让成功的为453.56亿元，见图5）。

在银行大量打包转让的情况下，浙江分公司2015年新收购资产包30余个，合计收购成本60余亿元，合计收购本金200余亿元，占浙江地区不良资产市场份额约47%（见图6、图7）。

而2012年至2015年第三季度末，浙江分公司已收购资产本金超580亿元，收购成本超190亿元。公司不良资产规模近些年快速增长（见图8、图9）。

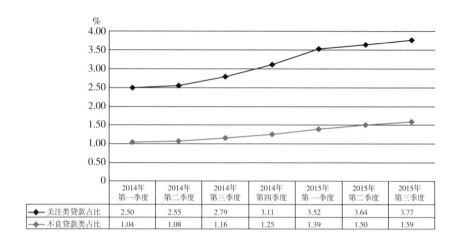

	2014年 第一季度	2014年 第二季度	2014年 第三季度	2014年 第四季度	2015年 第一季度	2015年 第二季度	2015年 第三季度
关注类贷款占比	2.50	2.55	2.79	3.11	3.52	3.64	3.77
不良贷款类占比	1.04	1.08	1.16	1.25	1.39	1.50	1.59

图 3　2014—2015 年第三季度商业银行主要监管指标 2

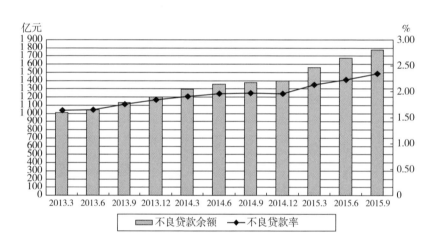

图 4　2013—2015 年第三季度浙江不良资产变化情况

（三）资产处置难度加大，处置压力增大

不良资产的处置受制于众多因素，包括外部因素如市场经济情况、司法、政府政策等，内部因素如处置思路、时机、模式、手段等，当前不良资产包的处置进度与处置收益都不容乐观。从浙江分公司的角度来看，当前导致资产处置难度大、处置压力增加的因素包括：

1. 经济环境低迷

实体经济依旧疲软的现实是导致资产处置难度加大的客观原因。一方面不良资产贷款余额和不良贷款率继续上升，另一方面经济下行环境中，企业经营困难，对外投资欲望大大降低；房地产行情并未见好，房价下跌也使不少资产

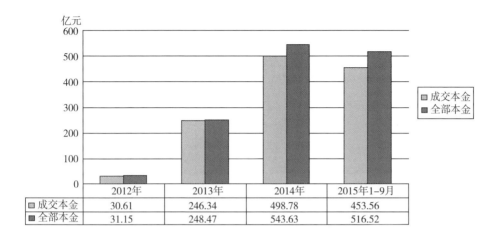

	2012年	2013年	2014年	2015年1—9月
成交本金	30.61	246.34	498.78	453.56
全部本金	31.15	248.47	543.63	516.52

图 5   2012—2015 年第三季度不良资产市场本金交易情况

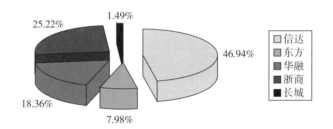

图 6   截至 2015 年第三季度浙江地区各资产管理公司市场份额情况

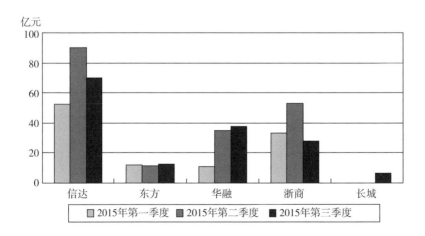

图 7   2015 年前三个季度浙江地区各资产管理公司收购情况

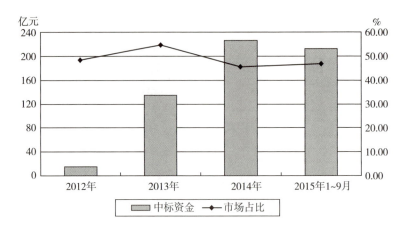

图8 2012—2015年第三季度浙江分公司收购情况

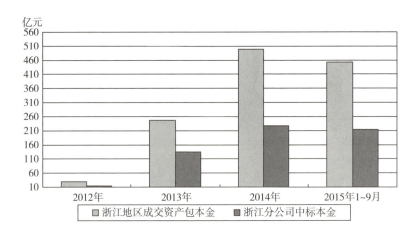

图9 2012—2015年第三季度浙江地区推包及分公司收购

价值缩水严重。另外，资产市场出现供大于求的局面也使资产无法实现合理价值。市场整体处于资产价格下行期的现实反向压制了需求的增长。

2. 资产处置速度较慢，进度不如预期

（1）诉讼、执行花费时间长。通过法院诉讼、执行清收是当前使用较为普遍的处置手段。而近些年法院，特别是基层法院也处于案多人少的窘境，金融不良资产的爆发更加重了该种矛盾。不少案件的审理执行时间较长，大量案件需要公告送达，再加上抵（质）押物拍卖所须消耗的时间，一般而言，一个案件从诉讼到执行需花费三年的时间。而若遇到案件涉及刑民交叉或有其他疑难点的，则时间更加难以把握（见图10）。

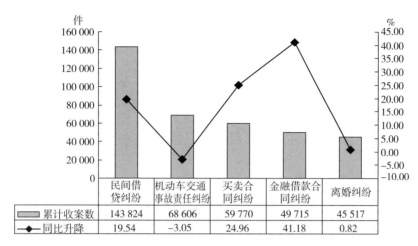

	民间借贷纠纷	机动车交通事故责任纠纷	买卖合同纠纷	金融借款合同纠纷	离婚纠纷
累计收案数	143 824	68 606	59 770	49 715	45 517
同比升降	19.54	-3.05	24.96	41.18	0.82

图10　2015年浙江法院收案排名前五的民商事类案件①

（2）执行效果较差。如前所述，一方面，当前法院法官人数与案件的数量不匹配，不少案件执行进度慢，加之法院内部管理和考核标准，大量案件的执行流于表面。而从拍卖情况来看，目前不少地区，如绍兴、宁波等地出现了资产供大于求的情况，不少抵（质）押物在进入拍卖阶段后面临无人竞买的局面。

另一方面，随着人们法制意识的提高，当前投资者对于司法拍卖程序和操作模式也较以往更为了解和熟悉，对资产的价格也有更敏感的认识。除非是非常优质的资产，否则投资者更多地倾向于等到抵（质）押物最后一次拍卖或变卖时再进行购买。这样就削减了抵押物的变现价值，缩小了公司盈利空间。

（3）收购资产往往存在一个信息不对称的可能性，虽收购时资产管理公司会进行详细的尽职调查，但不少资产在收购后实际处置时会暴露或大或小的瑕疵，这在一定程度上也影响了资产的处置速度以及效益。

（4）政府保护主义、行政干预阻碍资产处置。这种现象在经济欠发达的地区表现得更为明显，包括政府保护曾是当地知名企业，不让债权人依法进行起诉、不少债务人即便有还款能力，但其并不乐于承担相应的义务等。这种僵局的出现也大大影响了公司对相应资产的处置进度。

3. 盈利空间缩小，盈利难度加大

（1）占用资金利息支出压力大。如前所述，由于分公司近些年收购资产量大，且受处置速度小于收购速度的影响，资产余额逐年快速增加，占用的收购资金规模也随之增加，利息支出压力巨大。

（2）资产价格与实体经济的关联度不断加强，当前资产价格仍有下跌的趋

① 数据来源：浙江法院公开网，http：//www.zjsfgkw.cn/RealData/RealData。

势，这就大大压缩了浙江分公司前几年收购的，特别是处于不良资产收购价格高位时收购资产的可盈利空间。

（3）不良资产市场逐步放开，不良资产二级市场投资客户增加但整个市场仍有待培育。另外，由于市场行情整体依旧下行，原有二级市场客户相较以往在投资上更趋于谨慎。

（4）由于互联网技术等快速发展，资产价格信息较往常更为透明并容易获得，买卖双方信息更加对称，简单通过买卖差价或者垄断优势来获取的利润空间不断缩小。

4. 行业竞争日趋激烈

除老牌的四家金融资产管理公司当地的分公司/办事处外，浙江地区也于2013年批准成立了浙江省浙商资产管理有限公司。地方性资产管理公司在与地方政府、金融机构的关系上更加密切，在业务信息获取、资产处置上更有优势，同业竞争压力加大。

综上所述，在当前经济、金融进入一个新常态的情况下，为提高不良资产化解率，实现不良债权又好又快地回收，银行、资产管理公司等主要参与主体必须改变单纯使用直接催收、诉讼等手段的操作模式，代之以创新的思维和手段。面对处置难、处置慢等现实问题，浙江分公司也迫切需要在处置方式和模式上加大创新力度，以新型的处置手段和模式来加快资产处置速度、提高处置效益。

二、资产处置方式和模式多样化研究

综观不良资产传统的处置模式，按目的可分成三大类型：以获取现实现金流为目的、以获取预期现金流为目的及前述两种的组合使用。

（一）获取现实现金流模式

以获取现实现金流为目的的模式主要包括：诉讼追偿、债权转让、债务重组、破产清偿等。它们都是通过让渡手中的债权和抵押实物以获取现实的现金流。由于该些模式为常见处置手段，故本文不再赘述。

（二）创造预期现金流模式

创造预期现金流模式主要手法是指通过将债权转换为股权、收益权或债券，以谋求未来的收益。

1. 企业重整

企业重整是一种技术含量较高的处置方式。对存在特定优势的债务企业，通过引进战略投资者或进行要素投入加以重整，可盘活资产、救活企业。同时，资产管理公司可通过为其提供后续的金融服务和支持来实现债权处置回收基础上债权增值的效果。

企业重整是资产管理公司常用的一种不良资产处置和经营方式，能有效提高不良资产回收率，虽然该方式通常需要花费较长时间、投入较多人力和精力，但一旦成功，也可获得巨大且持续的收益。

2. 债转股

债转股是指债权人与债务企业为了各自的利益，依法将债权人对债务企业之债权转换成债权人对债务企业或担保企业持有的一定数量的股权，从而消灭债务企业部分或全部债务的民事法律行为。

在对债转股模式下，债权人回收资产可通过以下几个方面进行：第一，通过优化企业资产负债结构，提升其经营业绩，以分红派息形式回收现金；第二，将持有的股份出售给第三方；第三，创造条件，采用 IPO 或"借壳上市"的办法，赋予资产流动性并获取股权增值收益。

3. 实物资产租赁

租赁是指在所有权不变的前提下，出租者将资产出租给承租人获取租金收益，待租赁终止时，承租者将财产完整地返还给出租者的处置模式。在处置不良资产过程中，资产管理公司虽以收回现金为最终目的，但难免会收回一些非现金资产，包括机器设备、房地产等，在实物暂时难以通过市场进行变现的情况下，对实物进行租赁则是获取收益的有效途径。

4. 对抵债物追加投资

如前所述，部分抵押物因最后拍卖/变卖失败而成为抵债资产。资产管理公司在接收实物后可根据实物现状对其价值进行判断，对一些恢复功能后价格可显著上涨或者现阶段处置价格明显偏低的资产，如烂尾楼、故障设备等，可追加投资先行恢复其功能，待其价值得到市场认可后再出售收回投资，实现资产的增值收益。

5. 不良资产证券化（ABS）

资产证券化的本质是盘活资产，提高资产的流动性，达到快速回收现金流的目的。资产证券化是由发行人将不良资产信托给受托机构，由受托机构发行受益证券，以信托财产所产生的现金支付收益的结构性融资活动。当前，资产证券化的监管环境趋于放松，不良资产证券化将迎来快速发展的黄金时期。

（三）混合模式

在具体资产处置过程中，资产管理公司还会组合运用上述各种处置方式，以达到最大的处置效益。例如，对于债务人或保证人有一定还款能力、主业良好且有发展空间、具备上市或进入新三板或被其他公司并购潜质的，资产管理公司会考虑对部分债务进行重组以回收部分现金来降低资产收购成本，而对于剩余债务则采取债转股的方式转化为对潜力企业的股权，以期获取股权的增值收益。

（四）传统资产处置方式的实际情况

在实际资产处置中，传统处置方式较为常用的是债权转让、债务重组等。就浙江分公司而言，初步统计 2015 年初至 11 月末，债权转让是分公司处置资产的主要方式，也是回收现金占比最高的一种方式。如图 11、图 12 所示。

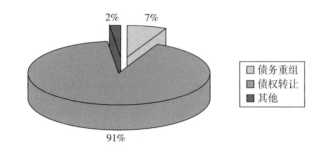

图 11　2015 年初至 11 月末分公司处置模式情况

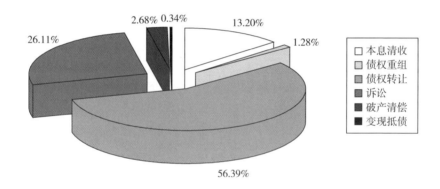

图 12　各不同处置方式回现对比

三、创新不良资产处置方式和模式探讨

（一）创新处置方式和模式——平台视角

1. "互联网 +"不良资产处置

2015 年，浙江分公司率先与阿里巴巴集团实现合作，首次登录淘宝资产处置平台。分公司通过淘宝互联网平台招商推介与公开竞价处置传统不良资产，创新资产处置方式，实现了海量互联网客户与海量金融资产的匹配与对接，降低交易成本，提高交易效率，进而加快资产处置回收进度，提升资产处置价格。该模式交易结构和程序如图 13 所示。

该种创新处置方式具有信息覆盖面广、招商力度大、交易过程公开透明、交易成本低、客户参与度高、自主性强等优势，是分公司把握金融信息化发展、

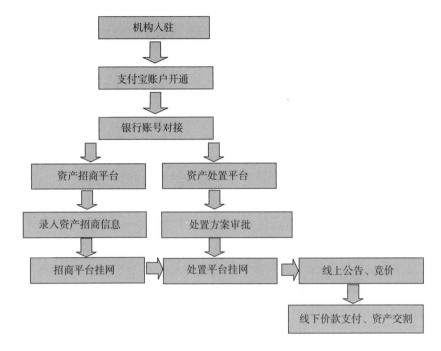

图13　淘宝处置交易程序和结构

拥抱互联网金融、加大资产招商力度、拓宽资产处置渠道的新尝试，也是贯彻总公司"巩固物理处置渠道，延伸虚拟经营空间"的实质创新举措，开启了新常态下传统不良资产招商与处置线上线下O2O有机融合的新模式。

经过近半年的实践，该种尝试取得了良好的经济效益与示范效应，同时也扩大了信达的市场影响力。

（1）处置效果

截至2015年第三季度末，浙江分公司累计通过淘宝网资产处置平台处置不良资产44户，成交39户，成交金额3.51亿元，已回收现金3.26亿元，占分公司全部现金回收的14.64%；合计处置债权本金7.03亿元，实现处置毛利润1.36亿元，成交价格超过起拍价格1680万元，节省直接费用近700万元，单户竞价次数最高达306次，最高成交溢价率达250%。

（2）示范效应

浙江分公司主导了淘宝网资产招商平台与资产处置平台的运营与完善，信达总部已将该模式经验在系统内进行推广，其他资产管理公司也对本方式予以认同和参与，目前华融、东方、长城都已入驻处置平台。

（3）资本市场及媒体的反响

"互联网＋"不良资产处置创新举措得到了社会各界的广泛关注，穆迪公司当时上调了对信达的信用评级，英国《金融时报》、中国香港《南华早报》及国内《第一财经》等专业财经媒体与网站都对此进行了跟踪报道，给予了积极正面的评价。

2. 构建平台化的不良资产经营生态圈

当前浙江分公司正在探索建立以信达为核心的新型不良资产经营生态圈。该生态圈覆盖范围广、参与主体多，有提供法律诉讼执行服务的律师事务所，提供资产估值与定价服务的评估机构，提供招商与拍卖服务的拍卖机构等传统不良资产经营服务机构；有互联网招商与处置平台，金融资产交易中心等线下交易场所，各类房产中介电商平台等新型不良资产招商与交易参与主体；有以自用为目的的投资者，以投资获利为目的的境内外机构投资者，寻求逆周期扩张的同行或上下游企业，为特定投资对象而设立的各类专项资管计划等。

在不良资产经营生态圈中，信达将发挥核心主导功能，以各合作伙伴提供的服务为支撑，直接面向终端投资者处置不良资产，尝试开展 B2C 交易模式，缩短交易链条，降低交易成本，最大化资产价值。

（二）创新处置方式和模式——投行视角

1. 不良资产类资产证券化

2015 年，浙江分公司在不良资产类资产证券化处置模式上进行了实践，具体为：浙江分公司将其收购的 A 公司等 15 户标的债权的收益权以一定的对价转让给特定目标公司（SPV），SPV 通过招财宝平台撮合取得借款专项用于收购标的债权收益权所需支付的受让款，保险公司为上述 SPV 在招财宝平台借款提供借款履约保证保险。同时 SPV 反委托分公司处置标的债权，处置收益在本息兑付之前可以进行无风险理财，处置收益与理财收益均专项用于归还借款本金和利息，所获得的净收益部分用于兑付借款本金及利息，超额部分支付分公司作为委托报酬（见图 14）。

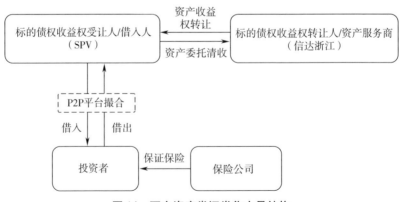

图 14　不良资产类证券化交易结构

分公司的本次实践充分运用了资产证券化的优势，提高存量资产流动性，实现了"以时间换空间"的效果。同时，本处置方式与传统资产证券化又有所不同，是以银行不良资产作为基础资产在场外进行资产证券化的一次有益尝试，是资产证券化业务与互联网金融有效嫁接的一次有益探索。本次实践具有重大意义。

第一，通过类证券化操作，强化了对分公司资产负债表中负债端的管理，通过对接场外资本市场，可以大幅降低信达对银行、保险等其他金融机构间接融资模式下的资金需求，增加了一条向场外市场快速融资的通道。

第二，通过类证券化操作实现了基础资产的出表，降低风险资本的占用，但是资产收益仍然留在了表内。这样既加快了资产的流动性，又通过周转速度创造杠杆，提高了资本回报率。通过资产的快速迭代，加速资产的周转，是信达发展资产管理型投资银行业务的有效路径。

第三，该模式是整合信达各平台功能进行全面协同与形成合力的重要尝试，可真正发挥信达集团优势，实现母子公司业务的互相支持、全面整合与共同发展。

第四，该模式是与国家大力发展资本市场、推进"互联网＋"等战略要求相一致的选择。本项不良资产类证券化产品既丰富了社会投资品种的供给，是惠及小微投资者的金融创新产品，又属典型的直接融资模式，通过嫁接互联网金融在短期内迅速弥补信达产品销售与资金募集的短板，实现销售能力的"弯道超车"。

2. 结构化收购与处置传统不良资产

鉴于目前不良资产市场的不断开放以及不少民间投资者表现出的浓厚兴趣，浙江分公司也在探索和研究通过结构化的模式来完成资产的收购和处置。

（1）结构化交易模式

由于对不良资产的内在价值见仁见智，故对价格分歧较大的资产或资产包，为促成交易，可采用结构性交易模式，具体为：买方按基准价支付价款后取得资产所有权，双方共同处置，基准价内的回收现金归买方所有，超出部分则由买卖双方分成。分成比例由双方事先商定，可采取固定比例、累进比例或其他方式。

采用结构性交易模式的特点在于交易双方对资产价值的评价不必完全一致，双方可通过市场方式解决不良资产的合理定价问题；另外结构化交易达成的同时，卖方可实现资产出账，由买方负责对资产进行清收，并在一定区间内达到利益共享、风险与共。此交易方式下，一方面可通过市场方式解决不良资产的合理定价问题，促使交易达成；另一方面有利于实现资产回收的最大化，避免内部处置可能产生的道德风险、关联交易等问题。

（2）结构化基金模式

本模式操作即由浙江分公司与具有特定不良资产处置能力的社会投资者共同设立基金，由分公司从银行收购不良资产包，后续通过处置清收获取收益。基金的优先级资金通过社会募集，浙江分公司作为基金的中间级有限合伙人，社会投资者作为基金的劣后级有限合伙人，浙江分公司与社会投资者共同担任基金的一般合伙人，基金实质性地承担了特定不良资产包的处置责任。

该种联合社会投资者、采取基金收购与处置传统不良资产的模式一来可充分发挥资产管理公司在传统不良资产经营上的政策优势、定价优势以及丰富的经验优势，二来可充分利用民间投资者的地缘优势、信息优势与处置优势，双方优势互补，相得益彰。另外，通过募集一定比例的优先级社会资金，放大了资金的杠杆，是浙江分公司开展"轻资产"型不良资产管理业务的有效路径。

3. 非标资产标准化处置探索

近年来，受益于"金融脱媒"的大背景以及财富市场化配置需求的扩张，我国资产管理行业进入高速发展阶段，居民银行存款快速理财化，2015年银行理财产品发行规模预计将突破20万亿元，资金端发展迅速。而在资产端，整个社会优质资产的供应则明显不足，集中表现为现阶段的"资产荒"。由于不良资产作为在银行转让环节已经充分释放风险的"优质资产"，资产管理公司可借助各种金融工具对其进行结构化设计，将原本为非标准资产包装成为标准化的产品，扩大社会资产供给，培育独特的另类投资管理市场。

（三）创新处置方式和模式——综合经营视角

随着经济发展，为达到加快资产流动性，创造资产处置新价值的目的，对不良资产的处置需要用更开阔的视野和思维对其进行综合经营。

1. 提供覆盖全生命周期的不良资产综合经营金融服务

以资产管理为平台，以危机项目、危机企业、危机机构的管理为切入点，通过收购债权、整合资产、整合股权来整合项目、整合企业。激活生产要素的社会价值，使闲置、停滞资产产生经营效益，为政府解难、为企业解困、为债权人解围，进而推动行业重组和经济转型升级。同时，在交易结构上大胆创新，由相对简单的债务重组模式向上下游、向行业资产重组转型，向"结构化投资＋管理"的长线经营转型，在"以时间换空间"基础上延伸服务链、价值链，实现债权和股权资产盘活、新资金注入后的价值提升和创造，以增量盘存量、化不良为优良。逐步由做项目向做客户转变，形成以资产管理业务为核心的，覆盖企业客户全生命周期、覆盖上下游的综合金融链式服务。

2. 探索以特殊机遇投资带动不良资产处置

近年来，随着改革转型的深入和经济结构调整的深化，问题机构出险现象日益增多，涉及规模和影响越来越大。这就给资产管理公司积极运用破产重整和债务重组手段参与机构重整重组、延伸公司不良资产经营业务提供了重要的特殊机遇投资机会。

资产管理公司可以通过主动介入破产或问题企业的投资新模式，持续关注大中型房地产企业、周期性困难企业、产能过剩企业、高风险金融机构、连续亏损的上市公司等市场信息，探寻更广阔的重组业务发展空间；研究橡树资本等对冲基金的不良资产投资策略，以及这类业务在我国推进的政策环境和市场空间，争取抢占市场先机，探索对问题企业的综合投融资业务模式。围绕问题机构资产管理公司可提供一揽子的综合解决方案，具体包括：问题企业的债务收购，企业经营方案，债权受偿方案，重整计划的实施等一般重整计划的内容；也包括问题机构流动性问题的解决（企业资产处置变现、注入流动性、引进新投资者），重整期和重整后企业的经营管理和风险控制与防范，重整重组后问题机构的账务和税务安排，新投资者的组合与投入，公司与新投资者的合作，政府的支持条件等。

在企业重整重组过程中，资产管理公司可作为问题机构的托管方、咨询方、债权人或投资者，主导参与问题机构重整重组，通过提供咨询和破产管理服务、实施债务重组和投资，获取中间业务收入和投资收益，实现不良资产综合经营的增值收益。

2015 年，浙江分公司与 A 公司、B 公司及信达资本管理有限公司（以下简称信达资本）联合设立重整基金，其中信达资本作为基金无限合伙人，分公司、A、B 方各出资相应份额，作为有限合伙人，设立合伙企业的目的为对 C 系公司进行股权性和债权性等综合投资，其中重整基金中的一部分资金对 C 系公司进行债权投资，设定相应的年利率后，按年付息；重整基金中的剩余部分资金则用于对 C 系公司进行股权投资。基金存续期限为 3 + X 年（见图 15）。

3. 以产业与行业的并购重组及整合推动不良资产处置

推进企业兼并重组是推动经济结构调整和加快转变发展方式的重要举措，尤其是在经济增速放缓、淘汰落后产能任务艰巨的背景下，推动企业兼并重组、促进产业结构优化调整的必要性进一步凸显。在这一轮不良资产剥离大潮中，制造业、船舶航运业、建材行业、商业地产等属于不良资产相对集中的行业的转型升级大幕已经拉开，这也为资产管理公司业务的创新和拓展提供了更广阔的天地。

例如，对于占分公司抵押资产很大比例的工业地产资源，可考虑探索工业地产开发模式来盘活不良资产抵押工业土地与厂房，如通过退二进三、小微工业园区开发、创业园区等改造提升原有工业土地与厂房的市场价值；又如针对船舶航运等行业，可与行业龙头企业一道开展产业的横向整合并购，同时也可开展上下游与跨行业的并购重组业务，合作设立并购重组与产业整合的基金，

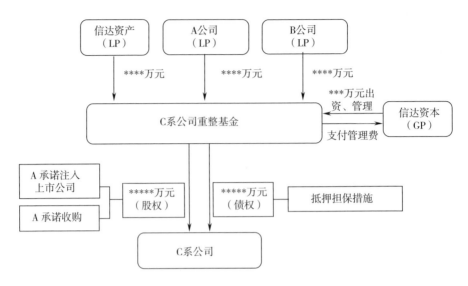

图15　重整基金操作模式

推动相关产业的整合。

　　另外，在行业或产业兼并重组中，不良资产业务整体面临增长契机，在资产剥离、业务整合中还需要一系列金融服务作为配套业务，信达集团相关的投行、信托等业务平台可适时开拓有关市场，做好兼并重组有关的衍生业务开发，最终通过多种业务手段与金融工具获取资产整合收益。

四、总结

　　总的来讲，在经济依旧处于下行、不良贷款余额和不良贷款率继续上升的情形下，如何消化这个不断变大的不良资产市场并获取经营收益对于市场参与者们而言是一场智慧的博弈。不管是传统处置方式，还是新形势下出现的各种创新处置方式，每种模式均带有其自身特点和利弊，资产管理公司最终决定采用何种方式，必定需要通盘考虑公司的盈利要求、流动性指标、宏观经济环境、不良资产市场状况、政策法规限制等各种因素，在对各种因素作出综合比较之后，再选择最佳的模式及方案加以落实，才能最终实现不良资产综合经营的价值最大化。

PPP 模式下商业银行应对策略

中国银行浙江省分行课题组[*]

一、PPP 融资模式介绍

(一) 定义

PPP 是 Public – Private Partnerships 的缩写,最早由英国政府提出,指政府公共部门通过与私人部门建立合作关系提供公共产品或服务的一种方式。其不仅是一种项目融资模式,更是一种项目管理模式。综合国内文献及结合财政部对于 PPP 融资模式的理解,PPP 融资模式一般是指政府部门就具体基础设施项目,通过招标形式,与中标的私人部门联合组成特殊目的项目公司,并与项目公司签订特许权协议,由项目公司具体融资建设。这里,私人部门是一个泛指的概念,只要不是政府机构,都可称为私人部门,其可能是社会资本、国有企业、外资企业甚至是公民个人。

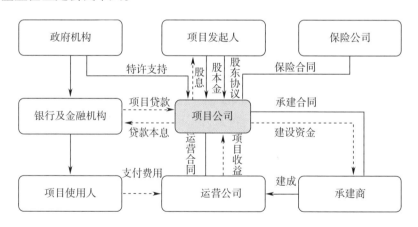

图 1　基本 PPP 模式交易结构

(二) PPP 模式的主要类型

广义 PPP 主要有以下三个类型:

---

* 课题主持人:金旭君
　课题组成员:范晓岚　朱耀东

1. 外包（BT 项目）。该类项目由政府投资，私人部门承包整个项目中部分职能，如建设或设施维护，并通过政府支付现实收益，私人部门承担较小的风险。

2. 特许经营（BOT 和狭义 PPP）。该类项目的投资主体不仅仅为政府，还需要私人部门参与部分或全部，两者共担项目风险、共享项目收益。其中利益分配环节显得尤为重要，也是目前 PPP 起步阶段急需解决的问题。两者形成一种平衡关系后，各自发挥优势，从而达到节约建设运营成本，提高项目总体收益的目的，但是最终项目的资产归政府保管。

3. 私有化（BOO）。这类项目的投资主体全部为私人部门，政府仅仅作为发起者，并承担监管职能，项目收益也在政府监督下实现并归属私人部门，但是私人部门享有项目的永久产权。该类项目赋予私人部门最大的权力参与提供公共产品和服务，也因此承担较大的风险。

（三）PPP 融资与公司融资的区别

从特征角度看，PPP 是一种激励相容的制度安排，以项目未来收益和资产为融资基础，由项目参与各方分担风险的具有无追索权或有限追索权的特定融资方式。相对于传统融资，具有以下不同点：

1. 伙伴关系，一般长达 20 年以上，包括整个项目生命周期，政府和私人部门双方通过长期合同明确权利和义务。

2. 利益共享，政府、企业、公众多方共赢，发挥社会资本的主观能动性，拓宽了企业发展空间，增加政府基础设施资金来源，提升对公众的公共服务供给效率，促进经济增长、就业和技术创新。

3. 风险共担，PPP 融资的多方参与结构决定了其可以在项目发起人、贷款人以及其他项目参与方之间分散项目风险，公私部门共同承担重大风险和管理责任，政府从"经营者、管理者"转变为"监督者、合作者"，可有效降低政府财务、建设、运营风险，减少政府财政支出和债务负担。

二、PPP 模式发展现状

（一）PPP 模式在国内拥有广阔发展空间

1. 获得顶层设计支持

党的十八届三中全会中通过的《中共中央关于全面深化改革若干重大问题的决定》中强调，混合所有制经济基本经济制度的重要形式，提出了允许社会资本通过特许经营等方式参与城市基础设施投资和运营，实际上便为推行 PPP 模式提供政策导向。2014 年，国务院、发改委、财政部出台的各项政策都在为 PPP 模式铺路。9 月财政部下发《关于推广运用政府和社会资本合作模式有关问题的通知》（财金〔2014〕76 号），旨在积极推动该类项目的示范工作，随后 11

月财政部再下发《关于政府和社会资本合作示范项目实施有关问题的通知》（财金〔2014〕112 号），明确了首次 30 个 PPP 示范项目，并鼓励和引导地方融资平台存量项目，以 TOT（转让—运营—交移）等方式转型为 PPP 项目。11 月，国务院出台了《国务院关于创新重点领域投融资机制、鼓励社会投资的指导意见》（国发〔2014〕60 号），指出建立健全政府和社会资本合作机制，12 月国家发改委正式出台了《国家发展改革委关于开展政府和社会资本合作的指导意见》（发改投资〔2014〕2724 号），并附上《政府和社会资本合作项目通用合作指南》供参考，为 PPP 项目实际操作奠定标杆。

从各部委密集发文中可以看出，中央对于在基础设施和公共服务领域推广 PPP 模式高度重视。2015 年，发改委在其官方网站开辟的 PPP 项目库专栏中发布了 1 043 个推介项目，总投资合计 1.97 万亿元，涉及 29 个省市，涵盖水利设施、市政设施、交通设施、公共服务、资源环境等多个领域，表明 PPP 模式已在全国范围的各个领域全面铺开，或将成为下一步各地方政府的推进重点。

2. 运用范围广泛

从我国目前发展情况看来，PPP 模式将主要在以下领域发挥重要作用。一是城市基础设施建设领域，具体包括公共交通运输、供热供气供水、污水垃圾处理、电信通讯、公共建筑节能、城市地下管网等。二是保障房建设领域，尤其是主要依靠政府运作和管理的公共租赁住房等。这两个领域目前已基本具备 PPP 模式开展的条件。三是医疗卫生领域，包括医院建设和医疗服务的提供。四是文化教育领域，包括学校和学生公寓、文化体育场馆等的建设，个别发达城市已对这两个领域的项目开展了部分尝试。五是包括铁路、航空、港口、电力、邮政等在内的基础设施建设领域，这类项目目前暂不具备使用 PPP 模式的条件，但随着改革的深入，将在未来成为 PPP 模式运用的重要领域。六是对外工程承包领域，这已成为我国"走出去"企业转型升级的重要方向。

3. 已积累部分实践经验

20 世纪八九十年代，民营资本投资就出现于我国的高速公路、电厂和水厂等项目中，当时大多采用 BOT 模式，最具代表性的是 1995 年的广西来宾电厂项目。但由于当时缺少项目管理经验，合同不完备和认识上存在一些误区，一些项目运作并不成功，出现矛盾或纠纷，进行了重新谈判或政府回购，为政府和民间实体带来了重大损失。进入 21 世纪以后，PPP 模式再度得到大力倡导和运用，并开始进入污水处理、高速公路等领域，代表项目有北京地铁 4 号线、国家体育场"鸟巢"等。

（二）我国 PPP 融资现状

按照世界银行统计，1990 年至 2012 年期间，中国 PPP 模式项目总投资累计达 1 193 亿美元，全球占比为 5.8%，在全球 135 个国家中排名第四；施行 PPP

项目 1 064 个，全球占比为 18.3%。

从行业分布来看，按照世界银行统计口径，我国的 PPP 模式项目主要集中在能源、交通和水务领域；其中，能源和交通领域项目较为集中，单个项目投资额较大，而水务行业项目较为分散，单个项目投资额小（见表 1）。

表1　　　　　　　　　1990—2012 年中国 PPP 模式分行业情况　　　单位：百万美元

	能源	电信	交通	水务	总计
项目数	438	4	233	389	1 064
项目金额	43 965	14 518	50 939	9 908	119 330

资料来源：世界银行集团 PPP 基础设施资源中心（PPPIRC）。

（三）浙江省推进情况

2014 年 12 月，浙江省出台了《关于切实做好鼓励社会资本参与建设运营示范项目工作的通知》（浙政办发〔2014〕153 号），推出 64 个示范项目（不含宁波），涵盖城镇市政设施、交通基础设施、水利设施、新能源发电、油气储运、社会发展等领域，总投资约 3 532 亿元，拟引入社会资本 2 338.4 亿元。2015 年 2 月 10 日，浙江省财政厅出台了《关于推广运用政府和社会资本合作模式的实施意见》，并随文下发了 20 个 PPP 推荐项目，总投资额 1 176 亿元。

三、PPP 项目融资的利益分配决策——实证研究

PPP 项目关系建立的同时也意味着一个新的风险和利益分配格局的形成，能否合理地制定风险、利益分配方案是 PPP 项目成功运作的关键。本部分试图通过分析 PPP 项目的风险分担，包括分担原则、分担模型等，进而建立利益分配模型，对项目的利益分析进行实证研究。

（一）PPP 项目融资的风险分担分析

1. 项目融资的风险分担原则

风险在 PPP 项目利益相关者之间的分担是较为复杂和困难的，因为涉及的利益相关者较多，往往是通过相互之间的博弈最终达到"双赢"局面。目前国际上较为认同的分担原则有以下几条：

（1）风险应分配给有能力承担的那一方；

（2）项目参与方无力承担的风险应引入保险机构；

（3）任何一方承担的风险要设置上限。

2. 项目融资风险分担的博弈分析

在 PPP 项目的风险分担其实就是一个博弈过程。参与谈判的各方都有着共同的目标：项目顺利进行，利益最大化。

在参与各方动态博弈过程中，如果参与各方具有较强的信息收集能力，从

而使博弈的过程中，做到对对手信息的完全掌握，则这种博弈称为完全信息博弈；但如果博弈参与的各方或其中一方不能全部了解需要作出决策时所需的信息，则称为不完全信息博弈。PPP 项目的风险分担谈判过程中，政府部门、私人部门、银行由于完全知道对手的全部博弈过程，因此风险分担过程属于完全信息博弈。

在风险分担谈判中，最常见的是序贯博弈，即由政府部门、私人部门首先提出风险分担的费用（出价），银行再对此方案进行表态，同意则接受，否则银行出价；公私部门再对此出价进行表态，同意则接受，否则出价，如此反复，直至达到双方共同满意的结果或谈判破裂。

为确定 PPP 项目参与方的风险分担比例，本部分作出如下假设：

（1）项目所处的政策环境稳定，项目只有政府部门、私人部门和银行参与，由于政府部门和私人部门在寻求银行资金时，已成为利益共同体，故将其合并成公私部门作为整体参与人，并且参与方均是理性参与人，追求利益最大化；（2）项目中公私部门和银行的合作意愿强烈，最终达成合作意向；（3）参与各方的收益与成本跟所承担的风险是线性相关的；（4）时间是有价值的，且贴现率是双方的共同知识，博弈过程中，公私部门先出价。

风险分担的三阶段序贯博弈模型（见图 2）：

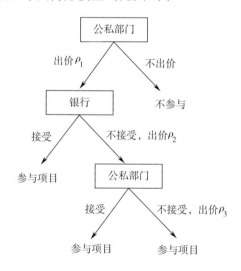

图 2 PPP 项目公私部门、银行讨价还价模型

我们可用逆推法来分析三阶段讨价还价模型，因在第三阶段过程中，公私部门提出的风险分担方案银行必须接受，因此公私部门为了减少银行的分担比例而提高自己因承担风险而获得的收益，通常会将银行的风险承担比例降低。回到第二阶段，银行在知道第三阶段过程中，公私部门会降低自己的风险分担比例，从而减少自己在项目中的收益，如果银行已经在第一阶段拒绝了公私部门的出价，则在此阶段，其要考虑自己的出价至少不能减少自己的风险分担比例且公私部门也不会拒绝。如果要想使公私部门接受其在第二阶段的出价方案，则其出价方案至少使公私部门的风险分担比例不少于第三阶段的风险分担比例，否则会被拒绝。

因此，在此阶段的博弈过程中，银行的风险分担比例至少能提高自己的风险分担比例，同时不降低公私部门的风险分担比例，如果在此阶段中各方获得的好处至少不少于下一阶段，则我们可以认为双方能在此阶段获得满意风险分担方案。

（二）PPP 项目融资利益分配决策模型

在确定风险分担之后，需要解决的是利益分配。收益分配问题是项目合作中矛盾最突出的问题，只有合作方满意度较高的收益分配方案才能保证合作过程的顺利进行。

1. PPP 项目融资利益相关者利益分配原则

互惠互利原则——分配方案应使各利益相关者的基本利益得到充分保证，以不破坏合作伙伴关系为最低标准。

投入、风险与收益对称原则——在制订利益分配方案时，不仅要以各利益相关者的资源投入为依据进行分配，还应当充分考虑各利益相关者所承担的风险大小，尽可能地对承担风险的成员给予相应的风险补偿，即"风险分担、利益共享"。

公平兼顾效率原则——公平有利于利益相关者之间的合作，同时须在保证公平的基础上兼顾效率。

信息透明原则——信息沟通问题通常是引起冲突的原因。因此，为了减少因信息不畅而造成的矛盾，利益相关者之间在 PPP 项目利益分配过程中应尽量保持信息互通。

2. PPP 项目融资核心利益相关者利益分配决策模型

项目伙伴关系建立的同时也意味着一个新的利益分配格局的形成。利益相关者的利益公平分配是 PPP 项目顺利开展的原动力，伙伴之间得到的收益与其承担的风险和所付出的投资成正比，有助于提高利益相关者的积极性。利益相关者对 PPP 项目存在不同的利益要求，这种不同的利益要求取决于不同利益相关者的效用函数，不同的效用函数导致不同利益相关者之间在实现自己不同的利益要求时不可避免地会发生矛盾与冲突。本部分假定在 PPP 项目总收益既定的前提下，对收益分配进行因素分析，试图建立一个收益分配的方法。且通过对收益函数的分析，得到了使公私部门和银行满意度最大的收益公平分配方法。

（1）收益分配模型的构建

在 PPP 项目中，主要由公私部门、银行出资，公私部门为股权，银行为债权，因此，双方的出资比例即代表项目的投资比重。假设公私部门所占的比例为 k（$0 < k < 1$），银行的比例即为 $1 - k$。项目的投资总额为 I；假设项目的平均收益为 $\overline{R}$，项目的社会化效益可全部转化为公私部门收入，令转化收益系数为 φ；同时由于公私部门、银行所承担的风险并不相同，因此我们可令公私部门承担的风险权重为 ω_g，则银行在项目中承担的风险权重为 ω_b，则

公私部门的收益函数 $f_1(k) = \varphi R + \omega_g R - kI$ 　　　　　　　（1）

银行的收益函数 $f_2(k) = \omega_b R - (1 - k)I$ 　　　　　　　（2）

由于机会成本的存在，若银行要参与该项目，必须保证其能获得的收益不低于该机会成本，因此会有 $f_2(k) \geq \overline{R}$，即 $\omega_b R - (1 - k)I \geq \overline{R}$。公私部门的收益至少应为非负收益，不然在社会效益转化为经济收益后仍为负收益，则说明该项目不应开展，因此有 $f_1(k) \geq 0$，即 $\varphi R + \omega_g R - kI \geq 0$。

为求解，要构造关于公私部门收益函数 $f_1(k)$ 和银行收益函数 $f_2(k)$ 的加权问题，设其权重为常数 u_j；假设决策者是根据综合效用最大化进行决策的，且假定效用函数具有可加性，即 $F(k) = \sum_{j=1}^{2} u_j f_j(k)$，则其效用最优决策函数为

$$F(k) = Max \sum_{j=1}^{2} u_j f_j(k) \qquad (3)$$

约束条件为：

$$\omega_b R - (1 - k)I \geq \overline{R} \qquad (4)$$

$$\varphi R + \omega_g R - kI \geq 0 \qquad (5)$$

为解效用最优问题，可构造拉格朗日函数，并令 λ_i（$i = 1, 2$）为式（4）、（5）的拉格朗日乘子，则此效用最优可表示为：

$$L(k, \lambda_1, \lambda_2) = u_1 f_1(k) + u_2 f_2(k) + \lambda_1 \{\omega_b R - (1 - k)I - \overline{R}\}$$
$$+ \lambda_2 \{\varphi R + \omega_g R - kI\} \qquad (6)$$

将 $f_1(k)$ 和 $f_2(k)$ 的表达式代入式（6），可得

$$L(k, \lambda_1, \lambda_2) = u_1 \{\varphi R + \omega_g R - kI\} + u_2 \{\omega_b R - (1 - k)I\} + \lambda_1 \{\omega_b R$$
$$- (1 - k)I - \overline{R}\} + \lambda_2 \{\varphi R + \omega_g R - kI\} \qquad (7)$$

则上述拉格朗日函数的一阶条件分别为

$$\frac{L}{K} = (u_2 - u_1 + \lambda_1 - \lambda_2)I = 0 \qquad (8)$$

$$\frac{L}{\lambda_1} = \omega_b R - (1 - k)I - \overline{R} = 0 \qquad (9)$$

$$\frac{L}{\lambda_2} = \varphi R + \omega_g R - kI = 0 \tag{10}$$

由式（9）、式（10）可得如下结果：

$$R = \frac{\overline{R} + (1-k)I}{w_b} \tag{11}$$

$$R = \frac{kI}{\varphi + \omega_g} \tag{12}$$

（2）收益分配模型的结论

① $\dfrac{R}{I} = \dfrac{k}{\varphi + \omega_g} > 0$，由此可以说明，在项目收益既定的情况下，公私部门为增加其收益，会扩大其在项目中的投资比例，从而获得较多的收益；在风险较大时，倾向于降低在项目中的出资比例，从而将风险转移给风险承受能力较强的银行，之所以有这样的现象，是因为在项目中公私部门的话语权较大。

② $\dfrac{R}{K} = -\dfrac{I}{w_b} < 0$，由此可以说明，银行的收益随着 PPP 项目总投资的增加而增加，之所以有这个现象，是因为随着项目投入不断扩大，银行鉴于自己的风险承受能力和财力，倾向于提高出资比例。

通过对模型的分析，我们可以看到，公私部门和银行在 PPP 项目中的收益 R 与项目投资比例 k、项目总 I、项目风险在双方之间的分担比例有关，且可得出在投资收益 R 既定的前提下，公私部门和银行在 PPP 项目中的最优项目投资比例 k、项目总投资 I，此结论对实际的 PPP 项目基于风险分担的收益分配有着一定的指导意义。

四、商业银行支持 PPP 模式的案例分析

（一）项目简介

项目主导方为国内三线城市的地市级政府，该项目为该市第一个地铁交通项目——地铁一号线项目一期工程（下同）。项目总投资 161.67 亿元，其中自有资金 64.67 亿元，占比 40%，政府以市场公开招标方式引入社会资本出资 50 亿元，分 5 年投入，其余部分由市财政出资并负有兜底责任。

（二）项目运用 PPP 模式特点

1. 引入社会资本。政府以市场公开招标方式引入社会资本合作，社会资本方 Z 股份公司（下同）是国内最大的房地产建筑类央企和国内上市公司，在国内大型公共建设施以及工业设备安装等领域具有一定行业领先地位和优势。

2. 成立特殊目的 SPV 公司负责具体实施。市政府通过市场公开招标方式引入社会资本方，与社会资本方共同出资成立特别目的 SPV 公司 A 注册资本 10 亿元，其中政府方新成立城市轨道投资公司出资持有 51%，社会资本方持有 49%。

3. 采取特许经营与整体外包结合方式分为 A、B 两个阶段。A 阶段即项目的投资建设阶段（为期 5 年）拟采取 DBTO 模式，当地市政府给予特别目的 SPV 公司 A 特许经营权，包括负责项目设计、投融资、建设（包括项目隧洞、轨道、地面上下车站、机车及配套设施等），同时也给予了初步的运营维护权，并由其承担相应全部债务与风险；按照特许经营协议，政府方相应负责对项目全部自有资金出资兜底，对运营支出兜底以及对社会资本的股权投资进行溢价回购的责任。见图 3 标灰色部分：

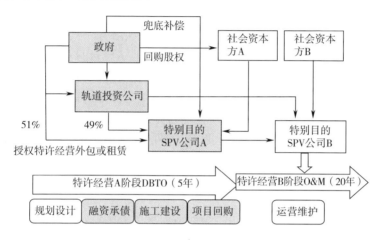

图 3 地铁一号线项目工程 A、B 阶段

特许经营 B 阶段（见上图橘黄色部分）。经商业银行总行尽责审查委托申报行向借款人进一步沟通了解获悉，在完成项目建设部分后即由政府启动对社会资本投入特别目的 SPV 公司 A 股权的分期回购。同时，政府将计划仍采取公开招标方式第二次引进社会资本方共同成立特别目的 SPV 公司 B，将负责承接该项目后期（20 年）的运营维护。所采取的合作模式拟由特别目的 SPV 公司 A 作为项目资产持有者实施整体外包（O&M）或以资产租赁的方式。

4. 明确了项目涉及的各方的责任。一是地方政府通过公开招标协议与社会资本方约定了双方合资成立特别目的 SPV 公司 A 与各自出资持股比例、项目自有资金出资比例以及未来政府回购社会资本投资股权等责任。二是政府与特别目的 SPV 公司 A 签订特许经营协议，明确在项目投资建设阶段特别目的 SPV 公司 A 负责项目设计、投资建设、运营维护并承担相应全部债务和风险；政府方负责项目全部自有资金出资（包括政府应出资部分和社会资本方出资部分出现不足）兜底责任、承担对运营期间经营支出（包括全额还本付息＋运营＋管理＋维护支出）兜底责任以及对社会资本的投资股权按期进行溢价回购的责任。另外，特别目的 SPV 公司 A 享有该项目收费收入、上盖物业出租收益及广告收入等经营收入权,并可以此作为抵押进行融资。

(三)项目风险分析

政府方承担较大风险。按照公开招标、特许经营协议,作为项目实际主导方的地方市政府实际相应承担了项目前期自有资金缺口、运营期间所有运营资金缺口以及保障社会资本方投资收益的全部主要风险;而社会资本方只承担相应股权出资、项目自有资金部分出资以及项目设计和完工风险,其所承担的风险要小于当地政府。

(四)本案例的借鉴意义

该项目被列入财政部推广 PPP 合作模式示范项之一,其具有较强复制的参照意义。作为国内地市级政府的典型代表,在当地结合自身相对有限财政实力,运用 PPP 模式引进实力较强的社会资本方,可以合力撬动投资规模较大、成本回收期限较长的大型基础设施项目,并通过特许经营方式锁定项目初期的建设成本,通过项目建成回购后的二次外包运营方式可有效控制项目未来收益的合理回报区间,从而可进一步提升公共服务产品的效率和质量。

五、PPP 模式给商业银行带来的机遇与挑战

(一)PPP 给商业银行带来的机遇

1. PPP 模式限制政府举债规模,规范政府举债方式,对银行是一个利好

第一,政府对于 PPP 项目的补贴将以合同的方式明确下来,具有法律效力;第二,政府将编制中长期财政预算,并将向社会公开,政府对项目的补贴将通过财政可承受能力评估,政府举债的主体是省级政府,且金额在国家层面核定的额度内,政府总体的偿债能力将会透明、增强;第三,PPP 项目的收支、债务等信息一般要求要定期向社会公布,接受社会监督。这些对银行叙作有政府支持的项目是一个利好。

2. PPP 催生多种银行金融产品和服务创新,对银行是一个机遇

未来,银行参与有政府支持的公用事业项目或其他基础设施项目,基本上只有叙作 PPP 项目这一个途径。研究表明,PPP 模式将成为我国新型城镇化的重要模式之一,未来几年将释放数万亿元的资金需求,PPP 项目有望成为地方政府融资平台之后,商业银行的又一大贷款投向。对银行的并购贷款、银团贷款、项目融资等传统贷款业务提供机遇,也给银行的表外业务、投行业务、资管业务、咨询顾问业务提供机遇。

(二)商业银行面临的挑战

1. 与传统意义的贷款相比,PPP 贷款风险更大

(1)期限更长。PPP 项目一般是准公益性项目,比如自来水、污水处理、河道治理、城市管网、垃圾焚烧等。这类项目的一个特点就是收入(经营性现

金流）不高。所以需要政府"通过特许经营权、合理定价或财政补贴"等予以支撑方能偿还融资，所以贷款期限较长。贷款期内银行面临的政策环境、市场环境都会发生变化，将对银行授信安全形成影响。

（2）还款来源更多元，也更不确定。PPP 项目贷款的偿还一部分来自项目自身的经营收入，另一部分来源于政府"依约定规则依法承担的特许经营权、合理定价、财政补贴等"。特许经营权、合理定价与项目自身经营效益往往是直接挂钩的，比如一个污水处理厂，政府承诺每两年提高一次污水处理费，每次提高 0.1 元，如果实现涨价，项目效益就会改善，贷款就能够偿还，但"涨价"需要听证会，很多情况下政府想涨价，但却基于"稳定"、"民意"等原因不敢涨，于是对贷款的偿还造成困难。

2. PPP 模式及其催生的相关业务，复杂程度高，对银行是一个考验

在 PPP 项目中，银行不仅要担当传统贷款人的角色，还要担当综合化的融资咨询服务，一方面，银行为 PPP 项目提供金融资源，包括贷款、投行、保险、信托等；另一方面，银行可积极参与到项目的设计、开发等顾问服务，为项目开发提供咨询，在方案中嵌入风险防控措施。

六、PPP 模式下商业银行的经营对策

（一）关注政策导向，抢抓市场先机

目前，多部委已经推出了 PPP 领域的相关指导文件，PPP 模式已纳入顶层设计。商业银行应把握好机遇，积极关注跟随相关政策导向，以及后续的操作规范，严格按照最新指导文件操作，抢占市场先机，防范合规性风险。

（二）加强各方沟通，做好项目对接

首先，商业银行应当积极主动地与 PPP 管理机构以及地方政府及其职能部门进行沟通，及时了解 PPP 项目动态、项目投资规模、前期准备情况及政府配套措施等详细信息，做好相关准备，同时处理好与政府层面的关系，为今后多层次的银政合作打下基础。其次，商业银行要介入 PPP 项目，必须加强与社会资本方的合作交流，做好项目对接，更好地推进项目的顺利进行。

（三）择优考量项目，制定准入标准

PPP 项目投资规模大、期限长、利益关联方多、项目复杂，因此商业银行在项目、客户选择时应考虑多方因素，全方位地评估项目建设及运营期的风险，据此科学地设计相关准入及项目选择标准。

1. 项目选择标准

总体原则：现阶段应优先选择"投资规模较大、需求长期稳定、价格调整机制灵活、市场化程度较高"的 PPP 项目。重点支持：市政供水、城市管道燃气、高速公路等"使用者付费模式"项目。积极支持：保障房、医院、学校、

文化及体育场馆、市政公用等"政府财政补贴模式"项目。择优支持：市政污水处理、垃圾焚烧发电、水源净化，市政道路等不具备收益性的"政府付费模式"项目。

2. 客户选择标准

积极支持央企、国企、国内外专业投资机构、股权投资基金、本地优秀企业等多元化投资主体，对有类似项目成功投资经验的企业可优先考虑。对政府补贴依赖程度相对较高的项目，政府出资比例应相对提高，同时对施工单位和运营单位作为整体进行考虑，关注投资、建设、运营等综合管理能力。

（四）设计融资模式，做好产品创新

较传统基础设施融资相比，PPP模式下商业银行的融资主体是项目公司，不再是传统大中型企业，还款来源为经营收入，而不是财税收入或土地出让收入，追索权变为有限追索或无追索，而不是全额追索。这些融资模式的变化，客观上要求商业银行在PPP模式中应密切关注项目公司的运作经验，项目的收费机制、国别风险、市场风险、政府的补贴机制、企业信用风险、项目的盈利性、经营风险、担保方式、风险缓释措施等。根据项目的不同，结合客户的需求，为客户设计相对完善的融资模式，包括但不限于出口信贷、项目融资、贸易融资、银团贷款等。

（五）分析项目特点，提供综合服务

商业银行应根据每个PPP项目的特点，根据需要设计匹配的产品，提供相关的综合化服务。首先，根据融资这一项目公司业务主诉求，可提供基础性信贷服务，并由此匹配项目融资项下的开证、资金监管及工程造价等服务。其次，项目实施过程中，提供一些辅助性的服务，包括建设期施工方保函、资信证明，经营期间收费保理、付费者结算卡等。另外，商业银行还可充分介入项目营运资金的管理，为闲置资金提供理财等增值服务。除此之外，还可利用商业银行集团优势，提供一些综合化、全方位的金融服务，如提供涵盖保险、基金、信托、租赁等的融资服务，满足多样化金融需求。

（六）加强风险管理，提升风险防范

1. 加强项目各阶段的风险管理

项目预开发阶段，银行要初步评估项目及其投资主体，包括政府管理能力、私营企业资金实力和技术水平、项目自身盈利能力等。融资阶段，要全面评估和详细分析项目及其投资者的各项情况，识别该项贷款各类风险，并通过合同进行合理规避。建设和运营维护阶段，银行需识别影响成本投入的各种风险因素，确保项目按预订时间完工并能够产生足够的现金流量偿还债务。

2. 提升PPP项目贷款管理能力

当前，政府正大力推动PPP融资模式在基础设施领域应用，将对商业银行基础设施贷款形成冲击。良好的 PPP 项目风险管理，可以为银行创造价值。商业银行应积极加强 PPP 项目探究，把握 PPP 模式运作要点，培养专门的 PPP 项目风险管理人员，建立专门适应 PPP 模式的风险管理流程和风险评估模型，对 PPP 融资风险进行识别、分类、定量分析，找出限制风险的方法和途径，建立各环节动态化管理机制，设计规避风险的融资结构，主动提高银行对 PPP 项目贷款的管理能力和水平。

参考文献

［1］曹聪：《基于 PPP 融资模式的公路工程项目风险识别研究》，载《重庆三峡学院学报》，2013（3）。

［2］陈柳钦：《公共基础设施 PPP 融资模式问题探讨》，载《甘肃行政学院学报》，2008（6）。

［3］丁纯刚、樊松丽：《浅谈 PPP 项目风险应对措施》，载《合作经济与科技》，2010（9）。

［4］杜莹冰：《新时期我国 PPP 融资模式问题研究》，载《行政事业资产与财务》，2014（11）。

［5］郭建生：《公路建设投融资机制的思考》，载《交通财会》，2010（6）。

［6］兰柏超：《基于 PPP 的城市基础设施建设刍议》，载《大连大学学报》，2008（4）。

［7］李明哲：《国外 PPP 发展动态述评》，载《建筑经济》，2014（1）。

［8］林超英、孙毓川、崔健、刘东：《城市基础设施建设项目投融资模式研究》，载《合作经济与科技》，2014（1）。

［9］刘志：《PPP 模式在公共服务领域中的应用和分析》，载《建筑经济》，2005（7）。

［10］罗超前、刘爽：《湖南省经营性基础设施融资方式选择》，载《中国集体经济》，2011（12）。

［11］上官健：《PPP 融资模式在海南高速公路项目应用刍议》，载《交通财会》，2014（7）。

［12］石磊、侯军伟：《PPP 融资风险管理模型研究》，载《合作经济与科技》，2009（8）。

［13］王韬：《PPP 融资模式在地方政府债务风险化解中的作用及风险分析》，载《经济与社会科学研究》，2015（3）。

［14］吴沛强：《PPP 项目融资模式的法律问题研究》，载《管理前沿》，2009（5）。

［15］武志红：《我国运作 PPP 模式面临的问题及对策》，载《山东财政学

院》，2005（5）。

　　[16] 徐兰英、王丽娜：《试论 PPP 融资模式的创新性和局限性》，载《辽宁工业大学学报》，2013（6）。

　　[17] 徐先宏：《对"公私合作"（PPP）融资模式的探讨》，载《财务管理》，2015（6）。

　　[18] 叶建勋、李琼：《新型城镇化的 PPP 融资模式》，载《经济观察》，2014（12）。

基于 A-U 技术创新与产业发展模型的金融支持纺织业创新驱动发展路径研究

绍兴市金融学会课题组[*]

一、引言与文献综述

科技是第一生产力，科技创新是产业升级和经济发展的重要催化剂。融资难是科技创新中的基本问题，而金融恰能较好解决科技创新及其成果转化过程中的资金短缺问题。金融对产业科技创新和转型升级具有重要的辅助作用。国内外对金融支持科技创新和技术创新对产业发展的作用进行了大量的研究。

早在 1992 年，Schumpeter 就强调金融对技术创新的重要性，指出功能齐全的金融系统能识别并支持那些能够开发商品化、产业化创新产品的企业，并支持其技术创新。Saint-Paul（1992）从资本风险分散角度，指出那些具有高生产率水平的经济主体能有效通过金融市场分散风险，对科技创新具有积极的作用。King 和 Levine（1993）对 80 个国家的金融和全要素生产率进行面板分析，证明金融中介对产业创新和增长起到积极的作用。Bencivenga 和 Smith（1995）通过世代交叠模型进行了理论推导，认为金融市场交易成本较高时，企业只会选择发展周期比较短的技术创新，技术创新的选择直接受到金融市场效率的影响，因而对经济增长效率带来巨大影响。Morck 和 Nakamura（1999）认为，银行经营一般基于稳健原则，不愿意对创新程度高、收益高但风险也高的项目进行融资，因此以银行为主导的金融结构不利于科技创新。孙从海、邓乐平（2001）认为，金融市场能为科技创新提供直接动力，资本市场的良好退出机制使得资本更愿意进入市场为科技创新企业提供资金支持。Keuschning（2004）提出了关于风险资本、初创期企业和技术创新之间的平衡模型，说明知情的风险投资者能运用丰富的经验和行业知识来促进企业创新。王莉（2004）通过比较以银行中介为主的金融机构对微观、中观、宏观层面创新活动的影响，认为科技创新有不同的层次、不同的阶段，科技创新企业又具有不同的规模和生命周期，只有多层次的金融市场才能满足技术创新要求。李悦（2008）从企业生命周期理

* 课题主持人：陈 隆
课题组成员：王 勤 赵 凯 李灿江

论出发，对产业特征和金融结构支持方面进行研究，认为金融市场对处于生命周期初期的科技创新企业具有融资优势，银行中介在学习和推广成熟产业技术方面效率更高。朱欢（2010）对我国31个省市的面板数据分析，指出商业银行采用审慎原则，对贷款风险严格控制，对规模以上大企业的科技创新具有重要作用。陈敏、李建民（2012）对省级面板数据运用随机前沿距离函数模型分析表明，东部地区科技创新效率要高于西部地区，科技创新效率与金融中介对科技创新的支持强度、支持效率正相关。

从上述国内外大量研究来看，金融对产业技术创新具有重要作用，但以传统粗放型银行信贷业务为主的金融市场结构对企业技术创新有一定抑制作用。只有当金融市场结构和产品越丰富，对技术创新作用才会越强。

二、基于 A–U 模型的纺织业发展与金融扶持历程

A–U 模型描述产业技术创新演变规律，是目前学界在产业技术创新方面的重要理论，对研究技术创新对产业发展意义深远，是研究产业发展与技术创新问题的标杆工具。运用 A–U 模型分析绍兴纺织业技术创新的演变历程，具有较强的理论依据。

（一）传统 A–U 模型视角

美国哈佛大学的阿伯纳西（N. Abernathy）和麻省理工学院的厄特拜克（Jame M. Utterback）以产品生命周期理论为基础，通过引入主导设计概念，以产品创新为中心，提出了产业创新动态过程模型，即 Abernathy–Utterback 创新过程模型，简称传统 A–U 模型（见图 1）。

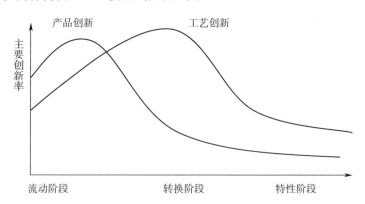

图1　A–U 产业创新动态过程模型

A–U 模型把产品创新、工艺创新及产业组织的演化划分为流动阶段、转换阶段与特性阶段：

1. 流动阶段（绍兴纺织业萌芽期：20 世纪 80 年代中期至 90 年代初）

流动阶段是产品生命周期的早期，产品变化快，设计具有多样性，数家小企业并存，创新具有很大的不确定性。此时最大的特征是主导设计尚未确定，其产品在技术和商业上都处在不断"尝试—纠错—尝试"阶段。从 A－U 模型视角看，90 年代以前的绍兴纺织业处于该阶段。

80 年代初，由于缺乏合理的市场引导，加之当时产品的科技含量低，绍兴纺织产品一度处于低价促销甚至滞销的局面。90 年代初，绍兴纺织业开始逐渐进入 A－U 模型中的"流动阶段"。1992 年"中国轻纺城"正式建立，地理位置的集中降低了单个企业的交易成本及运输成本。由于韩国、日本等进口高档纺织面料对我国纺织品市场造成了巨大冲击，绍兴出现了一批专门从事花色设计、面料分析、印花分色的中介企业，纺织业学习和创新效应日渐凸显，但纺织业创新具有很大的不确定性，属于行业创新试错阶段。此时，绍兴纺织企业融资需求开始上升，但很大一部分来源于个人筹资和政府支持，金融整体扶持水平有限。

2. 转换阶段（绍兴纺织业快速成长期：90 年代中期）

经过一段不断以"尝试—纠错—尝试"为特点的技术发展时期，市场开始进入了产品主导设计阶段。主导设计为产品的发展提供了"标准"，降低了市场的不确定性。在主导设计出现后，产品创新率急剧下降，产品基本稳定，大规模生产成为可能，专用生产设备逐步取代通用生产设备，创新重点从产品创新转移到了工艺创新。

如 90 年代中期，绍兴纺织业对前一阶段引进的高档设备及技术进行了消化吸收，同时注重对现有项目进行不断提高完善。化纤行业进口设备高达 75%，无梭织机成为行业的主要生产要素，并出现了专门的纺织业生产力促进中心。同时许多企业大量引进具有国际先进水平的制造、印染设备，绍兴的纺织企业也开始由"有梭织机"向"无梭化"转变。这一阶段是绍兴纺织业发展的"转换阶段"，依靠工艺创新使纺织业呈现跨越式发展。

据不完全估计，90 年代中期绍兴纺织企业固定资产投资中银行贷款占到全部投资的两成左右，金融支持力度开始提升，但金融支持更多体现在企业规模和产能扩张，并不利于纺织业自主创新。

3. 特性阶段（绍兴纺织业成熟期：90 年代后期）

主导设计的出现使产品设计、生产程序与生产工艺日渐标准化，市场需求稳定，大规模生产使制造效率大大提高，企业由此享受到大规模生产的好处。企业进一步创新的重点是以降低成本和提高质量为目标的渐进性工艺创新。生产过程和企业组织日趋专业化和纵向一体化。稳定阶段对应于技术学习曲线上的成熟期，通常也是产品生命周期的中后期。

90年代后期，绍兴纺织业工艺逐渐成熟，生产程序也逐渐趋向标准化和规模化，行业更趋于专业化，产品以更宽泛的纺织品和成衣生产、化纤、家用产业用纺织品为主，化纤后向整合升级。本阶段中，纺织成衣产业在区域和产品上实现多样化。如化纤行业主要集中在绍兴县、上虞区和绍兴市区。服装行业中越城区以生产衬衫、文化衫为主，诸暨的衬衫、西裤和大唐袜业也形成了块状优势，嵊州的领带产量占全国的80%，新昌的羊毛衫也实现较大的市场占有率。

从可获得的数据看，这一阶段，绍兴纺织业贷款快速增长，年均增长9%左右。2008年以前，信贷支持仍主要用于简单规模扩张。2008年金融危机以后，企业创新意识增强，金融产品创新力度加大，特别是排污权抵押贷款的推行，使企业将信贷资源用于设备改造和技术升级，金融对技术创新的支持作用开始逐渐显现。

（二）长期A-U模型视角

一代产品技术生命周期的结束，并不是产业的结束，而是由于技术革新使产业出现质的提升，产业跃入新的技术轨道，新一代产品替代了老一代产品，持续开始又一轮的产品技术生命周期。这种模型强调了产业发展的全部过程而不是某一代产品的生命周期。因此，称为长期A-U模型。从长期A-U模型视角，能更科学、全面地看待绍兴纺织业发展历程中两次重要的技术创新革命（见图2）。

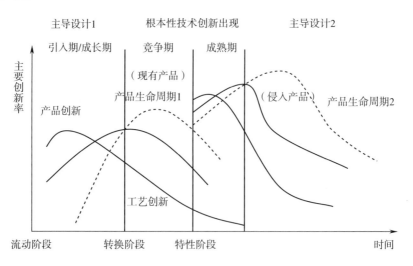

图2　根本性的技术创新推动产业跨越式发展的改进A-U模型

1.通过产品换代实现产业升级（绍兴纺织业化纤面料革命）

每一代产品它的完整的生命周期依次经过引入期、成长期、成熟期、衰退期四个阶段，然后逐渐被新一代技术的产品所替代，这种新老产品的替代过程构成了产业发展升级的链条。绍兴纺织业经历了"化纤、市场、体制、无梭化、外贸"五大革命，但从产品更新换代看，真正意义上的产品更替只有"化纤"，化纤是面料革命，实现纺织品面料产品的更新换代，从原来低档次的涤纶布发展到仿毛、纺丝、仿麻等仿天然织物，实现了根本性产品创新，从而推动产业升级发展。

2. 通过跨越式发展实现产业升级（绍兴纺织业"无梭化"革命）

长期 A–U 模型表明，产业升级是以跳跃式进行，是非连续性的，其跳跃的直接原因就是根本性技术创新的出现（见图 3）。不同代的产品，技术处于完全不同的发展轨道。一个企业可以通过技术创新，越过产业的某些自然发展阶段，直接进入产业的最新发展阶段，从而站在新的技术平台上，参与新一轮竞争。一个国家通过技术创新发展高新技术，绕开发达国家的工业化历史的中间过程，实现跨越式发展，获得后发优势。如在 90 年代初期，各地纺织企业纷纷引入无梭机，而绍兴地区引入无梭机总投入在 150 亿元以上，引进各类无梭织机 2 万余台，瞬间使纺机无梭化率达到 50% 以上，绍兴纺织行业用四五年时间完成了一些发达国家几十年的无梭化改造历程，实现了纺织业跨越式发展。

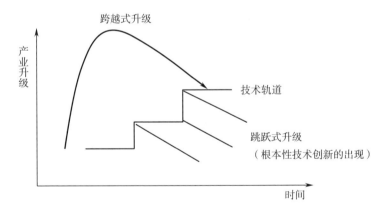

图 3　根本性技术创新、产业跳跃式升级与产业跨越式发展关系模型

三、绍兴纺织业技术创新与金融支持实证分析

从 A–U 模型视角看，绍兴纺织业发展延续了普通产业技术创新驱动规律，技术创新对产业升级发展有着根本性的推动作用，同时金融对产业的技术创新支持水平不高。为掌握技术创新因素以及金融支持的实际贡献，本文通过定量方法进行实证分析。

（一）模型构建

本文以柯布—道格拉斯生产函数和索洛技术进步贡献率模型为基础，研究资本、劳动力和技术进步对产出的影响。柯布—道格拉斯生产函数一般形式为：

$$Y = AK^\alpha L^\beta \tag{1}$$

其中，Y 表示产出，K 为资本投入，L 为劳动力投入，A 为技术水平，α 是资本的产出弹性，β 是劳动的产出弹性。同时，假设：①规模收益不变，即 $\alpha + \beta = 1$；②资本与劳动这两种生产要素可以相互替代；③技术进步是希克斯中性的，也就是说把生产要素的质量变化全部归于技术进步的范畴内。柯布—道格拉斯生产函数一般把 A 作为固定常数，很难反映出技术进步随时间给产出带来的变化，因此，有学者基于索洛模型对柯布—道格拉斯生产函数进行改进，由生产函数的规模收益不变假设，可以设 $\beta = 1 - \alpha (0 < \alpha < 1)$，为了测算中体现时间因素，将 A 看成时间函数，记为 $A(t)$，表示技术进步系数。因此，生产函数可以写成

$$Y = A(t)K^\alpha L^{1-\alpha} \tag{2}$$

两边同除以 L

$$\frac{Y}{L} = A(t)\left(\frac{K}{L}\right)^\alpha \tag{3}$$

其中，Y/L 表示劳动生产率，K/L 是资本与劳动的比例，即投入要素比。因此，技术进步以及投入要素比例的提高决定了劳动生产率的提高，假设技术进步率为 a，设 $A(t) = A_0 (1 + a)^t$，则（3）式可写成

$$Y/L = A_0(1 + a)^t(K/L)^\alpha \tag{4}$$

对（4）式两边取对数，可得

$$\ln(Y/L) = \ln A_0 + t\ln(1 + a) + \alpha\ln(K/L) \tag{5}$$

索洛提出的估计技术进步贡献率计量模型，假设生产函数的一般形式为：$Y_t = A_t f(L_t, K_t)$，其中令 $\alpha = t\dfrac{\delta Y_t}{\delta K_t}\dfrac{K_t}{Y_t}$，$\beta = t\dfrac{\delta Y_t}{\delta L_t}\dfrac{K_t}{Y_t}$，$\alpha$ 和 β 分别为劳动产出弹性和资本产出弹性。对该式求导，进行变化得到

$$\frac{dY_t/dt}{Y_t} = \frac{dA_t/dt}{A_t} + \alpha\frac{dK_t/dt}{K_t} + \beta\frac{dL_t/dt}{L_t} \tag{6}$$

由于实证研究中所采用的指标 Y、K、L 都是离散数据，因此当时间间隔 Δt 比较小时，可以用差分方程来近似替代（7）式：

$$\frac{\Delta Y/\Delta t}{Y} = \frac{\Delta A/\Delta t}{A} + \alpha\frac{\Delta k/\Delta t}{K} + \beta\frac{\Delta L/\Delta t}{L} \tag{7}$$

令 $G_Y = \dfrac{\Delta Y/\Delta t}{Y}$，$G_A = \dfrac{\Delta A/\Delta t}{A}$，$G_K = \dfrac{\Delta k/\Delta t}{K}$，$G_L = \dfrac{\Delta L/\Delta t}{L}$。则（8）式可以写为：$G_Y = G_A + \alpha G_K + \beta G_L$。这表明产出增长是由技术进步、资本增长以及劳动增长带来的。利用余值法计算出技术进步增长率 G_A：

$$G_A = G_Y - \alpha G_K - \beta G_L \tag{8}$$

（二）计量模型设定和数据选择

根据柯布—道格拉斯生产函数的变形式（5），其中 Y、K、L、t 是已知数据，可以将（5）式转化成一般的线性函数，因此本文生产函数计量模型设定如下

$$y = b_0 + b_1 x_1 + b_2 x_2 + \varepsilon \qquad (9)$$

其中，$y = \ln(Y/L)$；$t = x_1$；$\ln(K/L) = X_2$；$\ln A_0 = b_0$；$\ln(1 + a) = b_1$；$\alpha = b_2$；ε 为随机干扰项，符合正态分布 $\varepsilon - IIN(0, \delta^2)$。

根据上述模型，本文选取生产指标、资本投入和劳动投入 3 个指标，定义如下。

生产指标：本文选取绍兴纺织业的工业总产值作为生产指标。工业总产值又分为现价工业总产值和不变价工业总产值，由于纺织业工业总产值是以现行价格计算的，包括价格变动因素，因此，在计算实际纺织业工业总产值时要剔除价格因素，即计算不变工业总产值。

不变工业总产值 = 当年现价工业总产值/当年工业品生产价格指数

资本投入[①]：资本投入一般由固定资产和流动资产投入两部分组成。结合绍兴纺织业实际情况，绝大部分企业都通过银行中长期贷款进行融资，进而购买固定资产和保持企业充足的流动性。而本文主要研究金融支持创新驱动，因此选择了纺织业中长期贷款作为资本投入的变量。

劳动投入：劳动投入是指生产过程中实际的劳动量，在市场机制的调节下，劳动报酬能够比较合理地反映劳动投入量的变化。本文劳动报酬只包括基本薪酬，不包含职工福利。同时，本文劳动报酬所选取的是纺织业所有劳动报酬总额，与工业总产值和资本总投入相对应。

本文选择 2001—2013 年绍兴规模以上纺织企业[②]作为样本，每年规模以上的纺织企业平均为 1 300 家左右，除贷款数据外，其他统计数据来源于绍兴统计年鉴，并以 2001 年作为基准年，即该年生产价格指数 PPI 为 100。

表 1   绍兴规模以上纺织业产出、贷款、劳动报酬及工业生产指数

单位：万元

年份	工业总产值现行价	劳动报酬	中长期贷款	生产者价格指数
2001	4 284 234	175 870	43 543	100.00
2002	5 458 981	207 420	52 692	100.10

① 文章中的资本投入为中长期贷款，因此资本增长率和贡献率也即分别为中长期贷款增长率和贡献率。

② 规模以上企业：2005 年及 2005 年以前为国有和年产品销售收入 500 万元及以上非国有法人工业企业，2006—2010 年为年主营业务收入 500 万元及以上法人工业企业，2010 年新口径，2011 年及以后为年主营业务收入 2 000 万元及以上法人工业企业。

续表

年份	工业总产值现行价	劳动报酬	中长期贷款	生产者价格指数
2003	6 891 140	248 111	70 582	101.80
2004	9 424 095	374 119	81 500	106.11
2005	11 171 131	390 051	88 927	107.37
2006	12 417 364	466 195	92 174	109.93
2007	14 979 024	589 529	98 242	111.89
2008	15 714 808	670 767	107 073	114.65
2009	16 432 386	775 042	107 235	113.20
2010	18 797 504	966 582	109 119	120.67
2011	20 550 374	901 640	110 693	127.04
2012	21 280 301	932 581	110 177	126.60
2013	22 840 376	1 074 126	111 327	124.50

从表1可发现，绍兴规模以上纺织企业工业总产值、劳动报酬和资本投入基本都是逐年稳步上升的。

（三）实证结果

利用表1的原始数据可得到 $\ln(Y/L)$、$\ln(K/L)$ 和 t，利用 Eviews6.0 对模型式（9）进行回归分析，其回归结果如下：

$$y = 4.3 + 0.03x_1 + 0.81x_2 \tag{10}$$
$$(0.0000)\ (0.0389)\ (0.0001)[1]$$

根据 Eviews 分析结果：

（1）调整 $R^2 = 0.95$（越接近于1，相关性越好）。

（2）由方差分析可得 F = 126.04，P 值为 0.000，从而推断方程（10）是有效的。

（3）方程（10）中常数项、b1 和 b2 都是显著有效的。

从（10）式中得到资本产出弹性 α 的估计值为 0.81，劳动产出弹性为 0.19（$\alpha + \beta = 1$）。再根据索洛技术进步增长率，式子 $G_A = G_Y - \alpha G_K - \beta G_L$，求出 G_A。

表2　　　　绍兴规模以上纺织业产出、劳动报酬、贷款及技术增长率　　　单位：%

年份	工业产出增长率	劳动报酬增长率[2]	贷款增长率	αG_K	βG_L	G_A
2002	27.29	9.75	21.01	16.94	1.89	8.46

---

① 括号内值为 P 值。

② 劳动力报酬增长率 =（当年人均劳动力报酬/去年人均劳动力报酬）-1，当年劳动力报酬 = 当年劳动力报酬总额/职工人数，其中年纺织业劳动力总报酬和总人口数量可以从统计年鉴获得。

续表

年份	工业产出增长率	劳动报酬增长率①	贷款增长率	αG_K	βG_L	G_A
2003	24.12	5.43	33.95	27.37	1.05	– 4.29
2004	31.21	14.85	15.47	12.47	2.88	15.86
2005	17.14	4.47	9.11	7.35	0.87	8.93
2006	8.57	15.83	3.65	2.94	3.07	2.56
2007	18.51	18.70	6.58	5.31	3.63	9.58
2008	2.39	11.45	8.99	7.25	2.22	– 7.07
2009	5.90	18.56	0.15	0.12	3.60	2.18
2010	7.31	23.78	1.76	1.42	4.61	1.28
2011	3.84	1.09	1.44	1.16	0.21	2.47
2012	3.92	18.73	– 0.47	– 0.38	3.63	0.66
2013	9.14	14.43	1.04	0.84	2.80	5.50

根据表 2 中的劳动报酬增长率、贷款增长率、工业产出增长率劳动产出弹性和资本产出弹性分别计算出金融贡献率、劳动贡献率和技术贡献率，其结果如表 3 所示。

表 3	金融、劳动和技术贡献率①		单位:%
年份	金融贡献率	劳动贡献率	技术贡献率
2002	62	7	31
2003	113	4	– 18
2004	40	9	51
2005	43	5	52
2006	34	36	30
2007	29	20	52
2008	303	93	Na②
2009	2	61	37
2010	19	63	18
2011	30	6	64
2012	– 10	93	17
2013	9	31	60

① 资本贡献率 $= \alpha G_K / G_Y$，劳动力贡献率 $= \beta G_L / G_Y$，技术增长率 $= G_A / G_Y$。

② 2008 年的异常年份说明：2008 年绍兴纺织业工业总产值增长率下降到 2.39%，技术增长率下降到 – 7.07%，同时技术贡献率骤降到 –295%。2008 年对于绍兴纺织业而言是一个异常年份，究其原因有以下几方面：一是金融危机导致国际、国内纺织品需求降低。绍兴纺织品国际依存度较高，全球需求低迷直接导致绍兴纺织品出口大幅下降。二是 2008 年绍兴大量重点纺织企业风险爆发，政府组织银行对风险企业进行救助，导致 2008 年纺织业金融贡献率偏离正常水平。

（四）数据分析

1. 技术增长率和工业产值增长率高度正相关

从图4可知，2002年至2013年绍兴纺织业可分成高位回落期和低位调整期，其中纺织业工业总产值增长率和技术增长率走势基本一致。通过两者的联动性可推断绍兴纺织业技术的增长是工业产值增长的重要因素。

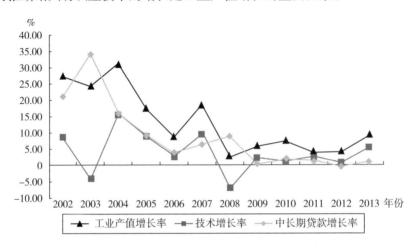

图4　绍兴纺织业工业产值、技术和贷款增长率

（1）2002年至2012年技术创新贡献增长率总体趋于弱化。其中2003年到2007年，技术增长率较高，对工业产值增长支持作用显著，但总体趋于回落。主要原因是这一阶段大量引进先进纺织设备，设备的先进性国内首屈一指，形成了纺织产业一条龙专业化生产格局，极大地提高了企业的生产效率。但由于引进先进设备的同时，先进技术吸收不足，再加上后续自我创新能力较弱，导致"一流设备、二流技术"局面，使技术创新增长乏力，对产业贡献逐渐减弱，导致2007年以后，技术增长率和工业产值增长率低位徘徊。

（2）2012年以后新一轮纺织业技术创新启动。从图4可见，经历10年的技术创新增长率下滑后，2012年以来技术创新增长率重新上扬。根据实证测算的2002年至2013年技术贡献率，本文绘制了技术贡献率散点图5（2008年异常点已去除），并对技术贡献率趋势线进行了拟合。

2012年以后，技术贡献率又开始稳步向上。分析原因为：绍兴纺织业在经历无梭化革命后，又开始新一轮的技术创新阶段。当前处于前一轮技术创新和下一轮技术创新的叠加时期（见图6）。从实际情况来看，2013年以来，绍兴纺织业正悄然开始新一轮"信息化"革命。2013年绍兴建成全国纺织业首家电商孵化园——网上轻纺城电商集聚区，许多生产加工型纺织企业开始进入电商，依托第三方电商平台探索新商业模式，推进工业化和信息化的有效融合。与此

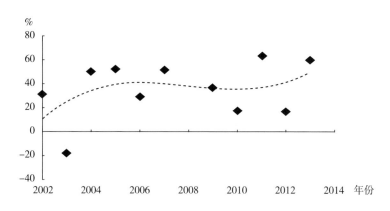

图5　绍兴纺织业技术贡献率的趋势图

同时，"智能织造"悄然兴起，面对招工难、用工难问题，绍兴纺织业"机器换人"成为行业发展新方向。如2013年绍兴从日本引进知名印染技术和装备专家，研发出高效灵活的印染机器人，产业全自动化和信息化水平进一步提高，目前印染机器人在纺织业的推广已初具规模（见图6）。

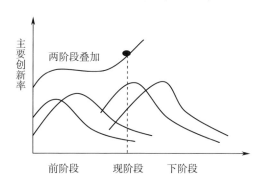

图6　绍兴纺织业技术创新所处阶段

2. 金融对技术创新的支持长期处于较低水平

从金融对纺织技术创新关联度看，2008年以前，金融和技术贡献率处于反向波动，而2008年后才开始逐渐协调，由此判断金融对技术创新的支持度总体处于较低水平。原因如下：

（1）2008年以前金融对技术创新产生抑制作用。2008年以前金融支持主要为信贷支持纺织业规模扩张，纺织企业将获得的大量信贷资源用于简单扩展，纺织产业过度的粗放型信贷投入反而抑制了技术创新，因此2008年以前金融贡献率与技术贡献率呈现反向波动。在一定程度上也证实了Morck和Nakamura（1999）提出的以传统粗放型银行信贷业务为主导的金融市场结构不利于企业科技创新的观点。

（2）2008 年以后金融对技术创新开始产生正向作用。2008 年以后，受到金融危机及国际纺织品的冲击，企业开始注重技术创新，大量金融资源投入技术创新领域，如大量引进更为先进的设备、培养和配备专业的纺织技术人员，引进纺织研发机构和服装面料设计公司，并加强产学研的结合，创意大厦、科创大厦以及中国轻纺城创意园等平台也先后建立。同时，绍兴金融创新步伐加快、针对纺织业设备改造的排污权抵押贷款推出，以及促进企业创新的专利权质押贷款指导意见出台，银行间市场债务融资工具等直接融资快速发展。此时，金融贡献率与技术贡献率开始趋同，实现同步波动。

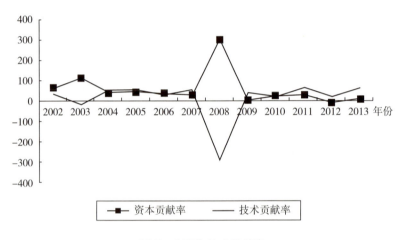

图 7　金融和技术贡献率

四、推动纺织业创新驱动发展的金融支持路径

从实证分析可知，绍兴纺织业技术创新对产业发展意义重大，多年来技术创新推进了产业的转型升级，但目前绍兴处于前后两阶段的叠加转型期，因此能否加大技术创新力度，并有效运用创新成果实现创新驱动，对于成功实现纺织业产业升级十分重要。此外，金融对纺织业技术创新长期处于低水平状态，要实现纺织业叠加期的有效转型，加快金融与科技的有效融合，进一步加大金融对纺织业的技术创新支持尤为关键。对此，本文从多个角度提出金融扶持建议。

（一）创新纺织业科技金融服务组织体系

鼓励本地银行业金融各机构在绍兴纺织业集聚区、高新技术产业园区等地区通过新设或改造分支机构作为从事纺织业科技金融服务的特色机构，鼓励市级金融机构在财务、人力资源等方面给予特色企业倾斜。同时，积极发展为纺织业科技创新服务的非银行业金融机构。推动金融租赁公司规范发展，为纺织企业、纺织科研所开展科技研发和技术改造提供大型设备租赁服务。支持发展科技小额贷款公司，为中小纺织企业技术投入提供贷款服务。积极推动产业金融结合，支持符合条件的大型纺织企业集团公司按规定设立财务公司，强化其为纺织集团科技研发提供金融服务。指导和推动地方科技部门、高新园区、金融机构和中介服务机构建立和培育发展纺织业科技金融服务中心等多形式的服务平台，推动创业投资、银行信贷、企业改制服务、融资路演、数据增值服务、科技项目管理、人才引进等方面的联动合作，为纺织科技企业提供全方位、专业化、定制化投融资解决方案。

（二）加快纺织业科技金融服务模式创新

鼓励银行业金融机构完善技改纺织企业的贷款利率定价机制，充分利用贷款利率风险定价和浮动计息规则，根据企业技术投入和改造情况，动态分享相关收益。完善贷款审批机制，通过建立科技贷款绿色通道等方式，提高纺织业科技贷款审批效率。通过借助科技专家咨询服务平台，利用纺织信息科技技术提升评审专业化水平。完善科技信贷风险管理机制，探索针对纺织业技术投入信贷风险的管理模型，提高科技贷款管理水平。鼓励银行开展还款方式创新，开发完善适合纺织业科技融资特点的授信模式。加快科技系统改造升级，在符合监管要求下充分利用互联网技术，为纺织科技企业提供高效、便捷的金融服务。

（三）进一步丰富纺织业技术创新信贷产品体系

在有效防范风险的前提下，支持银行业金融机构与创业投资、证券、保险、信托等机构合作，创新交叉性金融产品，建立和完善金融支持科技创新的信息交流共享机制和风险共担合作机制。全面推动符合纺织业技术升级特点的金融产品创新，逐步扩大仓单、订单、应收账款、股权质押、专利权质押、排污权质押、纺织业供应链贷款规模。大力发展知识产权质押贷款。加强知识产权评估、登记、托管、流转服务能力建设，规范纺织业知识产权价值分析和评估标准，简化知识产权质押登记流程，探索建立知识产权质押物处置机制，为开展知识产权质押融资提供高效服务。积极推进纺织专利保险工作，有效保障纺织企业、行业、地区的创新发展。

（四）拓宽适合纺织科技创新发展的多元化融资渠道

支持纺织科技型企业上市、再融资和并购重组，鼓励支持本地中小科技型纺织企业通过创业板再融资。鼓励纺织技术升级企业利用债券市场融资，通过发行企业债、公司债、短期融资券、中期票据、中小企业集合票据、中小企业集合债券、小微企业增信集合债券、中小企业私募债等产品进行融资。鼓励和支持有关部门优化工作流程，提高发行效率。对符合条件的纺织企业发行直接债务融资工具的，鼓励中介机构适当降低收费，减轻科技企业的融资成本负担。

推动地方政府设立创业投资机构通过阶段参股、跟进投资等方式，引导创业投资资金投向纺织企业技术创新项目和科技成果转化项目。鼓励发展天使基金和风投，支持科技型初创纺织企业和纺织科技风险类项目。

（五）建立健全促进纺织科技创新的信用增进机制

依托纺织业科技产业园区和高新区，因地制宜建设纺织科技企业信用示范区，充分利用金融信用信息基础数据库等信用信息平台，加大对科技企业信用信息采集，建立纺织科技中小企业的信用评级和结果推介制度。充分发挥纺织行业协会等行业自律组织作用，为重点纺织科技投入和创新项目提供增信服务。建立健全政府引导、社会资本参与、市场化运作的科技担保、再担保体系，支持融资担保机构对纺织科技企业的信用增进。鼓励纺织技改企业成立联保互助基金，为共同技术改造项目提供融资担保支持。充分发挥纺织科技成果转化引导基金的作用，通过设立创新投资子基金、贷款风险补偿机制等方式，引导金融资本和民间资本投向纺织科技成果转化集聚。综合运用创业投资、风险分担、保费补贴、担保互助、贷款贴息等方式，发挥政府资金在纺织业技术创新信用增进、风险分散、降低成本等方面作用。

（六）进一步深化纺织技术创新和金融结合试点

建立完善纺织产业园区、高新区管委会、金融机构、纺织研究机构和纺织企业间的信息沟通机制，通过举办多种形式的投融资对接活动，加强纺织科技创新项目与金融产品的宣传、推介，推动纺织业科技园区资源、政策资源、科研资源、项目资源与金融资源的有效对接。发挥科技园区先行先试优势，加快构建科技金融服务体系，鼓励各金融机构开展各类金融创新实践活动。构建纺织科技与金融结合试点的部门协调机制，研究绍兴纺织业科技创新金融支持试点工作，及时宣传和推广试点地区典型经验，加大资源保障和政策扶持力度，鼓励纺织块状经济集聚区因地制宜、大胆探索、先行先试，不断拓展科技与金融结合的政策实践空间，开展具有地方特色的纺织科技与金融结合试点工作。

参考文献

［1］毕克新、刘玉红、孙金花：《制造业企业产品与工艺创新协同发展的政府行为研究》，载《中国科技论坛》，2009（3）。

［2］程源、杨湘玉：《微电子产业演化创新模式的分布规律——改进的 A－U 模型》，2003（24）。

［3］傅家骥：《技术创新学》，清华大学出版社，1998。

［4］古利平、张宗益：《中国制造业的产业发展和创新模式》，载《科学研究》，2006（24）。

［5］刘友金、黄鲁成：《技术创新与产业跨越式发展——A－U 模型的改进

与应用》，载《中国软科学》，2001（2）。

[6] 王斌义：《基于 A－U 模型的物联网产业跨越式发展研究》，载《科学进步与对策》，2010（27）。

[7] 吴贵生、王毅：《技术创新管理》，清华大学出版社，2009。

[8] 谢伟：《产业技术学习过程》，清华大学博士学位论文，1999。

[9] 谢伟：《模仿和技术学习文献综述》，载《科学学与科学技术管理》，2008（7）。

[10] 姚志坚、程军、吴翰、程军：《技术创新 A－U 模型研究进展及展望》，载《科研管理》，1999（20）。

[11] 张宗庆：《A－U 模型与技术创新过程分析》，载《东南大学学报（哲学社会版）》，2003（5）。

[12] DJ Teece, 1986, Profiting from technological innovation: implications for integration collaboration, licensing, and public policy, Research Policy, Vol. 15: 285 – 305.

[13] Henry W. Chesbrough, 2003, Open Innovation: The New Imperative for Creating and Profiting from Technology, Harvard Business School Press, Vol. 227.

[14] J Verloop, 2004, Insight in Innovation: managing innovation by understanding the laws of innovation, R&D Management, Vol. 36 (1): 107 – 108.

[15] L Kim, 1997, Imitation to innovation: the dynamics of Korea's technological learning, Journal of International Business Studies, Vol. 28 (4): 868 – 872.

[16] PJ Utterback, 2011, Strategies for survival in fast changing industries, Management Science, Vol. 44 (12): 1057 – 1059 .

[17] Ping Ian, 2010, Limitations and Remedies of the Industrial Innovation Life Cycle Model , International Journal of the Academic Business World.

[18] S Thomke, 2003, Comes to Services, Harvard Business Review, Vol. 81 (4): 70 – 79.

[19] Strategies for survival in fast changing industries, 1996, Sloan Working Paper, No. 97 – 009.

互联网理财：发展、风险及监管

在"互联网＋"时代，互联网技术的发展与应用滋生出众多与之交叉发展的领域，互联网金融及其重要分支互联网理财就在其中。随着 2014 年国务院政府工作报告中对互联网金融的正面定调，以第三方支付、P2P 贷款、众筹融资、"宝宝"类产品等为典型代表的互联网金融行业发展更蓬勃。互联网金融无疑是一个复杂的体系，不仅涉及金融行业，还集结了信息技术产业，既融合了移动互联、大数据、云计算等优势，却也伴随着前所未有的风险问题。在经历 2005—2013 年的初步发展后，互联网金融已进入高速增长态势，人们有必要对其发展过程中的诸多优势与劣势、风险与收益加以全面认识以防患于未然。

一、互联网金融与互联网理财的界定

（一）互联网金融

互联网金融的出现对于金融行业是一个巨大的变革，是市场供求拉推合力的结果。在需求方面，金融本身是对现有资源进行整合、实现价值的有效流通，但传统金融市场存在着高运营与交易成本，金融消费者群体需要更简单、易操作的新模式以符合其行为习惯。在供给方面，互联网的重大技术革新提供了外在的保障与支持，信息技术成为促进互联网金融发展的巨大推动力。广义上，凡是具备互联网精神的金融业态均可称为互联网金融，包括但不仅限于第三方支付、在线理财产品销售、信用评价审核、金融中介、金融电子商务等模式，表现为金融的互联网化和互联网的金融化。前者主要是原有金融机构利用互联网技术的新发展，是金融业务本身的互联网操作化，如"方正证券泉友通"。后者则是互联网机构开展新型的金融类业务，例如"余额宝"。囿于研究期限与现有资源，课题组主要选择了互联网的金融化加以研究，不包括原有金融机构在互联网上开拓的金融业务。

（二）互联网理财及典型模式

互联网理财是互联网技术与金融行业交叉的结合体，是投资者或家庭通过

---

* 课题主持人：王　静
　课题组成员：陆妙燕　郑秋霞　张润禾

互联网获取商家提供的理财服务和金融资讯，根据外界条件的变化不断调整其资产的存在形态，以实现个人或家庭资产收益最大化的一系列活动。互联网理财的典型模式包括P2P信贷、互联网理财产品、互联网保险、第三方基金销售等，是互联网金融的重要组成部分。

1. P2P网络借贷

这是指借助第三方互联网平台进行资金借贷，通过平台进行借贷双方的匹配和交易。具体而言，是一种由具有资质的网站作为中介平台，借款人在平台上发放借款标的，投资者进行竞标向其放贷的模式。P2P模式的发展有赖于征信系统和平台系统开发。

2010年以来，P2P平台数量增长迅猛，2013年增至800家，2014年突破1 500家，截至2015年11月累计平台数已达到3 769家。P2P平台的成交额和贷款规模也同时获得了大幅度的增长。从P2P平台的投资人数和借款人数来看，都呈上升的趋势，但投资者人数的增长幅度要远超过借款人数增长幅度。这说明P2P平台已获得越来越多投资者的认可，在资金供给上有较充分的潜在保障（如图1所示）。

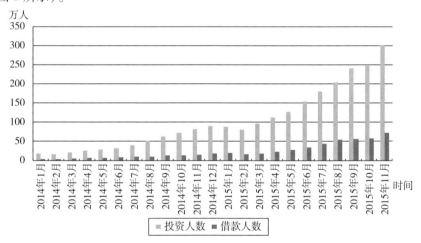

资料来源：根据网贷之家原始数据整理。

图1　2014—2015年各月投资人数与借款人数比较

从P2P相关的数据统计来看，2014年以来人均投资金额为49 280元，人均借款金额233 237元（如图2所示），人均的借款额度远远大于投资额度，投资人风险分散现象较为明显。从额度的走势看，人均投资金额较为稳定，而人均借款金额呈现逐步下降趋势。

2. 互联网理财产品

互联网理财产品很重要的一部分就是"宝宝"类产品，而其本质上是货币

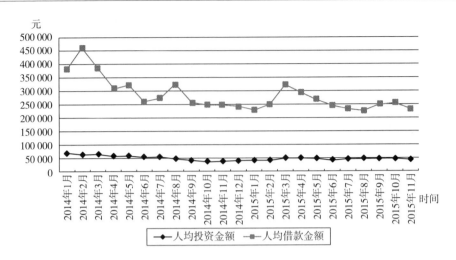

资料来源：根据网贷之家原始数据整理。

图2　2014—2015年各月人均投资金额与人均借款金额比较

市场基金。互联网理财"宝宝"的主要特征有：（1）相对收益率较高，年化收益率一般高于一年期利率。如余额宝的年化收益率曾一度接近7%，这使余额宝在运行初期吸引了大量用户。（2）低门槛，互联网"宝宝"的购买门槛往往是1元，甚至0.1元，相对于银行理财产品的5万元或10万元起门槛，真正做到了理财无门槛。（3）流动性高。互联网理财产品大多具有T+0的变现能力，某些每单金额较大的也有T+1或T+2的变现能力，这就意味着转入这些产品的资金能在需要时实现实时转出且无手续费，且其收益每日可见。

3. 互联网保险

本课题主要是指网络新型第三方保险网以互联网和电子商务技术为工具来支持保险销售等经营管理活动的经济行为。根据中国保险行业协会发布的统计数据，2011—2014年，互联网渠道保费规模提升了26倍，占总保费收入的比例由2013年的1.7%增长至2014年的4.2%，对全行业保费增长的贡献率达到18.9%。互联网保险市场不断扩容，我国的互联网保险公司从2011年的28家增加至2014年的85家。另据安信证券的模拟推算，互联网保险市场将以每年15%的速度增长，预计2017年有望达到3万亿元的量级。

4. 互联网银行

不同于传统银行的互联网化，这是指创新性设立的、以互联网企业为发起主体的银行，其中以深圳微众银行和浙江网商银行为代表。2015年1月4日，李克强在前海微众银行敲下电脑键，卡车司机徐军拿到了3.5万元贷款，这是国内首家开业的互联网民营银行完成的首笔放贷业务。互联网银行无营业网点、无营业柜台、无须财产担保，而是通过大数据信用评级和人脸识别技术发放贷款。金融业务的拓展结合大数据技术的应用，有效地将数据转为价值。凭借庞大的社交平台，利用自身数据资源构建信用评定和风控策略，搭建风险前置的客户抉择机制，通过以社交为主的大平台衍生一系列的相关场景，记录客户的社交行为、购物行为以及支付行为等，编制以客户个人行为记录为依据的征信评估报告，进行风险控制。互联网扩大了用户对移动端金融理财产品的认知，把科技与普惠金融的理念相连接。

二、互联网理财的发展背景

（一）理论背景

1. 基于交易成本理论的互联网金融发展研究

互联网金融横空出世并蓬勃发展的重要原因之一就是其交易成本的降低。王刚刚（2008）指出，网络经济最为普遍地体现着边际成本递减这一基本经济规律。互联网金融一定程度上代表着边际成本递减的趋势，但这并不意味着互联网金融就没有交易成本。阳旸（2014）认为互联网交易成本包括外部交易成本与制度性交易成本，前者主要受技术因素影响，而技术主要是与互联网金融交易活动密切有关的信息、通信、互联网等技术与基础设施；制度性交易成本是因为市场机制的运行是有成本的，制度的使用、安排、变更都是有成本的，都离不开交易费用的影响。此外，轻资产模式也开始成为理论分析和测算的热点。互联网领域由于发展方向的高度不确定性，企业倾向于保持轻资产（陈一稀，2015），以最少的自有资金实现利润的最大化。

2. 基于长尾理论的互联网金融外部效应分析

长尾理论是指，由于成本和效率的因素，只要产品的存储和流通的渠道足够大，众多小市场汇聚成可产生与主流相匹敌的市场能量。这些需求和销量不高的产品所占据的共同市场份额，可以和主流产品的市场份额相当，甚至更大（Chris Anderson，2006）。在互联网金融领域，根据长尾效应可以类推，由于交易成本的急剧降低，新型的、小规模的企业也能进入金融市场，原本非主流的市场（互联网金融市场）累加起来就会形成一个比主流市场（传统金融市场）还大的市场。

传统金融业往往秉持"二八定律"原则，即80%的利润由20%的大客户带来，对小微客户未给予重视，这就给互联网理财企业"吸存"大量小额散户资金预留了空间。正如余额宝在2013年的6个月中吸引了1 853亿元资金，2014年增加到5 789亿元，2015年一跃成为全球规模最大的货币市场基金。不过，各大商业银行在市场竞争中已开始重视互联网金融的"长尾效应"，银行系"宝宝"类产品加入了理财市场份额的竞争。例如，广发银行与易方达基金公司合作推出"智能金账户"和"快溢通"，浙商银行的"增金宝"、中国银行的"现金宝"、民生银行的"如意宝"等①。

3. 基于博弈理论的互联网金融延伸研究

首先是商业银行与互联网金融机构的博弈，伦墨华和李建军（2014）综合运用合作博弈的 K－S 解法②，通过对互联网金融参与主体进行合作博弈分析，结合互联网金融参与各业务的特点，推断出商业银行参与互联网金融业务的实施战略。其次是金融消费者与互联网金融机构的博弈。运用博弈论理论可分析金融消费者是否"消费"互联网金融，金延（2015）认为，金融消费者购买互联网理财产品并不是一次性决策的结果，而是一种长期反复博弈的过程，是消费者不断学习和调整策略，逐步适应博弈过程变化进而获得预期收益的过程。

（二）实践背景

1. 移动互联理财技术的普及

互联网理财发展的关键背景是网民规模的扩张与互联网的普及。在 2005—2014 年，中国网民规模从 1.11 亿人发展到了 6.49 亿人，互联网普及率也从 8.5% 增加到 47.9%。普及率快速增长与互联网接入设备的变化有关，2013—2014 年，以手机为接入设备的移动互联网普及率达到 80% 以上。移动互联网的使用使理财业务的办理不再局限于营业网点，手机 APP 大大促进了理财的大众化。截至 2015 年 6 月，互联网理财的用户规模达到了 7 849 万人，增长率稳定在 10% 以上。移动互联用户可以通过互联网进行各种金融交易，风险定价、期限匹配等复杂交易都大大简化、易于操作。

2. 政府政策的鼓励

2013 年以来，政府对互联网金融持支持态度，出台了一系列政策予以指导和规范其发展。如《非金融机构支付服务管理办法》、《非金融机构支付服务管理办法实施细则》、《支付机构互联网支付业务管理办法（征求意见稿）》、《支付机构反洗钱和反恐怖融资管理办法》、《支付机构跨境电子商务外汇支付业务试点指导意见》、《中国人民银行关于手机支付业务发展的指导意见》等。当然，其中有较多与互联网理财相关的内容。

3. 居民理财需求的增长

互联网理财的快速发展是居民财富增长与互联网技术发展结合的必然结果。1995—2014 年，城乡居民的储蓄存款余额从 29 662.3 亿元增加至 485 261.34 亿元，呈显著上升趋势，但存款利率却同时呈显著下降趋势。因此，居民以储蓄

---

① 这些传统银行的"宝宝"类产品并不在本课题组所界定的互联网理财产品范畴之内。

② 合作博弈的 K－S 解法是 20 世纪 70 年代由数学家 E. Kalai 和 M. Smorodinsky 提出的，参与博弈的合作双方在同时增加收益的前提下达到需求效用的最大化。该解法的核心思想是按照参与合作的双方可能收益的最大量进行比例分配，该解法对地位与实力不同的博弈双方都具有明显的公平性。K－S 解法是在 Nash 解的基础上改进的，所以 K－S 若有解，则必为帕累托最优解。

存款来增加现有财富增值的可能性越来越低，居民财富保值增值的需求首先须得到满足。其次，财富的流量也有理财需求。1995年以来，城镇和农村居民的人均收入均呈现明显的上升趋势，尤其是城镇居民家庭的收入增长尤为显著，其增长中绝大部分来自工薪收入（如图3所示）。

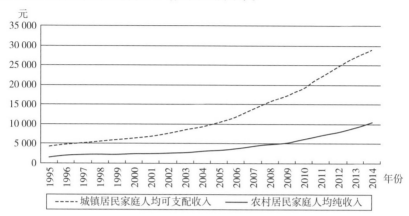

数据来源：国家统计局网站数据整理而得。

图3 1995—2014年城镇和农村居民家庭人均收入趋势

最后，"养老危机"是居民理财需求的重要推手。人口结构变化带来了明显的抚养压力。1995年以来，总抚养比呈现下降趋势，这主要缘于计划生育政策下的少儿抚养比之显著下降，老年抚养比却呈现逐步上升的趋势（如图4所示）。根据测算，总抚养比在2027年将达到50%的临界点，2029年老年抚养比将达到27.4%，超过少儿抚养比，老年人抚养压力趋升。

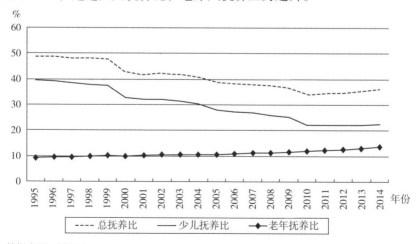

数据来源：同图3。

图4 1995—2014年中国居民抚养比走势

三、互联网理财的发展现状与风险

2015年7月之前，互联网金融行业处于"野蛮生长时代"，没有规则、没有监管（张涛，2015）。互联网金融的开放平台、去中心化、数据为王等互联网思维为新型金融业态的出现创造了更多机会，也给银行、券商、基金、保险等传统金融业机构带来了诸多挑战。

（一）互联网理财的产品与收益

首先，从互联网理财产品的内部结构数据来看，行业中占据大份额的P2P业务，无论贷款公司的数量还是融资规模都呈现几何式增长。互联网保险、众筹融资等后起之秀也呈现稳定快速的发展（如表1所示）。

表1　　　　部分互联网理财业务的发展态势（2009—2014年）单位：家、亿元

指标名称	P2P贷款公司数量	P2P贷款	互联网保险收入	经营互联网保险公司数	众筹融资
2009年	91	1.50	NA	NA	32.10
2010年	143	13.70	NA	NA	52.10
2011年	214	84.20	31.99	28.00	92.40
2012年	298	228.60	106.24	34.00	169.00
2013年	814	975.50	291.15	60.00	315.70
2014年	1544	2514.70	858.90	85.00	842.90

数据来源：Wind资讯。

其次，从收益率上看，以余额宝为代表的"宝宝"类产品本质上是货币式基金，投资于大额存单、央行票据、债券等，故其收益率变化趋势和银行基准利率、银行拆借利率及传统理财产品预期收益率的变化趋势相似，整体呈现下降趋势（如图5所示）。余额宝收益率高于一年期银行存款基准利率低于传统银行理财产品预期收益率，和3个月SHIBOR相似，因其用户数量大，操作灵活方便，流动性强，可用于线上支付等特点，对传统理财产品形成了强大的竞争压力。

最后，从互联网理财产品的收益差异看，主流互联网理财产品的特点为保本浮动收益，流动性强（最快T+0），收益高于银行同期利率。以目前市场上用户数量多、规模大的"余额宝"、"百度百赚"、"易方达E钱包"、"微信理财通"等为例，各类互联网理财产品的平均收益为同期银行一年期存款利率两倍左右，收益黏合度高，同质化严重，产品竞争激烈（如图6所示）。"佣金宝"、"京东小金库"等由于有部分非货币市场投资配比所受证券市场影响度较高，收益变化幅度较大。其余货币基金收益率变化更为平缓，为用户提供了多样性的选择。

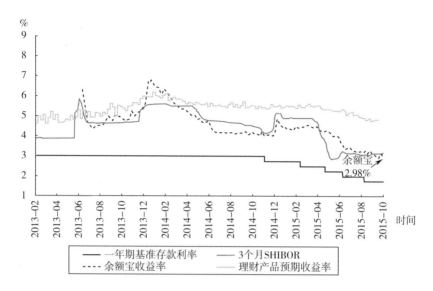

数据来源：Wind 资讯。

图 5　2013 年 2 月至 2015 年 10 月期间我国无风险利率变动图

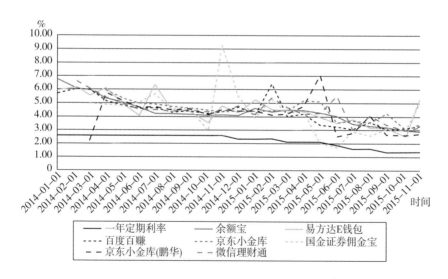

数据来源：根据 Wind 资讯数据整理。

图 6　各类互联网理财产品 7 天年化收益率对比

（二）互联网理财可能存在的风险

2015 年人民银行发布《中国金融稳定报告（2015）》肯定了互联网理财，指出 P2P 网贷在解决我国中小企业融资问题上，凸显其社会正效用。与此同时，互联网理财的核心功能所具有的金融性、网络性、社会性、开放性等均具有许多潜在的风险，特别是在政府监管还不够完善的情况下，互联网理财风险事件时有发生。这其中包含了网络平台风险、操作风险、流动性风险、信用风险、法律风险等。

以网贷为例，2011—2015 年，全国已有 1 157 家平台出现问题，占平台总数的 30.7%①（如表 2 所示），这部分的互联网理财风险概率较高。但同时，新的网贷平台却在不断涌现。金融消费者的互联网理财风险防范以及相关部分的风险监管由此成为决定互联网理财发展前景的关键所在。

表 2　　　　　　互联网借贷平台的地区分布（截至 2015 年 11 月）　　　单位：家、%

省份	运营平台数量	累计问题平台	
		数量	占比
全国	2 612	1 157	30.70
广东	480	198	29.20
山东	332	219	39.75
浙江	303	133	30.50
北京	295	67	18.51
上海	215	88	29.04
江苏	138	68	33.01
湖北	91	30	24.79
四川	85	41	32.54
其他	673	313	31.74

说明：在比例计算中，鉴于问题平台绝大多数不复营业，因此可假设问题平台数 + 运营平台数之和为总平台数。

资料来源：根据网贷之家原始数据整理。

在 2015 年 7 月颁布《关于促进互联网金融健康发展的指导意见》（以下简称《指导意见》）后，全国 8～10 月新增平台分别为 228 家、189 家和 150 家，而在 8～11 月，问题平台的出现则分别有 81 家、55 家、47 家、79 家。可见，后续的监管落实任重道远。

四、互联网理财的"双重监管"对策

互联网理财属于互联网金融，对其监管与互联网金融监管有很大程度的一致性。鉴于传统金融产品发展存在着"危机—管制—金融抑制—放松管制—过

---

①　在比例计算中，鉴于问题平台绝大多数不复营业，因此可假设问题平台数 + 运营平台数之和为总平台数。

度创新—新的危机"的演化路径（尚福林，2014），因此如何平衡把握创新、稳定和效率之间的关系，是监管理念核心所在。在"监管元年"出台的一系列政策，给出了互联网金融发展的基本制度框架。例如，全国层面的《指导意见》、中国保监会的《互联网保险业务监管暂行办法》、人民银行的《非银行支付机构网络支付业务管理办法征求意见稿》等。作为互联网金融行业"基本法"，《指导意见》明确了"依法监管、适度监管、分类监管、协同监管、创新监管"的原则，确立了互联网金融各主要业态的监管职责分工，落实了监管责任，明确了业务边界。与互联网理财业务相关的主要是：P2P、网络小贷、网络信托与网络消费金融业务由中国银监会负责；互联网基金销售由中国证监会负责；互联网保险则由中国保监会负责。

课题组认为，互联网理财的监管，一方面可以借鉴国外经验，另一方面应推进"双重监管"策略，即通过供给方的监管和需求方的引导与保护来进行，因为互联网理财的特殊性在于需求、供给双方都需要监管，却都难以监管。

（一）供给方的过程为主、结果为辅监管

互联网理财供给方的监管主要针对互联网机构及其所在行业。所谓过程导向是对互联网理财产业链整体监管，包括市场准入和退出监管、业务扩展管理以及日常监控。在市场准入方面，P2P 平台运营公司实质上属于互联网金融性质的企业，只需按《公司登记管理条例》在工商管理部门进行注册，按《互联网信息服务管理办法》及《互联网站管理工作细则》的规定在通信管理部门备案，与普通公司注册暂无太大差异。其业务扩展、日常监控等环节也有类似情况存在。《指导意见》指出，"在个体网络借贷平台上发生的直接借贷行为属于民间借贷范畴，受合同法、民法通则等法律法规以及最高人民法院相关司法解释规范。个体网络借贷机构要明确信息中介性质，主要为借贷双方的直接借贷提供信息服务，不得提供增信服务，不得非法集资。网络小额贷款应遵守现有小额贷款公司监管规定，发挥网络贷款优势，努力降低客户融资成本"。这是 P2P 的主要监管依据，也带来了一大批 P2P 平台的转型。当然，后续的有效、持续落实监控才能对行业起到真正的规范作用。

首先，要加快完善监管制度。2015 年爆出的问题平台中不乏注册资本上亿元的，如油财宝、国银财富、全家福、财富天下、聚宝通等。因此要建立互联网金融网站备案制，在严格最低注册资本的基础上，还需要建立信息披露制度，明确风险提示。其次，互联网理财的重要基础设施就是征信系统，互联网理财机构本身的征信系统建设是必需的。最后，成立互联网金融行业协会。除了由"一行三会"对互联网金融实施分类监管外，还需要互联网金融协会的自律管理，以行业规范对政府监管形成有益补充，推动互联网理财行业的健康发展。

（二）需求方的分类引导与权益保护

在美欧经验中，对网络消费与投资者会增加一些个人财务相关要求，如最低收入、证券投资占资产的比重等。我们认为，要分类引导与政策保护双管齐下。

1. 金融消费者群体的分类引导

金融消费者是一个庞大的群体，根据收入和年龄两个维度将金融消费者大致分类如下（如图7所示）。

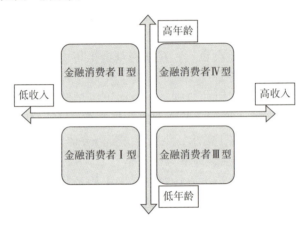

图7　金融消费者群体的分类

（1）金融消费者Ⅰ型。这一低收入、低年龄群体是推动互联网金融初起的草根金融消费者。在互联网金融初期，部分Ⅰ型金融消费者将小额闲散资金放在余额宝中试一试，从中感受到了互联网理财的高效和高收益。每天公布收益、赎回方便等优势，使越来越多的Ⅰ型消费者选择网络理财以追求收益最大化，互联网理财的用户和余额由此突飞猛进。2014年《余额宝一周年大数据报告》显示，其时总规模5 742亿元，客户均单5 030元，平均年龄29岁，80后和90后用户占76%。2015年6月底，余额宝用户数已增至2.26亿人，成为全球客户数最多的基金。

（2）金融消费者Ⅱ型。这一高收入、低年龄的Ⅱ型群体是互联网理财发展的重要推动者。往往处于高技术、高风险的较高薪行业，例如互联网行业或自主创业，使用互联网理财产品的可能性较高，不同于Ⅰ型的草根特质，Ⅱ型金融消费者将是互联网金融理财的蓝海所在，也是传统金融机构和互联网企业的客户竞争焦点所在，关系到两类机构的长期发展。

（3）金融消费者Ⅲ型。这一低收入、高年龄的Ⅲ型群体承受着较大的社会经济压力。从生命周期来看，有"上有老、下有小"的生存压力与自身养老压力，对资产增值有较强的意愿。但也因相对保守的风险偏好、较弱的风险承受能力，使这一群体不会在互联网理财发展初期介入。对其而言，低门槛的互联网理财所带来的财富增加值有较高效用，目前正在逐步介入且推广速度较快。

（4）金融消费者Ⅳ型。高收入、中高年龄是Ⅳ型的主要特点，属于高净值金融消费者，大多选择金融机构所提供的 VIP 服务，即安全性更高、针对性更强、投资渠道更广阔的传统金融。Ⅳ型群体在和传统金融的长期合作中已有依赖和信任关系，会倾向于继续选择既有的合作对象，故该群体可能是涉足互联网理财比例最低的一类。

上述四类中，Ⅰ型、Ⅱ型金融消费者同属于低年龄层次，其风险承受能力相对较强，但Ⅰ型群体对互联网理财投资金额不会很大，顾而做好信息透明、及时防范风险是关键。Ⅲ型群体的风险承受能力较差，但相对投资额度可能较大，是需要引导＋立法保护的主要群体。

（三）金融消费者群体的权益保护

美国 1968 年颁布的《消费者信用保护法案》是第一部保护金融消费者权益的联邦法律，其核心是规范信息披露行为的《诚实信贷法案》，值得借鉴。

课题组认为，在信息披露更为便捷的互联网理财时代，要保护金融消费者的权益，至少还需：①建立互联网企业披露客户信息与业务数据交易的合法性标准；②建立金融消费者与互联网理财机构签订合同的合规性、完整性，明确消费者的安全权、知情权、选择权、公平交易权、损害赔偿权等权利；③保护客户个人隐私与账户信息安全；我国尚未建立个人隐私立法，但互联网理财要求消费者提供大量的个人信息，这些可能产生巨大商业价值的信息在被无成本使用，因此需要确定相关的法规；④建立金融监管部门和金融机构内部纠纷调解、裁决处理机制，并设立指定的机构受理相关案件，而非金融消费者自行举证。面对越来越专业、复杂的理财产品设计与互联网技术，消费者在诉讼取证过程中往往处于弱势地位。加快研究、适时推动小额金融消费者的集体诉讼制度，应纳入决策者视域。

（四）综合监管

1. 统一线上与线下监管标准

互联网理财涉及的对象群体极为广泛，监管是必需的，如何监管才是问题的关键。基本的监管要求是统一线上与线下监管标准，不因互联网理财行业是新兴行业、业务创新较多就降低标准，甚至是空白。

2. 保持政策的实时性

互联网理财行业在专业、学科上的跨度非常大，需要结合信息技术、金融、法律等多个行业制定法律法规，难度系数较高。目前只能按照发展态势进行预估和预测来建立监管制度，且保持一定的前瞻性。无疑，互联网理财的监管细则需要及时出台，且应随着市场的不断创新和变动需要及时出台修正、补充的规章制度，突出实时性。

3. 出台行业反垄断法规

互联网理财行业存在着先占优势，这是互联网金融产业整体存在的现象。譬如支付，居前两家互联网企业分别占据市场份额的50%与20%以上，而这些巨头开始触及旁支机构和产业就会进一步巩固先占优势，这从余额宝到招财宝到网商银行的设立可以管窥。为了市场公平竞争，也为了市场结构合理化，势必要出台相关反垄断法规。

五、基于浙江区域的互联网理财发展与应用

（一）浙江省互联网理财的发展情况

诞生了余额宝的浙江，互联网理财行业发展极为迅猛。保险理财、票据理财、P2P等个性化、多元化的理财产品成为了热点，纯网络银行、互联网征信等应运而生。2015年成立的浙江网商银行采用全网络化的运行模式；阿里巴巴的芝麻信用已通过大量的网络交易和行为数据，针对个人用户进行信用评估并提供一系列信用产品。2015年底，浙江的网贷平台已逾300家，列全国第三位，成交金额与贷款余额均列全国第四位。在互联网理财方面，浙江无疑走在了前端。

（二）寻求适合自身经济特色的互联网理财产业模式

浙江发展以块状经济、集群效应而著称，结合打造财富金融中心、互联金融创新中心的战略，已尝试打造互联网理财集聚区。借助阿里支付宝、网商银行等重点互联网金融企业的入驻，西溪谷在2015年成为吸引全国众多互联网金融企业的"杭州市互联网金融集聚区"，今后的建设重点在于持续发展及其集群效应、外溢效应的发挥。

（三）互联网理财产业链的全面发展

互联网理财产业是一条"信息—平台—用户"的全产业链，即信息和技术作为互联网理财产业链的前端，以用户资源作为一个信息导入的最基本门槛，中间的平台和产品提供资金和资产，形成以用户为核心，挖掘和创造价值且实现资金融通的产业链。新兴的互联网企业并不能完成所有的环节，需要发展互联网理财上下游以及延伸产业，如信息定价、平台管理、客户挖掘等，以其中某一个环节的开始而带动整个产业链发展，实现跨界融合。浙江省如何鼓励不同模式的发展，对互联网理财产业以及互联网理财集聚中心的形成均有重要作用。

（四）对互联网理财的动态监管

浙江省一直在推进互联网理财监管。2014年推出了杭州市《关于推进互联网金融创新发展的指导意见》与《浙江省促进互联网金融持续发展暂行办法》等。2015年9月，浙江省率先成立互联网金融协会，蚂蚁金服当选会长单位，

微贷网、挖财、信雅达等企业当选执行会长单位，展开行业自律，维护互联网金融行业的健康发展。值得注意的是，很多互联网理财创新均从杭州市开始。例如，2015 年 9 月，蚂蚁金融服务集团宣布拟以 12 亿元人民币增资入股台湾国泰金控在中国大陆的全资财产险子公司国泰财产保险，占股 60%。对这一涉及跨境并购的互联网保险新业态施行监管，就没有具体的政策法规可循。浙江省需要对创新中的金融业务形态不断跟进，以及时制定相应的互联网理财监管依据。

六、结论与启示

课题组将互联网理财从互联网金融单独分离出来进行了较为全面的分析，认为互联网理财的发展有其理论与实践基础，它带来了居民理财方式的改变，大大降低了交易成本，实现了真正的理财无门槛，从而吸引了大量的用户。但是，互联网理财所存在的风险在现实发展中已经产生了许多问题，导致金融消费者权益受损。由此建议进行双重监管，对供给方的过程为主、结果为辅监管，对需求方的分类引导与权益保护。还需要明确，政府在政策导向上对于发展互联网理财是作为工具还是产业。工具意味着是对传统金融理财行业的一种补充，而产业则意味着须关注其发展所产生的外部效应，这关乎互联网理财发展的方向和持续问题。

参考文献

[1] 陈国平等：《浙江金融发展报告——蓝皮书》，浙江大学出版社，2015。

[2] 陈一稀：《互联网金融的概念、现状与发展建议》，载《金融发展评论》，2013（12）。

[3] 李海峰：《网络融资——互联网经济下的新金融》，中国金融出版社，2013。

[4] 伦墨华、李建军：《互联网金融模式下各参与主体的竞争博弈分析》，载《商业时代》，2014（7）。

[5] 谢平、邹传伟：《互联网金融模式研究》，载《金融研究》，2012（12）。

[6] 谢平、尹龙：《网络经济下的金融理论与金融治理》，载《经济研究》，2001（4）。

[7] 阳旸：《基于交易成本理论的互联网金融发展研究》，湖南大学硕士学位论文，2014。

[8] 张涛：《互联网金融发展指导意见解析》，浙江省金融学会学术论坛，2015（9）。

发达地区县域"三农"金融服务创新问题研究

——以浙江区域为例

中国农业银行浙江省分行课题组[*]

摘　要

创新"三农"金融服务，必须主动适应农村实际、农业特点、农民需求。在我国全面建设小康社会的大势下，发达地区县域"三农"加速从城乡分离向城乡互促共进的新型城市化转型，颠覆了"三农"传统发展模式。如何针对性创新"三农"金融服务，履行好"面向'三农'、商业化运作"的责任使命，是农业银行需要迫切研究的重要课题。

浙江是"省管县"发源地，历经四轮"强县扩权"，经济发展主要依托县域，是我国发达地区县域经济的典型代表。2014年，全省GDP总量4.02万亿元，其中县域经济总量占三分之二，农民人均可支配收入19 373元，为全国平均水平的1.85倍，连续31年居全国省区第一位。中国社科院《中国县域经济发展报告（2015）》公布，浙江入选竞争力百强县（市）和最具发展潜力百强县（市）的数量分别为29个、26个，居全国第一。同时，浙江也是全国县域经济发展差距最小的省份之一。在浙江，原来欠发达地区特指衢州、丽水两市的所辖县（市、区），以及淳安、仙居等山区县，共26个。2014年，26个县财政总收入475亿元，比2005年增长3.8倍，高于全省平均增幅1个百分点；农民人均纯收入14 679元，比2005年增长3.3倍，高于全省平均增幅1.6个百分点；超过全国县域经济发展平均水平，部分县经济总量、财政收入甚至已超过中西部省区地级市水平。2015年2月，浙江省委省政府作出决定，26个"欠发达"县全面摘帽。本文即以浙江为例，从县域"三农"经济发展和金融需求演变入手，重点剖析发达地区县域"三农"服务创新问题。

---

　*　课题主持人：冯建龙
　　课题组成员：徐　行　滕　斌　赵文洁　张　静　余菁菁　倪鉴勇　郑祺勇　应建明

第一部分　发达地区县域"三农"阶段性发展特征

一般意义而言，县域经济是县域范围内以城镇为中心、农村为基础的区域性经济。我国的县制萌芽于西周，产生于春秋，发展于战国，定制于秦朝。从"三农"视角纵观两千多年来的县域经济发展史，可分为三个阶段：一是在农业社会时期，土地是核心生产要素，农业是整个社会经济的基础，城市在经济、文化等各个方面均依附于农村。二是进入工业化时期以后，城乡之间产业分化、地域分离，经济重心向城市转移。三是自工业化中后期至今，县域经济向工业现代化、农业产业化、农村城镇化发展，城乡分离向城乡互促共进的新型城市化转变。在发达地区县域，上述路径演变更为清晰，现阶段更因城市化转型加速，凸显以下特征：

一、经济形态后工业化

美国经济学家 Simon Smith Kuznets 研究认为，工业化作为产业结构变动最迅速的时期，其演进阶段主要通过三次产业 GDP 结构的变动加以表现。在工业化起点，第一产业的比重较高，第二产业的比重较低。随着工业化的推进，第一产业的比重持续下降，第二产业的比重迅速上升，而第三产业的比重只是缓慢提高。当第一产业的比重降低到 20% 以下、第二产业的比重上升到高于第三产业而在 GDP 结构中占最大比重时，工业化进入中期阶段；当第一产业比重降低到 10% 以下、第二产业比重上升到最高水平时，工业化进入结束阶段。在发达地区县域，农业的 GDP 占比已经稳定下降至低位。以浙江为例：追溯 2011 年以来的四年，第一产业增加值占 GDP 的比重历年依次为 4.9%、4.8%、4.8%、4.4%。再根据中国社科院公布的《中国县域经济发展报告（2015）》400 家县（市）样本涉及浙江的 37 个县市，海岛县—岱山、象山 2014 年的第一产业增加值占 GDP 比重最高，分别为 15.1%、14.9%，仍处于库兹涅茨法则的工业化中期，但永康、义乌、乐清第一产业比重分别为 2.06%、2.25%、2.89%，远低于理论值。

二、农耕模式圈层化

德国农业经济和农业地理学家 Johann Heinrich Von Thünen 最早提出经济圈层理论，认为区域经济的发展应以城市为中心，以圈层状的空间分布特点逐步向外发展。从浙江县域"三农"现状分析，农耕模式已经从以往单一的产业链式延伸，演变为规则性的向心空间层次，即农产品供求已从生产约束转向消费约束，农业生产基本以城市消费需求为中心，逐层次向农业龙头企业、专业合作社、农户扩散。综合浙江统计局公布数据分析，向心性的层次分化更为清晰：（1）规模化组织递增。2013 年，全省平均每个乡镇拥有农民合作社 34 个，合作社成员数 843.4 户，比 2010 年分别提高 1.4 倍和 64.3%。2014 年，全省共有农业产业化组织 4.7 万个，产业组织固定资产总值 1 372 万亿元，比 2010 年分别增长 74.1% 和 40.5%。（2）土地承包权与经营权加速分离。2014 年，全省土地流转面积累计 915 万亩，占家庭承包耕地总面积的 48.0%，高于全国近 20 个百分点。（3）生产方式更趋生态。2014 年，全省农药使用量为 5.87 万吨，比 2010 年减少 9.8%；化肥使用量为 89.62 万吨，比 2010 年减少 2.8%。（4）农业附加值翻番。2014 年，全省休闲农业观光区总产值 181 亿元，旅游观光总收入 110 亿元，分别是 2010 年的 2.0 倍和 2.1 倍。

三、第二、第三产业集群化

产业集群理论最早由美国哈佛商学院学者 Michael E. Porter 提出，他通过对 10 个工业化国家的考察发现，产业集群是工业化过程中的普遍现象，在所有发达的经济体中，都可以明显看到各种产业集群，并通过这种区域集聚形成有效的市场竞争，构建出专业化生产要素优化集聚洼地，使企业共享区域公共设施、市场环境和外部经济，降低信息交流和物流成本，形成区域集聚效应、规模效应、外部效应和区域竞争力。当前的浙江县域，产业集群化出现了以下新变化：（1）以产业集聚区带动传统企业从"村村点火、户户冒烟"集中发展。浙江自 2010 年规划建设 14 个省级产业集聚区以来，到 2014 年末，集聚区投产企业 3 607 家，比上年净增 324 家；产业增加值比上年增长 18.4%，增幅比全省快 10.8 个百分点；工业总产值增长 15.9%，增幅比全省快 9.5 个百分点。（2）以特色小镇带动传统产业向微笑曲线两端进化。如海宁市皮革时尚小镇、奉化滨海养生小镇、桐乡毛衫时尚小镇、青田石雕小镇、磐安江南药镇等，脱胎于块状经济，抢占当地优势产业的研发、设计、时尚等高附加值产业环节。（3）以县域总部带动同质化小微企业实现相对高端的价值链分工。如绍兴县轻纺总部经济、永康五金总部经济、海宁皮革和经编等产业型总部经济等；还有如诸暨的多层级总部经济，在大唐和山下湖镇分别发展袜业总部和珍珠总部，在城西开发区发展建筑业总部，挖掘提升隐形冠军。

四、"互联网＋"多元化

2012 年，易观国际于扬首次提出"互联网＋"概念。之后，"互联网＋"被不同学科跨界延伸，目前已经形成新的组织形态，成为促进发达地区县域传统块状经济发展的新核。从浙江县域"三农"层面分析，出现了以下新模式：（1）实体市场＋电子商务模式。该模式的特点是依托强大的实体市场作支撑，在政府的大力推动下，有着深厚产业积累的传统商户和企业迅速转型电商，其电商供应链的效率高、商品价格低、行业竞争力强，形成了"网上网下互动，有形市场与无形市场互补"的经营格局。（2）生产方＋服务商＋网商"赶街"模式。由农村电子商务综合网络服务平台、县级区域运营中心和村级实体服务网点三个维度组成，主要销售特色农林产品。其中，综合型服务平台在技术上与淘宝、京东等主流电商平台无缝对接合作，以解决商品种类、数量和农产品售卖市场问题；县级区域中心以县为单位，采用当地电商协会"赶街"公司直营或县区域合资公司合作形式运营；村级实体服务点以每个行政村为主体，自然村为辅助，建设村级"赶街"服务网点，帮助农户代购商品和销售农产品。以遂昌为例，农户只负责养殖或者种植，产品由当地合作社收购，再由当地电商协会统一收购、统一仓储、统一配送、统一推广。（3）特色产业＋淘宝村模式。由阿里集团作为项目主体单位、地方政府作为合作单位，拟将服务网络覆盖到全国1/3强的县及1/6的农村。2014年末，全国已发展淘宝村211个，交易总量达到1 800亿元以上。浙江的淘宝村数量，2009年为2个，2014年末为62个，90%以上的"淘宝村"以当地特色产业为依托，借助淘宝平台进行市场开拓和品牌培育，如杭州临安的坚果炒货、湖州织里的童装、温州永嘉的玩具等。（4）农业龙头企业＋特定电子商务平台。如浙江中农在线，由浙江农资集团牵头，省内多家知名农资企业负责人共同创立，专业从事农资商品B2B2C和农业信息服务电子商务，共享农资集团上游1 500多家厂家资源和下游30 000多家渠道资源。2014年，被列为浙江省"智慧农资"电子商务服务平台承建单位，并获得浙江省省长资金专项支持。

五、乡村建设社区化

社区这一名词，由德国社会学家Ferdinand Tnnies于1881年首次使用，当时是指由具有共同的习俗和价值观念的同质人口组成的关系密切的社会团体或共同体，但之后学者对其定义众多，主要可分为两大类：一类强调具有共同价值观的人群共同体，另一类强调地域共同体。在我国，社区还特指由居民委员会更名的基层组织，在行政上接受街道办事处的领导。相对以前散落的自然村落，目前发达地区乡村建设最大的特点是集中连片，即土地集中、人口集中、产业集聚、要素集约、功能集成。小的集中居住点房屋三四十栋，大的中心村房屋二三百栋，人口一两千人，配套有社区服务中心、卫生站、文化礼堂、乡村大舞台、农贸市场等设施，已类似城镇的街道。同步推进的是土地改革、农村集体产权改革，原来依靠亲缘与血缘关系组织起来的乡村社会共同体逐渐向依靠业缘、地缘和依靠资本和制度组织起来的社区共同体转变。（1）宅基地空间置换改革。2004年萧山区党山镇最早开始，2011年中农办在湖州长兴开展试点，主要做法是，在集镇规划若干新社区，引导农民到新社区建房落户，原住房拆除并复耕。（2）农民承包地置换调剂改革。主要通过调整土地权属，解决规划实施障碍。如湖州德清县钟管镇采取的办法是对已编制中心村建设规划的行政村，村级组织通过村民代表大会决议，在全村范围重新调整农民承包地，将规划区范围内的土地调整为集体经营，作为今后建设用地。（3）农村土地综合整治改革。以城乡建设用地增减挂钩和耕地占补平衡指标为目标，融合农用地整治、土地开发、复垦和建设用地整治多项内容，推动田、水、路、林、村全面整理。为缓解乡镇在农村土地整治项目实施过程中的资金压力，嘉兴市还率先推进城乡建设用地增减挂钩节余指标交易平台改革，建立市场规则，交易双方通过招标、拍卖、挂牌等多种方式实施节余指标的有偿交易。（4）"三权"改革。主要做法是，明确土地承包经营权、宅基地用益物权和农村集体资产股权"三权"到人（户）、权跟人（户）走，使农民不完整的产权成为能流转、能抵押、能担保乃至可继承、可有偿退出、可转让的完整产权。2015年6月末，全省已有282个乡镇、7 334个行政村开展土地权属调查、登记簿完善等工作，其余的也将用3年时间基本完成土地承包经营权确权登记颁证工作；全省符合条件的宅基地累计登记发证率达到85.8%。同时，农村产权交易市场（平台）也已基本形成，全省已建成市县农村产权流转交易市场73个，覆盖面达80%以上，其中，杭州、温州、嘉兴、金华、台州、丽水等市已实现市、县（市、区）全覆盖。

六、农民生活城市化

其生活方式、思想观念、社会交往，与城市居民已基本趋于一致。以浙江为例，农民用于提高生活质量的支出大幅增长，2014年衣着支出848元、旅游休闲娱乐支出196元，分别比2010年增长60.0%和84.9%，可见农村消费结构已从生存型向享受型转变，农民的心理需求已如马斯洛理论实现了质的飞跃，既追求物质文明也追求精神文明。主要原因如下：（1）城乡居民收入差距进一步缩小。2013年，浙江农村居民人均纯收入为16 106元，是2010年的1.4倍，扣除价格因素，年均增长8.8%，城乡居民收入比降至2.1∶1以内。（2）保障水平提高。2014年，全省新农合参合2 527.5万人，参合率巩固在97.7%，人均筹资标准649元，比2010年的237元提高1.7倍。（3）就业方式转变。与城镇三次产业就业人员总数持续递增成反比，乡村三次产业就业人员总数持续下降。其中，乡村第一产业就业人数比2012年、2011年末分别下降16.25万人、29.21万人（见表1）。这不仅与农村人口向城市迁移正相关，而且说明，随着农业经营企业化、产业化，乡村第一产业就业人员本质上已经转变为农业企业职工，传统意义上自给自足的农民正在走向终结。

表1		浙江省2011—2013年三次产业就业人员统计表			单位：万人
年份	就业人数	第一产业	第二产业	第三产业
2011	总人数	535.27	1 868.83	1 270.01
	城镇	5.28	1 045.39	843.04
	乡村	529.99	823.44	426.97
2012	总人数	522.01	1 880.92	1 288.31
	城镇	4.98	1 070.89	904.36
	乡村	517.03	810.03	383.95
2013	总人数	506.95	1 853.43	1 348.35
	城镇	6.17	1 082.92	979.75
	乡村	500.78	770.51	368.6

第二部分　当前发达地区县域"三农"金融需求特点

从心理学角度看，金融需求就是具有购买能力的个体在金融市场上获得所需金融产品的欲望。在发达地区县域"三农"领域，具有金融产品购买能力的客户群，已经从传统中小企业、农业企业、农户三大类客户扩大到各级政府、农业龙头企业、农村专业市场、农民专业合作社、家庭农场、专业大户、各类社会资本等，且客户类型和数量仍在持续上升。从其需求欲望程度分析，主要有以下特点：

一、资金结算需求是基本需求

原因如下：（1）农民收入增加，基础结算服务需求随之增强。以绍兴地区一省级中心镇为例，该镇2014年工业总产值98.1亿元，农业净收益5.61亿元，仅按创造5.61亿元农业收益的农民工资收入7 727万元和747万元社保补贴测算，第一产业的年金融资源为6.46亿元，如按60%的比例在银行体系内往来，就达3.88亿元。（2）相对于城市密集型的银行网点布点，即使在发达地区，金融机构的人工物理网点仍然没有下伸到乡村，农民办理取款、转账、汇款等基础金融服务，仍然需要到集镇甚至县城。（3）政府发放给农民的涉农补贴、"新农合"、"新农保"等各类惠农资金，需要通过银行资金结算渠道直接发放到农民手中。（4）随着城乡融合度增强，票据（包括支票、银行汇票、银行本票、商业汇票）、ATM、POS机、网上银行、手机银行等结算方式都已被广泛应用。

为打通农村基础金融服务最后一公里，2009年人民银行总行特批重庆农行试点金穗"惠农通"工程，在时任央行副行长刘士余同志的亲自指导下在重庆试点成功，并获得了国家商标注册，后在全国推广。近三年来，浙江农行以惠农卡为载体，以村级农家店为依托，利用"惠农通"机具建立起涵盖省、市、县、乡、村五级层面的结算通道。在农家店布设的"惠农通"目前已有15 300台，实现了全省行政村100%全覆盖，农民足不出村就能享受刷卡消费、转账汇款、资金查询、小额现金存取款、贷款自助借款还款、话费充值和代缴各类公用事业费、商品进销存管理等便利服务。

为验证农村资金结算需求的迫切性及"惠农通"工程对解决该需求的有效性，课题组特组织了小型问卷调查。问卷调查时间为2015年1月10日到15日，地点为"惠农通"普及推广在全省处于中下水平的绍兴市四个乡镇，调查方式为随机请农民进行问卷填写。问卷共发放100份，收回100份。

接受调查的100名农民情况如下：

（1）性别：男性51名，女性49名，性别占比基本平衡。

（2）年龄：18～30岁24人，31～45岁56人，45岁以上18人，18岁以下2人，位于18～45岁的占80%。

（3）就业：农村个体工商户28人，普通农民29人，农田承包者9人，农村手工业者11人，农村家庭妇女17人，学生6人。

（4）学历：小学29人，初中33人，高中、中专26人，大专7人，本科及以上5人，运用银行结算产品基本不存在操作障碍。

（5）月收入：2 000元以下17人，2 000～4 500元51人，4 500～6 000元13人，6 000～10 000元8人，10 000元以上11人，与当地农民收入水平基本一致。如图1所示。

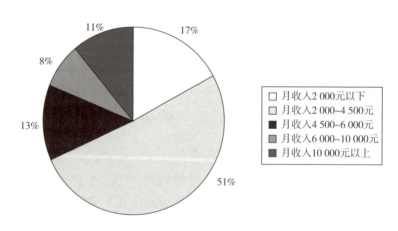

图1　受调查农民收入水平

调查结果如下：

（1）对银行电子渠道，43人认为"很好，方便快捷"，48人"办得不多，业务不懂",7 人"不敢办理,不会操作",仅有 2 人"不放心,怕有风险"。如图 2 所示。

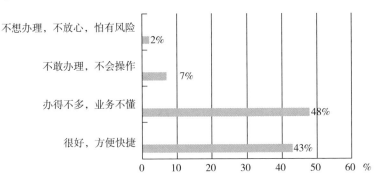

图 2　对银行电子渠道接受度

(2)对农行"惠农通"业务,66 人表示了解,了解度是 66%。了解渠道如下:

12 人"在附近的农家店看到",7 人"通过广播电视报纸等媒体得知",23 人"在农行网点了解",5 人"通过别人介绍",2 人通过其他渠道了解;17 人通过上述两种以上渠道了解。如图 3 所示。

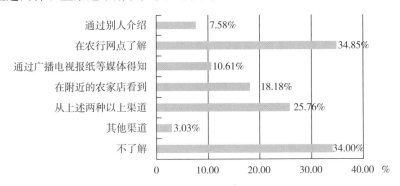

图 3　农行"惠农通"业务了解渠道

(3)对是否使用过农行"惠农通",了解惠农通业务的 66 人中有 65 人使用过,占 98.48%。

(4)对 65 位使用过惠农通的农民,问卷准备了 3 个问题:

一是惠农通有哪些好处,14 人认为"节省时间精力",12 人"方便",2 人"时尚、先进",2 人"费用低廉",35 人"兼具以上优点"。

二是惠农通安全吗,51 人认为"交易有凭条,很安全,相信银行技术",12 人认为"与农家店主彼此熟悉,不担心安全问题",1 人认为"反正交易金额不大,无所谓",1 人认为"不是很安全,密码可能被人看到"。如图 4 所示。

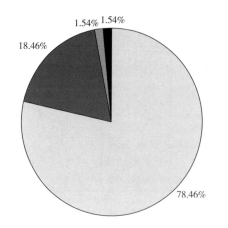

交易有凭条，很安全，相信银行技术
与农家店主彼此熟悉，不担心安全问题
反正交易金额不大，无所谓
不是很安全，密码可能被人看到

图4　对"惠农通"安全性的认识

三是惠农通可以收费吗，34人表示可以接受，因为节省了农民的时间和精力，15人认为转账汇款可以收费，但缴费类业务最好不要收费，16人认为惠农通业务不应该收费。如图5所示。

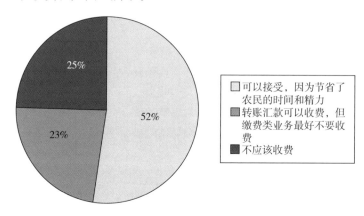

可以接受，因为节省了
农民的时间和精力
转账汇款可以收费，但
缴费类业务最好不要收
费
不应该收费

图5　"惠农通"是否应该收费

（5）对于35位不了解惠农通的农民，问卷准备了3个问题：

一是不了解惠农通的原因：15人"从来没听说过"，9人"听到过名字，但没地方了解"，9人"银行产品太多，分不太清"，2人"自己村里没有该类产品"。如图6所示。

二是如果知道村里有惠农通，是否会去使用：11人说非常好，19人说有机会去试试看，5人说没兴趣。感兴趣程度85.7%。

三是已使用过的银行电子支付手段有哪些：手机银行1人，网上银行1人，

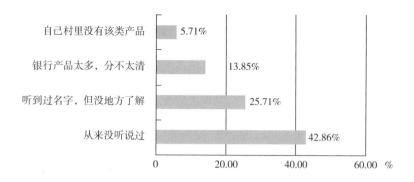

图 6　不了解"惠农通"原因

短信充值 3 人，17 人使用过多项电子支付手段，13 人从来没有使用银行电子支付手段。如图 7 所示。

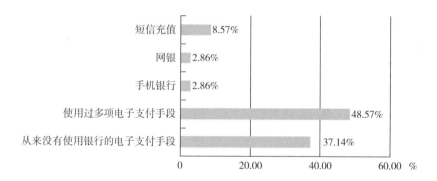

图 7　已使用过的银行电子支付手段

综合调查结果可以得出以下结论：

（1）发达地区农民需要多种银行资金结算途径。

（2）发达地区农民可以接受通过银行电子渠道进行资金结算，但基于文化程度和年龄，部分群体还不能自助办理业务。

（3）农行"惠农通"业务由农家店店主帮助操作，因此，了解并使用该业务的人数明显多于其他银行电子支付手段。

（4）农民对惠农通业务持肯定态度。

（5）农民对于惠农通收费的敏感性不高。其一，到银行柜台办理跨行跨地区业务也要收费；其二，在村里的惠农通机具办理业务可以节省往返奔波的时间和精力。

二、信贷资金需求是主要需求

相对于大中城市愈演愈烈的金融脱媒，发达地区县域"三农"信贷需求日益凸显洼地效应。主要原因如下：（1）新型城镇化建设已经成为发达地区各级政府的投融资重点。发达地区的城镇化建设已经率先从县域向重点集镇、中心村延伸，具体项目包括小城镇基础设施建设、棚户区改造、产业园区建设、新农村建设、农村道路农村水利等农业基础设施建设，以及新型农村合作医疗等公共服务事业建设，融资模式从传统的银行信贷支持扩展为新设国有企业、PPP模式、城镇化发展基金、省级政府发债、列入各级政府预算或专项预算等新型融资方式。（2）现代农业正在成为新的投资重点。一方面，随着政府对农业扶持力度加大，农技支撑、农业保险等农业投资的环境持续改善，农业稳回报、无泡沫的行业特性为越来越多的投资者所接受，社会资本对农业投资的参与度在增加。另一方面，规模经营、"公司 + 合作社 + 农户"等新的生产方式已经极为普遍，无论是高标准农田改造、农机购置，还是农资储存、农产品销售流转，都需要大幅增加资金投入。（3）农民的财产权正在加快形成，长期以来制约农民贷款的担保方式障碍正在加速释放。农民的财产权主要包括土地承包权、农房产权、林权、财政补贴权等，一直以来，受农村产权制度改革进程滞后、农村流通市场及交易平台建设缓慢等因素影响，尽管农房造价越来越高、土地流转价格越来越高，但农民的财产权不能有效流转，大大减少了农民财产性受益。（4）产业集聚助推了入园企业信贷需求。产业园区化已经成为发达地区县域的一大亮点，但就浙江来看，也有较多入园企业在支付土地款并开始建设厂房时，资金压力加大，且因为没有办妥土地证而无法向银行融资。如果能通过与政府的合作，在贷前客户推介、贷中客户监管、事后风险处置等环节引入政府信用，既能有效控制风险，又能大大提高入园企业的竞争力。

三、农村金融互联网需求是新兴需求

与城市火热的互联网金融相呼应，发达地区县域"三农"的电商氛围日趋浓厚。在浙江，从政府、地方企业、创业者到银行、通信运营商、物流企业等各种服务机构，都对发展农村互联网投入了极大的热情。几年来的探索与实践，既证明农村互联网市场潜力巨大，也说明这个市场还尚未有效开发。关键是现行城市电商的发展模式还不完全适合农村市场的实际需求。（1）有别于传统电商以培育农村网购市场为目标的下乡策略。虽然现有的电商模式已经能把商家、农户和消费者结合起来，但农民更加希望能通过互联网一站式解决生产、生活、消费和金融等一系列需求，不但可实现小额存取款、转账汇款、刷卡消费、移动充值、代缴公共事业费、自助借还款、购买理财产品等金融服务和政务信息功能，而且还能在线购物、接收农产品订单和在线融资，做到线上线下一体化，金融和生活服务便捷化。（2）有别于传统电商仅培育重点乡村的铺店策略。相比阿里集团的"村淘"模式和遂昌等部分县市的"赶街"模式，以及国内最大

的农业大数据平台——北京一亩田，其业务覆盖范围都只能停留在部分县、部分村。而发达地区农民所需要的农村金融互联网，是能普及所有行政村，惠及所有农民的互联网。这也决定农村金融互联网使用的电子机具必须更有农村特色，不仅可以通过电脑、手机实现自助应用，而且也可以借助特定电子设备实现代理服务。（3）有别于传统电商以城市生产消费为主的场景应用。农村金融互联网需要真正按农民所需构建农村生产、生活金融应用场景，能够纳入切合农户生活特性的供应商、物流企业、供销社、专业院校、农技服务机构，帮助农民通过这个平台进行购物、销售农产品、办理支付结算、申请在线融资，尤其需要把金融支付、信贷服务嵌入到农村生产、生活场景中，为农户提供基础金融服务，为平台提供基本结算支持；依托商流构建农户信用体系，实现农村普惠金融批量做。（4）有别于传统 P2P 公司以个人贷款为主的金融策略。尽管P2P 巨头宜信公司也已发布农村互联网金融战略，未来 5 年打造并开发农村金融云平台，通过农村金融服务生态圈，开发宜信小微企业和农户征信能力、风控能力、客户画像等能力，届时不仅提供农村信贷服务，还将提供农村支付、农村保险等创新业务，但上述金融服务并没有直接对接农户生产经营和生活消费的各类场景，金融与生产生活仍然处于割裂状态。

第三部分　当前发达地区县域"三农"金融主要问题

上述需求特点，既反映了发达地区县域"三农"旺盛的金融需求，也凸显了金融供给远滞后于需求的现状。从农村金融体系建设的角度分析，也反映出农村金融仍存在以下问题。

一、农村金融市场还没有完全实现自由竞争

对金融市场而言，政府政策和管制的内容包括结构管制和行为管制两方面。结构管制包括市场准入限制，如设立新机构、开设分支机构、营业网点以及并购的限制以及对不同类型银行经营业务的限制；行为管制包括存款和贷款利率的限制、资产组合限制和资本要求等。政府管制的程度决定市场进入障碍水平的高低，放松管制可以促进银行业竞争水平的提升（Stiroh 和 Strahan，2003；Angelini 和 Cetorelli，2003）。虽然我国近几年不断加大农村金融改革力度，但农村金融市场仍然属于以信用社为主体的垄断竞争结构。主要表现在以下方面：（1）市场准入设限，使信用社在网点布局上占绝对优势。农行的农村网点数量虽然在四大国有银行中占据首位，但远远落后于信用社。以农行台州支行在中心镇的网点数为例，农行 26 家，占乡镇总数的 43.62%，信用社 82 家，不仅覆盖面 100%，而且有 3 个重点乡镇的网点分布已超过 10 个，远超工、农、中、

建四家行总和。（2）利率定价设限，使信用社在议价能力上占据绝对优势。信用社历来享有农村金融市场的利率特别政策。在负债业务市场，信用社最早对定期存款一浮到顶，抢占先发优势。在资产业务市场，信用社比同业享有更大的定价弹性。（3）独立法人体制，使信用社管理链条更短。相对于四大国有商业银行的"一级法人、三级经营"体制，信用社的独立法人体制，决定其更能直面市场。比如，在贷款审批上，信用社不仅流程短，而且还下放了一部分贷款审批权限，一定额度内由二级支行行长审批；在产品营销上，虽然信用社有些产品较为落后，但通过免费策略，低价倾销，仍能有效占领市场。

二、农村信贷市场配套建设还不完善

（1）农业保险发展缓慢。由于《农业保险条例》颁布时间较短，农业保险风险较大等原因，政策性农业保险业务品种较少且规模较小，商业性农业保险在大部分农村地区根本没有开展。以浙江为例，像桐乡市政府这样积极支持农行"三权"保险保证抵押贷款，并为农户"三权"保险保费配套 50% 资金支持的案例，还不普遍。（2）信贷配套机构还不完善。尤其是农村信贷担保机构、资信评级机构、资产评估机构、产权登记机构还不完善，而且部分机构收费较高，手续烦琐，不能有效助力农村经济体获得信贷等支持。（3）村民的个人信用、勤劳品格等还没有普遍纳入村集体民主自治体系，变为可融资的资本，银行缺少贴近"三农"的服务触角，不仅可贷农户难选、放贷额度难定，而且贷款用途难管，风险难控，管理成本难降。（4）农村金融市场上证券公司、期货公司、金融信托机构、投资基金、汽车贷款等机构长期缺位，既不利于农村经济体投融资业务的开展，也不利于国有企业、民间资本等运用 PPP 等模式参与新型城镇化建设和现代农业开发。

三、对铺设农村金融互联网认识不足

互联网技术的发展正在加速改变银行的商业模式和客户的交易行为，但在农村，互联网发展与农村金融发展仍然没有完全融合起来。关键是从各级政府到银行、金融监管机构、电商平台，对铺设农村金融互联网都存在以下一些思想认识误区。（1）对农村金融服务的关注度往往集中在信贷支持上，探讨信贷约束的多，聚焦互联网渠道的少，尤其是重视农村金融互联网渠道建设的更少。（2）关注通过现有电子支付手段解决"三农"资金结算需求的多，考虑通过铺设农村金融互联网解决农村、农民、农业一揽子金融需求的少。（3）传统电商下乡虽然力度加大，并有地方政府支持，但城市电商的历史体验导致其关注自身互联网平台应用的多，关注已有城市用户的体验多，考虑农户体验少，贴近农户实际生产生活少。

第四部分　当前农行服务发达地区县域"三农"的主要问题

农业银行作为四大国有商业银行之一，在"三农"领域有其资金、网络、专业、品牌等优势，但上述优势并未通过城乡联动得到充分发挥。从农业银行自身经营管理角度分析，主要问题如下。

一、事业部改革不够彻底

农行将全国所有的县域支行作为一个整体的"三农"区域事业部，其核心仍然为一级法人集权化管理模式，实质上是准事业部，而非真正意义上的事业部。事业部管理体制专业化经营、决策效率高、执行力和控制力强、激发经营绩效等内生优势得不到发挥。所谓的区域事业部只体现了"城"与"乡"的一分为二，并未体现地理区域的差别，特别是发达地区与欠发达地区的差异，更未体现客户和产品维度的事业部制管理。"三农"金融事业部改革的核心内容"六单管理"，即强化单独经济资本约束，完善单独"三农"信贷管理，健全单独会计核算报告体系，加大单独风险拨备与核销力度，完善单独资金平衡与运营机制，强化单独考评激励约束。除单独会计核算报告体系外，其他基本还停留在制度设计层面，贯彻落实不够彻底。

二、分类指导不够细致

尽管农总行在 2012 年农行实施县域重点行"121 工程"基础上，2015 年继续推进重点县支行优先发展战略，将重点县支行划分为"强县强行"和"强县弱行"，分别出台了相应的支持措施，并按年出台"三农"和县域业务支持政策，但从分类维度看，划分标准存在全国"一刀切"的情况，区域差异化程度不够。（1）政策体系上，支持政策缺乏统筹设计，政策改良更多的是细碎化的小修小补，并未针对不同市场的竞争态势出台"一省一策"的差异化政策，也缺乏让部分地区大胆改革、先行先试的"试验田"。（2）考核激励上，城乡市场在金融资源的集中度上有着明显的差别，因此服务成本上、人均、点均效益等方面有着较大的差异，但目前在考核上基本上是一套办法，基层行缺乏潜心农村市场的积极性。（3）网点功能上，没有考虑农村地区的特殊性，搞"一刀切"，统一设贵宾区和低柜区，脱离实际。相比城区网点，乡镇网点现金业务多，非现金业务少，但乡镇网点的高柜设置大多只有 2 个，不能满足实际需要。

三、信贷机制不够灵活

（1）客户与产品准入门槛双高。农行用客户分类和信用评级双管齐下严格筛选客户，再配以全国通用的产品去营销客户，准入条件偏高。同业中，工行对小企业采用专项评级办法，往往导致同一家客户，在农行评级低于工行；在核心客户认定上，主要依据产值、规模，而县域客户体量相对较小，如温州正泰集团在农行仅符合一级分行核心客户标准，而工行等同业纳入总行核心客户管理。（2）传统的逐级链式审批速度慢。农村市场战线长、地域广，乡镇网点的服务对象主要是小微企业和农户，客户较为分散，融资需求短、小、频、急。而农行信贷业务包括客户准入、评级、授信、用信、利率定价等审批事项，从支行到省分行往往需逐级报送，多环节、多部门反复报批，业务链条加长，实效降低，老客户存量业务需要 2~3 天，新客户要 1 周左右，时效性与信用社差距甚远。（3）行业政策不细。浙江是民营经济大省，以轻工业、加工制造业为主的块状经济十分明显。除 95 个省级开发园区外（其中 65 个位于县域），全省乡镇工业功能区超 400 个，其中工业产值超亿元的 317 个，是 3 万多家小微企业的孵化基地。在这些块状经济中，绍兴的轻纺、织里的棉布童装、海宁的经编、龙游的特种纸等均为全国优势行业，占所在县域经济主导地位，但上述行业多属"两高一剩"，客户准入受到严格限制。从同业看，省内工行、中行、建行对贷款 1 000 万元以下小微企业不执行"两高一剩"行业政策，对 1 000 万元以上的也根据区域特色分类指导；信用社则无行业准入。

四、人力资源投入仍然薄弱

农村市场地域广、战线长、客户散，因人员相对紧缺，网点服务能力和管理半径不相适应的矛盾较为突出。（1）人员总量与实际需求相比仍有较大缺口。虽然全行上下对乡镇网点人力资源投入已有所倾斜，但每年新增人员指标一半以上用于填补员工跳槽、离职、退休等人员流失。以浙江农行为例，2014 年通过招聘等新补充县域人员 424 人，实际净增仅为新补充人数的 40%。而省内工行、中行、建行和信用社，2011—2014 年在县域分别新增人员 783 人、567 人、771 人、2 694 人，比农行分别多 317 人、101 人、305 和 2 228 人，农行县以下人员总量仅为信用社的 22.66%。（2）县域及乡镇网点的客户经理偏少。平均每个网点的专职客户经理不到 2 人，客户营销力量薄弱与广大农户和涉农企业的金融需求之间的矛盾日益突出。以金华永康市支行为例，全市 700 多个村有 50 多个空心村，而农行的物理网点有 18 个，客户经理只有 60 多个，时间、交通、沟通等服务成本极高。相比之下，信用社一般每个乡镇网点都配有 5~6 个客户经理，并在每个村设有联络员，便于客户经理及时掌握贷款客户信用情况。

（3）本土化用工矛盾突出。农村市场仍是一个熟人强关系社会，使用本地人员有利于关系营销、信息采集。农业银行目前统一招聘的模式，虽可将员工定向配置到县支行，但难以确保招到本土员工，用工招聘起点较高，县域支行招到的多是外地人，人缘地缘不熟，不利于业务拓展，而且流动性大。

第五部分　农行服务发达地区县域"三农"创新方向和路径

从农行层面创新"三农"服务，一方面需要各级行积极向外借力，推动政府、监管机构加大农行服务"三农"的支持力度，争取更为普惠的政策空间。比如，允许农行按照"全行统筹、撤建结合"原则，增设、调整县域机构网点布局；加快修订相关法律法规，从法律层面确定集体土地承包经营权和农民住房财产权的抵押权能；给予农行与服务"三农"相匹配的利率定价空间，平抑农村民间借贷资金价格和高利率贷款等。另一方面，更需要各级行强化内生型创新。在总行层面，要进一步创业推进"三农"事业部制改革，简政放权。在一级分行及以下层面，要进一步瞄准现阶段"三农"金融需求特点，苦练内功，狠抓可持续、可复制的基层基础内部创新：

一、以"惠农通"村村通为抓手，创新农村基础金融服务最后一公里

"惠农通"不是简单转账 POS 机具，而是包括转账、汇款、刷卡消费、政务平台、移动充值、代缴公共事业费、农贷自助借还款等综合功能。推进"惠农通"村村通，不是简单弥补农村物理网点不足，必须放到搭建"三农"资金流、政策流、业务流、信息流高速公路的战略高度，积极抢摊布点，积极加载新农保资金归集发放等代理业务，持续扩充商品配送订货及结算、网络购票、IC 卡圈存、公用事业资金结算等功能，提高使用率，提高交易量，使之成为农民离不开的综合金融服务平台。

二、以服务新兴"三农"主体建设为主导，创新"三农"特色投融资产品

（1）主动对接新型城镇化建设政策导向。随着新修订《预算法》的实施，政府投融平台将加快转型，省级政府发债将成为地方政府融资的唯一渠道；公共服务、资源环境、生态建设以及基础设施等领域，将重点推行 PPP 模式。要进一步针对性优化新市镇新农村配套贷款、农村城镇化贷款、县域旅游贷款、县域商品流通市场贷款等专项产品，创新 PPP 专项信贷产品，重点支持省级小

城市培育试点镇、省级中心镇和政府重点培育、具有特色的产业小镇、文化小镇、旅游小镇、创业小镇的综合开发、功能积聚、三改一拆以及学校、医院等民生工程建设，助推新型城镇化、农民市民化和浙江省特色产业提升。（2）以"美丽乡村贷"改善农村基础设施和人居环境。持续优化推广"美丽乡村贷"产品，重点支持农村土地综合整治、农村住房改造、农村生活污水治理、成片连村环境综合治理、农村沼气和太阳能等新型能源开发利用、古村落保护、生态旅游等民生项目建设。（3）深化落实与水利系统的全面战略合作协议，专项安排融资额度，全力支持水利部重大项目、水利厅立项的全省重点农村水利枢纽工程、农村小水电、标准农田改造、节水灌溉、强塘固险、水资源保护开发等建设项目。（4）以"入园企业前期贷"助力园区招商引资。简化农行、园区管委会双方协议，入园企业凭土地款缴款凭证申请贷款，无须其他抵押。（5）探索产业集群整体授信模式。对符合国家产业政策、有一定规模优势、客户集中的县域优势产业集群，制定专门的产业政策，探索行业授信下的管理方式。在授信额度内，对达到条件的产业集群客户实行自助可循环信贷服务。对专业大户、家庭农场、农民专业合作社、农业观光园、乡村民宿，则根据其生产环节特点，制定专项服务的专用信用等级评价体系。（6）加大与农发行、国开行等政策性银行的合作，以及与项目业主或股东注册地的城区行合作，积极运用内部银团贷款、联合贷款等方式支持铁路、公路、城市轨道连接线跨城乡跨区域的重大基础设施建设项目。（7）加强与农业保险机构合作，从专业服务"三农"的角度出发，逐一对接人身意外伤害保险、财产保险、农业保险、保证保险、信用保险，共同研发适合双方业务特点的新产品。

三、以对接"三权"改革为契机，创新农户信贷担保方式

（1）全面推广"农村金融自治"，解决农户贷款担保难题。借助村级组织"最了解农户的人品，最清楚农户的信用和家境，最能管控农村的物权，最能及时识别农户贷款风险，最能协助银行化解贷款风险"的五最优势，以自我管理自我约束为机理，将放贷前期的调查权部分让渡给村两委，并相应完善村两委推荐及公示机制、风险补偿机制、担保管理机制、惩戒退出机制和自助服务机制，整村授信，差别定价，使农户在村内的人品、信用、个人能力等无形资产转化为融资的社会资本。（2）逐步扩大"三权"抵押贷款试点范围。根据农村农业生产要素资本化、土地流转等改革趋势，主动加强与各级政府的合作，积极推进农民土地承包经营权、宅基地使用权、集体收益分配权抵押贷款等新型贷款模式，探索创新与土地信托、土地银行等新型土地流转中介机构的合作模式。（3）积极开展特色抵质押创新。针对现代农业发展中的融资需求，进一步创新仓单、存货、动产、专利权、商标权、依法可转让股权以及土地承包权、

林权、海域使用权等权益质押贷款业务。（4）创新农村小微企业担保方式。加强与政府公益基金、产业基金合作，把政府扶持当地小微企业的专项拨款、产业基金补助等财政资金变为担保基金，通过信贷杠杆放大，扩大支持面。

四、以前瞻性布局农村互联网金融为先导，创新"三农""互联网＋"运作模式

重点是构建切合"三农"生产、生活、消费特点，集商品交易、资金结算、信贷支持、平台运营多功能于一体的金融服务平台。（1）在电商服务上，重点以解决农资品下乡为突破口，开辟农资商城，积累一定经验后，再选择农村日常生活刚需、频次较高的生活品构建生活商城。以农产品上网和乡村旅游推荐为突破口，选择当地有特色、易网上销售的农产品构建农产品商城，推出乡村旅游商城。（2）在金融服务上，在满足农村小额存取款、转账等基本需求的基础上，把更多的农村公共事业代理项目和理财销售、贵金属销售、在线融资、订单融资等新功能不断加载上去，使农民和城市居民一样能够享受到基本同等的普惠金融服务。同时，依托商流共享平台数据，构建农户信用体系，实现农产品产供销交易数据流和农户信用现金流的有机结合，实现农户小额贷款、生产经营贷款、电商平台消费贷款、供应链融资批量化经营。（3）在政务服务上，及时帮助政府发布农村政务信息，代理发放涉农补贴、养老金、征地补偿款等，确保资金能够安全到达老百姓手里。

五、以特色化专业运作为重心，创新"三农"网点运作模式

着重解决经营机构权限不足、人员不足、网点不足的矛盾。（1）设立"三农"专营机构。筛选经济强镇二级支行，进行农村小微企业、农户贷款专营试点，并授予一定额度的贷款审批权，力求流程优化、资料简化、责任到人、包收包放。（2）创建"三农"金融服务工作室。在现有的935个人工物理网点基础上，采用"1＋N"的形式，在周边村镇，定期开展驻点服务，主动对接农企农户，承接落地业务。（3）发展"三农"金融服务便利店。在金融需求强烈的网点空白乡镇，设立以自助存取款金融服务为主，有专人值守，可现场办理非现金业务的"金融便利店"。（4）试点推出"'三农'移动服务车"。加载"金益农"服务包和其他功能，可直接下乡进村为农民现场办理转账、理财、开卡等移动柜台业务。

六、以效率、风险兼顾为导向，创新"三农"业务流程管理

（1）构建"三农"信贷审查审批快速通道。积极探索"三农"贷款"四单机制"，即单列计划、单配资源、单项审批、单独核算机制，在风险可控的情况

下大力提高审批效率，缩短业务办理时限。（2）构建运作高效的信贷联动体系。建立城乡业务联动和利益分享办法，提高上下联动和城乡联动效能。加强前中后台联动，对前台部门增加信贷调查质量、资产质量等考核指标，对后台部门增加县域贷款增长、办贷效率及效益等指标，促进前后台发挥合力。（3）建立"三农"贷款"盈亏模型"、"风险底线模型"和"贷款定价模板"，量化"三农"贷款的风险底线和盈亏平衡线，引导基层行由"做了再算"向"算了再做"转变。（4）完善上下联动的风险反馈和处置机制。通过建立"定期监测、实时监测、专题监测"三位一体的县域信贷业务监测体系，实现"分散经营"向"集约经营"、"事后风险预警"向"事前风险防范"、"重点突破"向"全面推进"风险管控方式转型。（5）建立放贷和管贷的履职评价机制，扭转当前风险经理形式化、边缘化，"重放轻管"甚至是"只放不管"的经营行为，进一步规范贷后管理行为，提高贷后管理的执行力。

参考文献

［1］常戈：《论破解"三农"问题的正规商业金融路径选择》，中国金融出版社，2011。

［2］郭兴平：《金融服务县域经济发展研究——以大型商业银行为例》，经济管理出版社，2014。

［3］贾文艺、唐德善：《产业集群理论综述》，载《技术经济与管理研究》，2009。

［4］雷启震：《中国农村金融体系构建研究——基于"三农"实证视角》，中国社会科学出版社，2010。

［5］莫媛、褚保金：《县域农村金融市场分割下的金融发展研究》，科学出版社，2013。

［6］彭俊铭：《不同工业化阶段环境库兹涅茨曲线研究》，载《城市发展研究》，2012。

［7］宋汉光：《浙东经济合作区金融创新的实践与探索》，中国金融出版社，2012。

［8］谢志忠：《农村金融理论与实践》，北京大学出版社，2011。

［9］姚雯：《农村金融与县域经济发展》，载《武汉大学学报》，2011。

［10］张月飞：《县域金融支农效率的实证研究》，载《浙江金融》，2011。

［11］张志军：《县域金融供求与服务渠道体系构建研究》，东北大学出版社，2014。

［12］钟红涛：《农信社决战县域金融的策略选择》，载《中国农村金融》，2014。

农村保险互助组织发展研究

中国保险监督管理委员会浙江监管局课题组[*]

　　互助保险是当今国际保险市场主流组织形式之一，早在 18 世纪就出现了具有互助制特征的保险组织。由于具有互助共济和会员自主管理等特点，互助保险在低收入群体和高风险领域得到广泛应用。特别在农业保险领域，目前全球有 50 多个国家在农业保险领域采用互助保险的模式。进入 21 世纪以来，我国越来越重视互助保险的发展。2006 年国务院 23 号文件明确提出"探索发展相互制、合作制等多种形式的农业保险组织"，历年的中央 1 号文件多次指出"鼓励在农村发展相互合作保险"，2014 年国务院《关于加快发展现代保险服务业的若干意见》明确提出"鼓励开展多种形式的互助合作保险"。浙江是农业灾害多发的省份之一，浙江省委十三届四次全会《中共浙江省委关于认真学习贯彻党的十八届三中全会精神全面深化改革再创体制机制新优势的决定》提出："开展资金和保险互助，积极发展农民互助保险"，省委、省政府印发的《关于深化供销合作社和农业生产经营管理体制改革构建"三位一体"农民合作经济组织体系的若干意见》也对发展农村保险互助组织提出了要求。2011 年，浙江在宁波慈溪成立了全国首家农村保险互助社，开展了积极的探索。为进一步扩大试点范围，探索温州金改新途径，经保监会批准，在温州瑞安探索建立农村保险互助组织，为农村"生产合作、供销合作、信用合作"提供保险服务。开展农村保险互助组织的课题研究，可以为浙江探索发展农村保险互助组织提供理论指导，为全国推广试点经验夯实理论基础。

一、农村保险互助组织的理论综述

　　（一）农村保险互助组织的理论原由

　　1. 丹尼尔·笛福的保险互助思想。17 世纪下半叶至 18 世纪前期，《鲁滨逊漂流记》的作者丹尼尔·笛福比较早地提出了保险互助思想。他认为互助会是利用出资分担的方法，若干人彼此约定在他们之中万一遇到灾难或不幸的时候

　　* 课题主持人：马学平
　　　课题组成员：陈　沁　赵军伟　章　铖　陈绿莹

互相帮助。笛福认为互助会需要对参与者进行分类，由生活环境相似的人组成一个互助会，可以在风险大小基本相当的前提下体现会员之间的公平性。在当时海外殖民地广泛开拓的背景下，为预防贫困、化解生活风险，笛福建议在海员、妇女等特殊群体以及普通劳动者中推行互助会计划。笛福提出以互助保险的做法抵御工业革命中即将爆发的包括养老、工伤、疾病、贫困在内的各种社会问题，并实行广泛性、强制性、共济性、权利与义务相对应的原则，具有预见性和先进性。

2. 其他经典理论。一是交易成本理论。交易成本的高低受交易商品或资产的专属性，交易不确定性和交易的频率等因素所影响。交易成本理论认为企业能够节约市场交易成本，而互助保险在降低交易成本方面拥有优势，能节省展业成本和查勘成本，有效降低信息不对称，避免道德风险和逆选择现象。二是代理成本理论。代理成本理论认为企业的所有者和经营者相分离，会构成目标和利益的冲突，产生代理成本。代理成本包括委托人的监督成本，代理人的担保成本和剩余损失。互助保险的投保人兼具投资人和被保险人双重身份，在降低代理成本上具有先天优势。三是机构成本理论。所有制结构有利于缩减总成本的公司能在市场竞争中取得优势，机构成本是由机构内的冲突引起的开支。互助保险公司基本不存在盈利和保护被保险人利益的冲突，可以减少保险公司的机构成本。

(二) 农村保险互助组织的理论界定

互助保险也叫相互保险，1906年英国的《海上保险法》曾规定："两人或两人以上彼此同意承保海上损失，称为相互保险"。2015年初，保监会出台的《相互保险组织监管试行办法》明确，相互保险是指具有同质风险保障需求的单位或个人，通过订立合同成为会员，并缴纳保费形成互助基金，由该基金对合同约定的事故发生所造成的损失承担赔偿责任，或者当被保险人死亡、伤残、疾病或者达到合同约定的年龄、期限等条件时承担给付保险金责任的保险活动。相互保险组织是指在平等自愿、民主管理的基础上，由全体会员持有并以互助合作方式为会员提供保险服务的组织，包括一般相互保险组织，专业性、区域性相互保险组织等组织形式。从性质来划分，互助保险主要有相互保险社、保险合作社、交互保险社和互助保险公司四种形式。其中，发展最成熟的是互助保险公司。参照以上的定义，农村保险互助组织一般是指以农民或农村专业合作组织等为主要服务对象，遵循共享收益、共摊风险的原则，开展互助保险业务的法人组织形式，服务区域一般局限在市县以下（见表1）。

表1　　　　　　　　　**互助保险组织与股份制保险公司的区别**

	互助保险组织	股份制保险公司
组织形式	没有股东，投保人为会员，兼具投保人与保险人双重身份，会员大会是最高权力机构	由股东发起设立，股东大会是最高权力机构
组织架构	属"人合性"组织，社员大会一般按一人一票进行表决	属"资合性"组织，股东大会按股份数进行表决
资金来源	风险基金来源于会员缴纳的保险费，会员对公司的债务责任以缴纳的保费为限	可以对外发行股票，多渠道筹措资金
经营目标	不以盈利为目的，重视被保险人利益	以利润最大化为其经营目标，重视股东利益
分配机制	保费收入在支付赔款和经营费用之后，盈余部分完全由会员共享	按《公司法》规定的股本比例来分配

基于互助保险的特点，农村保险互助组织相对传统的保险公司，在"三农"领域具有独特的优势。

一是增加了农村的保险供给。由于不少农村地处偏僻，交通不便，商业保险公司出于成本收益考虑，在部分农村地区并没有设网点，导致不少农村地区保险供给不足。农村保险互助组织植根于农村，可以在一定程度上弥补部分农村地区保险供给不足问题。

二是满足了农村的多样化保险需求。尽管农村地区基本实现了保险产品覆盖，但品种相对较少，并不一定适应农村的实际情况。保险公司对很多陌生的高风险行业不敢轻易涉足，存在不少市场空白。而农村保险互助组织具有贴近农村的优势，成员更清楚所面临的风险种类、风险大小、损失程度，从而开发出来的产品也更能满足当地农业生产经营的保险需求。

三是降低了保险的成本。农村保险互助组织的架构相对简单，不需要很大的管理成本，基于地缘、人缘、亲缘，展业对象和时间比较固定，没有中间环节，展业成本较低，核保、定损、理赔等环节可以相对简化，且核灾定损准确度较高，能够有效地降低成本，以较为低廉的价格向农民提供保险产品。

四是提高了风险防范的能力和水平。参保会员之间彼此熟悉，了解情况，而且互助组织经营的好坏直接关系到每个成员的切身利益，参保会员的自主管理和相互监督，能够大大降低信息不对称情况，可以比较有效地防范道德风险和逆选择情况。

五是更好地保护了被保险持有人利益。农村保险互助组织由于没有盈利压力，可以发展有利于被保险人长期的险种。它还具有更加灵活的机制，在承保时可以约定承保要件，在理赔时可以采取比例赔付、封顶赔付等方式分担风险，满足被保险人利益最大化。

二、农村保险互助组织在国际上的实践

相对于我国的刚起步，互助保险在国外有数百年的发展历史，在国际上特别在农业领域已是成熟、主流的保险组织形式，在全球保险市场占据重要地位。有关国家积累了丰富的发展和监管经验，值得我们认真学习和借鉴。

（一）国际上互助保险发展概况

早在18世纪，在英国和德国等地就出现了具有互助特征的保险组织。进入20世纪以后，保险互助组织得到了迅猛的发展，特别自2007年起保险互助机构在保险市场中发展最为快速，在发达国家占有31%的市场份额，全球十大保险市场中有五个国家的互助保险市场占有率超过三分之一，2013年全球十大保险公司中有三家是保险互助机构，2014年全球资产规模前50名的保险公司（不含再保险公司）中，有9家互助保险公司。根据国际合作和互助保险联合会（IC-MIF）的统计，2014年全球互助和合作保险机构的保费收入达到1.3万亿美元，占全球保险市场份额的27.1%，总资产达8.1万亿美元，互助和合作保险机构员工总数达到110万人，互助和合作保险机构服务的会员或投保人总数达9.2亿人。

互助保险由于互助共济和会员自主管理的特点，在农业领域得到了广泛应用，有法国、日本等50多个国家采用了互助保险的模式（见表2、图1、图2）。

表2　2013年全球十大保险公司

2013年度公司净保费（美元）

1	AAX S. A.	110 778 705
2	United Health Group Incorporated	109 557 000
3	Allianz SE	92 947 768
4	Assicurazioni Generali S. p. A.	83 614 441
5	Munich Reinsurance Company	68 019 427
6	Anthem Inc.	66 020 800
7	China Life Insurance （Group） Company	62 792 381
8	State Farm Group	60 384 279
9	National Mut Ins Fed Agricultural Coop	59 479 424
10	Kaiser Foundation Group of Health Plans	58 728 239

资料来源：贝氏评级公司。

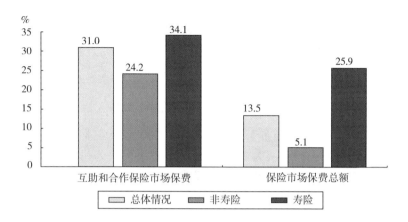

资料来源：国际合作和互助保险联合会。

图1 2007—2014年全球保费总量增长情况

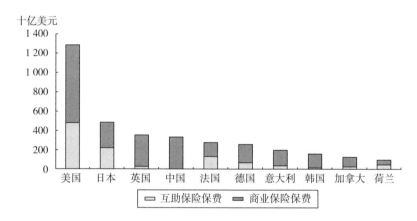

资料来源：瑞士再保险公司。

图2 2013年全球主要保险市场结构情况

（二）法国农业互助保险发展情况

法国早在1840年就自发成立了农业保险互助社，逐步覆盖农业生产的各个环节和领域，并得到了政府的认可和支持。20世纪40年代组建了中央互助保险机构，1964年建立"农业损害保证制度"拓宽了保险范围，1966年成立再保险机构，中央保险公司和大区保险公司为众多地方保险互助社提供再保险，1986年成立了农业互助保险集团公司，依靠农业互助保险起家的法国安盟保险集团（GROUPAMA）已成为法国第三大综合保险公司，2013年旗下囊括了5 400个基层保险互助组织。法国发展农业互助保险的主要做法有：

1. 建立健全法律体系。法国政府注重运用立法来保障农业互助保险的稳定运行。早在 1900 年就出台了《农业互助保险法》，明确责任范围和税收优惠政策，奠定了农业保险互助社发展的法律基础。其后连续出台了《农业指导法》、《农业损害保证制度》、《保险法典》、《农业灾害救助法》等法律法规，对农业互助保险制度的基本框架和各个环节予以规范，加强了农业互助保险的保障。

2. 注重风险防范和分散。法国农业互助保险分为三个层次，有利于风险的分散（见图 3）。第一层是分布于广大农村的 9 000 多家农业保险互助社，直接为农民提供保险服务。第二层为 20 多家地区或省级保险公司，独立开展经营活动，并为本地区农业保险互助社提供再保险。第三层是中央保险公司，负责制定发展战略和规划，并为下级保险机构提供再保险服务。农业保险互助社还注重风险控制，对农业风险进行划分，主要承保一般的农业风险，开发新产品也比较慎重，其赔付率为 69%，低于市场平均约 9 个百分点。此外，法国互助保险集团还通过"以险养险"来支持农业互助保险的发展。

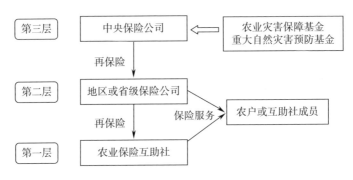

图 3　法国农业互助保险组织架构

3. 发挥政府的推动作用。重视财政的支持，给予农民 50% ~ 80% 的保费补贴，并给予保险公司税收优惠政策和费用补贴，调动两方面的积极性。针对巨灾风险，实施再保险制度，中央保险公司是最终风险承担者，并建立了农业灾害保障基金和重大自然灾害预防基金，分散和化解农业巨灾风险，促进农业互助保险的发展。

（三）日本农业互助保险发展情况

日本于"二战"以后参照美国模式，推动保险公司按照互助保险的形式进行重建，推动了本国互助保险的发展。尤其在农业领域，适应农业经营分散，农户经营规模小的特点，以互助保险的模式覆盖了几乎所有的农村地区，有效保障了农业生产经营（见表 3）。日本发展农业互助保险的主要做法有：

表 3 日本农业互助保险承保方式

承保方式	承保农作物种类	承保金额
田块承保方式（以耕地为单位）	水稻陆稻麦类	单位产品（公斤）的保险金额×耕地的基准产量的70%
半抵承保方式（以农户为单位）	水稻麦类	单位产品（公斤）的保险金额×农户的基准产量的80%
全抵承保方式（以农户为单位）	水稻麦类	单位产品（公斤）的保险金额×农户的基准产量的90%
灾害收入保险方式/质量保险方式	麦类/水稻	基准产值×40－60%≤保险金额≤基准产值×90%

1. 加强法律制度建设。日本在 20 世纪初就颁布了《家畜保险法》和《农业保险法》，在实践的基础上于 1947 年将其合并为《农业灾害补偿法》，明确了农业互助保险的运作模式及费率、范围等保险经营内容，为农业互助保险发展奠定了法律基础。1995 年的《保险业法》中对于互助保险公司的特殊规定达 79 条，形成了比较完备的法律制度体系。

2. 建立有效的组织架构和制度安排。日本主要采用了三级农业共济制度，基层共济组合即农业保险合作社，有 2 000 多个，直接承办各类保险业务。中间层为农业共济联合会，由农业保险合作社联合组成，提供分保服务。最上层为农林水产省，为联合会提供再保服务。根据分层安排，农业保险合作社需承担 10%～20% 责任，联合会 20%～30%，政府 50%～70%。政府和农业共济联合会还成立了农业共济基金，加大了对重灾年份的支持。

3. 完善经营管理体制机制。在承保方面，实施强制保险和自愿保险相结合，对水稻、小麦等主要农作物以及超过法定最低限种植面积的实行强制保险，其他农作物及小规模种植的实行自愿参保。在保额和费率厘算方面，提供田块承保方式、半抵承保方式、全抵承保方式和灾害收入保险方式及质量保险方式四种方式，由农民自主选择，并分区制定费率计算方法。在政策扶持方面，政府承担了 30%～50% 的保费，并对农业保险合作社实行税收优惠政策，使得保费始终维持在较低水平，并加大宣传，不断提高农民的参保率。

三、我国农村保险互助组织的发展现状及存在的问题

（一）互助保险在我国的发展情况

互助保险在我国发展起步较迟，进展相对不快。国务院在 1985 年出台的《保险企业管理暂行条例》规定："国家鼓励保险企业发展农村业务，为农民提供保险服务，保险企业应支持农民在自愿的基础上集股设立农村互助保险合作

社，其业务范围和管理办法另行制定。"由此，中国人民保险公司成立了农村互助保险合作社，以生产队为单位进行入股，为农民开办粮食保险、畜牧保险等产品。1987年，山西按照"农民集股、政府支持、保险公司扶持"的模式，试办了全国第一家农业保险合作社，但由于地方财力有限等原因停办。20世纪80年代末，借鉴日本农业共济会的经验，河南等9个省市开展了政策引导和农民互助合作相结合的互助保险试点，农户自己组织，共同出资，互相保险，但由于缺乏政策支持，逐渐停办。2005年，黑龙江在垦区农业保险互助社的基础上成立了我国第一家互助保险公司——阳光农业相互保险公司（见图4、图5）。此外，我国还成立了中国职工保险互助会、中国渔业互保协会、农机相互保险社等互助保险组织（尚未纳入保监会监管范畴）。2011年，保监会开展了农村保险互助组织的探索，在宁波慈溪成立了我国首家农村保险互助社，2015年在温州瑞安成立了服务农民专业合作、供销合作、信用合作"三位一体"农村合作体系的农村保险互助社。2015年保监会出台了《相互保险组织监管试行办法》，互助保险发展进入了新阶段。

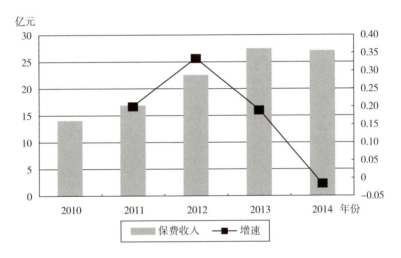

注：数据来源于保监会，2010年由于监管统计口径调整，增速数据暂缺。

图4　阳光农业相互保险公司近5年保费收入情况

（二）我国农村保险互助组织发展情况

1. 宁波慈溪农村保险互助社

2011年9月，经中国保监会批复同意，全国首家农村保险互助社——宁波伏龙保险互助社在慈溪市龙山镇西门外村成立（见图6）。试点初期募集运营资金100万元，其中，慈溪市财政出资30万元，龙山镇财政出资30万元，西门外村经济合作社出资40万元。试点期间开办的险种有短期健康医疗保险、意外伤

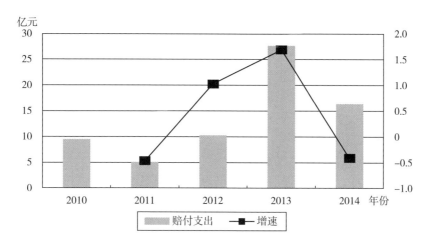

注：数据来源于保监会，2010年由于监管统计口径调整，增速数据暂缺。

图5　阳光农业相互保险公司近5年赔付支出情况

害保险、家庭财产险。2013年7月，慈溪市扩大了试点范围，在龙山镇金岙村等地成立了8家村级互助社，并设立了龙山镇镇级互助联社，负责对新成立的8家村级互助社的管理、指导与协调。试点以来，各家农村保险互助社累计实现保费收入超过了100万元，为试点地区4 000多户农户以及7 000多位居民提供风险保额5亿多元，村民的自愿投保率达到了70%。

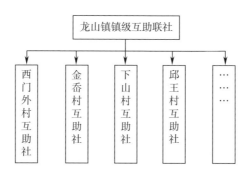

图6　宁波慈溪农村保险互助社组织架构

宁波慈溪农村保险互助社有以下特点：一是村民互助。以村为基础建立互助社，由村集体经济组织投入、社会捐赠等组成营运资金，农民通过交纳保费成为互助社社员，社员大会为互助社权力机构，全体社员推选代表参与互助社日常管理和重大决策，互助社经营成果由全体社员共同分享。二是政策配套。地方政府在设立环节为互助社提供初始营运资金以及营业场所、工作人员等人、财、物方面的配套支持。各项税收在慈溪市级的留存部分采取"先征后返"的方式给予税收优惠。财政每年提供资金支持，专门用于对符合条件农民参保互助保险的保费补贴。三是产品创新。根据农村实际和农民需求，将保障对象扩展到了非机动农机具、农用工具、农副产品等，并专门对低收入农民给予费率优惠。对于财产保险可能发生集中巨灾损失的情形，明确了调减保额、削减赔付金额等灾害救济措施。四是服务优化。互助社所有重要信息均完全公开，所有赔案均由理事会决定。依据赔案实际情况，灵活处置各类理赔案件，有效兼顾了集体、个人之间的利益。

2. 温州瑞安农村保险互助社

2015 年 10 月，经中国保监会批复同意，温州瑞安市兴民农村保险互助社在瑞安市马屿镇成立。互助社由马屿镇 22 家农民专业合作社和 2 名自然人发起设立，注册资金 100 万元，初始运营资金 100 万元，覆盖农户 3 000 多人，涉及种植业、养殖业、手工加工业等当地三大特色产业，3 年后互助保费收入预计达到近 300 万元。

温州瑞安农村保险互助社有以下特点：一是产品对接"三位一体"（见图 7）。分步开办三类保险，即服务农民专业合作的番茄、钢架大棚、竹架大棚、肉鸡等生产成本保险，服务农民供销合作的农产品货运保险，服务农民信用合作的农户小额贷款保证保险。二是严格控制风险。采取"封顶线下足额赔付，封顶线上比例赔付"的方式，并按当年所收保费的 10% 计提大灾基金，视情况向商业保险公司购买再保险服务，建立巨灾风险分散机制；互助社与人保财险瑞安支公司建立战略合作伙伴关系，加强技术支持和业务合作；保险监管部门完善监管制度，实施专门的监管；地方政府落实归口管理部门，建立风险应急处理机制，并承担最终风险处置职责。三是提供优惠政策支持。当地政府无偿提供办公场所，给予开办经费补助，返还 5 年内税费地方留成部分，给予参保农户一定比例的保费补贴，充分运用行政、财税等手段为试点提供便利和支持。

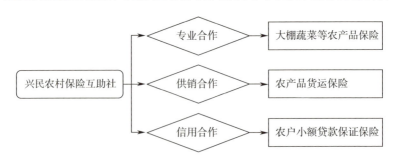

图 7　服务"三位一体"农村合作体系示意图

（三）我国农村保险互助组织发展存在的问题

1. 法律法规尚不完善。农村保险互助组织发展离不开法律法规的保障。保险互助组织是不同于股份制或者国有独资保险组织、专属保险组织的另类保险组织，但这类组织市场上发展得不多，缺乏有效的实践，立法部门经常将其遗留在法律法规体系之外。1995 年出台的《保险法》并未涉及保险互助组织，《公司法》中也找不到其合法的地位，2015 年出台的《相互保险组织监管试行办法》虽然对保险互助组织的设立、组织机构、业务规则等进行了明确，但涉及的内容不够全面和深入，且仅是个规范性文件，法律层次不够，保险互助组织的法律地位和定位仍未解决。农村保险互助组织立法的相对滞后，使这类组织在发展过程中面临较大的法律风险，保险监管也缺乏法律依据，导致市场的积极性受到抑制，影响了其发展。

2. 运营风险不容忽视。如瑞安农村保险互助社经营的险种涉及农产品、货运和小额信贷保险，覆盖 22 家专业合作社和数千名社员，产品条款和保险技术相对农村基层的经营管理水平而言比较复杂，存在不确定性因素。目前的农村保险互助组织试点区域偏小，慈溪只限于龙山镇几个村，瑞安只限于马屿镇，资产有限，经营区域和范围较小，成本不易摊薄，难以产生规模效应，保险标的过度集中也不利于风险的分散和控制，总体抗风险能力较弱，一旦发生重大险情，容易导致互助社出现偿付能力不足的情况。另外，缺乏人才和技术支持，农村基层既懂保险又懂农业的人才储备不足，艰苦的工作条件也比较难以吸引专业化的经营管理人员加盟。

3. 服务领域亟待拓宽。农村保险互助组织受资本规模、风险控制等因素的影响，提供的产品和服务往往比较有限，保障能力和保障水平还有待提高。比如，慈溪农村保险互助社仅提供家庭财产保险、人身意外伤害保险、补充医疗互助保险等常规险种，尚未提供符合农民需要、市场存在缺位、风险较高的农业保险产品。瑞安农村保险互助社虽然设计涵盖专业合作、供销合作、信用合作等领域的保险产品，但发展初期仍将以部分农产品保险为主开展经营，相对于 100 多家农民专业合作社的多样化需求，覆盖面偏低，对农村合作经济发展的支撑不够。

4. 监管制度相对滞后。农村保险互助组织虽然是法人机构，但规模小、覆盖人群窄、内部治理独特、在相对封闭环境运行，其在偿付能力、治理结构、财务管理、经营管理、产品管理以及准入退出等方面，应该与保险公司有所区别和侧重。但目前尚没有建立适应互助保险特点的监管规则，有待于在实践中不断提升互助保险监管的专业性和有效性。

5. 政策扶持有待加强。农村保险互助组织在我国还属于新生事物，其服务的是"三农"领域，从事的是高风险行业，提供的产品属于准公共产品，政府的支持对农村保险互助组织发展相当重要。20 世纪八九十年代农村保险互助试点停办的根本原因是缺乏政策及财政的持续有效的支持，目前农村保险互助组织市场仍然非常弱小，整个互助保险的市场份额也只有 0.3%，远低于全球平均水平。慈溪、瑞安等地虽然在开办费、税费返还等方面给予了一定的支持，但随着试点工作的深化，缺乏长效的财政补贴机制，尚未纳入现有的农业保险等支农惠农政策中去。

四、加快我国农村保险互助组织发展的对策建议

1. 完善农村保险互助组织的法律法规。围绕互助保险的发展，充分借鉴国际上的成熟经验，加快立法，对农村保险互助等组织的发起设立、组织形式、业务范围、法律地位、市场退出、监管职责等方面做出规范，明确扶持政策，填补关键领域的立法空白，逐步建立一套比较完善的法律法规体系。在具体操作上，可双管齐下。一是在补充完善的基础上，将《相互保险组织监管试行办法》上升为规章或法规，提高法律层次，并制定监管细则，提升法规的可操作性。二是抓住修订《保险法》等上位法的契机，对农村保险互助等组织作出专门的规定，尽快明确互助保险的法律地位，切实避免法律风险。

2. 加强农村保险互助组织的政策支持力度。积极发挥政府在立法保障、组织推动、政策制定等方面的作用，给予农村保险互助组织必要的启动支持、行政引导和财税优惠。特别是要研究出台符合互助保险特点的税收政策，建立长效的财政补贴机制，降低农民的投保成本和农村保险互助组织的运行成本，拓展互助组织筹资渠道。比如，将农村保险互助组织纳入农业保险等国家支农惠农政策体系中，鼓励和引导地方政府出台扶持政策，进一步加大财政支持力度，研究将符合条件的涉农公共服务委托给予农村保险互助组织经办或转为互助保险形式，拓展服务领域，支持互助保险更好地发挥支农惠农作用。加强宣传引导，弘扬"我为人人，人人为我"的保险互助文化，增强农民对互助保险的认知度，为从事农村互助保险的人才提供优惠政策，营造良好发展环境。

3. 建立健全农村互助保险风险分散机制。充分发挥政府、市场两方面的力量，分散农村保险互助组织的风险。一是农村保险互助组织要在对本地区风险科学评估的基础上，合理厘定费率标准，审慎创新和推广保险产品，并通过提取巨灾风险准备金等方式，提高风险分散能力。二是鼓励和引导农村保险互助组织逐步联合形成区域性组织或全国性组织，以共保抱团等方式，增强风险分散能力。三是发挥再保险市场的作用，降低风险自留比例，实现风险的跨区域分散。四是地方政府要加快推动建立农业保险巨灾基金等区域农业巨灾风险分散机制，加强对农村保险互助组织的巨灾风险分散支持。五是国家层面要有巨灾风险分散机制安排，为各地区农业互助保险提供巨灾风险分散或信贷等支持。

4. 加强对农村保险互助组织的监管。坚持统一性和个性化并重，在现有保险监管框架下，加快研究建立体现农村保险互助组织特点的偿付能力、治理结

构、财务管理、经营管理、产品管理以及准入退出等方面的监管制度。尤其在机构高管准入、产品审核、偿付能力、分支机构管理等方面要创新方式方法，给予农村保险互助组织更大的灵活度。推行属地监管，建立风险预警和应急处理机制，规范农村保险互助组织的日常经营管理。加强保险监管部门与地方政府的协作配合，明确地方政府的归口管理部门及最终的机构风险处置职责，围绕内部治理和信息披露等重点，加强对农村保险互助组织运行及业务、财务管理等事项的指导，切实保护社员的合法权益。

5. 积极稳妥地推进农村保险互助组织试点。按照"边立法、边实验，先试点、再推广，先起步、后完善"的原则，加快农村保险互助组织的发展步伐。依托农村基层组织、农业生产专业合作社等，鼓励在特定领域、有条件的地区开展各类服务"三农"的互助保险试点。在试点基础上，循序渐进，借助农业生产经营管理体制改革等契机（如浙江的供销社系统体制改革），逐步建立多层级的农村保险互助组织架构。按照风险可控的原则，充分利用移动互联、大数据等信息技术，引导逐步联合形成区域性乃至全国性农村保险互助组织，培育若干家有较强实力和竞争力的农村保险互助集团，走出一条符合中国国情的农村互助保险发展道路。

参考文献

[1] 保监会发改部、宁波保监局：《日本相互保险制度研究与启示》，载《保险监管参考》，2014（2）。

[2] 鲍雯、徐洪水、黄健、傅晓燕：《全国首家保险互助社试点情况调查报告》，载《金融发展评论》，2014（9）。

[3] 贲奔、刘俊、凌亮：《关于加强相互保险监管和发展的思考》，载《中国保险报》，2014（1）。

[4] 陈雪姣：《相互保险公司制在我国农业保险中的运用分析》，西南财经大学硕士学位论文，2007（11）。

[5] 关卉：《我国农业相互保险发展问题研究》，吉林大学硕士学位论文，2012。

[6] 广东保监局：《国际相互保险业务发展与监管及对我国的启示》，载《保险监管参考》，2015（11）。

[7] Jean - Louis DAVET、Liz GREEN：《互助保险机构：中国保险市场的机遇》，相互保险发展与监管国际研讨会，2015。

[8] 吉林保监局：《法国农业互助保险运营模式对我国的借鉴和启示》，载《保险监管参考》，2014（12）。

[9] 梁涛：《在相互保险发展与监管国际研讨会上的讲话》，相互保险发展

与监管国际研讨会，2015。

　　[10] 刘降斌：《我国农业相互保险存在问题及对策》，载《商场现代化》，2010（7）。

　　[11] 马兰：《相互保险公司组织监管法律问题研究》，西南财经大学硕士学位论文，2007。

　　[12] 谭磊：《丹尼尔·笛福的保险互助思想述评》，载《广东工业大学学报》，2012（3）。

　　[13] 庹国柱、王国军：《为相互保险在我国的发展鸣锣开道》，载《中国保险报》，2015（2）。

　　[14] 张华东、蔡莉：《我国县域发展相互保险模式的探讨》，载《科技创业月刊》，2007（1）。

关于进一步加强浙江上市公司并购重组步伐的对策研究

中国证券监督管理委员会浙江监管局课题组[*]

上市公司是资本市场健康发展的基石，而上市公司的并购重组是提升上市公司质量、推动经济转型升级的重要抓手。本文试图从我国上市公司并购重组入手，进而聚焦浙江上市公司并购重组的现状、特点及问题，由此提出推进浙江上市公司并购重组发展对策，期望对浙江上市公司加快并购重组有所裨益。

一、我国上市公司并购重组发展状况

（一）历史沿革

自 1990 年沪深证券交易所相继成立后，经过 20 多年的风雨历程，上市公司并购重组已成为我国企业产权交易的重要形式，也是上市公司超常规发展的重要途径。按照不同时期上市公司并购重组活动的特点，可以划分为以下三个阶段。

1. 自发生长阶段（1990—1996 年）

这一时期，我国证券市场尚处于试点阶段，上市公司数量较少，并购重组十分有限，6 年时间共发生 14 起并购案例。其中，1993 年 9 月 30 日深宝安收购延中实业开创了我国上市公司并购重组的先河。这一时期的特点是：（1）并购重组还处于探索阶段，企业对并购重组的认识较为模糊，没有把资本市场的资源配置纳入企业的经营战略。（2）上市公司并购的法律制度和市场规则还未建立，以个案的行政指导为主，缺乏统一的行为规范。

2. 逐步规范阶段（1997—2004 年）

这一时期，上市公司并购重组呈现快速增长态势。从 1997 年到 2004 年，我国共发生上市公司并购重组 908 起。这一时期的特点主要包括：（1）企业并购的数量和规模逐步扩大，并购交易主体更加多元。并购重组活动以政府主导为主，部分民营企业开始通过"借壳上市"等形式参与上市公司并购重组。（2）借壳上市是上市公司并购重组的主要形式。并购重组项目中有 50% 是围绕着 ST、PT 公司的"壳资源"而进行的资产置换与重组。（3）并购重组法律体系开始逐步

---

* 课题主持人：吕逸君
课题组成员：吴凯亮　付超伟　张　露

建立。以1999年《证券法》的出台为标志，监管部门出台了《上市公司收购管理办法》等一系列相关法律法规，确立了规范上市公司并购重组的基本法律框架。

3. 市场化发展阶段（2005年至今）

2005年启动的股权分置改革为我国资本市场奠定了市场化并购的基础，上市公司并购重组进入全新的发展阶段。从2005年开始，并购的交易规模逐年上升，从2006年的1 434亿元到2014年的1.45万亿元，8年时间增长了十余倍。这一时期的特点主要包括：（1）战略性并购逐渐取代借壳上市成为并购重组的主流。上市公司并购更多的是基于长远战略考虑，通过并购获得企业的技术、管理和市场资源，以实现企业战略调整和产业转型升级。（2）并购行为更加市场化，监管部门大幅简化行政审批事项，除借壳上市和发行股份购买资产外，90%以上的并购事项已经无须事前审批。（3）并购方式更加灵活。从单纯的现金支付到换股收购、债务承担、资产置换、并购基金等多种方式，资本市场资源配置功能得到了快速提升。

（二）发展现状

2010年，国务院出台《关于促进企业兼并重组的意见》，拉开了我国新一轮并购重组浪潮的序幕。截至2015年上半年，"十二五"时期上市公司并购重组交易总金额为4.6万亿元。其中2011—2013年上市公司并购重组交易金额以23%的年平均增长率实现快速增长。2014年3月，《国务院关于进一步优化企业兼并重组市场环境的意见》明确提出兼并重组是企业加强资源整合、实现快速发展、提高竞争力的有效措施，是化解产能严重过剩矛盾、调整优化产业结构、提高发展质量效益的重要途径。文件推出一系列鼓励兼并重组的政策，由此，上市公司并购重组呈现出爆发式增长，全年交易金额达到1.45万亿元，比2013年增长了63%，占同期中国企业并购交易金额2.49万亿元的58%。2015年上半年，上市公司共实施并购重组交易1 115单，交易金额达到1.12万亿元，其中交易金额较上年同期增长86.6%，已接近上年全年水平，占到了同期我国企业并购重组交易的79.2%。目前，我国上市公司并购重组呈现以下特点：

1. 从并购类型看，由产业并购向产业并购与多元化并购并举转变

产业并购主要表现为通过横向或纵向的兼并重组，不断提高行业集中度或打造全产业链的经营模式，以形成协同效应。产业并购是淘汰落后产能、消化过剩产能的重要手段；但随着行业集中度达到一定阶段之后，不少企业开始遇到发展瓶颈。因此，通过多元化并购，进入新的业务领域，寻求新的利润增长点，已成为企业转型升级的一个重要途径。据统计，2014年A股市场共有57家上市公司为了"多元化战略及业务转型"完成58起跨界并购，交易总金额约433.29亿元。到2015年，仅沪市公司多元化并购规模就激增到1 364亿元，占

比达到40%，形成产业并购为主、多元化并购为辅的市场格局。当然，相比于传统的产业并购，多元化并购的整合风险更大。并购后是否具有协同效应、企业文化是否兼容、核心团队是否稳定，都将影响到并购最终是否成功。因此，对于多元化并购的最终效果，还有待并购后期的整合效益加以证明。

2. 从并购主体看，由民营控股为主向国有与民营共同发展转变

上市公司并购重组是由民营控股起步的。民营上市公司凭借资本、技术以及机制优势，通过市场化并购重组，在广泛的领域内积极寻求合适的目标资产，进行产业转型和规模扩张，已成为并购重组市场的一股不可忽视的力量。据统计，2014年共计有1 370家民营上市公司共计发生并购重组1 923单，占上市公司并购重组的65.9%。党的十八届三中全会之后，新一轮国企改革拉开帷幕。引入社会资本，实行混合所有制，推进国企的整体上市将成为未来一段时间我国并购市场新的趋势之一。大规模的国资产业集团通过整体上市或者核心资产上市，将为上市公司进行资产重组、注入优质资产、引入战略投资者创造众多的投资机遇。截至2015年10月底，中石化、中海油、中冶、中石油、中铝等10余家特大型国企，已相继启动混合所有制改革，中国医药总公司、中国建材集团的发展混合所有制经济试点方案，已获得国务院国资委批复原则同意，可预见国有控股上市公司并购重组将成迅猛发展之势。

3. 从并购地域看，由境内为主向境内外并举方向转变

随着中国经济的中高速增长和国内并购市场的快速升温，国内并购标的估值不断提高，已有不少上市公司将并购目光从国内转移到国外，海外并购已成为并购市场的新亮点。据普华永道相关统计，2014年中国内地企业海外并购交易数量较前一年增长超过30%，达到创纪录的246宗，海外并购交易金额达550亿美元，仅次于2012年579亿美元的历史峰值。其中，上市公司海外并购交易数量占比达55%。随着"一带一路"上升为国家战略，配套基础设施建设将为出境并购提供新的机遇。据统计，截至10月底涉及"一带一路"概念的沪市公司中，有105家实施了并购重组相关项目，涉及事项142项，涉及金额达2 711.24亿元。随着《境外投资管理办法》相关配套规则的落地，"备案为主、核准为辅"的管理模式将会大幅提升出境并购效率，未来企业出境并购无论是案例数量还是资金规模都将上一个新台阶。

4. 从并购领域看，由传统行业向互联网、TMT等战略新兴行业转变

在中国经济转型的背景下，越来越多的传统产业公司借助资本市场找到了新方向、焕发了新活力，逐渐形成传统支柱型产业和战略新兴产业共同发展、相互融合的发展格局。据相关研究，2007—2013年，传统行业是国内并购市场的主力，房地产、公用事业、采掘、有色金属、银行是并购的前五大行业；到2014年，行业并购冷热度几乎完全"倒置"，生物技术、医疗健康、清洁技术、

互联网、影视手游等行业成为并购的热门领域。其中，生物技术、医疗健康行业共完成并购165起，涉及金额72.07亿美元，同比分别上涨60.2%、233.1%；清洁技术行业为158起，交易金额为60.69亿美元，同比分别提升129%、219.2%；互联网行业125起，同比上升184.1%，涉及并购金额86.48亿美元，同比上升214.4%，其中，互联网行业案例数从2013年的第13位蹿升至2014年的第6位，成为当年并购市场的黑马。2015年上半年，随着"互联网＋"概念的持续升温，互联网行业分别以115起交易，占比12.0%的成绩成为并购的第一风口，TMT行业、清洁技术行业以10.3%、8.2%的占比分居第二、第三位。

二、浙江辖区上市公司并购重组现状、特点及问题

（一）现状及特点

近年来，浙江上市公司并购重组市场蓬勃发展。据初步统计，2010—2014年的五年间，浙江辖区上市公司共实施并购重组845起，涉及金额1 231.22亿元，分别占同期全国总量的8.7%和4.7%。上市公司并购重组意识日益提升，平均每单并购金额、单位并购数量呈上升趋势。具体见表1。

表1　　　　浙江辖区上市公司2010—2015年并购情况汇总表

年份	并购总数	涉及总金额/亿元	平均每单金额/亿元	上市公司家数	单位并购数量
2010	139	100.46	0.72	158	0.88
2011	66	105.83	1.60	188	0.35
2012	157	223.02	1.42	204	0.77
2013	191	373.95	1.96	204	0.94
2014	292	427.96	1.47	221	1.32
2015	295	1 173.71	3.98	246	1.20

注：2015年数据截至10月31日。

浙江上市公司在并购中体现出了较为明显的"浙江特色"。

1. 并购重组日渐活跃，重组家数与金额呈上升趋势。除2011年并购市场较为低迷外，近五年基本呈现稳步上升趋势。2010—2014年，并购数量从139次增加到292次，并购金额从100亿元增加到428亿元，复合增长率分别达到21%和44%。2015年，辖区上市公司并购重组取得了进一步发展。截至10月底，辖区上市公司共实施并购重组295次，超过2014年全年并购总数；涉及并购重组金额1 173.71亿元，接近前五年并购金额总和。

2. 并购频率高但平均金额小，"小步快跑"特征明显。浙江上市公司并购数量和金额稳步提升，单位并购数量（即年度并购重组总量与上市公司家数之

比）高于全国平均水平。2014 年及 2015 年分别达到 1.32 和 1.20，高出全国平均水平 0.18 和 0.54。浙江上市公司以民营企业为主，呈现出数量多、体量小的特点。与此相适应，浙江上市公司并购重组的平均金额较小，虽然近年来有所提升，但仍远低于全国平均水平。

3. 并购以传统产业为主，新兴产业逐渐兴起。浙江上市公司以传统制造业为主，化工、医药生物、机器设备等传统行业成为并购重组最为集中的领域。以 2015 年为例，上述行业并购重组数量 139 次，占比达 46%。近年来，随着影视、互联网等行业的发展，新兴行业并购重组数量呈上升趋势。如 2013—2015 年 10 月，辖区影视传媒类的并购数量分别为 10 次、17 次、14 次，计算机及网络类的并购数量分别为 4 次、10 次、15 次，新兴行业并购重组初具规模。

4. 并购重组呈现出市场化、多样化的趋势。并购模式多元化，除了传统的资产置换外，集团整体上市、壳资源重组、实际控制人资产注入日益增多，占据全部重大资产重组的 35% 左右。重组标的来源多样化，拟上市公司、海外回归中概股公司成为新的并购标的。协议条款更加市场化，业绩补偿方案所涉及的补偿时间、股份锁定年限、业绩补偿指标等更加灵活。将员工持股计划融入到并购重组配套融资方案中，激励与并购并举。

（二）存在的问题

经过从无到有、从小到大的发展，并购重组已成为推动浙江上市公司快速发展的重要途径。同时，浙江上市公司在并购重组中也面临一些问题，需要在发展中综合考量。

1. 并购规模整体偏小，发展速度仍有提升空间

浙江不缺乏"小步快跑"式的并购，但较大规模并购偏少。经初步统计，浙江上市公司并购重组的平均规模低于北京、上海、广东、江苏等资本市场发达地区。2012 年，浙江辖区并购重组数量以微弱优势位居第一。经过几年的发展，北京后来居上，在并购数量和金额上都实现赶超；和上海、江苏、广东的比较中，浙江上市公司并购重组也没有体现出优势（见表 2）。

表 2　　　部分地区 2012—2015 年上市公司并购重组情况汇总表

地区 年份	北京			上海			江苏			广东			浙江		
	数量	金额	均额	数量	金额	均额	数量	金额	均额	数量	金额	均额	数量	金额	均额
2012	146	567	3.9	145	577	4.0	151	182	1.2	108	250	2.3	157	223	1.4
2013	197	791	4.0	177	987	5.6	228	284	1.2	172	268	1.6	191	374	2.0
2014	287	1 068	3.7	261	830	3.2	263	521	2.0	207	419	2.0	292	428	1.5
2015	355	1 679	4.7	252	1 844	7.3	289	1 185	4.1	285	1 245	4.4	295	1 174	4.0

注：① 2015 年数据截至 2015 年 10 月 31 日；②金额单位为亿元。

2. 部分公司并购方向不清晰，转型升级压力较大

浙江辖区现有传统制造业上市公司188家，约占上市公司总数的76%。面对传统行业产能过剩和新兴行业逐渐兴起的双重夹击，制造业企业急需通过并购重组实现转型升级。近年来，文化传媒、手机游戏、互联网等概念频出，高估值、高溢价行业不断，传统产业上市公司面临的诱惑增大。特别是在股市上涨阶段，部分传统产业的浙江上市公司在没有明确自身战略目标和发展方向的前提下，盲目跟风、仓促并购，不仅没能实现原有产业的转型升级，还在多元化发展上走了弯路。

3. 并购重组规范性有待提升

一是重大利益诱惑导致内幕交易屡禁不止。证监会历来对内幕交易保持高压态势，但仍有上市公司或相关人员因内幕交易被立案调查，甚至移交公安、刑拘和判刑。并购重组中涉及内幕交易，按照"一发现即暂停"、"一查实即终止"的原则进行处理，大大影响了并购进程。二是并购终止增多反映多方面问题。2010—2012年浙江上市公司终止并购仅有2家次，2013—2015年达到9家次。伴随并购终止，市值管理、股价异动、信息披露等方面的问题也更加受到监管部门的关注。三是部分行业估值较高为持续发展埋下隐患。游戏、影视传媒、TMT等新兴行业并购增多，标的估值普遍较高。但目前对评估体系的规制较少，估值合理性较难判断，高溢价交易可能为企业后续盈利埋下隐患。

三、推进浙江上市公司并购重组的建议

并购重组是资本市场的永恒主题。并购重组是一项战略性工程，上市公司利用资本市场开展并购重组，成为新常态下经济转型升级、结构调整、盘活存量的重要手段；并购重组是一项系统性工程，需要充分发挥市场主体性、强化政府及监管部门规范、引导和支持作用，以并购为抓手发挥资本市场服务实体经济功效；并购重组是一项长期性工程，要从国家经济进步、产业转型升级、企业战略发展的角度看待并购，立足当下，放眼发展，谋划未来。为深入推进浙江上市公司并购重组的发展，我们特提出对策如下。

（一）增强上市公司并购重组的意识

企业发展有两种途径，一是通过新建实现自主稳健发展，二是通过并购实现快速扩张。而上市公司还能够依托资本市场，更为有力地筹集资金、配置资源，达到并购重组的目的。浙江上市公司以传统制造业为主，其并购重组要实现浙江制造升级版，实现高品质、高水平、高收益的本土制造。按照"中国制造2025"部署，重点在"创牌、定标、创新、智造"上实现突破，大力推进传统制造业提质、增效、升级。另外，上市公司可通过并购快速进入战略新兴产业。着力围绕信息经济、环保、健康、旅游、时尚、金融、高端装备制造等七

大优先发展产业做文章。大力发展以互联网为核心的信息经济，规避浙江人多地少、自然资源匮乏的劣势，放大浙江电子商务、信息技术产业等方面的优势，在新一轮发展中赢得先机。浙江的上市公司还要意识到，并购重组不单是把外面的资产购入，满足企业做大做强、转型升级的要求，同时，把现有的不符合企业发展方向的资产剥离出去，也是并购重组的题中之义。上市公司通过剥离不良资产改善债务结构，提升公司业绩，扭转公司困境，"甩包袱"后实现轻装上阵，从而促使企业做精做专、做长做久。

（二）把握并购重组关键，提升并购重组效果

一是要明确并购目的。并购要服务于公司的战略定位和发展目标，并购的目的是要比自身新建能更快地形成生产规模，更好地形成新的增长点，且成本更低，收益更高，可以加快实现公司转型升级。并购要服务于企业的战略和使命，而绝不是为了并购而并购，或为在二级市场炒作股价而并购。只有认清并购目的，才能利用并购重组实现企业发展。

二是要寻找好的标的。选择对的行业、对的企业、对的团队。分析行业是否是新兴发展行业、是否符合国家的产业政策。判断标的企业是否具有被收购的价值、是否是行业或细分行业的领跑者。最后还要选择稳定尽职的团队，判断团队是否有凝聚力、是否有共同的价值观和发展目标。所以在并购重组前要认真做好尽职调查，才可以做到善于观察、慎于选择、敢于出手。

三是要考虑综合成本。要选择好的并购时机，股票牛市，资产熊市。尽可能降低并购的价格。但不能单考虑收购价格低而盲目收购，因为整合往往需要付出更大的代价。整合是管理模式的对接，公司文化的融合，尤其是境外并购，要充分考虑不同文化、不同法律差异产生的整合成本。要考虑并购完成后应当产生正的现金流，产生"1＋1＞2"的效果。

四是要尽力而为、量力而行。企业要根据发展需求、整体实力和融资能力等情况开展并购，标的项目要与企业发展水平和自身管理能力相匹配，不要把资金链绷得很紧。并购前要进行充分评估，确认自己是否在人才、资金以及管理方面做好了准备。要加强学习，要有所准备才能果断出手。

五是要遵守资本市场规则。并购重组的信息是资本市场最重要的信息，将对股价产生重大影响。因而上市公司的信息披露必须做到及时、准确、完整。要坚决杜绝利用内幕信息进行内幕交易。避免因内幕交易被立案稽查，既影响个人声誉和职业生涯，又导致并购重组和再融资暂停甚至终止。

（三）强化并购重组的金融支持

一是优化信贷融资服务。积极推进银行等金融资本参与并购重组，改善目前商业银行并购贷款中存在的问题，加大对并购重组的信贷支持力度。建立并购贷款风险补偿机制，引导商业银行在风险可控的前提下积极稳妥开展并购贷

款业务。推动商业银行对并购重组后的上市公司实行综合授信。通过并购贷款、境内外银团贷款等方式支持上市公司实行跨国并购。二是充分发挥资本市场作用。鼓励上市公司拓宽融资渠道，丰富兼并重组支付手段，允许符合条件的企业发行优先股、定向发行可转换债券作为兼并重组支付方式。壮大本地银行、券商、审计、评估等专业金融及中介机构的资本实力及业务规模，增强交易撮合和问题解决能力。鼓励有条件的上市公司设立和参与市场化运作的并购基金，进一步提高企业并购重组能力。三是深化并购重组制度改革。以《证券法》修订和注册制改革为契机，进一步优化并购重组定价机制，强化市场主体作用，激发市场并购活力。同时，依托企业兼并部际平台，强化金融监管部门及市场间的沟通交流，着力改善并购重组市场环境。

（四）深化政府扶持，打造并购重组环境

一是完善政策，创造良好条件。完善企业财税政策。落实国家有关并购重组增值税、营业税、土地增值税、契税等优惠政策，进一步细化和完善并购重组股份支付部分的特殊税收处理，降低并购重组税收成本。通过奖励等优惠政策加大对上市公司并购重组的财政支持，鼓励有条件的地方政府设立并购基金，提高企业并购积极性。完善土地管理和职工安置政策。对涉及并购重组的土地使用、退出、搬迁、转让等事项给予一定的政策支持和指导，督促并协助企业处理好并购引起的职工安置问题。二是加强引导，搭建交流平台。加强产业政策引导，推动企业并购重组与国家发展战略、地方产业政策落地形成良性互动，支持通过并购重组压缩过剩产能、淘汰落后产能、促进转型升级，提升资本市场服务实体经济的覆盖面和纵深度。建立协调机制和服务体系，建立科学、高效、流畅的沟通平台，减少并购重组沟通协调成本，为企业提供及时有效的信息服务。三是注重人才，推进服务体系建设。大力引进和培养熟悉国内国际企业并购业务的专业人才。扶植和壮大一批熟练掌握并购重组政策和业务流程的中介服务机构，强化中介机构在并购重组关键领域和薄弱环节的把关作用，以中介机构规范化、专业化执业带动并购重组的健康有序发展。通过人才和中介机构建设，把更多优质的资源、优良的项目吸引到浙江上市公司并购重组市场中来，"引智"与"引资"并举，实现并购重组可持续发展。

互联网金融背景下传统商业银行转型发展研究

中国建设银行浙江省分行课题组*

一、互联网金融概述

（一）互联网金融的内涵

互联网金融作为互联网与传统金融相互渗透和融合的产物，它的出现既源于金融主体对于降低成本的强烈渴求，也离不开现代信息技术迅猛发展提供的技术支撑。互联网金融的概念有广义和狭义之分。由于本文的研究内容包含互联网金融对传统商业银行的影响，隐含了互联网金融不包括商业银行及相关金融机构利用互联网开展金融业务的范畴，故采取狭义的定义，即以独立业态出现的非金融机构运用信息技术进行金融服务的商业模式。根据狭义的互联网金融的定义，互联网金融模式主要有以下六种：第三方支付、P2P 网贷、大数据金融、众筹、网络理财模式、互联网金融门户。具体的内容见表1：

表1   互联网金融模式分类表

类别	定义	典型代表
第三方支付	第三方支付是指部分声誉较好的非金融机构，借助先进的信息技术，在保障安全性的前提下，与各大商业银行合作，对接银行支付清算接口所建立的帮助客户完成支付结算的系统。	中国银联、支付宝、财付通、快钱支付、易宝支付、汇付天下等
P2P 网贷	P2P 网贷是指部分企业利用互联网平台，充当信息中介和交易中介，促进资金富余者和资金缺乏者之间资金流通的模式。也有部分企业超越中介的职责，为交易提供担保。	拍拍贷、宜信等
大数据金融	大数据金融是指依托大量随机的数据，通过云计算的挖掘手段对数据进行深度地挖掘和分析，为传统的金融服务提供技术和手段支持，特别是在信用评价方面。	阿里金融、京东金融等

---

* 课题主持人：高　强
　课题组成员：李晓虹　徐　光　田　芳　吴云剑　邓嬿琼　陶　懿

续表

类别	定义	典型代表
众筹	指项目发起人通过利用互联网的传播能力，发动公众的力量，集中公众的资金、能力和渠道，为小企业、艺术家或个人进行某项活动或某个项目或创办企业提资金的一种融资方式。	点名时间、大家投、积木网等
网络理财模式	网络理财是指互联网企业利用自身互联网平台为渠道，和金融机构合作，在互联网上发行理财产品的模式。	余额宝、理财通等
金融百货超市	金融百货超市是指利用互联网提供金融产品、金融服务信息汇聚、搜索、比较及金融产品销售并为金融产品销售提供第三方服务的平台。	融 360、安贷客、大童网、格上理财、91 金融超市等

互联网金融即是传统金融与互联网技术相结合的产物，因此它具有金融行业所固有的一些特点；同时形态的虚拟化、运行方式的网络化等互联网特性决定了它与传统金融相比，存在着自身一些独有的特点和功能（见表 2）。

表 2　　　　　　　　互联网金融的特点和功能

特点	功能
低成本	平台功能
高效率	融资功能
注重客户体验	支付功能
风险特殊性	信息搜集和处理功能

（二）互联网金融的发展现状及趋势

随着第三方支付、网络信贷、众筹融资以及其他网络金融服务平台等互联网金融业迅速崛起，第三方支付平台、P2P 网贷、"宝宝"类产品等已经进入普通人的视野，余额宝的推出更是彻底引爆了互联网金融市场，表明互联网金融业正从单纯的支付业务向转账汇款、跨境结算、小额信贷、现金管理、资产管理、供应链金融、基金和保险代销、信用卡还款等传统银行业务领域渗透。表 3 为 2014 年底互联网金融不同业务类别的发展情况。

表 3　　　　　　2014 年底互联网金融不同业务类别的发展情况　　　　单位：元

业务类别	市场规模	主要参与者	发展阶段	行业特点
支付	9.22 万亿	电商及其平台商户	中期	大数据云计算
P2P	1 000 亿	P2P 机构、投资者和融资者	初期	投融资方直接对接
众筹	100 亿	平台、创业者和投资者	刚起步	创业者的天堂

业务类别	市场规模	主要参与者	发展阶段	行业特点
网络小贷	5 000 亿	电商及商户	中期	依托现金流贷款
基金销售	6 000 亿	散户及基金	中期	网络渠道
金融机构创新	2 000 亿	机构及投资者	刚开始	平台渠道
财富管理	100 亿	机构及投资者	刚起步	专业化的财富管理

截至 2014 年底，我国互联网金融规模已突破 10 万亿元。以 P2P 网贷为例，截至 2014 年 12 月，P2P 网贷平台数量达到 1 500 家，半年成交金额接近 1 000 亿元人民币，接近 2013 年全年成交金额，2014 年全年累计成交额超过 3 000 亿元。P2P 网贷行业从业人员的数量约为 39 万人，服务的企业超过 200 万家，带动的相关行业就业人数有 6 000 万人。

二、互联网金融对传统商业银行的冲击

（一）弱化商业银行的中介作用

金融的本质是资金的融通，具体表现为在各个市场参与主体之间寻找资金供给者和需求者，再完成资金配置使供需平衡的行为。作为经济社会中最重要的金融机构，商业银行因其强大的资金供求信息量而一直承担信用中介的角色，但目前，这一中介职能正在受到 P2P 网络借贷等互联网金融的挑战，并出现地位逐步下降的趋势。

1. 信息中介的地位在弱化

在互联网的环境下，以阿里巴巴、百度、腾讯为代表的互联网平台企业，让所有的网络用户能够及时、快捷地获取信息。且随着社交网络的推广，资金供求双方的信息得以扩散、传播，并通过搜索引擎得以组织和发现，最终形成的是连续的、动态的供求信息序列。互联网使资金双方的过往信誉直观、了然，资金供求双方不再因为信息不对称而寻找银行做信用中介，而是直接进行线上线下交易，这就在一定程度上分流了对商业银行的中介服务需求，银行脱媒现象由此产生并呈日益加剧的态势。

2. 支付中介的地位被部分替代

以"支付宝"、"财付通"为代表的互联网支付工具和以"微信支付"为代表的移动支付使用户无须开通网银，直接输入卡面信息甚至通过扫描交易二维码即可完成支付，并且不对交易资金限额。这种灵活和个性化的经营模式，给客户带来了良好的支付体验，在一定程度上替代了部分商业银行的支付中介职能。据《中国互联网络发展状况统计报告》显示，截至 2015 年 6 月，我国使用网上支付的用户规模达 3.59 亿，较 2014 年底增加 5 455 万人，半年增长率

为17.9%。

（二）挑战商业银行的主要业务经营

1. 资产业务受到影响

互联网融资类业务目前尚未威胁到商业银行的贷款业务，但长期来看，随着互联网快速发展以及信用信息的联网公开共享，互联网金融凭借其在信息处理方面的优势，能更加有效地判断客户的资质。投资人可依靠这些信息直接与借款人进行交易，降低通过商业银行等中介机构交易的成本，从而形成独特的"公众型小额融资市场"。金融媒介将进一步从"持有资金运作模式"演变为"持有信息运作模式"，其收入结构也从"利差＋服务费"缩减为单一的服务费。商业银行的贷款业务将会受到巨大影响。

2. 负债业务受到影响

一方面，第三方支付机构的兴起在一定程度上分流了商业银行的储蓄存款。这是因为第三方支付平台具有延期支付功能，客户的结算资金会部分沉淀在第三方支付平台当中，作为一种网络交易活期存款存在。以支付宝沉淀资金为例，支付宝日均沉淀资金约为100亿元。另一方面，人们的投资理财观念逐步提升，收益高、流动性好、申购赎回方便的货币基金与活期存款存在显著替代关系，随着货币基金"类现金"功能的完善以及互联网公司和基金公司携手入局，商业银行的活期存款总额面临冲击。尽管目前从总量上来看，互联网金融资金规模在几千亿元到1万亿元左右，与银行业的总存款规模相比，影响其实还是有限的，但随着利率市场化的放开以及降息政策的调整，这种冲击也不可小视。

3. 中间业务受到影响

在互联网金融不断壮大的背景下，商业银行的中间业务受到了更强烈的冲击，尤其是收费类中间业务。主要体现在以下三个方面：

第一，第三方支付机构改变传统交易模式。支付宝、微信支付等第三方机构为客户提供交易、支付、转账服务，且成本更低，操作也更加便捷，更能满足用户需求，一定程度上取代了银行卡、POS机、网络银行和手机银行等支付介质与手段。此外，第三方支付平台通过铺设POS网络以及代收、付费系统开展线下收单、现金充值等业务，将这种成本快捷优势延伸至线下，与银行展开竞争。

第二，互联网改变了人们的消费习惯，随着网络商城的快速发展，越来越多的消费者选择通过网上交易购买商品，逐步形成了网上购物、网上支付的习惯，减少对现金、商业银行柜面服务等的依赖。

第三，信用卡业务将逐渐退出市场。随着移动支付的发展，虚拟信用卡理念开始形成。2014年3月，阿里和微信几乎同时宣布要开展虚拟信用卡业务。尽管目前均处于内测阶段，尚未面世，但是可以做个大胆假设，未来信用卡将会消失。目前信用卡业务是商业银行主要的中间业务之一，虚拟信用卡的横空出世将会对商业银行的信用卡业务造成巨大影响。

（三）加大商业银行的经营风险

互联网金融和商业银行的业务发展思路不一致，对风险控制的理解存在很大差异。就支付结算类业务来讲，银行一般设立 U 盾和数字证书来保障客户支付安全。互联网的第三方支付机构一般采取手机动态密码和邮箱验证的方式确认客户身份，但是这就存在很大的安全隐患。在客户的手机和邮箱账号密码被盗的情况下，容易产生资金被划转的风险，银行直接受影响。另外，由于银行都是实名认证客户，近来兴起的快捷支付使第三方支付机构可以无偿取得客户资料，如未经客户授权任意挪用客户信息，对银行也会造成法律风险。

三、实证分析：阿里金融 VS 传统商业银行

本文之所以选取阿里巴巴金融服务集团（以下简称"阿里金融"）作为研究对象，主要是考虑到：（1）阿里巴巴作为目前世界上最大的电子商务服务企业，使用阿里巴巴集团旗下的"阿里金融"作为案例对象，较具代表性。（2）互联网金融模式在我国刚刚兴起，相关的金融服务模式在我国的发展还不是很成熟，而阿里巴巴对金融行业的布局较早，发展也较为成熟。本文选取开发最早、技术最成熟、应用最广泛的支付宝作为比较对象进行分析讨论。

1. 商业银行支付结算业务

所谓的支付结算业务指的就是商业银行利用回款和信用卡以及托收和票据等方式为个人客户进行资金清算和货币支付等众多的服务，在此业务中，银行是中间人，它所获得的收入主要就是手续费。

2. 互联网金融支付方式

在互联网金融模式中，使用的支付方式的基础就是移动支付，也就是使用无线通信技术和设备对债券和债务进行清偿，或者对货币价值进行转移等活动。它的不断发展，使金融实现了真正的脱媒，也使商业银行在业务中所起到的中介功能被大大地弱化和边缘化了，甚至直接取代了此类中间业务。

3. 支付宝：由"电商"到"汇"

电商平台是支付宝发展的基础。阿里巴巴通过电商平台积累了庞大的客户群体（淘宝拥有 5 亿注册用户，年交易额达到 1 万亿元）和支付应用的场景，但传统支付方式又无法满足电子商务的要求，这就为支付宝的诞生和发展创造了良机。从目前来看，线上支付最大应用仍是网购，占到总规模的 42%。

虚拟账户解决了线上支付的最大障碍。线上支付和线下支付最大的区别在于空间的不对称。线下支付可以当面做到钱货两清，但线上支付由于空间的距离，难以做到一手交钱一手交货，在传统支付体系中必然有一方要承担额外风

险。而虚拟账户（支付宝、财付通等）的出现就解决了这个问题，通过虚拟账户交易，由第三方支付承担信用中介的责任，从而促成交易的完成。

2014 年，中国第三方互联网支付市场交易规模达到 80 767 亿元，同比增速达到 50.3%，预计到 2018 年中国第三方互联网支付交易规模将达到 22 万亿元（见图 1）。

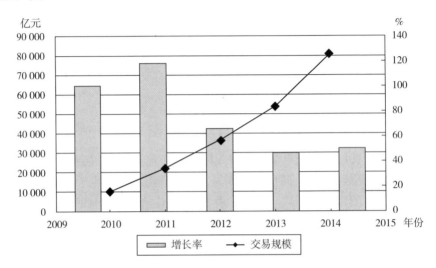

注：①互联网支付是指客户通过台式电脑、便携式电脑等设备，依托互联网发起支付指令，实现货币资金转移的行为；②统计企业类型中不含银行和中国银联，仅指规模以上非金融支付企业。

数据来源：艾瑞咨询。

图 1　2010—2014 年我国第三方互联网支付市场交易规模

阿里巴巴于 2004 年创立支付宝，是目前国内最大且第一个获得支付牌照的第三方支付机构，截至 2014 年末，支付宝活跃用户数超过 4 亿，日常每天支付笔数超过 1.2 亿笔，仅 2014 年"双 11"当天，日交易额峰值超过 570 亿元，年交易额达 4 万亿元，在 PC 端的市场份额接近 50%，占据了第三方支付的半壁江山（见图 2）。目前除淘宝和阿里巴巴外，支持使用支付宝交易服务的商家已经超过 50 万家；涵盖网游、航空旅游酒店、教育缴费、公共事业缴费、传统行业（物流、保险等）、海外商户等领域。

4. "支付宝"对商业银行的影响

（1）中间业务收入受到挤压

在提供服务方面，支付宝的服务和银行极为相似，但是它的成本更低，由此可见，支付宝的这些服务在很大程度上会挤占银行所具有的代理收付和结算，以及电子银行等中间业务；此外，随着发展的不断深入，"支付宝"不断地延伸其资源优势，扩展到了线下，利用代收付费系统和网络实现线下的医保支付和

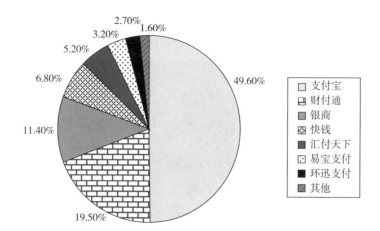

注：①互联网支付是指客户通过台式电脑、便携式电脑等设备，依托互联网发起支付指令，实现货币资金转移的行为；②统计企业类型中不含银行和中国银联，仅指规模以上非金融支付企业；③2014年中国第三方互联网支付市场规模为8 0767.0亿元。

数据来源：艾瑞咨询。

图2 2014年中国第三方互联网支付交易规模市场份额

收单等业务，对银行而言，这都是一些新的竞争，会使银行的客户出现分流，并且使银行进行中间服务获得的业务收入被替代。

在代销和支付基金的市场中，支付宝的力量不断壮大，在很大程度上对银行的代理收入产生了挤占效应。银行作为金融产品销售主渠道的垄断局面正在被逐步打破，同时不断地扩大交易量，这就使得支付宝对银行的代理销售业务受到了一定的冲击，会对银行在此方面的收入产生巨大影响。

（2）潜在客户减少和现有客户流失

在目前来看，"支付宝"拥有的客户数量非常庞大，如果建立了关系，那么就会产生十分强的客户黏性。在发展过程中，支付宝使用的虚拟网关是自己的，以此为基础能够获得绝大多数客户的相关信息，它以阿里的电子商务平台为基础，在物流和信息流的掌握方面具有非常强的优势。这就使得银行在争夺客户的过程中，处于非常被动的地位，在以往银行能够对客户的信息和资源进行直接的获取，而现在则需要由支付宝在商业银行和客户间进行连接。不仅如此，支付宝的出现，使人们使用银行卡进行交易的频率和次数大大地降低了，在进行交易的过程中，它是通过第三方提供相应的信用担保，这使在进行网络购物时的安全性得到了极大的提升，和传统的银行卡相比，第三方支付更加的安全快捷，在线交易的数量也在不断地扩大，这就使得银行卡的交易量大大地降低了，客户不断流失。

（3）存贷款的分流效应

如果在存款总量上看，支付宝中的一些资金会通过各种渠道和形式回流到银行，不过由于存在漏出效应，商业银行在获得存款的过程中，其来源不断地减少。在客户进行支付的时候，支付宝可以使此行为完全地独立于银行体系之外，使银行在中介"脱媒"后，又要面临支付"脱媒"的挑战和压力。

（4）客户的行为模式发生变化

客户已经十分地熟悉和习惯支付宝的个性化和快捷的服务，使对商业银行的要求更高，对一些规定和行为的容忍度也不断地降低，这对银行是一个非常大的挑战，因为银行是以风险经营为主，强调风险控制，这已经在它的所有机制和体制中表现出来，在用户体验方面存在严重的不足和缺陷。

四、传统商业银行转型发展对策

由以上分析可见，互联网金融已经开始慢慢侵蚀银行的传统核心业务，尽管在短时期内无法撼动银行业在金融市场上的元老级地位，但却是给传统商业银行带来了强烈的生存危机感，并且从互联网金融的发展趋势和利率市场化的背景看，极有可能在未来对金融行业进行大面积的洗牌。因此，商业银行必须转变发展观念，以创新的思维寻求转型发展之路，积极应对互联网金融的挑战。

（一）加强同互联网金融企业的合作

1. 合作共建客户信用评价体系

银行应加强与第三方支付企业的合作，利用第三方支付平台的交易记录和自己建立的信用记录作为诚信指数，作为衡量优质客户，银行发放贷款的重要依据；依托平台提供的信用记录和实时交易动态信息，将信息流和资金流加以匹配和管理，降低交易成本，实现对信用风险的有效控制。这一点对于商业银行发展小微企业客户尤为见效（见表4）。

表4   可合作互联网金融企业

大数据类型	代表企业或产品
电商类网站大数据	阿里巴巴、京东、苏宁
信用卡类网站大数据	我爱卡、银率卡
社交类网站大数据	新浪微博、腾讯微信
小贷类网站大数据	人人贷、信用宝
支付类网站大数据	易宝、财付通
生活服务类网站大数据	平安一账通

2. 合作共同开发金融产品

第三方支付企业拥有巨大的客户群，具有较大的发展潜力和盈利空间。银行以战略投资者身份入股第三方支付企业。对于尚未获得支付牌照的第三方支付企业，可以将其收购，成为自己支付平台的一部分；对已经获得牌照的支付企业，可以入股第三方支付企业，打造（第三方支付）小前台加大后台（银行）联盟，以便于共同开发产品和业务。

加强与第三方支付企业合作，拓展网上支付市场空间，共同发行预付卡，共同打造网联平台。一是联合发行预付卡，充分利用自身发卡渠道广的优势，通过线下和线上结合，与第三方支付平台和传统商户联合发行预付卡，以吸引备付金存款。二是扩大收单范围。在第三方支付机构向海外市场扩张的基础上，发挥在人民币跨境结算上的优势，开展境外线上收单和外卡收单等跨境结算业务。三是发行联名银行卡。探索银行卡产品和电子银行在电子支付业务的应用，实现银行卡账户和第三方支付平台虚拟账户的线下线上渠道合二为一解决方案，促进资源的共享。四是联合打造网联平台。探索开通自助银行与第三方支付平台的服务，如可以使用自助机为第三方账户充值，查询第三方账户信息等，这样既可以增加储户量也可以增加储蓄金额，实现双赢。适度提高第三方支付在银行的存款利息，探索按照第三方存款金额弹性制定定期或活期利率政策，吸引第三方存款。

2015 年，中国建设银行与蚂蚁金融服务集团签署战略合作协议，为其提供存款定制产品，今后双方将在网络金融合作、个人金融合作及子公司联动业务、小企业业务合作、股权投资、养老金业务拓展、跨境电商合作、线上线下渠道融合等方面开展深度合作。这是中国建设银行作为传统商业银行与支付宝作为国内第三方支付领头军两大阵营在合作共赢上取得的重要进展。

（二）实施服务创新，构建服务型银行

1. 服务理念创新

商业银行要改变以往的本位主义，转变为"以客户为中心"的服务理念，要因客户而变，把满足客户需求作为服务的首要任务，将客户满意作为服务的最终目标。一是以市场为导向。时刻关注市场，牢牢把握客户的所思所想，按客户的需求来提供产品与服务，克服服务的被动性与简单化，要主动到市场中去了解客户的需求，通过定期调查了解客户的满意度，甚至还可以考虑去引领客户的消费习惯，鼓励消费者信用卡消费，按揭消费等新的消费形式。二是突出商业银行自身特色。商业银行需改变以往只注重柜台等传统的服务形式。要发现自己的核心竞争力，深度挖掘潜在能力，要根据自己的特点去划分客户群，针对特定的客户群去提供相应的产品与服务，这点对于中小商业银行尤其重要。三是强调服务质量。服务质量的提高是服务创新的一个重要目的，也是客户满意的前提条件。通过引进族标准，将服务流程标准化。通过加强员工教育，使他们将"客户至上"的理念牢记心间，这样便于提高服务的职能质量，更能使客户满意。

2. 重新定位客户群体，加强产品创新

一是不分大小抓客户。过去拓展客户，讲究"二八原则"，注重抓大客户，主要因为抓小客户的成本太高。随着互联网技术发展，客户与银行做常规交易，可以通过手机银行、网络银行、PAD 银行及微信银行，所耗费的空间、时间、流量和电费都是客户的，银行的客户服务和维护的边际成本大大降低。客户基础越庞大，价值挖掘机会也越多。银行不仅要通过传统方式抓集团客户、私人银行客户，更要通过批量化、技术化方式抓小微企业客户、个体工商客户以及中低收入的个人客户。只有这样才能形成良好的客户生态圈，形成资金内部循环。

二是加强金融产品创新。金融竞争的核心还是金融产品的竞争，商业银行通过金融产品来打开市场，赢得客户，金融产品也是商业银行盈利的第一关键因素。虽然当今金融产品已趋于同质化，但并非没有创新的空间，互联网金融的发展带来了金融产品创新的全面发展，金融产品创新能力将成为商业银行服务客户、提高非利息收入的重要保障。商业银行应在加强产品盈利能力分析与评价的基础上，根据不同产品收益水平和风险水平，调整现有产品结构，增加高收益、低风险产品的比例，以便捷实用和有趣为主旨设计开发产品，加强金融基础产品创新、推广金融衍生产品创新、探索金融组合类产品创新。

3. 加强线上、线下联动

线上线下各有优势和特点，二者只有结合协同，才能优势互补。互联网金融一般擅长提供理财等标准化的线上产品，但线上服务始终无法完全取代线下服务。除了面对面的洽谈，需要实地办理的业务外，像债券承销、养老金、造价咨询、综合融资等非标准化的融智类业务，单笔金额大，综合化程度高，业务处理需要相当的专业知识，需要针对客户"量体裁衣"，也都主要靠线下来做。当前一些互联网企业正在寻找线下资源，例如阿里巴巴与苏宁达成战略协议，整合双方资源，打通线上线下渠道，届时阿里巴巴线上体系与苏宁 1 600 多家门店、3 000 多个售后服务网点或将无缝对接。京东投资永辉超市，微信与家乐福达成战略协议，都是为了布局 O2O，实现线上线下资源互补。相对于他们，传统商业银行拥有众多网点和优秀强大的客户经理团队，线下优势明显大于互联网金融，应当充分利用线下资源发展线上，实现线上线下互补。

2012 年 6 月，建行推出的善融商务正是以专业化金融服务为依托、面对广大企业和个人的电子商务金融服务平台，其本质就是以建行客户资源和品牌资源为依托，为客户提供信息发布、在线交易、支付结算、分期付款、融资贷款、资金托管、房地产交易等全方位的专业服务。通过这个平台，建行将大量的交易从线下搬到了线上，保证所有的资金流动在建行系统内完成，实现线上线下资源的高效整合。截至 2015 年 10 月底，建行"善融商务"注册会员达 1 343 万个，个人商户达 1.9 万户，企业商户达 4.0 万户，交易额达 423.8 亿元。

4. 推进业务转型

商业银行需要正确分析和把握互联网金融的发展对传统业务结构和盈利模式的影响，积极推进综合化经营，调整业务结构，以实现经营和收益来源的多元化。首先，可以考虑积极拓展代理、托管、咨询等中间业务，逐步减少对存贷款业务的依赖，不断提高中间业务收入占比，增强核心竞争力。其次，应积极拓展风险较低的个人金融业务。最后，各类银行应确立差异化定位、特色化经营的理念，提供差异化的产品和服务，以便在激烈的竞争中谋得一席之地。例如，当前形势下抓住机会发展融智类业务。银行信誉和综合化服务能力，是网络无法取代的。养老金管理、资产托管、跨境人民币、债券承销、财务顾问等非标准化、融智类业务银行都有优势。举个投资托管的例子。2014 年末，我国 P2P 网贷平台的累计成交资金已经超过 2 500 亿元、平台企业超过 1 500 家，但存在信息不对称，难以监管资金具体投向等问题，银行就可以考虑提供 P2P 资金存管服务。

（三）加大信息技术投入

一是引进信息科技人才。目前我国商业银行人才结构主要基于经济与管理专业人员，而信息技术人员只占非常小的比例。而互联网金融却不同，在互联网金融企业的人员类型中，专门从事数据分析的人员占比很高，这些分析人员在一个专业条线上，发挥着整体合力作用。这样就使得银行失去了在第一时间接触最新的科学技术信息，难以把握时代的最新发展趋势，不仅加大了商业银行本身的技术和操作风险，降低银行的风险控制能力，而且在金融产品开发的过程中出现严重地脱离时代需求的问题，往往是产品还没推出就已经被市场所淘汰。针对这样的问题，我国商业银行有必要提高对内部信息技术部门的重视度，加大信息技术人员投入，盯紧互联网技术发展的最前沿信息，提高金融产品与信息技术结合的相关度。

二是重视大数据技术应用，提高数据分析能力。大数据分析是银行推动产品创新、重塑业务流程、支持科学决策、更好地选择客户、规避经营风险的关键，是未来银行竞争的重要战场。目前，受数据质量、分析手段等影响，大数据分析的深度和广度有限，处理信息的模式和流程被慢慢弱化了。因此，商业银行要学习互联网金融企业在数据深度挖掘应用等方面的经验，吸收利用先进的信息技术，推进现有数据体系整合，并在数据集中的基础上实现深层次数据挖掘，提升对于多种信息的综合处理能力，以将数据集中带来的技术优势转化为商业银行的竞争优势。

三是加大技术创新力度。通过技术创新不仅能大大降低商业银行的经营成本，提高经营效率，同时也能拓宽商业银行服务领域，进而能够服务更多的客户。尤其是在互联网金融时代，互联网相关技术得到迅速发展与普及，商业银行应该抓住这个机遇，利用计算机、互联网和智能终端等先进技术开展智能化管理，用设备代替人工服务，最大限度地降低人为因素出错的概率以及经营中的人力成本，提高服务效率和扩大服务范围。此外，进一步完善电子基础设施，促进商业银行电子化，大力发展网络银行、手机银行，这种形式的商业银行所能提供的服务将非常接近于互联网金融企业提供的服务。

（四）完善风险防控机制

1. 完善以信用登记评定为基础的风险防控

由于网络信用主体身份认定具有一定的不确定性，使得网上信用仍无法与社会信用体系有效相对接，未来电子商务信用等级评定应向线上线下相结合，全网化、一体化方向发展。首先，传统商业银行应建立传统金融信用与电子商务信用相互补充，线上线下相补充的混合模式的信用等级评定机制；其次，对于客户违约信息的披露也将实现线上线下的对接，披露范围实现传统金额和互联网金融的全覆盖，最终达到对违约行为的惩罚从单纯经济惩罚向断绝融资渠道惩罚的彻底转变，增大惩罚的力度和广度，增加违约成本；最后，进一步创新互联网金融模式下风险管控的思路，可由总行对电子商务平台等进行集合授信，再由平台对商户分别授信，实现对风险的分层集合管理。

2. 规避互联网金融产品本身的风险

传统商业银行在创新金融产品时，必须坚持成本可控、风险可控和信息的充分披露，全面深入地分析、识别和量化互联网金融产品创新风险，分析产品将带来的收益及控制潜在风险所需成本，切实制定和落实风险管理的措施，实现对互联网金融产品创新的高效管理。首先互联网金融产品流程设计上做好事情控制，事中管理和事后监督相结合的风险控制。其次在互联网金融产品定位上，准确把握收益、流动性和风险等产品特性在客户价值主张中所占比重，实现产品的精确定位。同时，针对互联网金融产品创新研发的各阶段，建立产品设计子模块共同管理模式，相关部门及所有设计者共同参与审核，将互联网金融产品从多角度进行风险识别和控制，明确产品设计各阶段的风险管控要求，避免风险遗传。

参考文献

［1］耿培军：《互联网金融对我国商业银行的影响研究》，河南大学硕士学位论文，2014。

［2］郭伟：《中国建设银行发展互联网金融的策略研究》，湖南大学硕士学位论文，2013。

［3］降磊：《互联网金融时代的商业银行发展模式研究》，西南交通大学硕

士学位论文，2013。

［4］康欣华：《互联网金融对商业银行的影响与启示研究》，华南理工大学硕士学位论文，2014。

［5］李丹：《浅析互联网金融及其对商业银行的影响》，苏州大学硕士学位论文，2014。

［6］李景：《互联网金融创新背景下的商业银行发展模式研究》，云南师范大学硕士学位论文，2014。

［7］邱明贺：《互联网金融模式对我国商业银行体系的冲击》，河南大学硕士学位论文，2014。

［8］谭智超：《互联网金融背景下商业银行转型研究》，西南财经大学硕士学位论文，2014。

［9］吴鹏：《互联网金融背景下商业银行的应对策略研究》，中国社会科学院研究生院硕士学位论文，2014。

［10］徐胜男：《互联网金融对传统金融的影响力研究》，苏州大学硕士学位论文，2014。

［11］杨剑：《互联网金融对银行的影响》，厦门大学硕士学位论文，2014。

［12］叶芬芬：《互联网金融的发展对我国商业银行的影响》，河南大学硕士学位论文，2014。

［13］攸胜：《互联网金融对传统商业银行业务的冲击与对策研究》，广西大学硕士学位论文，2014。

新常态下商业银行对公资产业务经营模式研究

中信银行股份有限公司杭州分行课题组*

一、商业银行对公资产业务经营面临的新常态

当前，我国经济、金融环境发生深刻变革，进入"新常态"。从宏观经济层面看，中国经济已进入一个较为平稳的中高速增长区间；经济增长方式发生转变，依靠资源和低成本劳动力等要素投入的粗放型发展方式将被绿色、环保、创新的质量效益型发展方式取代。从微观经济层面看，产能整合、技术创新是企业转型升级的两大主题，金融需求也发生转变，直接融资比重加快提升。近期，我国国民经济和社会发展第十三个五年规划纲要提出了"稳增长、调结构、促改革"的政策导向，商业银行对公资产业务经营面临新的机遇与挑战。站在这个关键的历史节点上，银行业要摒弃过去传统的经营理念、管理方式，紧扣客户基础的变化，金融市场的变化，加快自身的转型升级，才能实现可持续发展。

（一）"稳增长"扩大商业银行当期发展的市场空间

"京津冀一体化"、"一带一路"、"长江经济带"、"新型城镇化"等国家发展战略，去产能、去库存、补短板等相关政策安排，为各区域经济和相关产业的稳定发展注入了新的活力，为商业银行对公资产业务开展提供了市场基础。从浙江省数据看，2015 年 1～10 月，固定资产投资 2.15 万亿元，比上年同期增长 11.9%，增幅高于全国 1.7 个百分点，其中基础设施投资增长排名首位，1～10 月基础设施投资 5 886 亿元，增长 27.7%，占固定资产投资的 27.4%，拉动投资总额增长 6.7 个百分点。浙江银行业应紧紧围绕浙江省落实"一带一路"、长江经济带、海洋经济等国家战略，省委省政府"五水共治"、扩大有效投资等战略举措，加大对基础设施、民生工程以及其他政策支持领域的投入力度，把握住业务平稳发展的历史机遇。

（二）"调结构"指明商业银行未来的主流市场所在

调结构是我国经济转型升级的主线，需求侧着力扩大内需，提振消费，产业结构上推动《中国制造 2025》，提升制造业水平；扶持高端制造、信息网络、

---

* 课题主持人：魏安义
课题组成员：陈征宇　陈黎霞　李江东　王晨烨　郑雯雯　陈　如

集成电路、新能源、新材料、生物医药等战略新兴产业；大力发展现代服务业；制订"互联网＋"行动计划。就商业银行对公资产业务而言，调结构尤其是产业结构调整决定了未来的生存发展基础，在很多领域已经形成现实的业务发展机遇。根据浙江省统计局数据，2015 年 1～10 月规模以上工业增加值中，装备制造、高新技术、战略性新兴产业增加值分别增长 6.2%、7% 和 7%，增幅比规模以上工业高 2 个、2.8 个和 2.8 个百分点，比重分别为 36.5%、36% 和 25.5%，高新技术业对规上工业增长的贡献率达到 56.7%；服务业增加值在 2014 年达到 1.9 万亿元，首次超过第二产业，2015 年前三个季度，全省服务业增加值 1.5 万亿元，比上年同期增长 11.3%，高于 GDP 增速 3.3 个百分点，服务业增加值占 GDP 比重达到了 50.1%，对 GDP 的增长贡献率达 66.4%。此外，浙江省一些新兴的服务业，如电子商务，动漫创意产业等在全国乃至世界都已占有举足轻重的地位。商业银行对公资产业务迎来了结构优化的良机，应结合自身经营转型需要，对发展的重点领域做出判断，同时要结合新领域内的需求特点，加大创新力度，有针对性地开展业务。

（三）"促改革"推动商业银行经营模式加快转型

促改革是更好、更快地实现稳增长、调结构战略目标的基础机制保障。就金融领域而言，推进金融市场化改革成为重中之重。我国利率市场化改革已完成最后一步，负债端成本上升已在加快显现，资产业务的战略地位凸显。与此同时，债券市场、资本市场改革举措加速推出（见表 1、表 2），直接融资发挥主导作用的趋势明确，越来越多的优质企业和大项目进入债券市场融资，资本市场成为一大批新兴企业实现跨越式发展的主要依托。商业银行过往以表内贷款作为对公资产业务核心的经营模式受到冲击，应主动适应变化，创新经营模式，增强服务能力和发展能力。

表1	债券市场改革重点内容
时间	改革内容
2014 年	交易商协会推出永续债、项目收益票据、创投债、房地产企业等众多创新品种。
2014 年	证券投资基金业协会发布《资产支持转型计划备案管理办法》，明确企业资产支持证券实行"备案制＋负面清单"管理模式，企业资产证券化进入常态化发行阶段。
2015 年	证监会修订并发布了《公司债券发行与交易管理办法》，修订的主要内容包括扩大发行主体范围、丰富债券发行方式、增加债券交易场所、简化发行审核流程、实施分类管理、加强债券市场监管及强化债券持有人权益保护等。
2015 年	交易商协会推出债务融资工具发行新政策，鼓励企业注册发行债务融资工具，包括定向债引入活跃投资人制度、超短融全面放开评级、对优质企业打包注册各类债券产品额度、注册备案流程压缩等。
2015 年	发改委对企业债审核效率、准入门槛和募集资金使用等方面进行实质性放松，鼓励商业银行承销以"债贷组合"方式发行的企业债券。

表2   **资本市场改革重点内容**

时间	改革内容
2013 年	全国中小企业股份转让系统有限责任公司成立，设立"新三板"作为第三家全国性证券交易场所，为创新型和成长型中小微企业提供资本市场服务。
2014 年	国务院发布《关于推进资本市场改革开放和稳定发展的若干意见》，成为后续资本市场改革的纲领性文件。
2014 年	证监会修订《上市公司重大资产重组管理办法》与《上市公司收购管理办法》，进一步推进上市公司并购重组市场化进程，促进上市公司深入推进行业整合和产业升级。
2014 年	新三板做市交易系统正式上线，多层次资本市场建设不断深化。
2015 年	证监会发布IPO改革五大措施，完善新股发行制度，朝着股票注册制改革的方向迈出了坚实的一步。
2015 年	上海拟建立科技创业板，进一步为科技创新型企业提供股权融资平台。
2015 年	证监会指定发布《关于进一步规范发行审核权力运行的若干意见》，规定新股发行若干节点限时办理要求，发行效率大大提升。

二、新形势下商业银行发展对公资产业务发展策略

中国经济的"新常态"催生金融的"新常态"。总体来看，经济形势和外部市场的变化，推动商业银行站在了从"负债主导"向"资产引领"转型的历史关口。就资产业务本身而言，需求总量增速下降、市场基础加速调整、金融脱媒加速分流成为主要变化因素。商业银行对公资产业务应主动适应变化，综合而言，可归纳为"把握两大主线、构建三大支撑体系"。

（一）把握"两大主线"

1. 深化资产结构调整的主线

顺应经济发展和结构调整方向，结合自身经营转型需要，着眼当期与长远，合理摆布资产。综合来看，当前应把握四大业务领域。

（1）基础设施和城镇化建设领域。浙江省依托"四大国家战略"、"一带一路"、"长三角经济带"、"海洋经济"、"五水共治"等发展规划，基础设施建设投资将进一步加快，形成巨大的资金需求。与此同时，政府投融资体制改革催生了政府融资模式的创新，在公共服务、资源环境、生态建设、基础设施等重点领域上，PPP、政府采购服务、发行债券以及城市发展基金等模式加快发展，进一步丰富商业银行参与重大项目的方式和手段。商业银行应主动跟进各区域基础设施和城市建设发展规划，研究各种改革综合配套政策措施，以传统信贷为基础，对接债券承销、城市发展基金、PPP等融资模式，加大投入力度，进一步发挥主力军作用。

（2）制造业转型升级领域。制造业很长时期内一直是浙江经济的主要构成。近年来，随着国内外市场的波动，缺乏核心竞争力的企业发展陷入困难。但浙江制造在人力资本、产业链组织等方面仍有着很好的基础，具备通过转型升级重塑竞争力的条件。在制造业领域，商业银行应重点把握三个方面的市场机会。一是高端装备制造业加快发展的机会。高端装备制造业是制造业的核心，具有技术密集、附加价值高、成长空间大等特点。浙江省政府出台了《关于推动现代装备制造业加快发展的若干意见》和《浙江省高端装备制造业发展规划（2014—2020 年）》。规划重点提出了"错位发展"的理念，即依托省级装备产业高新区建设，按照"一地一主业"要求，充分发挥各地现有优势和产业基础，坚持差异竞争、优势互补。商业银行应结合区域产业布局，围绕高端装备制造业，抓住核心企业，延伸产销链条，连片开发，实现深入介入。二是优势企业产业并购的机会。产业并购是通过市场整合、产能整合、资源整合，实现行业性转型升级的重要方式。在浙江制造业调整过程中，优势企业通过并购方式实现跨越式发展的需求大幅增加，2015 年前三个季度浙江全省并购融资总额已达到 1 300 亿元。商业银行应积极发展并购贷款、并购基金等业务，把握业务发展机会。三是传统企业转型升级的机会。积极实施产品升级、技术升级、商业模式升级的制造业企业是商业银行应当高度重视的重要市场。根据浙江省统计局数据，浙江工业加快技术升级，1 ~ 10 月技术改造投资 5 255 亿元，增长 19.1%，占工业投资的 75.1%。在制造业行业、企业有所分化的形势下，商业银行应当切实提高产业研究和专业经营能力，加大对企业转型升级的支持力度，培育基础市场。

（3）现代服务业领域。当前，服务业在国民经济中的主导地位日益提升，GDP 占比已超过 50%，但与欧美国家平均 70% 左右的比例仍有较大增长空间。可以预见，现代服务业的总体规模将进一步扩大。商业银行应抓住市场大势，积极支持现代物流、信息软件、电子商务等生产性服务行业，以及医疗、教育、文化、娱乐、现代旅游等消费性服务领域。在产品策略上，针对"轻资产"的行业特点，重点运用供应链金融、贸易融资等基于贸易背景的系统性授信安排，并向创新电子化、线上化产品和模式契合信息化、网络化的发展方向。

（4）"双创"与科技型领域。推进大众创业、万众创新，加快实施创新驱动发展战略，是我国从要素驱动、投资驱动转向创新驱动的重大举措。对于商业银行而言，科技型企业、创新型企业等是巨大的潜力市场，尤其是浙江信息技术、互联网、物联网等新兴产业已显示出区域竞争优势，省政府明确重点培育扶持七大战略新兴产业，打造未来的增长点。但新兴行业风险与机遇并存，行业的高速发展与个体高风险性并存，商业银行传统的授信理念和产品模式无法有效地对接，与产业基金、创投基金公司、VC/PE 等开展投贷联动，与资本市场、股权融资相对接等业务模式创新，建立风险/收益补偿机制是商业银行的必须尝试。2015年5月，浙江省财政厅下发了《关于规范政府产业基金运作与管理的指导意见》（浙财企〔2015〕70号），鼓励各级政府财政资金设立产业基金，并与金融资本、社会资本以及大中型企业合作，引导投资机构和社会资本投资浙江省战略新兴产业。伴随着多层次资本市场的加快完善，商业银行系统性介入"双创"与科技型领域的条件不断成熟，应及时加快行动，培育未来的市场基础。

2. 优化经营模式的主线

随着金融市场改革提速，金融脱媒加剧，银行业主动适应变化，在优化经营模式上广泛进行研究实践，全资产、大资管等理念不断推出。中信银行总行提出"最佳综合融资服务银行"战略定位，省内浙商银行提出"全资产"经营思路。总体来看，商业银行应当适应金融市场化改革的大趋势，将经营的重心由传统的信贷市场向货币市场、资本市场、境外市场多个市场延伸，强化"商行＋投行"、"债权＋股权"、"境内＋境外"的多种模式产品联动，全方位满足客户投融资需求，为客户提供多维度综合金融解决方案。

（1）"商行＋投行"。近年来商业银行"投行化"趋势明显，在债券承销市场上已成为主体，结构融资、资产管理、股权融资等新兴业务加快发展。面对金融市场改革和客户需求的变化，商业银行应进一步推进"商行＋投行"的经营策略，依托商业银行的综合服务体系来经营客户，深耕市场，同时借助投行化的思维和产品体系，在市场开拓上发挥作用。一方面依托投行业务解决大规模的融资需求，引入银行间市场资金、交易所市场资金、理财资金等，向市场要资源；另一方面要依托投行业务做出结构化的融资安排，为传统贷款无法涉足的基于收益权、股权以及其他资产标的的融资需求，以及新兴行业客户提供支持，强化全功能、综合服务能力。

（2）"债权＋股权"。债权融资是商业银行具有比较优势的领域。伴随经济调结构、促改革的发展要求，以战略新兴产业为代表的新兴客户大量转向股权融资、资本市场融资。面对新趋势，商业银行应从更高战略层面上重视股权融资业务。总体来看，现阶段商业银行应当重视四个方面的股权融资类业务。一是选择权贷款业务。对于高成长型的中小企业，通过贷款＋股权认购期权，扩大对企业资金支持，并建立收益与风险的补偿机制。二是投贷联动业务，依托与产业基金、股权投资机构的客户共享、产品联动、风险分担，共同拓展股权融资领域市场。三是并购融资业务，服务于浙江企业产业整合、上市公司资本运作等各方面融资需求。四是咨询中介类业务，依托商业银行掌握客户信息和第一手需求的优势，与产业基金、投资机构、证券公司合作，撮合上市前融资、新三板挂牌、资本市场上市等服务。

（3）"境内＋境外"。一带一路、人民币国际化催生海外金融市场与境内市场的更紧密联系。企业层面，随着产业链的扩张，越来越多的企业寻求"走出去"和"引进来"的机会，跨境贸易、兼并收购、项目投资大幅增加，既需要商业银行境内外资金融通支持，也需要专业的咨询服务。商业银行可抓住这一趋势性机遇，通过跨境银团、内保外贷、投资基金等方式加大对重大海外并购项目的支持力度；灵活运用跨境人民币结算、外汇贷款、预付款保函、押汇等贸易融资产品，为企业提供全方位的跨境融资服务；实施融资＋增值避险服务，大力发展金融市场业务，帮助跨境客户管理利率、汇率风险，提高服务附加值。

（二）构建"三大支撑体系"

商业银行应围绕深化结构调整和优化经营模式两大主线，着力构建、优化支撑体系，从而实现经营策略的落地。

1. 服务渠道支撑

加强与各类金融机构、专业机构的合作，打通货币市场、信贷市场、资本市场等多个市场，实现全功能服务。一是围绕债券市场的创新扩容，实施"牌照业务"与"非牌照业务"齐动，加强与证券公司的合作，充分整合银行间市场、交易所市场、企业债券市场等跨市场资源。二是围绕资本市场和新兴行业客户的发展，主动加强与产业基金、股权投资基金合作，以风险分担、利益共享的机制系统介入新兴行业客户的上市前融资，同时，发挥商业银行资金优势为基金提供大规模资金支持；加强与证券公司合作，开展新三板挂牌做市、IPO、再融资业务推介以及相关的并购融资等业务合作。三是围绕大项目的需求，与政策性金融机构、保险机构、信托机构等开展组建银团、增信、资金监管等合作。四是围绕互联网金融发展，积极跟进 P2P 信贷、理财、众筹等业态发展，通过与互联网机构开展资产转让、资金监管、资金清结算等合作，达到拓展资产出口，获取优质客户的目标。

2. 专业化经营支撑

"天下大事，必作于细"，对于商业银行而言，伴随着经济结构调整和市场不断细分，专业化经营体系不可或缺，要通过专业的团队、专业产品、专业的流程、专业的机制，深耕细作专业的领域，增强对细分市场的风险识别能力和专业服务能力。具体看，最重要的是做到三个"专业化"。一是经营管理架构专业化。近年来，商业银行积极探索在传统总、分、支架构基础上，以专业化为主要目的，针对重点行业、重点业务领域，推进事业部制、专业团队、专营机构等。就对公资产业务而言，基础设施建设等传统业务领域越来越集中化、大型化，新兴业务领域对于银行营销服务人员提出了极高的专业素养要求，同时金融市场业务大发展，规模化、流程化趋势明显。商业银行应当结合实际，围绕市场前景广、效益突出的大单品或业务品类，以及专业性较强的新兴产业等行业，加紧完善营销组织架构，实施专门的目标考核、激励约束、资源配置政策，加速提升适应未来市场的竞争能力。二是营销队伍专业化。传统商业银行营销团队基本以客户经理为主要构成，以客户关系维护和产品销售为主要功能定位。适应专业化经营管理体系建设的需要，商业银行应加快建立专业的产品经理队伍，在专业营销、方案设计、业务管理等全过程发挥作用。三是营销组织专业化。面对营销专业化程度的不断提高，强化总分支机构、前中后台的紧密协同，构建兵团式营销组织模式是大势所趋。在总、分、支机构之间，规模大、专业性强的业务应当提高营销服务的层级；在前中后台之间，要凝聚合力，总体上中后台资源要前移，贴近市场制定科学政策，强化顶层政策设计和对前台的指导，明确发展和支持的重点，同时在营销服务端要以效率为先导，探索以客户和项目为单位的中后台提前介入、平行作业等机制。

3. 风险管控支撑

风险管控始终是银行的核心功能，但伴随着新兴客户群体的拓展、创新资产业务的发展，传统商业银行的风险管理着重防范风险、规避风险的理念，以抵押、担保为主的管理手段等都受到很大冲击。商业银行应结合新的形势和要求建立行之有效的风险管理体。一是风险管理理念要转变。商业银行要树立主动控制和经营风险理念，实现从被动反应向主动管理的转变，未雨绸缪，走在问题的前面。对于新兴行业、创新业务，要充分体现风险管理创造价值的理念，通过管理创新、制度创新、技术创新等提升管理能力。二是高度重视经济周期和行业发展的前瞻性研究。在经济结构调整的大背景下，商业银行风险管理要有较强的前瞻性，要通过宏观研究、行业研究等多种形式，及时研判掌控经济周期和行业特点。在此基础上采取前瞻性的风险管理政策，明确投向政策，明确产品及期限要求，明确行业和产业政策，加强风险管理预判能力。三是实现全流程管理。风险管理不应成为独立于业务线的后台部门，这样既不利于有效把控项目风险，又不利于项目推进效率提高。商业银行应实施推动风险的全流程管理，推动风险关口前移，要求风险经理自营销之初就介入项目，对客户准入、产品设计、风险控制措施等要点提早把控，从源头控制项目风险，加快项目推动。四是创新风险管理手段。随着金融市场化发展、互联网、大数据等新技术手段发展，商业银行应当及时将风险管理工具由以抵押、担保为主，不断延伸拓展，包括与专业机构合作进行风险分担或利益补偿，基于可交易金融资产质押回购，基于优先—劣后等结构化设计，利用客户真实的内外部交易数据积累等，前瞻性地预测和防范风险等多种路径，逐步实现风险管理方法的科学化、数量化和精细化。

参考文献

［1］李克川：《利率市场化与我国商业银行的可持续发展》，载《金融经济》，2015（2）。

［2］邱晓华、管清友：《新常态经济》，中信出版集团，2015。

［3］王丽丽：《商业银行资产管理业务实践与探索》，中国金融出版社，2014。

［4］吴敬琏等：《新常态改变中国》，民主与建设出版社，2014。

［5］中信银行：《中信银行2015—2017年战略规划》，内部报告，2015。

［6］中信银行：《中信银行公司金融业务2015—2017年转型方案》，内部报告，2015。

［7］周小川：《全面深化金融改革开放，加快完善金融市场体系》，载《中国金融家》，2014（1）。

商业银行金融支持新型城镇化建设的路径选择

——以邮储银行浙江省分行为例

中国邮政储蓄银行浙江省分行课题组*

一、引言

新型城镇化是指伴随着经济发展和社会进步，第一产业比重逐渐下降，农村人口不断向城镇聚集，城镇规模逐渐加大的过程。新型城镇化的"新"体现在由过去片面注重追求城市规模扩大、空间扩张，改变为现在以提升城市的文化、公共服务等为内涵。我国的新型城镇化建设是在汲取发达国家"大城市病"教训的基础上，提出的符合我国国情的城镇化发展模式，是以城乡统筹、城乡一体、产城互动、节约集约、生态宜居、和谐发展为基本特征，大中小城市、小城镇、新型农村社区协调发展，互促共进的城镇化。

新型城镇化是经济发展的重要增长点，是促进中国经济社会健康、稳定、可持续发展的根本途径，是消除中国城乡社会经济"二元结构"的根本出路。十八大报告提出，坚持走中国特色新型工业化、信息化、城镇化、农业现代化道路。2014 年，《国家新型城镇化规划（2014—2020 年）》发布，要求实施好"有序推进农业转移人口市民化、优化城镇化布局和形态、提高城市可持续发展能力、推动城乡发展一体化"等四大战略任务。2015 年底召开的中央城市工作会议强调，要提高新型城镇化水平，城镇化必须同农业现代化同步发展，形成城乡一体化的新格局。

金融发展与新型城镇化之间的关系，主要体现在：金融发展可提高储蓄率，进而积累更多的资金，通过金融系统可使储蓄转化为投资，从而提高资本配置效率，带动当地经济发展，不断推进城镇化发展进程；与此同时，城镇化的发展与进步可使生产要素在小城镇集聚，金融市场规模不断扩大，为金融机构带来更大的发展空间，促使金融机构不断改革并创新产品，由此带动金融体系的健全与发展。

---

* 课题主持人：王树志

课题组成员：杨苗昌　刘卫忠　李丽青　叶松青　陈丽丽　戚梦娜　胡建刚　李金晶　朱　熹
杨　俊

二、相关文献综述

我国城镇化发展水平低，新型城镇化面临的任务重，融资需求大，金融供给不足问题突出。积极推进新型城镇化发展，不仅需要财政的公共投融资支持，也离不开金融支持。国内学者对金融支持城镇化的理论做了深入研究。

（一）关于城镇化水平和金融发展水平关系的主要观点

伍艳（2005）指出：西部欠发达地区的经济发展水平落后，金融支持力度不强，影响了当地的城镇化水平，并且通过计量经济模型检验出金融发展水平和当地的城镇化水平呈正相关的关系。黄勇、谢朝华（2008）选取了1978年到2004年的数据，并利用计量经济模型对数据进行分析检验，结果显示：加大金融支持力度对加快城镇化步伐具有重要作用，同时还提出了一系列政策建议，比如建立多元化的投融资体制，完善金融服务体系以及信贷管理体系等。郭新明（2004）描述了改革开放以来我国城镇化的发展历程以及现状，并且分析了城镇化与金融的关系，指出了金融发展对于城镇化具有重要作用，并就如何加强金融对城镇化的支持力度提出了政策建议。郑枚、傅强（2008）等通过研究重庆金融发展和城镇化的推进关系，发现存款余额、贷款余额、保费收入和金融机构现金收入等金融发展的各个方面对城镇化率的提高都起到了较为重要的作用，从而得出金融发展是促进城镇化率提高重要因素的结论。陈元（2010）等则对金融发展中的开发性金融与城镇化关系进行了研究，认为城镇化发展中产业结构转化和城市基础设施建设等均受开发性金融影响，开发性金融发展与城镇化推进具有较为明显的因果关系，从而得出开发性金融在城镇化发展中具有重要促进作用的结论。陈雨露（2013）等在分析城镇化融资挑战后提出，中国新型城镇化金融支持应立足于中国金融体系的基本特征，通过构建全方位、多层次、高效率的金融支撑体系，为城镇化建设提供全面的、可持续的资金保障。

（二）关于金融支持城镇化发展中存在问题的分析

朱建华、周彦伶、刘卫柏（2010）指出在欠发达地区的城镇化建设中金融支持力度严重不足，并分析了出现这种现象的具体原因，主要有：资金供不应求，信用体系不健全，违约风险大等。刘振军、闫玉琴（2007）指出，近年来，东部沿海地区的城镇化发展速度很快，城镇化水平相对于我国其他区域很高，但是我国内陆地区城镇化进程很慢，最主要的原因就是资金支持力度不足，而内陆地区农村金融体制不健全，信贷资金供给渠道单一，大量资金外流又是导致资金支持力度不足的重要原因。罗伟光（2011）以惠州市为例，分析了城镇化进程中金融服务系统不健全的问题，包括服务理念、管理理念和监管措施等方面的不健全。

总体而言，国内研究结论大部分支持金融发展对新型城镇化具有较大拉动作用的观点。

三、金融支持新型城镇化建设的实践

（一）银行金融支持新型城镇化建设的实践

不少银行已开展不同程度地加强新型城镇化金融支持的实践，积累了宝贵的经验（见表1）。

表1　　　　　　　　　　　支持城镇化建设的主要模式

代表银行	市场定位	特色实践
国家开发银行	以开发性金融为重点，开展中长期信贷与投资等金融业务	1. 围绕以人为核心的住宅、教育、医疗、交通、环保等民生领域。 2. "投贷债租证"全牌照银行，可充分发挥综合金融优势，以银团贷款、城市开发基金、债券发行、融资租赁、资产证券化等方式拓宽城镇化融资渠道。并可通过BT、BOT、PPP方式，引导其他社会资金参与，形成多方共赢的融资格局。 3. 开展了包括筹建住宅金融事业部在内的多项改革。
农业发展银行	以中长期农村基础设施贷款项目为重点，支持国家粮棉购销储业务为主体	1. 推出多个支持农业农村基础设施建设的中长期贷款项目，其中尤以海安、如皋两个"万顷良田"工程项目效果最为显著。该工程要求将项目区内的村庄整体搬迁，实现工业向园区集中、居住向城镇集中、耕地向集体集中的"三集中"模式。 2. 配合这一模式，农发行通过农村基础设施建设贷款、农业综合开发贷款、县域城镇建设贷款、新农村建设贷款业务等多个信贷品种，多角度、全方位加大信贷投入。 3. 把发展中长期政策性贷款作为突破口，加大对城镇化和新农村建设的支持力度，探索出一条政策性金融支持"全产业、整区域"的新模式。农发行的贷款最突出的特点是贷款期限长、利率低。
农业银行	面向"三农"、城乡联动、融入国际、服务多元的一流商业银行	1. 针对当前PPP模式逐渐成为新型城镇化建设主要投融资模式的新态势，主要从担保方式、产品服务等方面加强金融创新，重点服务好地方政府城镇化投资主体、大型国有企业、民营企业、工程承包企业、村镇经济合作组织等通过PPP模式参与城镇化建设的新型主体。 2. 开发农村城镇化专项贷款，满足借款人因市政基础设施建设、城镇公共设施建设、县域园区建设、县域流通市场建设、旅游基础设施建设、农村基础设施建设、县域土地整理等固定资产投资项目时的融资需求。

代表银行	市场定位	特色实践
农村信用合作社	以个人保证贷款为主，建立农村市场根据地	1. 信用、保证类小额贷款授信额度较高，信用类可至30万元、保证类可至50万元，基本能满足农户的生产经营资金需求； 2. 丰收贷款卡额度授信、自主支用、随用随贷的模式，方便快捷，节省农户利息支出，受到了广大农户的青睐； 3. 作为地方金融机构，农村信用社管理层级少，决策机制灵活，离基层近，对农村市场变化反应迅速。

上述银行的实践有几个显著的共性特点：一是利用自身优势找准市场定位。二是突出重点区域、重点领域、重点客户。三是做好服务模式及产品创新，解决资源配置和风险管控问题，针对性地支持新型城镇化发展。

（二）邮储银行浙江省分行金融支持新型城镇化建设的实践

新型城镇化建设是浙江省推进统筹城乡发展、促进城乡一体化、破解"三农"问题、加快转型发展、建设全面小康社会的重要举措，是未来一段时期浙江省委、省政府的一项重要工作。邮储银行浙江省分行依托资金、网络、品牌等优势，采取"普之城乡、惠之于民"的服务策略，"先小后大，两头带中间"①的发展策略和"风控先行"的管理策略，在支持新型城镇化建设的实践中取得了较好的成效。

1. 不断加大信贷支持力度

针对新型城镇化建设中信贷需求供给不平衡的问题，邮储银行浙江省分行将信贷资金重点投向小微企业和涉农领域。成立8年来，已累计发放涉农和小微企业贷款近3 500亿元，有效解决了58万户农户和小微企业的经营资金短缺困难；截至2015年12月末，全行涉农贷款余额585亿元，占全部贷款余额的45.16%；小微企业贷款余额661亿元，占全部贷款余额的50.99%。同时，加大对城市基础设施建设、棚户区改造、保障房建设、新农村建设、低丘缓坡等重大项目的资金支持力度，截至2015年12月末，上述公司信贷结余70亿元。

2. 不断创新金融产品和服务模式

在信贷产品上，邮储银行浙江省分行目前已形成农户贷款、涉农商户贷款、新型农业经营主体贷款、县域涉农小微企业贷款、农业"龙头"企业贷款等五条产品线，实现了对涉农经营主体的全覆盖。针对小微企业特点，积极推动产品创新工作，形成了"强抵押"、"弱担保"、"纯信用"相结合的产品体系，配

---

① 指重点发展"三农"、小微企业贷款，其次服务重大项目发展公司信贷，最后有针对性地做好中型企业贷款。

套推出了助保贷、互惠贷、快捷贷等金融产品。深化"特色支行＋产业链"模式，立足网点优势，在对县域特色产业集群统一规划的基础上，全省建设了23家专业化的小微企业特色支行和19家涉农特色支行，为小微企业和"三农"提供更专业、贴心的服务。连续四年举办"创新创富大赛"，与团省委、商务厅等共同组织，为个人创业者和小微企业搭建"融资"与"融智"一体的创富综合平台。

3. 不断优化金融生态环境

截至2015年12月末，通过"自营＋代理"模式进行实体营业网点布局，其中80%以上的网点分布在县及县以下；布放ATM台数居省内银行业第5位，其中75%以上分布在县及县以下。在全辖设立了43个金融空白乡镇服务点，首创并设立了1.1万个银行卡助农取款服务点，在村邮站和助农点叠加理财、结算、小额信贷、代缴费、电子商务等金融服务和自助设备，打造农村综合金融服务站，目前已建成近900家。大力开展信用村、信用镇建设，实施银村合作、整村授信。在丽水设立了深化农村金融服务改革试验区，总结提出"支农30条"服务措施，在全辖复制推广。加强金融消费者权益保护和公民金融法律知识的宣传普及教育，2015年"普及金融知识万里行"活动中，接受金融知识咨询10万余人次。

四、邮储银行浙江省分行支持新型城镇化发展环境分析

（一）金融支持新型城镇化建设的资金需求

新型城镇化需要大量的资金支持，保障迁徙农民就业、生活、与城里人享受平等公共服务。新型城镇化金融需求主体包括当地政府机构、中小企业和当地居民等。

1. 当地政府机构

随着我国城镇化水平的快速提高，城市基础设施、公共服务设施建设需求加大。城镇化建设资金主要依赖于地方政府财政投入，且项目周期一般较长，商业银行介入的积极性不高。

2. 中小企业

中小企业经营规模小，自有财产少，生产经营情况易受宏观经济形势影响，抵御风险的能力一般较弱，生产经营过程中对外来资金的依赖较大，融资需求大。但由于抵押物的缺乏也面临着贷款难问题。

3. 当地居民

城镇化带来住房需求大幅上升，同时伴随着装修等消费贷款需求日益增大。有研究表明，到2020年城镇化发展将带来约30万亿元消费需求增加。因此，城镇化发展必然导致消费需求增长。

（二）金融支持新型城镇化建设的难点

1. 深度——支持城镇化建设深度有待提升

新型城镇化建设中的信贷供需不平衡主要是结构上的不平衡，特别是农村地区，居民获得的信贷资源有限，无法满足其生产、生活过程中的资金需求。农村地区主要由邮储银行、农信社和村镇银行提供金融服务，其他商业银行鲜有入驻。而农户、小微企业本身由于缺乏抵（质）押物，经营和抗风险能力较弱，导致获得信贷资源的成本较高。另一方面，土地承包经营权、林权等三权抵押方式未获大多数金融机构认可，涉农担保公司发展较为缓慢，新型城镇化地区产品和服务模式创新较为缺乏，一定程度上阻碍了新型城镇化的发展。

2. 效率——支持城镇化建设服务成本较高

当前浙江新型城镇化地区的金融生态环境有待进一步提升，农民金融观念和知识需进一步普及，部分地区信用环境不佳、基础信息采集成本较高、缺乏信用评估体系等问题导致金融机构服务成本较高。

3. 能力——支持城镇化建设能力有待加强

互联网金融对传统银行金融机构冲击巨大，银行金融机构长期依赖的规模优势、价格优势和渠道优势及战略规划均受到严重挑战，同时互联网公司拥有的大数据、云计算等IT技术有效地拓展了其服务能力和服务半径，倒逼传统银行业金融机构加快转型升级。

（三）金融支持新型城镇化建设的机遇

新型城镇化将催生巨大的金融需求，"住宅"城镇化带来房屋信贷需求增加，"创业"城镇化带来创业资金需求增多，"理念"城镇化带来金融需求业务品种趋繁，"生活"城镇化带来消费信贷需求及金融服务增多。新型城镇化是践行普惠金融理念的最佳平台，这无疑将为金融机构带来广阔的发展空间，从而实现业务范围拓展、客户结构升级、专业能力提升。同时，经过多年的耕耘，邮储银行浙江省分行已在农村和乡镇打响了品牌，形成了产品服务优势，在农村人口市民化的城镇化进程中，有利于把握源头、占领先机，通过农村包围城市，打造发展的新优势。

五、邮储银行浙江省分行支持新型城镇化具体路径选择和对策

（一）总体思路

以"转型升级、提质增效"作为邮储银行服务新型城镇化的发展主线，以服务农业现代化、农民市民化和安居城镇化转型金融需求为根本宗旨，不断加强信贷产品及服务方式创新，积极拓宽业务渠道；巩固现有优势，继续夯实五大平台建设；围绕我国现代农业快速发展态势，全力服务现代农业，把服务农户、服务现代农业培养成为核心竞争力，做成特色业务；拓展"三农"金融服

务领域，加强对新型城镇化、现代农业和新农村建设等领域基础设施的支持；着力发挥城乡、总分联动优势，为农业现代化、城乡统筹、新型城镇化以及新农村建设提供全方位金融服务。

（二）重点服务领域

1. 县域社会事业。支持农村民生工程建设，积极参与新农保试点的推进，积极参与新型农村合作医疗项目，积极服务财政支农资金的归集使用。支持县域教育卫生事业发展，开发一批县域重点医院、学校、科研等优质客户。

2. 新型城镇化及现代农业设施。加大对新型城镇化进程中供水、供电、供气、道路、环保和科教文卫事业的信贷支持力度。尝试联合地方政府增加对农村地区城镇基础设施建设的信贷投入，通过股、债、贷等多种模式，参与农村地区新型城镇化和现代农业的基础设施建设，支持现代农业产业园区、农产品流动市场和专业市场项目建设，积极为新型城镇化的公共产品及服务提供金融服务。稳步推进县域城镇地区房地产开发与农户改善性消费贷款业务，积极拓展适销对路的商品住房和还款来源有保障的保障性住房项目。优先支持大型水利枢纽和重大水利工程项目，支持农田改造和灌溉工程。

3. 涉农中小企业。加大对农、林、牧、渔业及其他具有区域特色配套产业的研究，开发适应县域涉农中小企业特点的特色产品，通过抵押、质押、保证、信用等多种方式，定制涉农中小企业专属信贷产品。大力推广企业网上银行产品，提高涉农中小企业客户网银使用率，满足小额资金频繁交易的金融需求。发挥网络优势，面向广大乡镇直营店、连锁店、加盟店和农家便利店，提供配套的资金结算、结构性融资和业务代理等全方位金融服务。

4. 农业产业化。以各级农业龙头企业和涉农骨干项目为重点，打造专业化现代农业金融业务体系。优先做好对重点行业、重点区域农业产业化龙头企业以及农业产业化重点集群客户的金融服务。探索建立现代农业核心企业的名单制分级管理办法，围绕现代农业核心企业发展现代农业供应链金融服务，拓展核心企业上下游客户金融服务。加大对特色工业园区和专业市场的支持力度，提高资源要素集聚能力，促进城乡产业融合。优先支持涉农高科技企业和重大科技项目转化，支持农业机械装备企业发展，联合外部融资租赁公司开展大型农机具融资租赁业务。

5. 农户家庭金融。加强服务传统农户家庭的金融需求，引导有条件地区以农户信用评级授信模式开展农户小额信贷业务；加强对农民工群体服务能力，支持农民工返乡创业项目信贷支持；加大对再就业、集中连片特困地区、片区外国家级贫困县扶贫开发的支持力度，重点开发政府提供担保支持的再就业担保贷款、扶贫小额信贷等产品及服务；加大对家庭农场、农民专业合作社等新型农业经营主体信贷支持，积极推进家庭农场（专业大户）、农民专业合作社名单制管理办法，提高对家庭农场主、农民专业合作社社员的服务能力；研究开发城市郊区休闲观光农业，大力支持休闲农业、创意农业和观光农业发展；充分挖掘区域特色优势行业，从"一县一业"向"一村一品"深化，调整产品要素，探索对优势特色行业小额贷款新产品的批量开发。

（三）具体服务措施

1. 因地制宜，做好研究工作

（1）做好政策研究。在小城镇发展进程中，浙江省委、省政府因地制宜，积极创新，逐渐摸索出了几种具有浙江特色的小城镇发展模式，如小城市培育试点镇、"美丽乡村"建设和"特色小镇"建设等（见表2）。邮储银行要结合浙江实际，开发适合当地新型城镇化特点的金融服务模式和产品。

表2　　　　浙江省内各地市小城市培育试点镇及特色小镇个数

地市	小城市培育试点镇（27个）	特色小镇（37个）
杭州	4个（萧山区瓜沥镇、余杭区塘栖镇、桐庐县分水镇、富阳市新登镇）	9个（上城玉皇山南基金小镇、江干于兰智慧小镇、西湖云栖小镇、西湖龙坞茶镇、余杭梦想小镇、余杭艺尚小镇、富阳硅谷小镇、桐庐健康小镇、临安云制造小镇）
宁波	4个（象山县石浦镇、慈溪市周巷镇、奉化市溪口镇、余姚市泗门镇）	3个（江北动力小镇、梅山海洋金融小镇、奉化滨海养生小镇）
温州	4个（苍南县龙港镇、瑞安市塘下镇、乐清市柳市镇、平阳县鳌江镇）	2个（瓯海时尚智造小镇、苍南台商小镇）
嘉兴	3个（桐乡市崇福镇、秀洲区王江泾镇、嘉善县姚庄镇）	5个（南湖基金小镇、嘉善巧克力甜蜜小镇、海盐核电小镇、海宁皮革时尚小镇、桐乡毛衫时尚小镇）
湖州	2个（吴兴区织里镇、德清县新市镇）	3个（湖州丝绸小镇、南浔善琏湖笔小镇、德清地理信息小镇）
绍兴	2个（诸暨市店口镇、绍兴县钱清镇）	2个（越城黄酒小镇、诸暨袜艺小镇）
金华	2个（东阳市横店镇、义乌市佛堂镇）	3个（义乌丝路金融小镇、武义温泉小镇、磐安江南药镇）
衢州	1个（江山市贺村镇）	3个（龙游红木小镇、常山赏石小镇、开化根缘小镇）
舟山	1个（普陀区六横镇）	
台州	3个（温岭市泽国镇、玉环县楚门镇、临海市杜桥镇）	3个（黄岩智能模具小镇、路桥沃尔沃小镇、仙居神仙氧吧小镇）
丽水	1个（缙云县壶镇镇）	4个（莲都古堰画乡小镇、龙泉青瓷小镇、青田石雕小镇、景宁畲乡小镇）

（2）做好同业研究。研究其他银行的战略定位、组织架构、主要客户群体、人员效能、业务范围、服务能力等方面的内容，进行对标，查找不足，学习其支持新型城镇化的先进经验。

2. 巧借外力，形成内部合力

（1）巧借善借外力。深化银政、银协、银企、银担和银保五大平台合作，强化和拓宽合作范围，创新增信要素，丰富抵（质）押担保措施，加强依托五大平台的产品及服务方式创新力度，开发依托合作平台的对应产品及服务，形成战略合作框架到产品创新、市场拓展、业务监测、风险控制和绩效评估等系统化建设模式。加强邮银合作，完善板块合作机制，推进资源共享与项目整合，如电商平台和社区银行的合作。

（2）内部形成合力。整合行内资源，进行合理布局，推动条线形成合力，推进联动发展，改变条线各自为政导致的管理割裂，进行综合化的顶层设计。

3. 转型升级，构建服务新型城镇化新模式

（1）推进特色支行建设。落实"特色发展、差异化服务"策略，提升特色服务能力。对现有小微企业特色支行进行评估验收，成效不明显的予以退出；大力开展消费特色支行建设；加强支持和督导，努力解决现代农业示范区特色支行发展不平衡的问题。

（2）积极推广信贷工厂模式及探索事业部制改革。争取总行支持，进行信贷工厂标准化作业的试点和推广。探索"三农事业部制"改革，对制度、流程、资源配置、专业核算等方面进行研究，为改革打好基础。

（3）逐步拓展以农户信用评级授信为中心的农户小额贷款。制定和出台邮储银行农村信用体系建设指导意见和实施方案，支持有条件地区分支行以农户信用评级、信用村镇建设等为基础，连片拓展农户小额信用贷款。在农村信用体系建设基础上，开发"卡贷合一"产品，简化农户小额信贷审批流程，提高信贷服务效率。积极拓宽农村抵（质）押担保物范围，探索农村土地流转的承包经营权、经济林地经营权、养殖大户的畜禽活体等抵（质）押担保贷款。

（4）深化对新型农业经营主体的服务。加快推广家庭农场（专业大户）贷款、农民专业合作社贷款等已有创新产品及模式，通过树立典型、加强交流、加强跟踪和指导，促使新产品快速落地和发展。

（5）发展以农业龙头企业为核心的现代农业供应链金融服务。深入推进"走总部"营销活动，强化总分和跨部门的联动，建立现代农业龙头企业名单制分级管理办法，采取"一企一策"模式，为农业龙头企业提供综合金融服务方案。依托农业龙头核心企业，大力拓展上下游家庭农场（专业大户）、农民专业合作社、农产品及农资经销商、涉农小微企业等主体的金融服务，建立核心企业主动协助进行贷后管理的机制，降低农业龙头企业上下游客户信用风险。

（6）积极参与新型城镇化和发展现代农业的基础设施项目建设。探索开发新型城镇化基础设施建设项目贷款，满足县域土地整理、现代农业园区、农产品流通批发市场、乡村旅游设施等建设项目的融资需求。探索移民搬迁集中居住、新农村建设和农民自住房屋建设的农房建设贷款业务。探索建立以地方政府或政府平台"统贷统还"、"先支后收"为基础，支持农田水利、土地整治与改良、农产品物流仓储、污染治理与环境保护等支农惠农基础设施工程项目。

4. 加快创新，丰富支持新型城镇化产品体系

（1）"三农"和小微企业方面。重点通过组合"传统小贷＋循环贷＋信用村镇建设贷款"来提升效率和竞争力；通过"家庭农场贷款＋创新担保方式"来提升服务现代农业能力；通过"农房集聚小额和农房自建小额贷款"来满足农民购房和建房的资金需求；通过"附加弱担保或通过平台增信"的思路来有效降低风险。

（2）公司信贷方面。围绕新型城镇化建设、新农村建设、小城市培育试点镇建设和特色小镇建设，以城市基础设施完善、棚户区改造、保障房建设、新农村建设、低丘缓坡改造为重点，加大对县域社会事业、民生领域等重点工程的支持。

（3）个人金融方面。一是充分发挥助农取款点、村邮站等优势，为广大农村群众就近提供代收付服务。二是在条件允许的地区启动社保卡业务系统的功能优化，将社保、医保、失业保险等大社保业务全部纳入社保卡系统中。三是开发适合新型城镇化地区销售的专属理财产品，降低理财产品购买最低限额，创新更多适合农村居民投保的专属保险产品。四是强化联动，整合行内资源，分析客户需求，为客户提供融资、投资、结算、理财、家庭消费、现金管理等全方位金融服务，重点联动理财、国债、基金、信用卡、商易通等产品，扎扎实实地把代收代付等业务做好。

（4）建立新产品研发落地推广机制。一是充分发挥新农村建设贷款试验区的"产品实验室"和"小额贷款加速器"作用，向总行争取新产品自主批复权限，并根据分支行的市场需求、风控水平进行差别化授权，先试点后推广。二是建立新产品跟踪评估机制，及时提出控制优化方案。三是要求各分支行结合本地实际情况，对新产品进行分层管理，重点开发低风险、可批量推广的产品，选择1个重点新产品取得量的突破。

5. 依托网络优势，打造"线下＋线上"服务生态

（1）做强线下渠道。利用独特的"自营＋代理"发展模式，加强服务新型城镇化建设的渠道服务。一是优化网点布局，制定低效网点的社区化、轻型化改造规划，开展存量网点布局优化调整工作。二是持续推进网点转型工作，尽快实现网点竞争力提升项目在自营网点全覆盖。三是出台网点分类分层分级管

理办法，建立网点分类管理体系。四是推进特色网点建设。在全辖地市推广财富中心建设，在各市县重点打造小企业特色支行、现代农业示范区支行、科技支行和汽车、住房、出国等消费金融特色支行。

（2）做优线上渠道。一是加快布放 ATM 和离行式自助银行，优先布放在金融服务不足的县域、乡镇和特色小镇；推广离行 ATM 集中运营管理模式。丰富电子及自助渠道的中间业务功能。二是做好云平台和互联网金融网贷产品的使用和推广，如信用卡移动端 APP、小企业版手机银行、移动展业等新型平台，"邮 e 贷"① 功能拓展。三是深入探索网点智能化服务模式再造并在全辖范围内逐步试点推广，实现服务流程优化和智能推广。四是创新移动互联网金融模式，开展微信银行等新型模式探索。五是加快县域、农村电商发展，复制"茶易宝"② O2O 模式，服务县域、农村专业市场；与人民银行、商务主管部门合作，探索创建农村电子支付应用示范县（市、区）、镇、村。

6. 夯实基础，提升服务能力

（1）强化服务队伍和机制建设。加强县域和农村机构服务团队建设，强化关键岗位人员和客户经理队伍配备，缩短服务半径；建设农村信息员队伍，扩大服务渠道，解决"信息不对称"问题；完善对机构和人员的考核机制，引导分支行加大对新型城镇化的支持力度。

（2）强化风险控制的全流程管理。持续优化业务流程，确保贷款调查、审查审批、贷款发放等各个环节风险可控。在全行风险管理框架下，合理界定各经营层级、各业务条线和前中后台各部门的风险控制职责。借鉴国内外先进经验，在准入、评级、授信、担保、定价、流程、审批、授权、激励、风险分类和损失核销等方面，构建起一整套适应"新型城镇化"业务发展要求的信贷政策和风险控制制度体系。切实发挥监督检查队伍作用，规范经营管理行为，防范"新型城镇化"业务的信用风险和操作风险。

（3）不断增强"新型城镇化"业务风险预警能力。跟踪宏观经济、利率、汇率及主要农产品价格走势变化，加强对自然气候、宏观政策、地区差异、行业市场及客户群体等城镇化业务风险源的研究。定期梳理区域、行业、客户和产品的风险集中程度，逐步提高信贷组合风险的识别与防范能力。合理设定风险预警信号，增强预警信息的自动处理能力，加快风险反应速度。建立业务风险的识别、计量、控制与抵补体系，探索业务风险转移、化解、分摊和补偿的

---

① 指从事电子商务的小微企业申请，在综合评价其经营情况、信用情况、与合作机构的业务往来情况后，对其发放的用于短期生产经营周转的人民币信用贷款。

② "茶易宝"终端以支付结算作为核心功能，融合了商易通、电子秤、智能管理电脑、打印机等软硬件设备，在一台设备上完成从称重、计价、支付结算的整个过程充分体现了安全便捷的特性。

多种方式。

（4）强化信息系统支撑。改造生产与管理一体的业务操作系统，重点建立或完善客户经理管理系统、客户信用评级信息系统、信贷审批系统（基于影像审查的信贷工厂模式）、风险定价系统和信贷审批系统，打造科技密集型金融业务。加快小额贷款移动展业作业模式的推广力度，提升人均效能，提高作业效率。打造流程优化的信贷工厂，实行专业化、标准化、流水线式的金融服务，实现系统预判风险、系统自动评分、系统实时预警、系统定制化催收，提高业务风险控制能力。建立内网业务沟通交流平台，推动信贷员、客户经理和业务管理等人员互动交流，辅助制度建设、产品创新和业务培训。

六、推进金融支持浙江新型城镇化的政策建议

新型城镇化是我国经济发展、社会转型的重大战略，是解决农业、农村、农民问题的有效途径，也是推动区域协调发展和促进产业升级的重要抓手。浙江在推进新型城镇化方面具有良好基础，有条件抓住机遇，先走一步，整合各方面的资源，进一步提高城镇化水平。

（一）推广项目融资模式

通过推广项目融资模式，解决新型城镇化项目资金融资周期长等问题。项目融资是指以项目的资产、预期收益或者权益做抵押取得的一种无追索权或有限追索权的贷款协议融资活动，主要包括 BOT、PPP、ABS、ABN 等形式（见表3）。

表3 主要项目融资方式一览表

类别	全称	特点	适用
BOT	建设—经营—移交模式	特许协议约束，政府参与定价和担保	经营性基础设施
PPP	公共部门与私人企业合作	私人企业与政府部门合作	几乎所有基础设施项目
ABS	资产证券化	以项目资产预期收益为保证，在资本市场发行证券募集资金	未来或目前拥有稳定收益的项目
ABN	资产支持票据	债务融资工作，发行期限为 1～2 年	基础资产有稳定现金流

近年来，项目融资模式被广泛应用于基础设施建设并取得了很大成功，引起了全社会的关注。项目融资模式是市场机制与政府干预的融合。一方面，项目相关的大部分经济行为都在市场上进行，政府以招标方式确定项目公司的做法本身就包含竞争机制，有利于提高运作效率；另一方面，尽管私人机构是项目建设的主体且拥有完备产权，但是政府自始至终都拥有对该项目的控制权，有利于保证基础设施的公共物品属性，建议未来加大对项目融资的推广力度。

（二）设立重大项目清单库

建议设立全省统一的新型城镇化重大项目清单库，分地区、分行业予以列示，便于社会资本及银行业金融机构根据自身定位，选择合适项目予以参与。同时，设立支持"新型城镇化"奖项，推动商业银行积极参与。

（三）建立投融资合作平台

搭建投融资合作平台。一是加强财政资金投入模式创新。如设立城镇化建设财政专项资金；设立产业园区及集聚区建设专项资金。二是加强投融资模式创新。如重点鼓励基金设立，借鉴北京、苏州、天津等地引导基金做法，支持创设新型城镇化发展母基金，作为政府引导基金和股权投资平台，鼓励以社会资本为主体设立支持新型城镇化发展的系列股权投资基金，充分发挥政府财政资金引导作用，培育多元化主体；鼓励保险资金积极支持城镇化。三是加强间接投融资模式创新。如进一步鼓励融资租赁模式、积极采用小银团模式，探索推进三权抵押贷款模式。四是加快涉农担保公司发展，进一步完善政府风险补偿金机制，解决融资难、融资贵等问题。

（四）鼓励小微和"三农"金融服务创新

引导金融机构加强小微、"三农"金融服务创新。一是鼓励开发各类特色贷款产品。如城中村创新创业小额贷款、农村建房支持贷款、分布式光伏发电设备绿色消费贷款等。二是鼓励服务模式创新，如采取整村授信、空白乡镇建设、信贷工厂建设、特色支行建设等。三是鼓励担保方式创新。如试点安徽等地的"4321"新型政银担合作增信模式，即由原保机构、省再担保机构、银行、县区政府分别按4∶3∶2∶1的比例承担贷款担保风险责任。

参考文献

［1］巴曙松、杨现领：《新型城镇化融资与金融改革》，中国工人出版社，2014。

［2］陈雨露：《中国新型城镇化建设中的金融支持》，载《经济研究》，2013（2）。

［3］陈元：《开发性金融与中国城市化发展》，载《经济研究》，2007（7）。

［4］陈振家：《新型城镇化中的金融支持研究》，山东财经大学硕士论文，2014。

［5］郭濂：《中国新型城镇化的路径选择与金融支持》，中国金融出版社，2014。

［6］徐勇：《浙江省新型城镇化建设融资创新研究》，载《浙江金融》，2014（6）。

［7］杨慧：《新型城镇化与金融支持》，广东经济出版社，2014。

［8］郑枚、傅强：《重庆固定资产投资与就业的相关效应》，载《发展研究》，2008（4）。

［9］中国金融40人论坛课题组：《加快推进新型城镇化：对若干重大体制改革问题的认识与政策建议》，载《中国社会科学》，2013（7）。

［10］朱丽飞：《关于金融支持河北省新型城镇化发展的研究》，河北大学硕士学位论文，2014。